京师学前

JingShi Early Childhood Education

| 学 前 教 师 教 育 系 列 教 材 |

幼儿园教育技术

主　编：马振中

副主编：潘红宇　欧阳芳

编　委：李小龙　周思思　李　宁　马晓霞

覃朝晖　胡慧睿　张毅刚　李　倩

YOU'ERYUAN
JIAOYU
JISHU

北京师范大学出版集团

BEIJING NORMAL UNIVERSITY PUBLISHING GROUP

北京师范大学出版社

图书在版编目(CIP)数据

幼儿园教育技术 / 马振中主编. —北京 ：北京师范大学出版社，2021.7(2024.8重印)

ISBN 978-7-303-27003-3

Ⅰ. ①幼…　Ⅱ. ①马…　Ⅲ. ①学前教育－教育技术学　Ⅳ. ①G612　②G40-057

中国版本图书馆CIP数据核字(2021)第101901号

教材意见反馈　**gaozhifk@bnupg.com　010-58805079**
营销中心电话　010-58802775　58800035
编 辑 部 电 话　010-58807468

出版发行：北京师范大学出版社　www.bnupg.com
北京市西城区新街口外大街12-3号
邮政编码：100088

印　　刷：天津中印联印务有限公司
经　　销：全国新华书店
开　　本：730 mm×980 mm　1/16
印　　张：17.25
字　　数：373千字
版　　次：2021年7月第1版
印　　次：2024年8月第5次印刷
定　　价：45.00元

策划编辑：苏丽娅　王　超　张丽娟　　责任编辑：马力敏
美术编辑：焦　丽　　装帧设计：焦　丽
责任校对：康　悦　　责任印制：陈　涛　赵　龙

前　言

党的二十大报告指出：科技是第一生产力、人才是第一资源、创新是第一动力。要把技能人才作为第一资源来对待，特别是要将高技能人才纳入高层次人才进行部署。现代教育技术是高等师范院校师范类专业的公共课程，是学生未来走向教师岗位实现教育优化、促进教学改革的一门重要课程。随着信息技术在教育领域的应用越来越广泛，以信息技术为核心的现代教育技术在教育教学中的应用技能已成为当今教师的核心能力，无论是大、中学教师，还是小学、幼儿园教师，概莫能外。但是，由于幼儿教师的特殊性，常见的用于师范院校本、专科学生的现代教育技术教材对她们来说并不适合。如何编写出一本适合于她们学习，又使她们感兴趣的教材是一个颇费心神的创作工程。我们认为，对幼儿教师来说，现代教育技术应用能力主要体现在多媒体教学能力(包括多媒体设备操作能力、媒体选择能力和多媒体课件的制作能力)，现代信息技术的使用能力和教学资源的建设能力这三个能力上；对于理论知识，她们需要理论的指导，但不追求理论的深度。

基于以上考虑，我们组编了这本教材。教材编写从总体上讲，坚持以习近平新时代中国特色社会主义思想为指导，落实立德树人根本任务，充分体现《幼儿园教师专业标准(试行)》《教师教育课程标准(试行)》等行业内重要文件精神；在结构上，我们削减部分内容并降低了理论知识水平，重点针对多媒体素材的处理与课件制作、信息技术在幼儿园和教师工作学习中的应用；在内容上，我们尽可能使目标、表述、实例、问题、实践、使练习“学前”化；在形式上，我们也努力使插图、排版布局“幼师”化。

全书共分五章：第一章主要介绍教育技术的概念和理论基础，幼儿教师教育技术素养，幼儿园课程的信息化教学设计；第二章介绍了现代教学媒体的特性及教学应用，现代教学媒体在教学中的选择与方法；第三章全面介绍了各种多媒体素材的特点、获取及处理技术，并特别介绍了Photoshop、Audition、会声会影、Flash等软件的使用；第四章介绍了多媒体课件的功能及设计原则，并介绍了以PowerPoint、Flash为重点的多媒体课件制作技术；第五章则重点介绍现代教育技术在幼儿教育中的应用，包括智慧幼儿园的概念及基本组成，幼儿教育资源的开发，新兴信息化教学手段及教育方法，幼儿教师继续教育与科研等，全书实践活动部分未单列，就近穿插安排在各章节之后。

我们希望，通过本教程的学习和实践，使读者能够了解教育技术的基本概念与信息化教学系统设计的一般方法，熟悉现代教学媒体的功能及使用方法，掌握多媒体素材的获取与处理技术，学会多媒体课件的制作方法与技术，并树立科学应用现代教育技术的意识，具备把信息技术应用到幼儿教育教学与管理中的能力。

本课程须在先修《大学计算机基础》之后开设，具体内容可根据各学校的特点及学习对象的不同进行适当取舍。根据现行学前教育师范专业的教学实际，建议以32课时来设计，第一章4课时，第二章4课时，第三章8课时，第四章6课时或8课时，第五章8课时，综合实践活动安排2课时。在教学中，要高度重视实践活动的开展，只有将实践落到实处，才能真正有效提高学习者的应用能力。在指导学生学习上，由于需要进行实际操练的应用知识点很多，如各种工具软件的使用，课件的设计与制作等，需要学生进行大量的课外练习，方可达到熟练应用的能力，所以要求教师课堂上有的放矢地布置课外学习任务，并安排一些知识拓展类的学习。本课程可以采用灵活多样的考核方式，如笔试、笔试+实操、机试等方式进行，但无论采用哪种方式都不能只考理论，要把实际应用作为考试重点。

本书由长沙师范学院马振中主编。具体编写分工如下：本书初稿第一章由湖南幼儿师范高等专科学校欧阳芳编写，第二章由青岛幼儿师范学校李宁和山西运城幼儿师范高等专科学校潘红宇编写，第三章由潘红宇和广东省外语艺术职业学院周思思编写，第四章由宁夏幼儿师范高等专科学校马晓霞和广西幼儿师范高等专科学校覃朝晖编写，第五章由马振中和四川省川北幼儿师范高等专科学校李小龙编写。贵阳幼儿师范高等专科学校张毅刚参与了第二章编写，天津师范大学李倩参与了实践教学内容的编写。全书最后由马振中修改、统稿、定稿。

本书虽然是为三年制、五年制高职学前教育专业而编写的，但也可供相应本科专业教学、幼儿教师培训使用，还可作为幼教工作者了解和学习现代教育技术的参考书。

由于编者水平有限，加之此类参考教材几近空白，缺少可供借鉴和比较的参照物，所以难免存在诸多不足之处，诚请广大读者批评指正。

编　者

目　录

CONTENTS

第一章　现代教育技术理论概述

本章学习提示

20世纪90年代以来，以计算机为代表的现代信息技术在教育领域的广泛应用，教学理论、学习理论、传播学、信息科学等相关理论的渗透与影响，促使教育技术的理论、实践和应用发生了深刻的变化。了解教育技术的理论与发展，对各级各类学校的教育教学改革与适应新型教育教学方式有着十分重要的意义。在本章，我们主要学习现代教育技术的相关概念与理论，教育技术的功能与作用，教育技术学科建立的理论基础，教学设计的含义及一般模式，指出幼儿园教师必须具备的教育技术基本素养，实现教育技术与幼儿课程教学整合，并具备运用现代教育技术进行幼儿教学活动设计与应用的能力。

本章学习目标

1. 理解教育技术的基本概念、研究范畴、功能及作用。
2. 了解教育技术的产生与应用发展趋势。
3. 了解教育技术学科的理论基础。
4. 掌握教学系统设计的一般模式及要素分析。
5. 掌握教学系统设计的应用。
6. 具备教育技术与幼儿园课程教学整合的能力。

第一节　教育技术的概念

一、 教育技术的含义

（一）技术

为了全面正确地理解教育技术的概念，首先我们必须清楚什么是技术，在此基础上再深入了解教育技术的内涵。技术起源于人类制造工具和使用工具的劳动，最初指与人的手工操作有关的工艺和技巧。随着历史与社会的发展，“技术”一词的内涵也在不断演变。早期，人们很容易将技术局限于与物质相关的手段，这种认识在教育技术发展初期比较普遍。随着科学技术的进步，人们发现在解决具体问题时，不仅需要物质手段，更需要的是与人的智力相关的手段。于是将技术分成两个方面，即物质设备、工具手段等有形技术以及方法与技能等无形技术。在教育教学中，有形技术通常指黑板、粉笔、投影、计算机、网络等各种教学媒体；无形技术则往往体现为在解决教育教学问题的过程中所运用的技巧、策略、方法以及其中蕴含的教学思想与理论。

（二）教育技术

自从有了教育，教育者就在思考并利用一些工具和手段来提高教学效率，这就是教育技术产生的原因。但教育技术作为一个科学名词，是在 1970 年由美国教育传播与技术协会(Association for Educational Communications and Technology，AECT)向美国国会递交的报告中首次提出的，经过 1972 年、1977 年和 1994 年三次修改后，形成了一个最为简洁、全面的概念。该定义具有高度的抽象性，在国际教育技术领域一直具有非常重要的影响，被称为 AECT'94 定义。关于教育技术的 AECT'94 定义全文如下。

Instructional Technology is the theory and practice of design，development，utilization，management，and evaluation of processes and resources for learning.

目前国内一般将上述定义译为：教育技术是关于学习过程和学习资源的设计、开发、运用、管理和评价的理论与实践。根据上述定义，我们可以用图 1-1 来描述 AECT'94 定义的结构。

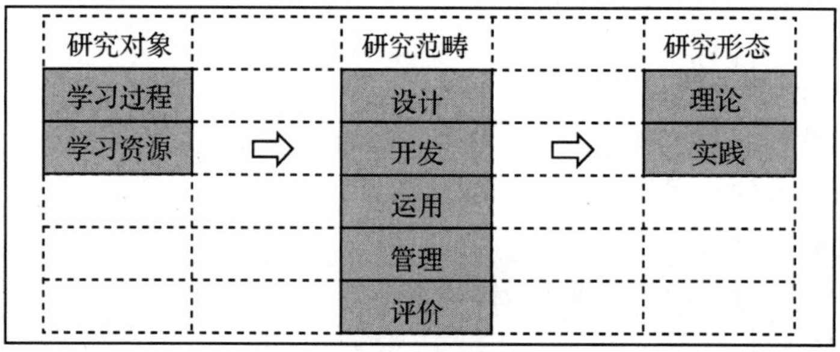

图 1-1　AECT'94 定义的结构

从图 1-1 可以看出教育技术的内涵包括以下几点。

(1)研究对象：学习过程与学习资源是教育技术的两个研究对象。学习过程是学习者通过与信息、环境的相互作用获取知识和掌握技能的认知过程，在教育技术中包括设计和传递过程；学习资源是支持学习者在学习过程中可被利用的一切要素，并能帮助和促进他们学习的信息、人员、教材、设备、技术和环境。

(2)研究范畴：设计、开发、运用、管理和评价是教育技术的五个基本研究领域。每个领域又有其独特的功能与研究范围，它们相互独立，又相互渗透与相互影响。

①设计。设计是详细说明学习条件的过程，其目的是生成策略或产品。从设计范畴的理论研究和实际探索出发，可以将设计范畴分为教学系统设计、信息设计、教学策略与学习者特征四个子领域。

②开发。开发是针对学习资源和学习过程，按照事先设计好的方案予以实施将其转化为物理形式的过程，其基础就是媒体的制作。从技术发展的历史过程来看，可以将开发分为印刷技术、视听技术、基于计算机的技术和整合技术四个子领域。

③运用。运用是通过教与学的过程与资源的利用来促进学习者学习的过程。运用范畴包括媒体的利用、革新推广、实施和制度化、政策和法规四个子领域。

④管理。管理是通过计划、组装、协调和监督来控制教学。科学的管理是教育技术实施以及教育过程、教育效果最优化的保证。管理范畴包括项目管理、资源管理、传送系统管理和信息管理四个子领域。

⑤评价。评价是对一个事物的价值的确定。在教育技术领域中，它是对计划、产品、项目、过程、目标或课程智力、有效性或价值的正式确定。对于教育技术来说，既要注重对教育、教学系统的总结性评价，更要注重形成性评价并以此作为质量监控的主要措施。评价范畴包括问题分析、标准参照测量、形成性评价和总结性评价四个子领域。

(3)研究形态："理论与实践"是教育技术的两种研究形态，它要求在学习过程中采用先进技术手段时，也要重视现代教育理论的指导作用，做到理论与实践并重。

AECT'94 定义在我国教育技术界讨论了十几年，被认为是教育技术领域的基础定义，是讲授教育技术的出发点。但在 2005 年，AECT 正式发表了最新的教育技术定义，被称为 AECT'05 定义。该定义一经发表，立刻引起了国内外众多知名专家与学者的广泛讨论。AECT'05 定义原文如下。

Educational Technology is the study and ethical practice of facilitating learning and improving performance by creating, using, and managing appropriate technological processes and resources.

翻译为中文：教育技术是通过创建、使用、管理适当的技术性的过程和资源，以促进学习和提高绩效的研究和符合道德规范的实践。

据上述定义，我们可以用图 1-2 来描述 AECT'05 定义的结构。

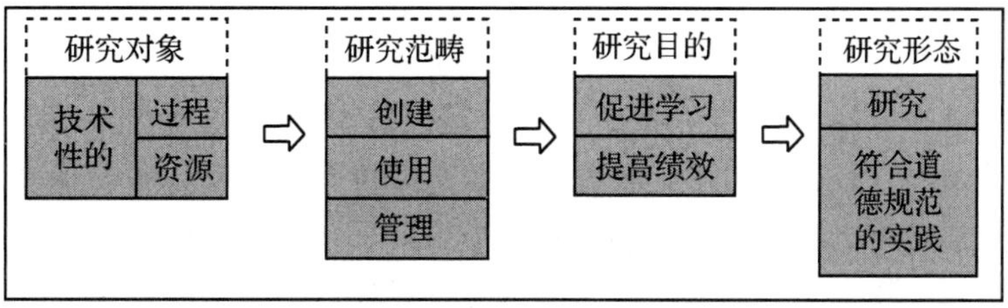

图 1-2　AECT'05 定义的结构

研究对象：适当的技术性的过程和资源。

研究范畴：创建、使用和管理。

研究目的：促进学习和提高绩效。

研究形态：研究和符合道德规范的实践。

与 AECT'94 定义不同的是，该定义明确指出了所有教育技术实践活动的参与者都要遵守一定的道德规范，并将教育技术的目的扩展为"促进学习"与"提高绩效"，将教育技术的研究范围由教学领域扩展到企业绩效领域；同时把原来的五个研究范畴整合为三个，首次将"创建"作为研究范畴之一，强调了教育技术的创新性。目前，由 AECT'05 定义引发的种种问题和探讨，正受到许多专家学者的关注。

（三）教育技术学

教育技术学是一门以教育技术为研究对象，研究教育技术的本质、概念、形成与发展以及类型的学科。它是以教育科学的教授理论、学习理论、传播理论和系统科学理论为基础，依据教学过程的客观性、可再现性、可测量性和可控制性，应用现代科学技术成果和系统科学的观点和方法，在既定的目标前提下探求提高教学效果的技术手段和教学过程优化的理论、规律与方法。

教育技术的目标就是优化教育，即为了提高教学效果，提升学习效率。这就是教育技术的本质。在不断追求这一目标的过程中，使得教育技术成了一门学科(教育技术学)、一个领域(信息技术在教育领域的应用)、一种能力(教师必须具有的教育技术应用能力)、一种职业(专门的教育技术工作者)。

二、 教育技术的功能和作用

随着现代科学技术的发展，电子音视频技术、计算机技术、网络通信技术的日趋成熟，使得多媒体技术、网络技术在教育技术领域全面普及，带来了教育思想、教育观念、教学手段等的深刻变化，使现代教学的组织形式和教学模式也发生了根本性的变化，使教育出现了全新的面貌。

（一）教育技术的功能

1. 优化了教学媒体

多媒体技术是继文字、黑板、音像等教学媒体之后出现的又一种新的教学媒体。它可以通过声音、文本、图像、动画等为学习者营造出形象、逼真的效果。它所具有的信息媒体的多维化、集成化和交互性特征，极大地丰富了其表现力，使多媒体教材以图文声像并茂的方式为学习者提供知识、示范和练习。虚拟现实技术，可以使学习者进行角色扮演的体会，使人的感官可以在同一时间内接收到同一信息源的信息。这些均能有效地提高学习的趣味性和启发性，增大学习者视觉和听觉的传递信息比率，从而更加有效地提高工作效率，缩短学习时间，增强学习效果，并有效地培养和促进学习者的思维创造力。

2. 丰富了教育资源

在网络教学系统中，存储着大量数据、资料、程序、教学软件等，共同形成一个特大型的资源库，融为一个信息的海洋。例如，网上图书馆，可以包揽国内外的著名图书；课件系统，可以向学习者提供所有的上网课件；名师指导，可以存储各个学科国内外著名专家、教授的经验和学识，任学习者自由上网访问等。各种 MOOC 平台，有着丰富而优质的资源，可随时随地轻松而愉快地学习；各种交流平台，如知乎等，可以即时探讨与交流，让知识传播快捷而简便。所有这一切，是其他任何一种教学媒体和技术所无法做到的。

3. 改善了教学环境

虚拟化的教学环境不受时间、空间的限制，能够将教学内容中涉及的事物、现象、过程、活动再现于网络，让学生通过对事物的形、声、色、变化等现象的观察产生兴趣；能够渲染气氛，创设立体情境，激活学生的思维，调动学生参与的积极性，让学生主动去获取知识，认识世界，从而促进学生的智能发展。这样不仅开阔了学生的视野，拓宽了知识面，又活跃了课堂气氛，更重要的是多媒体与网络为师生创造了更多共同的参与机会，沟通了师生情感，交流并反馈了教与学的信息，充分发挥了教师的主导作用和学生的主体作用。

4. 改进了教学管理

利用计算机管理教学（Computer-Managed Instruction，CMI）帮助教师在课堂教学中及时收集学生学习情况的反馈信息，可以迅速得出全班的学习情况数据。教师可根据这些信息了解学生的接受情况，估计学生的理解能力，以改进讲授内容和讲授方法。同时，CMI也可以帮助教师合理安排学生的学习任务，监督学生的学习进度，为学生建立学习档案以便于诊断学生在学习中出现的问题等，大大提高了教师的工作效率。

（二）教育技术的作用

1. 促进对教学理念的变革

教育技术要求重视学生的素质培养，在充分发挥教师主导作用的同时，广泛地让学生主动参与学习，积极思考与亲自实践，培养学生的“协作意识”“竞争意识”和“创新意识”，让学生掌握自主学习与协作学习的方法。

2. 促进对教学模式的变革

教育技术支持将传统的以教师为中心向以学生为中心转变，以激发学生的学习兴趣，调动学生主动学习的积极性。教育技术以其特有的功能为学习的终身化、全民化和个性化提供了有效实施的途径、方式和方法，逐渐营造一个社会处处有教育、学习随时随地可进行的学习化社会。

3. 促进对教师角色的转变

教育技术要求教师的角色由知识的传授者转变为学生学习的引导者与帮促者，不再只做信息的传播者或知识的呈现者，而要充分发挥教师的专业素养，创设丰富的教学情境，引导学生更好地进入学习中，帮助学生解决困难，实现知识与技能的迁移。

4. 促进对学生地位的转换

教育技术的广泛使用让学生能够通过电视、光盘、网络等多种媒体形式进行学习，学校、课题、教师不再是学生获取知识、进行学习的基本途径。这就要求学生要增强自主学习的意识，培养个人发现学习的能力、问题解决的能力，促使自己全方位、多元化地发展。

三、 教育技术的产生与发展趋势

（一）教育技术的产生与发展

由于教育和信息技术发展水平的差异，教育技术在不同的国家经历了不同的发展阶段。一般说来，发达国家的教育技术是在视觉教育、视听教育、教育传播的基础上发展起来的，而我国则是在电化教育的基础上发展起来的。

1. 国外教育技术的发展与名词演变

以美国为代表的发达国家的教育技术，大致经历了以下四个发展阶段。

(1)视觉教育阶段(20 世纪初至 30 年代)。

(2)视听教育阶段(20 世纪 30—50 年代)。

(3)视听传播阶段(20 世纪 50—60 年代)。

(4)教育技术阶段(20 世纪 70 年代至今)。

20 世纪 70 年代中期，微型计算机问世，计算机教育应用进入新的阶段。1970 年，AECT 成立，首次提出教育技术的概念并对其进行了定义。此后，AECT 又在 1972 年、1977 年两次对定义进行修改，并在原有的传播理论、行为主义学习理论的基础上，把系统理论作为教育技术的理论基础。随着多媒体计算机、网络技术、远程通信、激光视盘等媒体技术的发展，教育技术的实践进一步深入，使教育技术的内涵不断丰富。上述发展也推动了教育技术理论的研究，并把认知主义学习理论、建构主义学习理论作为其理论基础。1994 年，AECT 再次对教育技术进行定义，从而使之更加科学与完善。

2. 我国教育技术的起步与发展

我国的教育技术萌芽于 20 世纪 20 年代，当时就已有人使用幻灯进行教学，这是我国电化教育起步的标志。之后，各地相继建立起电化教育馆。中华人民共和国成立后，我国电化教育取得了很大的成绩，随着播音教育与电视教育的兴起，教学采用广播与函授、自学与辅导相结合的方式。之后，在“文化大革命”期间，我国教育事业发展受到一定的阻碍。自 1977 年，我国电化教育进入迅速发展阶段。1985 年，国家教委决定开展卫星电视教育，培训中、小学师资。1993 年，我国正式将“电化教育”更名为“教育技术学”；我国许多高校的“电化教育中心”相继改为“教育技术中心”；“中国电化教育协会”也于 2002 年更名为“中国教育技术协会”。

从 20 世纪 70 年代末开始，我国提出计算机辅助教育研究项目，随后，我国一些大学开始运用计算机辅助教学。20 世纪 90 年代以后，随着计算机技术、通信技术、多媒体技术以及微电子技术的发展，多种学习方式如远程教学、网上学校、计算机支持的合作与交互学习日趋多元化。

（二）教育技术的发展趋势

随着现代科学技术的发展和教育信息化建设步伐的加快，教育技术也将不断发展，其发展趋势主要体现在以下几个方面。

1. 教育技术作为交叉学科的特点将日益突出

教育技术是涉及教育、心理、信息技术等学科的一个交叉学科。教育技术需要技术，尤其是信息技术的支持。作为交叉学科，教育技术融合了多种思想和理论，它的理论基础包括教育理论、学习理论、传播学、系统理论等。在教育技术领域内，上述理论相互融合，以促进人的发展为目标而各尽其力。现在，教育技术研究不仅关注个别化学习，还对学生之间如何协同与合作进行系统的研究。此外，教育技术交叉学科的特性决定了其研究和实践主体的多元化，协作将成为教育技术发展的重要特色。教育、心理、教学设计、计算机技术、媒体理论等不同背景的专家和学者共同研究和实践，开放式的讨论与合作研究已成为教育技术学科的重要特色。

2. 教育技术将日益重视实践性和支持性研究

教育技术作为理论和实践并重的交叉学科，需要理论指导实践，并在实践中进行理论研究。目前，教育技术研究最前沿的两个领域是信息技术与课程整合和网络教育。所有这些乃至终身教育体系的建立都强调对学习者学习的支持，即围绕如何促进学习展开所有工作。正因如此，人们将会越来越重视包括教师培训、教学资源建设、学习支持等在内的教育技术实践性和支持性研究。

3. 教育技术将日益关注技术环境下的学习心理研究

随着教育技术的发展，技术所支持的学习环境将真正体现出开放、共享、交互、协作等特点，因此，适应性学习和协作学习环境的创建将成为人们关注的重点。教育技术将更加关注技术环境下的学习心理研究，深入研究技术环境下人的学习行为特征、心理过程特征、影响学习者心理的因素，更加注重学习者内部情感等非智力因素，注重社会交互在学习中的作用。

4. 教育技术的手段将日益网络化、智能化、虚拟化

教育技术网络化的主要标志就是互联网应用的迅速发展。在信息社会中，互联网是进行知识获取和信息交流的强有力工具，它将改变人们的学习、工作和生活方式。基于互联网的远程教育目前正在发挥着越来越重要的作用。

人工智能是一门研究运用计算机模拟和延伸人脑功能的综合性学科。与一般的信息处理技术相比，人工智能技术在求解策略和处理手段上都有其独特的风格。人工智能的一些成果，以及智能计算机辅助教育系统目前已在教育教学领域得到应用。

虚拟现实是继多媒体广泛应用后出现的更高层次的计算机接口技术，其根本目标就是通过视、听、触等方式达到真实体验和交互，它可以有效地被用在教学、展示、设计等方面。随着教育信息技术的发展，教育技术网络化、智能化、虚拟化的程度将日益提高，并对教学手段、教学方法和教学模式产生深远影响。

问题探讨

教育技术就是信息技术吗？

信息技术，即我们经常提到的IT(Information Technology)。它有两个方面的意思，从信息学的角度来说，是指有关数据与信息的处理技术，其内容包括数据与信息的采集、表示、处理、安全、传输、交换、显现、管理、组织、存储、检索等；从技术学的角度来说，是指利用计算机、传感技术、现代通信技术、智能控制技术等获取、传递、存储、显示和应用信息的技术。我们通常所指的以及本文所提的信息技术主要指后一种意思。

而教育技术，即ET(Education Technology)，其定义前已详述。

从两者的定义来看，其区别是明显的。它们属于不同的学科，并有各自不同的研究对

象和研究范畴。信息技术属于技术学科，其研究对象是与信息相关的技术，研究范畴是对信息的获取、存储、加工、传输与呈现；教育技术则属于教育学科，顾名思义，它关注的是技术在教育领域中的应用，其研究对象是教学过程与教学资源，研究范畴则是教学过程与教学资源的设计、开发、运用、管理与评价，即教育技术关注的是应用于教育教学过程或作为教学资源的技术。具体说来，教育技术是指运用各种理论及技术，通过对教与学过程及相关资源的设计、开发、运用、管理和评价，实现教育教学优化的理论与实践。而信息技术是指能够支持信息的获取、传递、加工、存储和呈现的一类技术。

如此看来，两者的区别似乎很明显了。但是，由于两者还有着密切的联系，人们常常将其混淆，甚至有教师还将两者画等号。

这是因为，教育技术处理的是教育信息，而教育信息是最常见的一类信息，所以现代教育技术中大量应用到了信息技术，如电子音像技术、卫星电视广播技术、多媒体计算机技术、人工智能技术、网络通信技术、仿真技术和虚拟现实技术等。可以说，现代教育技术是以信息技术为基础的。教育技术中有很多研究是与信息技术相关的，所以教育技术课程中有很多信息技术(尤其是计算机技术)中的内容，这就是人们混淆信息技术与教育技术概念的原因。

教育技术主要是利用信息技术解决教学中的问题，信息技术是教育技术解决问题的一种手段和方法。但是，这只是教育技术研究中媒体应用的一个层面，教育技术的核心是教学设计，不应把信息技术等同于教育技术，教育技术更不只是关注信息技术，如影音技术、语言技术、印刷技术、实验技术、心理应用技术等，都是教育技术研究和借鉴的手段。同时，教育技术还要研究不包含媒体的相关方法、策略等教学技术，如根据不同的教学内容和学生特点选择使用相应的教学程序和方法，了解教学效果、学生学习情况的测验、绩效评估或测量技术等。

所以说，教育技术包括信息技术，且借助信息技术，但不仅仅是信息技术。教育技术研究和借鉴的内容要比信息技术更为广泛。但信息技术涉猎的是基础技术，要比教育技术更“技术”。

第二节　教育技术的理论基础

教育技术学是一门综合性的应用学科，它涉及许多学科的理论，相互交叉，互相渗透，形成了教育技术学的理论基础。本节简要介绍对教育技术学发展有重要影响的有关理论。

一、学习理论

学习理论是阐述关于人类如何学习的理论，包括学习是怎样产生的、它经历怎样的过程、它的规律、如何才能进行有效学习等问题。

(一)行为主义

行为主义认为，学习是刺激与反应之间的联结，有机体接受外界的刺激，然后做出与此对应的反应，这种刺激与反应之间的联结就是所谓的学习。他们的基本假设是：行为是学习者对环境刺激所做出的反应。把环境看成刺激，把伴随的有机体行为看作反应，认为所有行为都是习得的。行为主义学习理论应用在学校教育实践上，就是要求教师掌握塑造和矫正学生行为的方法，为学生创设一种环境，尽可能在最大程度上强化学生的合适行为，消除不合适行为。该理论对矫正学习者的错误行为与学习者建立正确的行为有着重要的影响。

行为主义学习理论的主要学说有桑代克的学习联结说、华生的刺激—反应说以及斯金纳的操作性条件反射和强化说等。

1. 桑代克的学习联结说

桑代克是第一个依据对动物行为的实验研究而建立学习理论的人。桑代克认为，动物的基本学习方式是试误学习，人类的学习方式可能要复杂一些，但本质是一致的。他从动物学习研究中，试图揭示普遍适用于动物和人类学习的规律。根据实验的结果，桑代克提出了众多的学习律，其中主要有以下几种。

(1)准备律(law of readiness)。准备律是指学习者在学习开始时的预备定势。当某一刺激与某一反应准备联结时，给予联结就引起学习者的满意，反之就会引起烦恼。

(2)效果律(law of effect)。如果个体对某种情境所起的反应形成可变联结之后伴随着一种满足的状况，这种联结就会增强；反之，如果伴随的是一种使人感到厌烦的状况，这种联结就会减弱。

(3)练习律(law of exercise)。练习律是指一个学会了的反应的重复将增加刺激—反应之间的联结。也就是说，刺激—反应之间的联结，练习和使用越多，就越得到加强，反之会变弱。

桑代克认为学习就是建立或改变联结的过程。学习的效果即联结是否正确建立以及建立联结的强弱，其重点是学习的过程也就是建立联结的过程。

桑代克的主要贡献就是运用实验的方法研究学习，并奠定了联结派学习理论的基础；主要局限就是简化了学习过程的性质，只能解释简单机械的学习，未能提示学习的意识性与能动性，未能区分人类学习与动物学习的本质区别。

2. 华生的刺激—反应说

华生认为人类的行为都是后天习得的，环境决定了一个人的行为模式，无论是正常的行为还是病态的行为都是经过学习而获得的，也可以通过学习而更改、增加或消除。他认为查明了环境刺激与行为反应之间的规律性关系，就能根据刺激预知反应，或根据反应推断刺激，达到预测并控制动物和人的行为的目的。他认为，行为就是有机体用以适应环境刺激的各种躯体反应的组合，有的表现在外表，有的隐藏在内部，在他眼里人和动物没什么差异，都遵循同样的规律。华生提出了众多的学习律，其中主要有以下几种。

(1)频因律。频因律是指在其他条件相等的情况下，某种行为练习得越多，习惯形成得就越迅速，练习的次数在习惯形成起着重要的作用。

(2)近因律。近因律是指当反应频繁发生时，最新近的反应比较早的反应更容易得到加强，也就是说有效的反应总是最后一个反应。

华生的主要贡献就是将巴甫洛夫理论引进学习领域，促成行为主义学习理论的形成，但他也只能解释较简单的低级学习。

3. 斯金纳的操作法条件反射和强化说

斯金纳认为，一切行为都是由反射构成的，任何刺激—反应单元都应看作反射。斯金纳将有机体的行为分为两类：应答性行为和操作性行为。应答性行为是由已知的刺激引起的，操作性行为是由人本身发出的。应答性行为包括所有的反射在内，如用针刺激一下手，手马上就会缩回来；当遇到强光时，眼睛马上就会收缩等。而操作性行为由于一开始不是与已知的刺激相联系，因而是自发的行为，如唱歌、开车、打电话及上网等，人类的大多数行为都是操作性行为。这两种行为具有不同的条件作用形成机制，即巴甫洛夫的经典式条件反射和操作性条件反射，操作性条件反射是不同于经典条件反射的另一种基本的学习机制。

斯金纳在条件反射理论中提出了“强化原则”，他把学习看作行为得到不断强化的过程，并对强化原理进行了系统的研究，使强化理论得到了完善的发展。他根据操作性条件作用原理设计的教学机器和程序教学曾经风靡世界。

斯金纳程序教学的基本方法：向学习者呈现一个小单元的信息(称为框面)作为刺激，学习者通过填空或回答的方式做出反应，然后由反馈系统对该反应做出评价。反应错误就告诉学习者错误的原因；反应正确就得到强化，学习者就可以进入第二个框面的学习。“刺激—反应—强化”的过程不断反复，直到学习者完成一个程序的学习。斯金纳的学习理论推动了程序教学运动的发展，使行为科学和教育技术的结合进入了一个更为密切的阶段。除此之外，程序教学的思想在个别化教学、计算机辅助教学等教学形式中也发挥了重要的作用。但斯金纳否定教师的主导作用，忽视了学习过程中人的主观能动性的发挥。因此，他的理论尚存在不足之处。

（二）认知主义

认知学派源于格式塔心理学，这个学派认为学习是人们通过感觉、知觉得到的，是由人脑主体的主观组织作用而实现的，并提出学习是依靠顿悟，而不是依靠尝试与错误来实现的观点。认知主义的主要代表人物有苛勒、皮亚杰、布鲁纳和加涅等。

认知主义学习理论的基本观点如下。

(1)认为学习的实质并非是一连串的刺激与反应的直接联结，而是知识的重新组织，重视人在学习活动中的主体价值，充分肯定了学习者的自觉能动性。

(2)学习过程不是渐进的尝试与错误的过程，而是突然顿悟和理解的过程。

(3)学习的外在强化并不是学习产生的必要因素，在没有外界强化的条件下也会出现学习。应该强调的是学习的内在动机与学习活动本身带来的内在强化作用，强调智慧理解作用、人的能动作用、人与环境相互作用。学习是智能的培养过程，是认识再认识的过程。

认知主义学习理论认为：学习本身作用于环境，人的大脑的活动过程可以转化为具体的信息加工过程。人既然生存在自然环境中，必然要与所处的环境进行信息交换；人作为认知的主体，相互之间也会不断交换信息。人总是以信息的寻求者、传递者，甚至信息的形成者的身份出现，人们的认知过程实际上就是一个信息加工的过程。人们在对信息进行处理时，也像通信中的编码与解码一样，必须根据自身的需要进行转换和加工。认知主义学习理论促进了计算机辅助教学向智能教学系统的转化，人们通过对人类的思维过程和特征的研究，可以建立起人类认知思维活动的模型，而计算机的快速发展和应用更在一定程度上完成了人类教学专家的工作。

（三）建构主义

建构主义(constructivism)思想源自关于儿童认知发展的理论(认知加工学说)，其主要代表人物有维果茨基、皮亚杰和布鲁纳等。建构主义者认为，儿童是在与周围环境相互作用的过程中，逐步建构起关于外部世界的知识，从而使自身认知结构得到发展的。由于个体的认知发展与学习过程密切相关，因此利用建构主义可以较好地说明人类学习过程的认知规律，即能较好地说明学习如何发生、意义如何建构、概念如何形成，以及理想的学习环境应包含哪些主要因素等。

因此，在建构主义思想指导下形成了一套新的比较有效的认知学习理论——建构主义学习理论，并在此基础上实现较理想的建构主义学习环境。

建构主义学习理论是行为主义发展到认知主义以后的进一步发展，用乔纳生的话说，是向与客观主义更为对立的另一方向发展。

建构主义学习理论的基本内容可从“学习的含义”(关于“什么是学习”)与“学习的方法”(关于“如何进行学习”)这两个方面进行说明。

1. 建构主义对学习的基本解释

建构主义认为，知识不是通过教师传授得到的，而是学习者在一定的情境即社会文化背景下，借助其他人(包括教师和学习伙伴)的帮助，利用必要的学习资料，通过意义建构的方式而获得的。因此建构主义学习理论认为“情境”“协作”“会话”和“意义建构”是学习环境中的四大要素或四大属性。

(1)情境。学习环境中的情境必须有利于学生对所学内容的意义建构。这就对教学设计提出了新的要求。也就是说，在建构主义学习环境下，教学设计不仅要考虑教学目标分析，还要考虑有利于学生建构意义的情境的创设问题，并把情境创设看作教学设计的最重要内容之一。

(2)协作。协作发生在学习过程的始终。协作对学习资料的收集与分析、假设的提出与验证、学习成果的评价直至意义的最终建构均有重要的作用。

(3)会话。会话是协作过程中的不可缺少环节。学习小组成员之间必须通过会话商讨如何完成规定的学习任务的计划。此外，协作学习过程也是会话过程，在此过程中，每个学习者的思维成果(智慧)为整个学习群体所共享，因此会话是达到意义建构的重要手段之一。

(4)意义建构。这是整个学习过程的最终目标。所要建构的意义是指事物的性质、规律以及事物之间的内在联系。

2. 建构主义对学习方法的认识

建构主义提倡在教师指导下的、以学习者为中心的学习。也就是说，既强调学习者的认知主体作用，又不忽视教师的指导作用，教师是意义建构的帮助者、促进者，而不是知识的传授者与灌输者。学生是信息加工的主体、是意义的主动建构者，而不是外部刺激的被动接受者和被灌输的对象。学生要成为意义的主动建构者，就要求学生在学习过程中从以下几个方面发挥主体作用。

(1)要用探索法、发现法去建构知识的意义。

(2)在建构意义过程中要求学生主动去收集并分析有关的信息和资料，对所学习的问题要提出各种假设并努力加以验证。

(3)要把当前学习内容所反映的事物尽量和自己已经知道的事物相联系，并对这种联系加以认真的思考。“联系”与“思考”是意义构建的关键。如果能把联系与思考的过程与协作学习中的协商过程(交流、讨论的过程)结合起来，则学生建构意义的效率会更高，质量会更好。协商有“自我协商”与“相互协商”(也叫“内部协商”与“社会协商”)两种：自我协商是指自己和自己争辩什么是正确的；相互协商则指学习小组内部相互之间的讨论与辩论。

3. 关于建构的几种途径

建构学习理论中学习者以自己的理解方式建构新知识意义的途径，主要有以下几种。

(1)支架式建构。支架式建构即指当建构新材料 A 时，先有同性质的材料 B 的知识，将有助于材料 A 的学习。

(2)抛锚式建构。抛锚式建构即指当建构新材料 A 时，先呈现一组概念，从而有助于材料 A 的学习。

(3)引导式建构。引导式建构即指为了建构新材料 A，可以选用一种材料 B 的学习来引入材料 A 的学习，使材料 A 的意义在材料 B 的基础上更易理解。

(四)混合式学习

混合式学习(B-learning)是最近十年提出来的一种新的学习模式，是国际教育界对以美国为代表的“E-learning”实践进行深入反思之后提出的概念。他们认为，只有将传统学习与网络化学习结合起来，使两者优势互补，才能获得最佳的学习效果。这一观念已取得国际教育技术界的共识，各教育机构正在就此进行深入研究并实践。

在我国，混合式学习的概念则是在 2003 年 12 月 9 日由北京师范大学何克抗教授在南京召开的第七届全球华人计算机教育应用大会上首次提出并获得认可的。何教授认为，所谓混合式学习就是要把传统学习方式的优势和网络化学习的优势结合起来，也就是说，既要发挥教师引导、启发、监控教学过程的主导作用，又要充分体现学生作为学习过程主体的主动性、积极性与创造性。

目前国际上普遍认可的混合式学习的定义是：在“适当的”时间，通过应用“适当的”学习技术与“适当的”学习风格，对“适当的”学习者传递“适当的”能力，从而取得最优化的学习效果的学习方式。

从教与学的角度来看，混合式学习就是将传统课堂中的面对面学习，和学习者基于某种网络教学平台，在助学者(教师)的指导下有组织、有计划、有明确的学习目标的在线学习进行有机结合，实现两者优势互补的一种学习方式。无论是对全日制的在校学生学习，还是对远程接受培训的学员学习，这种学习方式都是最为有效的。在这种学习方式中，学生是主体、教师是主导者的角色非常明确。

混合式学习模式的提出并应用凸显了现代教育技术的发展对人们学习行为、学习方式带来的影响。

二、 教学理论

（一）赞可夫的发展教学理论

赞可夫是苏联著名的教育家、心理学家。赞可夫先后撰写了120多篇科研论文和15部著作。他的《教学与发展》《和教师的谈话》《教学论与生活》等书在苏联被誉为“教师必备书”。他把毕生精力献给了“教学与发展问题”的实验研究。教学要走在发展的前面，促进学生的发展。通过长期广泛的教学实验，赞可夫提出了发展教学理论的五条教学原则。

1. 以高难度进行教学的原则

教学要有一定的难度。赞可夫认为：这个概念的含义之一是指克服障碍；另一个含义是指学生的努力。“以高难度进行教学，能引起学生在掌握教材时产生一些特殊的心理活动过程。”教学内容要充分满足学生的求知欲和利用学生的认知的可能性，用稍高于学生原有水平的教学内容来教学生。“只有走在发展前面的教学才是最好的教学。”

2. 以高速度进行教学的原则

赞可夫认为教学进度太慢，大量的时间花在单调的重复讲授和练习上，阻碍了学生的发展。他主张从减少教材和教学过程中的重复中求得教学速度，从加快教学速度中求得知识的广度，从扩大知识的广度中求得知识的深度。

3. 理论知识起主导作用的原则

赞可夫根据实验的观察材料指出：学习者知识的获得、技巧的形成是在一般发展的基础上，在尽可能深刻理解有关概念、法则及其之间的依存性的基础上实现的。掌握理论知识，对于事实材料和技能的规律能加深理解，使知识结构化、整体化，方便记忆；理论知识可以揭示事物的内在联系，掌握理论知识后能够把握事物规律，然后拓展思想，实现知识迁移，调动思维的积极性，促进一般发展。

4. 使学生理解学习过程的原则

这一原则要求学生在理解知识本身的同时，也理解知识是怎样学到的，也就是教材和教学过程都要着眼于学习活动的“内在”机制，教学生学会怎样学习。概括地说，要发展学生的认知能力，培养学生的自学能力，才有利于学生的发展。

5. 使全体学生都得到一般发展的原则

赞可夫认为：教学要面向全体学生，特别是要促进差生的发展，教材必须适合大多数学生的学习水平；教学要以实验为基础，多做实验，增强学生的感性认识，发展学生的观察能力；用知识本身来吸引学生使他们感到学习是一种乐趣，体会到克服学习困难后得到精神上的满足和喜悦，以此增强学生学习的内部诱因；教学中要注意设计好教与学的思路，重视知识的前后联系、融会贯通；启发思考，适时练习、及时反馈、矫正等。用这些方法，持之以恒，使全体学生都得到一般发展是可以做到的。

（二）布鲁纳的“结构—发现”教学理论

杰罗姆·布鲁纳是美国著名的心理学家、教育家。他认为学习是个体主动的认知过程，提倡发现学习。教师需要为学生创造一个适合进行发现学习的环境，激发学生的学习积极性。这在很大程度上要依赖媒体来完成。

1.“结构—发现”教学理论的基本观点

要掌握一门学科，不但要掌握其基本结构，还要掌握这门学科的基本态度和方法。因为要真正有效地发展学生的智力，取决于合理的教学方法。布鲁纳强调，必须把教学材料与教学方法结合起来，提倡在学习学科基本结构时广泛使用发现法。教学过程就是在教师的引导下学生发现的过程。

2.“结构－发现”教学理论的要点

(1)“结构－发现”教学理论强调学习的过程。

布鲁纳认为，在教学过程中，学生是一个积极的探究者。教师的作用是要形成一种学生能够独立探究的情境，而不是提供现成的知识。学生学习的主要目的不是要记住教师和教科书上所讲的内容，而是要学生参与建立该学科的知识体系的过程。所以，布鲁纳强调，学生不是被动的、消极的知识的接受者，而是主动的、积极的知识的探究者。

(2)“结构－发现”教学理论强调直觉思维。

直觉思维与分析思维不同，它不是根据仔细规定好了的步骤来思维，而是采取跃进、越级和走捷径的方式来思维的。布鲁纳认为，大量事实都表明，直觉思维对科学发现活动极为重要。直觉思维的形成过程一般不是靠言语信息的，尤其不是靠教师指示性的语言文字的。直觉思维的本质是映象或图像性的。所以，教师在学生的探究活动中要帮助学生形成丰富的想象，防止过早语言化。与其指示学生如何做，不如让学生自己试着做，边做边想。

(3)“结构－发现”教学理论强调内在学习动机。

在布鲁纳看来，学生在一般教学条件下，学习的动机往往很混乱。有些学生谋求好成绩，是为了一些外部动机，如为了得到或避免教师和家长的奖励或惩罚，或为了与同学竞争。而布鲁纳更重视的是形成学生的内部动机，或把外部动机转化成内部动机。发现活动有利于激励学生的好奇心。学生容易受好奇心的驱使，对探究未知的结果表现出兴趣。所以，布鲁纳把好奇心称为“学生内部动机的原型”。

布鲁纳认为，与其让学生把同学之间的竞争作为主要动机，还不如让学生向自己的能力提出挑战。所以，他提出要形成学生的能力动机，就是使学生有一种提高才能的驱动力。通过激励学生提高自己才能的欲求，从而提高学习的效率。事实表明，对自己能力是否具有信心，对学生学习的成绩有一定的影响。

(4)“结构－发现”教学理论强调信息的提取。

布鲁纳对记忆过程持比较激进的观点。他认为，人类记忆的首要问题不是贮存，而是提取。尽管这从生物学上来讲未必可能，但现实生活要求学生这样。因为学生在贮存信息的同时，必须能在没有外来帮助的情况下提取信息。提取信息的关键在于如何组织信息，知道信息贮存在哪里和怎样才能提取信息。为此，布鲁纳在让学生学习 30 对单词的一项实验中，将学生分成两组，第一组只要他们单纯记住单词，第二组要学生设法把每对单词造成一个句子。结果发现，第二组的学生能复述其中的95%，而第一组的学生的回忆量不到50%。所以，学生如何组织信息，对提取信息有很大的影响。学生亲自参与发现事物的活动，必然会用某种方式对信息加以组织，从而对记忆具有最好的效果。

（三）范例教学理论

范例教学理论的代表人物是德国教育家瓦根舍因和克拉夫基。范例教学理论是指教师在教学中选择真正基础的、本质的知识作为教学内容，通过“范例”内容的讲授，使学生学到举一反三，掌握同一类知识的规律的方法。运用此法的目的不是获得知识与技巧，而是获得良好的学习态度和认识批判、解决问题的能力以及继续学习的能力；在于促使学生独立学习，而不是要学生复述式地掌握知识，要使学生所学的知识迁移到其他方面，进一步发展所学的知识，以改变学生的思维方法和行动的能力。

范例教学理论提出了实现其基本思想的各种教学原则，其中基本性原则、基础性原则和范例性原则是最重要的三条原则。

基本性原则：要求教师向学生传授一门学科的最基本的要素，包括基本概念、基本结构和基本科学规律。

基础性原则：以学生的经验为基础，使学生在教学过程中获得更深化的新的经验，一种带有能照亮心灵的闪光点的经验，或者说使他们建立一种新的思维结构。

范例性原则：通过精选范例这一沟通学习者主观世界与教学内容这一客观世界的桥梁，来使教学达到基本性原则和基础性原则的要求。

三、　教育传播学理论

（一）传播的概念和类型

1. 传播的概念

传播原指“通信、传达、联系”之意，后专指信息的交换与交流。传播是自然界和人类社会的普遍现象，从远古的生物进化，到当代形形色色的社会活动，无不涉及信息的传播和利用。广义的传播可理解为“大自然中一切信息的传送或交换”，包括植物、动物、机器、人所进行的信息传播。狭义的传播主要指人所进行的信息传播，而且又分为人的内在传播(或称自我传播)、人与人的传播。

2. 传播的类型

传播通常包括人际传播、组织传播、大众传播和教育传播。

教育传播是由教育者按照一定的要求，选定合适的信息内容，通过有效的媒体通道，把知识、技能、思想、观念等传递给特定的教育对象的一种活动，是教育者和受教育者之间的信息交流活动。它的目的是促进学习者的全面发展，培养社会所需的各种人才。

与其他传播活动相比，教育传播具有以下特点。

(1)明确的目的性。教育传播是以培养人才为目的的活动。

(2)内容的严格规定性。教育传播的内容是按照教学计划和教学大纲的要求严格规定的。

(3)受者的特定性。相对于大众传播的受众人多、复杂、分布散、隐匿的特点，教育传播的受众则是人少、单纯、集中、身份明确。

(4)媒体和传播通道的多样性。在教育传播中，教育者既可以充分发挥口语和形体语言的作用，又可以利用板书、模型、幻灯、电视、多媒体网络等；既可以是面对面的交流，又可以是远距离的传播。

（二）教育传播要素

在教育传播中，构成传播系统的要素包括教育者、教育信息、受教育者、教育媒体、教育环境等。

1. 教育者

教育者是教育传播系统中具备教育教学活动能力的要素，是系统中教育信息的组织者、传播者和控制者，如学校中的教师、社团中的指导者、学生家长等。学校中直接面对学生进行教育教学活动的教师是最重要的教育者。教师的首要任务是发送教育信息，因此从这个意义上说，“教师”这一名称并不局限于上讲台的教师，还应包括教育管理者和教材编制者等，而且在特定条件下，教学机器也可以成为教师，即“电子教师”。在教育传播活动中，教师起着“把关人”的作用，传播什么内容，利用什么媒体，都是由教师决定的。因此，教师必须能实现教育传播系统的整体目标，使学生在德育、智育、体育、美育、劳动诸方面都得到和谐的发展。而要完成这一重任，教师必须做好设计、组织、传递、评价等工作。

2. 教育信息

教育信息是教育传播系统的主要要素之一，是指以物理形式出现的教育信息。教育传播过程是一个信息交流的过程，自始至终充满了教育信息的获取、传递、交换、加工、储存和输出。在教育信息传播过程中，主要的信息是教学目标信息、预测学生信息、教师传送信息、实践教学信息、家庭教育信息、大众传媒信息、人际交往信息、学生接受信息和学生反馈信息等。

3. 受教育者

受教育者是施教的对象，一般说就是接收教育信息的学生。在教育传播过程中，学生首先要接收传播信号，如阅读教科书和参考书，认真听取教师的课堂讲授，视听其他多种教学媒体，视听大众传播媒体，参加教学实践与社会活动等。然后，要对所接收的信息进行加工与储存，即将接收到的信号转换为语言符号或非语言符号，再将这些符号和已有的经验进行比较、分析、判断，得到符号的信息本义。但在教育传播过程中，学生对教育信息的接收并不是机械的、被动的，在大多数情况下，学生是主动地接受教育信息，甚至是有选择地去接收与理解教育信息。

4. 教育媒体

在教育传播通道中，教育媒体是必不可少的要素。教育媒体就是载有教育、教学信息的物体，是连接教育者与学习者双方的中介物，是人们用来传递和取得教育、教学信息的工具。各种教育、教学材料，如标本、直观教具、教科书、教学指导书、教学幻灯片、电影片、录音带、录像带、课件等，都属于教育媒体。随着计算机技术、网络技术的迅猛发展，多媒体网络技术已被教育传播系统广泛采用，成为师生间重要的联系方式。

5. 教育环境

教育环境是影响教育传播效果的重要因素，其内容是复杂的和多方面的，如社会、经济、科技、文化、风俗习惯及各种自然物、人工物等，都是教育传播环境中不可忽视的因素，其中影响较大、较直接的有校园环境、教室环境、社会信息、人际关系、校风、班风等。

（三）教育传播过程

教育传播过程是一个由教育者借助教育媒体向受教育者传递与交换教育信息的过程。通过信息的控制，这些要素之间相互作用，形成一个连续的动态过程。这一过程可分为六个阶段：确定教育传播信息；选择教育传播媒体；通道传送；接收与解释；评价与反馈；调整再传送。

（四）教育传播模式

传播学者研究传播过程，都毫不例外把传播过程分解成若干个要素，然后用一定的方式去研究这些要素之间的相互联系与相互作用，这样就构成了多种多样的研究传播过程的模式。下面介绍几种有代表性的模式。

1. 亚里士多德传播模式

如图 1-3 所示，亚里士多德传播模式清晰地列举出了传播的要素，适合公众演说类传播，但对传播过程没有明确的说明。

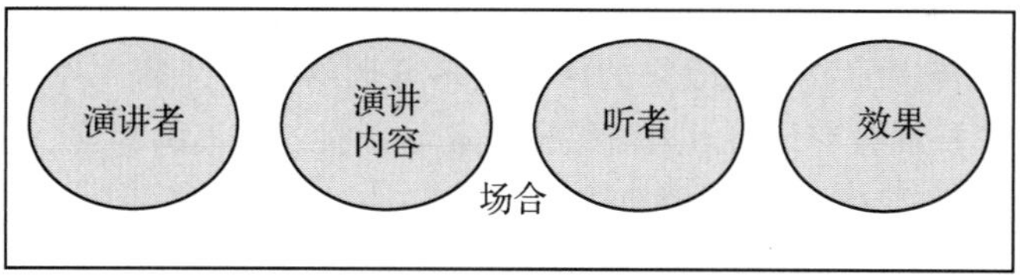

图 1-3　亚里士多德传播模式图

2. 拉斯韦尔传播模式

如图 1-4 所示，拉斯韦尔传播模式在大众传播中获得了广泛的应用。它率先开创了传播学模式研究方法之先河。他认为描述传播行为的一个简便方法是只需回答下列五个问题：谁(Who)、说了什么(Says What)、通过什么渠道(In Which Channel)、对谁(To Whom)、取得什么效果(With Which Effects)。

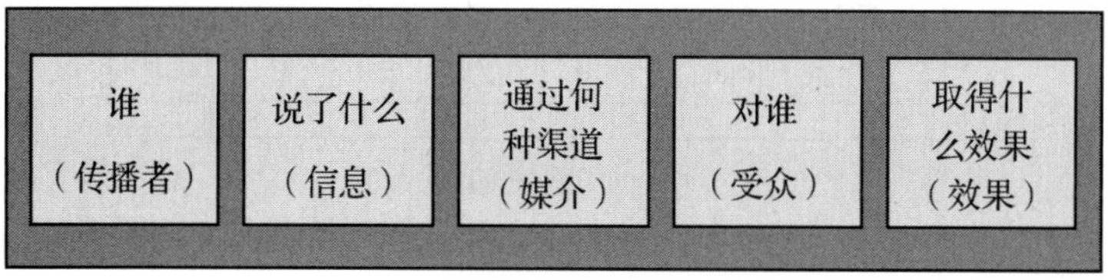

图 1-4　拉斯韦尔传播模式图

拉斯韦尔传播模式只是一种单向传播模式，它忽视了传播过程中反馈因素的存在，认为只要传播者发出信息，就会对受传者产生影响，就会取得传播效果。这个模式虽然有一定的局限性，但它对传播学的发展曾起到过重大的推动作用，而且至今在传播学中，这种传播模式仍占据一定的地位，具有一定的影响力。

3. 香农—韦弗传播模式

如图 1-5 所示，香农—韦弗传播模式虽然是从特殊的电报通信中发展起来的，但它能用来解释人类的一般传播过程，成为其他许多传播模式的基础。它系统考虑了“信息”与“信号”之间的转换关系，运用数学模式测量信息量、信号与通道容量。同时还分析了传播中不可避免的障碍因素—“噪音”的问题。但由于香农—韦弗模式描述的是电子通信过程，而且是一个直线单向的过程，缺少反馈的环节，所以不能应用于人类的社会传播。

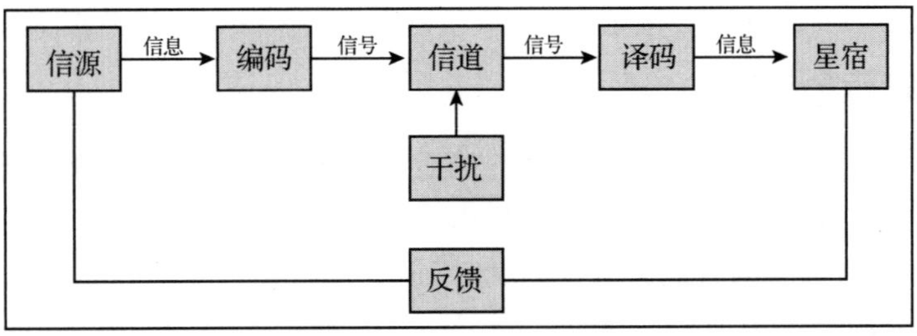

图 1-5　香农—韦弗传播模式图

4. 贝罗传播模式

如图 1-6 所示，贝罗传播模式很好地提示了教育传播的规律，指出了教育传播过程中，影响和决定教学信息传递的效率和效果的因素是多方面的、复杂的，各要素间既相互联系，又相互制约，因而要提高教育传播效果需综合研究与考察各方面的因素。但其不足是没有考虑“反馈”的环节，也没有考虑传播中的干扰因素。

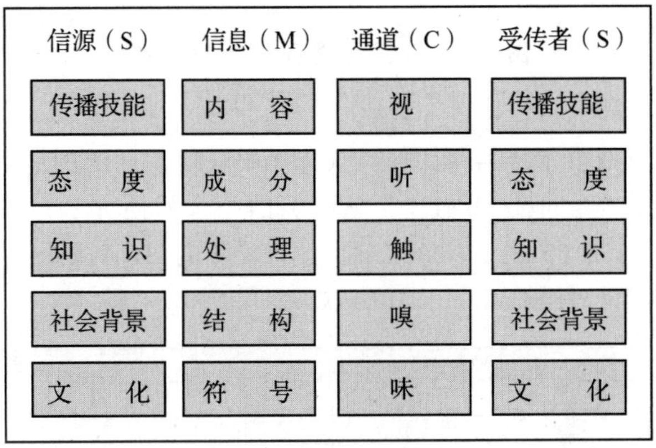

图 1-6　贝罗传播模式图

（五）教育传播的基本方式

根据教育传播中传播者与受传者的关系结构，可以将教育传播分为以下四种方式。

1. 自学传播

自学传播是指没有专职教师当面传授的一种教育传播方式。自学者自定学习目标，从四周可能的环境中寻找合适的教师替身。平常较多的是选择自学的教材，即根据学习要求选购相应的书籍、录音带、录像带和课件等学习材料，自定步调学习。

2. 个别传播

教育传播最早的时候即采取这种方式，是传播者与受传者单独面授知识和经验的一种教育传播方式。尽管这种教育传播方式相当古老，但因为它的效果显著而沿用至今。

3. 课堂传播

课堂传播是当前学校普遍采用的教育传播方式，学生的学习主要依据课本和教师的语言讲解，即主要通过语言和文字符号进行。这种传播方式有利于发挥教师的主导作用，教师能科学地组织教学过程，充分考虑情感因素在学习过程中的重要作用，学生能快速、有效地掌握知识技能，有利于培养学生的合作精神和竞争意识。

4. 远程传播

远程传播是非面对面的传播活动，又称远距离传播。远程传播一般认为经历了函授教育、电视教学、网络教育三个阶段。其中，网络教育即现代远程教育，是利用网络技术、多媒体技术等现代信息技术手段开展的新型教育形式，是以利用现代网络为主要教学手段的教育，以面授教学、函授教学和广播电视(视听)教学为辅助，以学习者为主体，学生和教师、学生和教育机构之间主要运用多种媒体和多种交互手段进行系统教学和通信联系。需要指出的是，随着现代通信技术的发展和变化，远程传播的手段和方式也在不断发展变化。

（六）教育传播的基本原理

教育传播的最终目的，是要取得良好的教育传播效果。这一过程须遵循一些原理。其中利用媒体进行传播的几个主要原理如下。

1. 共同经验原理

教育传播是一种信息传递与交换的活动，教师与学生的沟通必须建立在双方共同经验的范围内。一方面，对学生缺乏直接经验的事物，要利用直观的教育媒体帮助学生获得间接的经验；另一方面，教育媒体的选择与设计必须充分考虑学生的经验。

2. 抽象层次原理

抽象层次高的符号，能简明地表达更多的具体意义。但抽象层次越高，理解便越难，引起误会的机会也越大。所以，在教育传播中，各种信息符号的抽象程度必须掌握在学生能明白的范围内，并且要在这个范围内的各抽象层次上下移动。

3. 重复作用原理

重复作用是将一个概念在不同的场合或用不同的方式去重复呈现。它有两层含义：一是将一个概念在不同的场合重复呈现。如在几个不同的场合下接触某个外语生词，以达到长时记忆。二是将一个概念用不同的方式去重复呈现。如同时或先后用文字、声音、图像去呈现某一概念，以加深理解。

4. 信息来源原理

有权威、有信誉的人说的话，容易为对方所接受。资料来源直接影响传播的效果。因此，在教育传播中，作为教育信息主要来源之一的教师，应树立为学生认可的形象与权威。所用的教材与教学软件，其内容来源应该正确、真实、可靠。

四、 系统科学理论

系统科学理论是系统论、信息论、控制论的统称，它既是现代自然科学、社会科学及思维科学发展综合的结果，又是一切科学领域的普通的科学方法。在系统科学理论思想的指导下形成的教育信息论、教育系统控制论、教育学、教育传播学以及教育技术的心理学基础构成现代教育技术理论。它成为现代教育理论的基础，是对学习过程和学习资源进行设计、开发、运用、管理和评价的理论依据。

信息论是由美国数学家香农创立的，他于 1948 年发表了《通讯的数学理论》，为信息论奠定了基础。信息论简要地说是关于各种系统中信息的计量、传递、变换、存储和使用的规律的科学。

教育信息论是研究教育过程中"人—人"关系系统(师生间的教育关系系统)、信息如何传递、变换和反馈的理论。

控制论的主要创立者与奠基人是美国数学家维纳，他的《控制论》于 1948 年出版。控制论在教育领域中应用所形成的理论称为教育控制论。它是研究教育系统中，运用信息反馈来控制和调节系统的行为，从而达到既定教学目标的理论。

控制论在教育领域中应用所形成的理论称为教育控制论。它是研究教育系统中，运用信息反馈来控制和调节系统的行为，从而达到既定教学目标的理论。教育控制系统是以提高教学效果和教学质量为控制目标，以信息流为主要传输形式的系统。根据教育控制论，为了实现教学目标，首先要明确优化教学的五个指标。

(1)时间(t)，进行教学所用的时间(一节课、一学期、一学年为所用的时间单位)。

(2)教学信息量(u)，按信息量计算教学内容(如印刷符号、知识点等)。

(3)负担量(c)，学生消化、理解教学信息所用的时间(包括预习、复习、作业等)。

(4)成本(s)，为进行该教学活动所需要的经费。

(5)成绩(w)，学生对所学的教学内容回答的正确率。

即用较少的时间学较多的知识，而且学生不感到压力大、负担重，学习成绩好，素质和能力得到培养，教学成本合理，这就表示教学最有效果。因此，要取得最好的效果，需要对教学目标、教学内容、教学形式、学生、教学手段、教学结构、教学程序和教学质量实行全面系统的控制。

系统论由美籍奥地利生物学家贝塔朗峰创立，他于1947年发布了《一般系统论》，为系统论奠定了基础。

系统论在教育实践中应用所形成的理论，称为教育系统论。教育系统论把教育视为一个系统，组成系统的要素是教师、学生、教育信息、环境、媒体等。教育系统论促使我们以系统、综合的观点来考察教育教学过程与现象，运用系统的方法将整个教育体系看作由相互联系的部分组成的一个系统，对具体的教育过程进行系统分析和研究，来解决教育教学的问题。也就是从系统的观点出发，坚持在系统与部分之间、系统与外部环境之间的相互联系、相互作用、相互制约等关系中考察、研究系统，以求得对教育问题最优化的处理。

运用系统科学论和方法，特别是运用从中提炼和抽象出来的系统科学的基本原理即反馈原理、有序原理和整体原理，对研究现代教育技术和指导其实践有着重要的意义。

因此，优化的课堂教学十分重视从教学整体进行系统分析，综合考虑课堂教学过程中的各个要素，包括教学目标明确、教学模式方法的选择、教育媒体的选择组合和环境资源的利用、学生认知水平的评价等，并注意各要素之间的配合、协调，发挥系统的整体功能，从而达到优化教学的目的。

五、 现代教育技术与儿童学习

随着现代教育技术的飞速发展，现代教育技术已逐渐走入幼儿园的教育教学中。其中美国的苏姗·霍兰德是幼儿教育技术研究与实践的开拓者，其发展适宜性的幼儿教育技术的学术思想对美国学前教育信息化发展产生了重要的影响。其思想与研究对我国如何在幼儿教育中恰当使用现代教育技术也有很好的借鉴价值。霍兰德作为幼儿教育技术的开拓者，她对于现代教育技术在幼儿教育领域的应用价值充满乐观，但同时也保持谨慎的态度。她认为信息技术在应用得当的情况下，也许是在促进幼儿发展上迄今为止所发明的最为强大的工具。

运用现代教育理论和现代信息技术，通过对儿童学习过程、学习资源、游戏以及主题活动等的设计、开发、运用、管理和评价，有利于学前教育的理论与实践的优化，提高教育教学质量，更好地促进儿童的全面发展。信息技术在促进幼儿更为主动的学习、更为独立的学习、更为个性化的学习、增强问题解决技能等方面具有潜在的价值。归纳起来，现代教育技术在幼儿学习中有如下作用。

第一，营造良好的课堂学习环境。

教师可以在精心设计幼儿园活动的基础上，利用多媒体的再现功能和交互式功能进行与幼儿教育教学相关的环境创设，给幼儿以直观的刺激，激发他们的兴趣，让他们主动去探索，使得他们能够成为学习的主体，使他们的学习能力得到很好的提升。同时，利用网络技术，将活动室创设为科学屋，也能充分激发幼儿主动探索的欲望。

第二，有效突破科学活动的重难点。

科学教材一般比较抽象，理解起来有一定的难度。如果仅仅运用传统的教学手段，依据幼儿现有的知识、经验与积累，很难理解。这时如果能全面引入计算机模拟或视频演示多媒体技术等方式来呈现，运用形象生动的画面、悦耳动听的声音，使抽象的事物形象化，使许多只能意会不可言传的东西具体化，必将有效突破科学活动的重难点。例如，风、雨、雷、电或者动植物的认识通过信息技术再现，让幼儿身临其境，不但解决了教师枯燥的说教，而且让幼儿在快乐中丰富了生活经验。

第三，积极培养幼儿的创新精神。

幼儿的身心尚未发育完全，因此，直观的刺激远比抽象的事物更能让他们理解。多媒体所具有的形象、直观的特点，不仅能够为幼儿营造出生动有趣的具体情境，培养幼儿的认知、兴趣，还能够适时创造出崭新的现实生活中所没有的景象，培养幼儿的创新精神。幼儿的兴趣越浓，其注意力就会越集中，观察也会越仔细，反应也会越清晰，思维自然也会越积极。充分利用幼儿的学习动机来激发幼儿的学习积极性与创新意识，是教师常用的教学策略之一。例如，在一次美术活动"图形的联想"课堂中，教师让幼儿先欣赏一段动画：由一些基本的图形缓慢移动，组成了一幅画，如三角形和长方形组成了树、圆形和三角形组合成小鸟，幼儿看到这些画面，在备感惊奇的同时，也会跃跃欲试。教师又及时引导幼儿亲自来操作，将几个图形进行组合，然后再适当地添画，很快幼儿感受到了创作的乐趣。这充分展示了幼儿的想象力，体现了他们的创新能力。

适当、合理地运用现代教育技术，对幼儿的学习有着积极的作用与深远的影响。

第三节　幼儿教师教育技术素养

一、　学前教育与现代教育技术

随着人们对学前教育事业认识的逐步提高以及教育现代化水平的日趋完善，幼儿园现代教育技术的应用有了很大的进展。幼儿园现代教育技术的应用和发展，拓宽了幼儿接受信息技术教育的范围。现代教育技术进入幼儿教育领域已是大势所趋，不再是点缀，而是幼儿园管理、园本文化、家园互动以及教与学等活动中必不可少的组成部分。学前教育信息化主要指根据幼儿发展的规律，在学前教育的各个环节广泛运用现代教育技术的手段与方法，以优化学前教育效果，提高学前教育效率，并最终促进学前教育发展的过程。提到对幼儿教育的影响，主要可以从四个维度来讲：幼儿、幼儿教师、家长和幼儿园。

（一）幼儿

幼儿接触到的信息化产品越来越多，如 iPad、手机、多媒体设备等，为幼儿提供丰富的信息和更多的成长机会，可以促进幼儿语言发展、数学思维和信息素养方面能力的发展。从幼儿维度来说，多媒体课件鲜艳生动的图像、动静结合的画面，可以唤起幼儿的学习兴趣。通过多感官接受学习信息，可以营造一种快乐学习的氛围，比传统的口耳相传的学习方式更有优势。

（二）幼儿教师

首先，利用教育技术构建教学资源库与资源共享的交流平台，幼儿教师可以通过移动终端，如使用手机随时随地备课，然后上传分享给其他老师，这大大减轻了教师的负担。

其次，提升幼儿教师的教研水平。通过 QQ 群、公众号、微信群，幼儿教师可以一起交流、研讨；最大的好处是，新手幼儿教师也可以轻松完成备课工作。最后，学前教育可以借助平台，对幼儿教师做到最低教育质量的控制和保障，而且省时省力。这对幼儿教师的影响是非常好的。

（三）家长

针对家长，多种家园沟通平台，让幼儿的学习看得见、生动形象、有选择的自由，又能得到幼儿教师与家长的及时反馈，家长和幼儿教师也可以直接上传孩子的照片信息，建立一种信息共享、互换、互动的家园联系。不管家长在哪里，只要有网络，就能通过手机实时了解孩子的情况，及时和幼儿园的教师完成沟通分享。

（四）幼儿园

教育信息化技术对幼儿园的影响也是非常大的。现代教育技术同样也带来了幼儿园教学模式的改变，不仅是幼儿教师教的模式、幼儿学的模式、家园联系模式都发生了巨大的改变。幼儿园的多媒体信息设施设备的配置情况也是一个幼儿园信息化程度的象征，幼儿园有多媒体设备，对幼儿园的招生也会有很大的帮助。

二、 幼儿教师教育技术基本素养

在教育现代化的发展进程中，幼儿教师必须将师德放在首位，热爱学前教育事业，具有职业理想、践行社会主义核心价值体系，关爱幼儿，尊重幼儿，为人师表，做幼儿健康成长的启蒙者和引路人。在此基础上，幼儿教师还要具备较高的人文素养、专业素养、教育教学技能和科研能力，并为了让自己和幼儿适应信息时代的发展要求，努力提高自身的现代教育技术素养。从人文层面上来讲，现代教育技术素养反映了教师面对现代教育技术的心理状态；从技术层面上来讲，现代教育技术素养反映了教师利用现代教育技术的能力。总体来说，现代教育技术素养是指教师对教育教学和教育技术理论与方法的掌握、运用和创新水平的总体体现。在教育现代化进程中，教师应具有的现代教育技术素养包括知识素养、能力素养、情识素养、评价素养和创新素养五个要素。

（一）知识素养

知识素养是指有关现代教育技术的基础知识和基础理论，它要求幼儿教师掌握现代教育技术的概念和相关知识，熟悉各种资源和环境在教与学过程中的不同作用及其优缺点。

（二）能力素养

掌握现代教育技术基础知识和基本理论的目的是获得教育技术并应用于教学实践的技能，将现代教育技术知识整合到教育教学实践中。能力素养是指幼儿教师运用现代教学媒体进行教学实践的技能，包括教学设计、信息能力以及运用现代教学媒体等的水平。

（三）情识素养

幼儿教师要能够意识到教育技术是其专业素质的必要组成部分，教育技术的有效应用对于优化教学过程、培养创新型人才有着重要的作用；对教育技术保持支持、接纳、合理使用与不断提高的思想与行为；具有利用教育技术进行终身学习以实现专业发展与个人发展的意识与态度。

（四）评价素养

评价素养是指教师利用现代教育技术进行教学评价的水平。评价素养要求教师选择合适的评价方法和现代教育技术，正确评价幼儿的学习水平；使用多种评价方法，从不同角度衡量学习者将现代教育技术用于学习、研究、交流和解决问题的能力；收集和分析数据、解释结果、交流最终成果，以改进教学实践。

（五）创新素养

创新素养是指幼儿教师运用信息技术进行教育创新、活动与游戏设计，提高自身的教研水平。

现代教育技术素养由上述五个要素相互作用构成一个整体。在现代教育技术素养中，知识素养是基础，能力素养是核心，情识素养是知识素养和能力素养的中介，评价素养对知识素养和能力素养起调控作用，创新素养可实现知识迁移，促进个人教学与能力提高。

三、 幼儿教师教育技术应用能力

进入21世纪以来，随着以信息技术为核心的教育技术的迅速发展，现代教育传播媒体被越来越广泛地应用于我国大中小学和幼儿教育领域中。例如，很多幼儿园都开设了信息技术活动课。作为幼儿教师，除了具备普通教师所应有的教育技术能力外，还应该结合学前儿童身心发展的特点和幼儿园教育教学活动的具体情况，大胆创新，不断提高教育技术应用的能力，全面促进幼儿的身心发展。幼儿教师主要应具有以下教育技术应用能力。

（一）计算机基本操作和应用能力

现代教育技术是以计算机技术和网络技术为基础的。幼儿园的信息技术应用也大多以计算机技术为重点，所以，幼儿教师必须熟练掌握计算机操作，并具有较强的应用能力。当然，这一能力的培养不是教育技术课程的任务。

（二）正确选择媒体的能力

教育技术为幼儿教育提供了丰富的教学手段。这些手段的应用能起到吸引幼儿注意力、激发幼儿兴趣、创设情境、激发幼儿想象力、培养思维能力、激发幼儿探索欲望、培养幼儿认知能力等作用。但同时要结合幼儿的年龄特点、学科特点、教学活动形式等恰当选择媒体，才能达到良好的教学效果。

（三）课件制作能力

幼儿教学中要大量使用多媒体教学，必然要求幼儿教师能根据教学实际制作多媒体课件。因此幼儿教师必须掌握课件的制作技术，包括多媒体素材(如图像、视频、音频等)的收集、制作和合成技术。

（四）教育资源开发和应用的能力

幼儿教师在教育教学中必然要用到大量的教学资源，这些资源有的已经存在，需要查找，有的待新创作或对已有资源进行改造，这就要求教师必须具有教育资源开发和应用的能力。

（五）应用网络、闭路电视、校园广播等现代媒体的能力

教育技术能营造良好、温馨的园本文化，这不仅能为幼儿提供一个身心愉快、主动学习和全面发展的良好环境，培养及提高幼儿的个性、情感、认知、行为、思维等综合素质，而且对于幼儿园的健康持续发展也会起到巨大的推动作用。因此建立和整合校园网、广播站、闭路电视等信息平台实行联动教育，通过交互系统实现家园共育，教育资源共享，不仅能为家长和教师提供双向互动的便利渠道，而且对于培养幼儿的综合素质也能起到事半功倍的效果。幼儿教师应该努力提高网络和各种现代媒体等方面的应用能力。

第四节　幼儿园课程的信息化教学设计

一、 教学系统设计的含义

教学设计是以获得优化的教学过程为目的，以传播理论、学习理论和教学理论为基础，运用系统方法分析教学问题、确定教学目标、建立解决教学问题的策略方案、试行解决方案、评价试行结果和修改方案的过程。

形象地说，教学设计是为教师在教学理论、学习理论与教学实践之间架设的一座桥梁，是把教学理论与学习理论转换为教学实践的一门桥梁科学。

教学设计有以下基本特征。

教学设计是以系统方法和设计观为指导，探索解决教学问题的有效方案，目的是实现效果好、效率高和富有吸引力的教学，最终促进学习者的学习和个性的发展。因此，教学设计活动是一种系统而非偶然的随意的活动，需要考虑系统与要素、结构与功能、过程与状态之间的关系而进行综合设计。

教学设计是以关于教和学的科学理论为基础的。由于这种科学理论是对教学现实的假设性说明，因此教学设计的产物是一种规划、一种教学系统实施的方案或能实现预期功能的教学系统。

教学设计是一种产生学习经验和学习环境，提高学习者获得特定知识、技能的效率和

兴趣的技术过程。在信息时代背景下，这一特征更加被凸显出来了。

教学设计是一种具有创造性、学科性、决策性的研究活动，它是背景范畴、经验范畴和组织化的知识范畴三方面综合作用的产物。教学设计既要遵循教学设计规律，又应具有创造性的特征，两者不可混为一谈。

教学设计具有非常强烈的社会交往性，它受到背景因素、社会因素、教学设计者、实施者、学习者等多方面的限制和制约。教学设计是一项系统工程，它的设计工程和设计产品是教学设计专业人员、学科教师、媒体制作人员等共同努力的结果。

二、 信息化条件下教学设计的一般模式及要素分析

所谓模式就是以一定的结构和顺序呈现或表述现实。教学设计过程模式的主要作用是确定教学设计的步骤，并对教学问题的解决提供特定的指导作用，如图 1-7 所示。

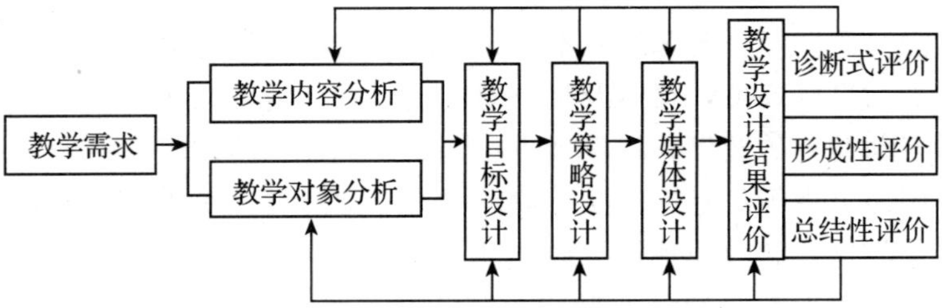

图 1-7　教学设计过程图

（一）教学内容分析

教学内容分析是教师对教学基本材料进行认知加工的过程。

(1)教学内容的基本内容和表述结构。

(2)学习教学材料要达到的目标任务(知识的获得、技能的提高、态度的转变)。

(3)教学内容对学习类型的要求：简单的语义性知识的学习、复杂的程序性知识的学习、高级的策略性知识的学习。

(4)教学内容与前后教学内容的内在联系和逻辑必然。

(5)教学内容的已知与新知的确认。

（二）教学对象分析

(1)学习者年龄特征及思维方式分析。

(2)学习者学习风格分析。

(3)学习者信息素养分析。

(4)学习者与教学内容相关的已有知识经验水平的分析。

现代的学习者是在信息时代中成长起来的。计算机网络环境是新型的教学环境，网络教学强调学习者通过计算机网络与教师、同学等产生各种联系，并进行自主学习与协作学习，实现知识的意义建构。因此，分析学习者的特征，即不同的学习能力和学习风格的学生在学习内容的处理、学习方法的运用、信息资源的选择方面的差别，并据此进行信息化

教学设计，是很有必要的。

（三）教学目标设计

教学目标——通过教学活动，预期学生在知识获得、能力的提高、情感态度的转变上所产生的变化。

1. 教学目标分类

(1)知识与技能。

(2)过程与方法。

(3)情感、态度与价值观。

教学目标是教学活动中师生共同追求的，而不是由教师操纵的。因此，目标的主体显然应该是教师与学生。教学目标确立了知识与技能、过程与方法及情感、态度与价值观三位一体的课程教学目标，它与传统课堂教学只关注知识的接受和技能的训练是截然不同的。体现在课堂教学目标上，就是注重追求知识与技能、过程与方法，情感、态度与价值观三个方面的有机整合，突出了过程与方法的地位，在教学目标的描述中，要把知识技能、能力、情感态度等方面都考虑到。

2. 教学目标设计的基本要求

(1)教学目标的全面性：在三个领域、三个维度上设计教学目标。

(2)教学目标的明确性：内隐与外显相结合表述教学目标。

(3)教学目标的适应性：与教学内容的一致性、与学生状态的适应性、与前后教学的连贯性。

3. 教学重难点的确认

(1)教学重点。

与达成教学目标具有直接的重要作用的教学内容是教学重点。教学重点常常表现为基本的概念、原理、规则、公式等；教学重点具有客观性，不受教学对象、教学条件等因素的影响；教学重点是把教材内容与教学目标综合起来的认识结果。

(2)教学难点。

教学难点是学生通过教材的学习达成教学目标所产生的困难。教学难点常表现为已有的相关经验不足、教学内容过于抽象不好理解、微观或宏观的事物不易充分感知等；教学难点具有可变性，不同地域、不同文化背景下的学生学习同样的教材，达成同样的教学目标遇到的困难是不同的；确认教学难点应把教材内容、学生状态和教学目标综合起来加以思考。

（四）教学策略设计

教学策略是对完成特定的教学目标而采用的教学活动程序、教学方法、教学组织形式和教学媒体等因素的总体思考。它主要是解决教师“如何教”的问题，是教学设计研究的重点。

1. 教学策略特点

(1)指示性和灵活性——指向具体的教学目标；不同的教学目标需要应用不同的教学策略。

(2)复合性——没有任何单一的策略适用于所有的教学活动；教学目标的有效达成，是多种策略综合运用的结果。

(3)多样性——最好的教学策略是在一定情况下达到特定目标的最有效的方法论体系。在教学实践中存在多种多样的教学策略。

2. 设计教学程序的根据

教学策略是一种警示和宣言，是向盲目教学活动的警示，是向教书匠告别、向研究型教师迈进的宣言。教学策略的提出意味着教师要从执行者转变为决策者。教学目标不同，学生的学习方式不同，所选择的教学策略也不相同。但作为教学活动，也有一般的、共性的基本教学策略。安排教学程序的根据如下。

(1)学生认识活动的规律：生动的直观→抽象的思维→实践。

(2)达成教学目标的需要：达成几个维度的教学目标。

(3)学生的学习方式：接受式学习、启发式学习、研究性学习，基于 Internet 的自主探究学习和网络支持的协作学习。

3. 教学方法的选择

(1)语言的方法——讲授、谈话、讨论。有利于在教师的启发引导、学生的思维想象中传播教学内容；有利于在反馈与评价中提高教学传播的针对性；有利于在智慧资源的整合与共享中理解和消化教学内容。

(2)直观的方法——演示、参观、见习。有利于向学生提供直观经验；有利于课堂教学与社会实践建立联系；有利于知识的学习与知识的应用建立联系。尤其是在信息技术条件下，可以综合运用多种媒体进行演示，模拟与仿真的设计，有利于学生直观、动态地理解教学内容，掌握重要的知识点，突破学习的难点。

(3)实践的方法——练习、实验、实习。有利于知识学习与应用的结合；有利于知识的验证与巩固；有利于能力的提高和技能、技巧的形成。

（五）教学媒体设计

为了达到预期的教学目标，在丰富多彩、功能各异的教学媒体中选择哪些并如何组合才是最合适、最有效的呢？大多数的研究者对这个问题都没有肯定的结论。而且使用同一种媒体序列在不同教学目标的教学中，效果可能完全不同。因此，每一次教学设计都应考虑媒体的选择。媒体选择的注意事项如下。

(1)媒体选择要适当——根据目标、学生、教学内容选择媒体。

(2)媒体展示要适时——根据展示目的选择应用时机。

(3)媒体应用要适度——不能不用，不能全用。

在信息技术环境下，媒体的种类较传统媒体更多、更先进。在选择媒体时，同样要讲究恰当、适用的原则，不能为了体现教学中使用了多种媒体而堆砌不必要的媒体。

（六）教学设计结果评价

评价是课堂教学设计过程的一个重要环节，对提高课堂教学的设计质量具有重要的意义。

1. 诊断性评价

诊断性评价是指在教学活动开始前，对评价对象的学习准备程度做出鉴定，以便采取相应措施使教学计划顺利、有效实施而进行的测定性评价。诊断性评价的实施时间，一般在课程、学期、学年开始或教学过程中需要的时候。其作用主要有二：一是确定学生的学习准备程度；二是适当安置学生。

2. 形成性评价

形成性评价是对学生日常学习过程中的表现、所取得的成绩以及所反映出的情感、态度、策略等方面的发展做出的评价，是基于对学生学习全过程的持续观察、记录、反思而做出的发展性评价。其目的是“激励学生学习，帮助学生有效调控自己的学习过程，使学生获得成就感，增强自信心，培养合作精神”。形成性评价使学生“从被动接受评价转变成为评价的主体和积极参与者”。

3. 总结性评价

总结性评价一般是在教学活动告一段落后，为了解教学活动的最终效果而进行的评价。学期末或学年末进行的各科考试、考核都属于这种评价，其目的是检验学生的学业是否最终达到了各科教学目标的要求。

由于我国信息化教育开展的时间不长，信息化教学设计不仅缺少理论研究作支撑，而且实践经验也不足。再加上网络教学资源还不能完全满足现行新课程教学的需求，新的教学评价体系和手段尚未健全，同时还受到教学环境、教学硬件设施、教师信息技术水平等的限制。要做好“信息化教学设计”，还需要我们继续努力，在理论指导下实践，在实践中完善理论，充分地利用现代信息技术这一手段来为我们的教学服务。

三、 信息技术与幼儿课程整合

（一）信息技术与幼儿课程整合的含义

信息技术与幼儿课程整合是将幼儿园课程的各个部分、要素有机地组合在一起，形成一个整体的课程，它更能让幼儿全面和谐地在自主的活动中发展，有计划、有步骤地培养幼儿成为主动积极有效的学习者。

（二）信息技术与幼儿课程整合的目标

信息技术与幼儿课程整合不仅是把信息技术作为辅助教或辅助学的工具，更强调利用信息技术来营造一种新型的教学环境。该环境：

(1)支持实现情境创设、启发思考、信息获取、资源共享、多重交互、自主探究、协作学习等多方面要求。

(2)实现一种既能发挥教师主导作用又能充分体现学生主体地位的，以“自主、探究、合作”为特征的教与学方式。

(3)实现学生的主动性、积极性、创造性较充分地发挥。

(4)使传统的以教师为中心的课堂教学结构发生根本性变革(教学结构变革的主要标志是师生关系与师生地位作用的改变)。

(5)使学生的创新精神与实践能力的培养真正落到实处。

(三)信息技术与幼儿课程整合的途径

1. 有效利用信息技术进行多角度的课程整合

(1)利用信息技术在课程内容上实现整合。

课程改革中的幼儿课程具有两大特色：一是突出经验性，强调幼儿更适宜于运用多种感官，以直接体验和自主操作为主的活动性的学习方式；二是强调各种活动的总和，即幼儿课程应指向幼儿的一日活动。

(2)利用信息技术在课程形式、方法及手段上实现整合。

形式、方法及手段的整合可以在课程设计的过程中进行，也可以在教育活动展开的过程中进行，但较为重要的是在现实的教育活动中进行的整合。这种整合需要教育实践的经验，需要对幼儿活动水平的洞察能力，还需要教育活动组织的应变能力。而这些经验能力恰恰是确保整个教育整合取得成绩的关键。

幼儿的一日活动包括了多种多样的活动。这些活动可以大致分为专门的学习活动、游戏活动以及生活活动。利用现代信息技术的即时性、相关性等特点来加强各类活动之间的有机联系，发挥这些活动的互补作用，做到在生活中学习，在游戏中学习，学习联系生活、利用生活，使一日生活成为一个真正的教育整体。

2. 信息技术与课程整合应坚持的四个原则

(1)整合课程内容要坚持系列性。

首先，要从互联网中众多的日常生活经验里，选择出适用于幼儿的日常生活经验，然后进行合理地整合，才能引导幼儿对日常生活中司空见惯的现象加以关注、概括和交流，以此激发幼儿进行探究、发现。其次，利用信息技术选择幼儿可以理解的社会信息。现代社会中的幼儿已不再生活在一个狭隘和封闭的空间里，社会信息通过电视等各种现代信息手段和渠道，不断渗透到幼儿的生活中并影响着幼儿。教师不妨由此引导幼儿开展积极地讨论，这类整合活动不仅能使幼儿的语言得到充分发展，而且也会使他们的社会责任感得到培养。最后，依靠网络数据库的力量选择幼儿可接受的科技发展信息。时代的快速发展使幼儿有机会感受或了解到许多科技信息。他们不再拘泥于拼插积木、电动玩具，而更多地对新的科技现象产生极大的兴趣，想去了解、去探究、去发现。这类内容整合无疑能大大帮助幼儿积累有益的生活经验，为幼儿的将来打下扎实基础，促进幼儿和谐、全面的发展。

(2)整合课程参与要坚持全员性。

整合课程应当是师生共同参与探求知识的过程，教师不再作为知识权威的代言人全面控制课程的组织与开展，而更多的是以支持者、合作者和引导者的身份出现。幼儿也不再是知识的被动接受者，而应成为课程发展的积极参与者，他们的需要、兴趣、经验、探索和体验将受到高度重视。

(3)整合课程实施要坚持多样性。

幼儿是在自身与周围环境中的人、事、物相互作用过程中获得发展的。教师从主题选择、内容规划到活动设计，必须有机整合集体、小组、区域活动，引导幼儿在探索中发现并学习，在乐趣中得到发展。这就促使我们在实施整合课程时必须改变以上课为主的传统观念，而且要以活动为主，以游戏、参观、制作等多样性活动作为基本的组织形式。因而，在整合课程实施的过程中，一定要合理利用好信息化教学设备，将生活活动、户外活动、参观活动、野外活动等都有机结合到课程整合的范畴里。

(4)整合课程评价要坚持主体性。

整合课程评价要坚持主体性：一是评价要适应学生的认识和实践能力；二是评价能满足学生个人的主体需要。《幼儿园教育指导纲要(试行)》在教育内容与要求中指出，“要从不同的角度促进幼儿情感、态度、能力、知识、技能等方面的发展”“要避免仅仅重视表现技能或艺术活动的结果，而忽视幼儿在活动过程中的情感体验和态度的倾向”。凸显幼儿“自主、自信”这样一种主体精神，为幼儿创设宽松自由的环境，从兴趣和需要出发，引导幼儿主动参与，自主选择，这是检验整合课程评价坚持主体性的重要标准。面对这种标准，充满多样性、趣味性的信息化教学手段在整个教学活动就显得尤为必要了。

3. 引入计算机信息技术优化课程教学

在平时的教学中，我们也可以引入以计算机为核心的新型教学模式，它对优化教育过程、提高教学质量、巩固教学效果等方面也都能起到积极的作用。

在当今的幼儿园课程中，信息技术与课程整合更多的是作为一种教育理念渗入幼儿园的课程编制与实施过程中。

实践活动

表 1-1 幼儿教学活动设计应用

(以下为幼儿中班算术课的教案设计与设计思路)

数字捉迷藏
活动目标 1. 通过玩游戏(课件)，找出数量为 3 的动物，激发幼儿对数字的兴趣。 2. 通过玩游戏，找出潜藏在画面中的数字，提高幼儿对数字轮廓的记忆。 3. 享受成功的喜悦，提高幼儿的自信心。
活动准备 1. 找到幼儿喜欢的鲜艳亮丽的动物图片及数字图片素材。 2. 利用课件的交互性制作出游戏式的课件。 3. 1～10 的数字卡片。 4. 将幼儿分成三个小组。

续表

活动过程

1. 游戏导入。

小朋友们，我们生活中隐藏着很多数字，可以说数字无处不在，那谁能说一下在生活中你是在哪儿找到数字的？(电话上、格尺上、校车上、书上……)今天我们来玩一个游戏，首先请大家找出数量为 3 的动物，让它们坐在火车上，好不好？

2. 玩游戏，找数字。

(1)教师请幼儿上来找数量为 3 的动物。

①通过玩游戏，幼儿在试错的过程中达成一致的认识，找准了数量为 3 的动物：小鸡与小猪。

②通过游戏，让幼儿明白了不同数量所代表的数字。

(2)教师通过图片，让幼儿找出隐藏在其中的数字。

教师通过展示图片，让幼儿以玩游戏的形式，请不同小组的幼儿找出不同的数字(1～10)，这时幼儿通过所学数字的大概轮廓比较顺利地找出了 10 个不同的数字。

①通过图片与游戏的结合，让幼儿进一步认识、区分与巩固 10 个数字的轮廓。

②通过游戏，让幼儿在愉快、轻松的环境中巩固记忆了 10 以内的数字。

(3)分发数字卡片，将幼儿分组：让幼儿说出是数字几。

①通过数字卡片，进一步检验与巩固幼儿对数字的认识。

②通过小组协作，让幼儿轻松认识不同的数字。

3. 小结。

这么多数字，你们最后都能准确找到，太厉害了。那我们把数字变得更难一些，你们还能找到它们吗？那我们下节课再继续玩吧！小朋友们再见！

设计思路

这是幼儿园中班的一次数学教学活动，目标是让幼儿学习数字识别。

数字捉迷藏

在教学前，教师根据幼儿的特点：喜欢直观、生动形象的图片，喜欢游戏的方式(在“玩中学”的特点)，教师利用计算机技术精心设计了该节课的课件(包括寻找课件所需的素材，精心处理图片，利用 PPT 制作出交互型很强的交互型课件)，创设了良好的学习情境。在整个教学过程中，教师通过引导，让幼儿以“玩游戏”的形式，完成了教与学的任务。在这一过程中，幼儿始终处于学习主体地位，教师起主导作用。另外，通过分组，以相互竞争与协作的形式，在比较轻松愉快的环境中，完成了教学任务，培养了幼儿的协作精神。幼儿在享受成功喜悦的同时，增加了他们的自信心。

此活动充分运用现代教育技术，打破传统集体教学中简单抽象教学的方式，运用交互式多媒体课件，以游戏的方式，启发幼儿对数字与量的认知与理解，突出了重点，突破了难点，实现了信息技术与幼儿课程很好地融合，达到了较好的教学效果。

本章小结

本章阐述了教育技术的概念和教育技术在教育改革中的作用，介绍了教育技术发展过程，教育技术的理论基础，以及教学设计的一般过程，指出了幼儿教师掌握教育技术的重要性和必要性，提出了幼儿教师必须具有的教育技术能力。了解这些知识对于我们认识教育技术、学习教育技术具有推动作用，最后实现信息技术与幼儿课程的整合，达到理想的教与学的效果。

思考与练习

1. 教育技术的概念是什么？
2. 建构主义的要点是什么？
3. 什么是教学设计？结合某一个幼儿园教学活动内容写出一个教学设计案例。
4. 幼儿教师应具备的教育技术能力有哪些？

第二章　现代教学媒体及应用

本章学习提示

教学理论研究与实践表明：现代教学过程实质上是现代教育信息传播的过程，它包含传播者、信息、媒体与接受者四个要素。现代教学媒体是连接教育者、教学信息、学习者的重要工具，直接影响教学活动的全过程与结果。了解与掌握现代教学媒体相关理论知识及操作技能，对于提高教学质量与效率，开展个性化、多样化教学有着十分重要的意义。因此，在本章我们主要学习常见现代教学媒体的特点，学习在教学中如何选择现代教学媒体。

本章学习目标

1. 了解现代教学媒体的相关概念、分类、特性及作用。
2. 掌握现代教学媒体的选用原则、依据及方法。
3. 了解常见视觉媒体的特点及教学应用。
4. 了解常见听觉媒体的特点及教学应用。
5. 了解常见视听觉媒体的特点及教学应用。
6. 了解现代教学环境的特点及教学应用。
7. 了解流媒体及流媒体技术。

第一节　现代教学媒体概述

一、 现代教学媒体的概念

（一）媒体与教学媒体

在了解教学媒体前，我们先了解什么是媒体。“媒体”一词来源于拉丁语“Medium”，是英文“media”的译名，意思为“两者之间”。媒体也称为媒介，是指信息在传递过程中，从信息源到受信者之间承载并传递信息的载体或工具，也可以指实现信息从信息源传递到受信者的一切技术手段。媒体有两层含义：一是承载信息的载体；二是指存储和传递信息的实体。媒体突破了人的感官限制，延伸了人的感觉能力，提高了人认识与理解事物的能力。从书本、图片、报纸、杂志、电影、电视、电话、录音机到计算机、网络、通信卫星等，它们都属于媒体范畴。

在教与学的过程中，当媒体用来存储和传递教学信息时，被称为教学媒体。教学媒体是载有教学信息的媒体，是连接教育者与学习者双方的中介物，是人们用来传递与取得教学信息的工具。并不是所有的媒体都是教学媒体，只有当某种媒体被赋予明确的教学目的、教学内容和教学对象时才能被称为教学媒体。例如，电影、电视，当其作为大众休闲、娱乐对象时只能称作媒体，而当其作为教学内容并有明确教学目的与教学对象被搬上荧屏时则为教学媒体。

（二）教学媒体的发展

教育史学研究者们认为，人类教育史上发生过三次重大的教育技术革命，现在正进行着第四次革命。第一次革命是将教育年轻人的责任从家族手中转移到专业教师手中。第二次革命是把书写作为与口语同样重要的教育工具。第三次是印刷术的发明和教科书的普遍使用。第四次就是电子技术、通信技术和信息处理技术飞跃发展所带来的结果，即电子传播媒体在教育领域的广泛应用。由此可见，一种新型媒体的出现与应用，必将导致教育史上的一场重大革命。这四场革命也确立了教学媒体的四个发展历史阶段，如图 2-1 所示。

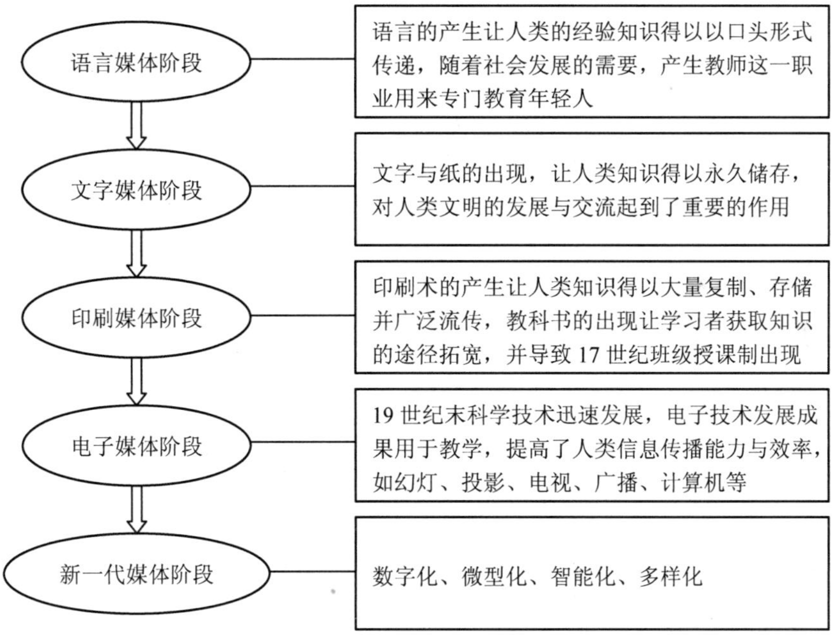

图 2-1　教学媒体的发展阶段

二、现代教学媒体的分类、特性及作用

（一）现代教学媒体的分类

随着科学技术的进步，教学媒体的种类越来越多，性能也越来越好。究竟如何对某种媒体进行分门别类呢？由于着眼点不同，对媒体的分类方法也不尽一样。例如，按媒体的表达手段可分为口语媒体、印刷媒体和电子媒体；按信息传播方向可分为单向传播媒体

(如电影、电视)和双向传播媒体(如网络聊天室、视频点播系统等)；按其运用现代科技成果的情况可分为传统教学媒体与现代教学媒体。传统教学媒体包括语言、文字、印刷材料、图片、黑板、模型和实物教具以及教师的各种表情、体态等，这些媒体历史悠久，使用方便，一直是传递教育教学信息的重要媒体，在未来的教育教学活动中，仍将是不可或缺的工具。现代教学媒体是随着近代科学技术的发展而产生的，本章主要探讨各种现代教学媒体的基本特点及其在教学中的应用。

现代教学媒体按作用于人体感官及信息的流向可分为以下几种。

(1)视觉媒体。发出的信息主要作用于人的视觉器官的媒体，如幻灯、投影、普通光学照相机、视频实物展示台、大屏幕电子投影仪等设备以及相应的教学软件。

(2)听觉媒体。发出的信息主要作用于人的听觉器官的媒体，如电视机、录音机、CD唱机、MP3 播放器、语言实验室等设备以及相应的教学软件。

(3)视听觉媒体。发出的信息主要作用于人的视听觉器官的媒体，如电视机、录像机、摄像机、无线电视系统、闭路电视系统等设备以及相应的教学软件。

(4)多媒体(综合媒体)。多功能、多方面、多方位作用于人的感觉器官的媒体，且具有交互性，如多媒体教学系统、计算机网络教学系统、程序教学机、学习反应分析机等设备以及相应的教学软件。

现代教学媒体可以不受时间、空间的限制，逼真、系统地呈现各种动态事物，向学习者提供生动具体的事物形象。利用现代教学媒体不仅可以提供费用低、花时少、没有危险的模拟实验和丰富翔实的参考资料，还可以综合运用多种媒体，提高教学信息的传输效率的同时达到事半功倍的效果。

(二)现代教学媒体的特性

教学媒体除了具备一般媒体的固定性、扩散性、重复性、组合性、工具性等共同特性之外，还有自己独有的个别特性。各种现代教学媒体承载信息的符号是不同的，因而对受信者产生不同的刺激，使其所表现的教学功能与特性各不相同。教学媒体主要有以下个性特征，参见表 2-1。

表 2-1 常见教学媒体的个性特征

教学特性 \ 媒体种类		录音	幻灯	电影	广播电视	电视录像	计算机
重现力	即时重现	√				√	√
	事后重现		√	√		√	√
表现力	空间特征		√	√	√	√	√
	时间特征	√		√	√	√	√
	运动特征			√	√	√	√
	声音特征	√		√	√	√	√
	颜色特征		√	√	√	√	√

续表

教学特性＼媒体种类		录音	幻灯	电影	广播电视	电视录像	计算机
传播力	无限接触				√		√
	有限接触	√	√	√		√	√
参与性	感情参与	√		√	√	√	√
	行为参与		√				√
可控性	易控	√	√			√	√
	难控			√	√		

1. 重现力

重现力指媒体不受时间、空间的限制，能将记录、存储的内容随时重新使用的能力。不同媒体的重现能力是不同的。例如，实时的广播与电视瞬间即逝，难以重现；录音、录像与电影媒体能将记录存储的信息反复重放使用；幻灯、投影与计算机课件也能根据教师与学习者的需求反复重现。

2. 表现力

表现力指各类媒体表现客观事物的时间、空间、声音、颜色以及运动特征的能力。由于信息不是事物本身而是事物的表征，而不同媒体用不同的符号去表征或描述事物，因而对事物运动状态与规律具有不同的表现力。

3. 传播力

传播力指媒体把各种符号形态的信息传递到一定空间范围内再现的能力。有无限接触和有限接触之分。例如，计算机网络和有线电视系统能将信息传送至较为广阔的范围，而幻灯、投影、录音、录像等只能在有限的教学场所播放等。

4. 参与性

参与性指在应用媒体教学时，学习者参与活动的机会。它可分为行为参与和感情参与。例如，电影、电视、广播等媒体，具有较强的表现力与感染力，容易引起学生情感上的反应，从而激发学生感情上的参与；而媒体计算机的交互作用，能使学习者在上网学习过程中根据本人的学习需要去控制学习进程。

5. 可控性

可控性指使用者对媒体操纵控制的难易程度。例如，幻灯、投影、录音、录像及计算机媒体等比较容易操纵，并适合于个别化学习。而对于广播、电视，只能按电台播出的时间去视听，学习者的自主性不强，且不易操纵。

（三）现代教学媒体的作用

现代教学媒体在教学过程中发挥着重要的作用，主要表现在以下几个方面。

1. 有利于形成生动、有趣的教学

现代教学媒体较传统媒体而言更具有吸引学生注意力的作用，不仅能辅助教师更好地教，还能刺激学生积极地学，促进师生的教。例如，生动的画面和形象、动画、特技效果、声音效果、清晰的信息等，都会激发学生的学习兴趣，引起学习动机，促使学生积极思考，主动参与教学。

2. 有利于教学互动

以计算机网络教室、专题学习网站等为代表的现代教学媒体，能不受时间、空间的限制实现师生、生生间的教学互动。教师不仅可以利用现代媒体来向学生传递信息，也可以利用现代媒体来分析、解答和纠正学生在学习中出现的问题，可以与多个学生或组织学生就同一问题进行商讨。

3. 有利于提高教学质量和教学效率

现代教学媒体可以在较短的时间内，向学习者呈现和传递丰富的信息，并调动学习者的各种感官，使学习者容易接受和理解。特别是应用精心设计的教学媒体软件进行教学，可以收到更好的教学效果，这对于提高教学质量和教学效率的作用是显而易见的。

4. 有利于个性化教学

个性化教学被认为是一项重要而有效的教育策略，现代教学媒体的发展促进了个性化教学的发展。以计算机和网络为核心的教学媒体能为所有学生提供适合于他们个人兴趣、能力和经验的学习材料，让他们自主选择学习的时间、地点、内容，这更符合因材施教的原则。

5. 有利于开展特殊教育

身体残疾的学生，由于其身体条件限制，应当接受特殊教育。选择使用适当的现代教学媒体，根据学生的特殊情况，将教学调整和设计到最佳状态，可以收到很好的教学效果。例如，使用专门设计的教学幻灯、投影教材来训练聋哑儿童说话，充分利用他们的视觉感官进行教学，可取得很好的效果；又如，盲童同外界交往主要靠听觉与触觉，可以通过加强他们的听力训练，提高其听力技能以便他们今后更好地学习与生活。

6. 有利于现代教学改革与研究

利用现代计算机网络通信技术、多媒体技术和虚拟现实技术等，根据不同的学习理论，可创设不同的学习条件和情境，探索和实现不同的教学模式，更好地促进学生的学习。例如，WebQuest 网络探究学习就是根据建构主义的学习理论，利用互联网，创设与提供探究学习需要的学习情境与学习资源，让学习者以小组学习的形式来开展学习。

三、现代教学媒体的选用原则、依据与方法

教学媒体选择是指在一定的教学要求和条件下，选出一种或一组适宜、可行的教学媒体。现代教学媒体的选用原则及依据是什么？究竟如何选择合适的教学媒体？这些是我们要探讨的问题。

（一）现代教学媒体的选用原则

在教学系统设计过程中，选择和应用现代教学媒体时应遵循以下几个方面的原则。

1. 总体教学计划与具体教学设计相结合的原则

在教学设计过程中，有目的、有计划地将教学媒体的使用安排在重点、难点的学习内容上，并依据教学目标选择不同的教学媒体。只有既符合教学大纲，又适合教学对象，并结合教学实际条件，能达到教学目标的教学设计方法才能达到预期的教学效果。

2. 教与学相结合的原则

在现代教学中，教师处于主导地位，他们要根据教学大纲的要求，制订教学计划，选择教学媒体，做出教学设计。但在此过程中，教师应分析与研究学生的学习心理，充分调动学生的学习兴趣，让学生积极参与教学过程，发挥其主观能动性，做到教学相长。

3. 媒体优势选择的原则

现代教学媒体种类繁多，各具特色。在具体的教学选择过程中，应本着低成本、高效益的原则，能用黑板加粉笔讲述的问题就不必用幻灯、多媒体课件，力求教学产出与教学投入之比的效益最大化。

4. 适时适量的原则

在教学设计及实施过程中，应根据教学要求与内容，科学掌握与合理安排现代教学媒体的使用时机与时间。例如，播放视频教学录像时，应把握播放的时机，即在讲述什么内容时应播放，还应控制播放时长，能用 5 分钟解释清楚的问题就不需要播放 7 分钟。

5. 及时反馈的原则

目前大多教学媒体都是单向信息传播(如录音、视频)，这就要求教师在教学过程中必须现场指导并及时收集学生的学习反馈信息，并做出相应的教学调整。

（二）现代教学媒体的选用依据

为了达到预期的教学目标，在丰富多彩、功能各异的教学媒体中选择哪一种或哪几种的组合才最为合适、最为有效呢？下面是选择教学媒体所要考虑的几个基本依据。

1. 依据教学目标

教学目标是指导整个教学过程的基本思想。不同的教学目标不仅决定教师的教学活动内容和方式，还决定不同媒体类型和媒体内容的选择。例如，在外语教学中，往往通过文字讲解并辅以各种实例来帮助学生形成语法概念，以达到让学生掌握语法规则的教学目标；而在相同学科的教学中往往通过反映实际情境的动画和语声使学生掌握正确的言语技能这一教学目标。

2. 依据教学内容

学科的内容不同，适用的教学媒体会有区别；同一学科各章节的内容不同，对媒体的要求也不同。例如，在语文学科中，散文和小说体裁的文章的教学可以通过能提供活动影像的媒体来讲解，为学生创设情境，使学生有身临其境的感觉以加深学生对人物情节和主题思想的理解。在数理学科中，有很多定理和法则，由于概念比较抽象，就可以运用动画过程把事物的运动变化规律形象地展现出来以帮助学生对定理和规律的掌握。

3. 依据教学对象

不同年龄阶段的学生其认知结构有很大的差别，教学媒体的选择必须与学生的年龄特征、需要相适应，否则达不到理想的教学效果。比如，小学生的认知特点是以直观形象思维为主，他们的注意力不容易持久集中，可多用幻灯、电影和录像等能生动形象表达信息的内容的媒体，这符合小学生的认知特点。

4. 依据教学条件

教学中能否选用某种媒体，还要看具体条件，其中包括资源状况、经济能力、师生技能、使用环境、管理水平等因素。例如，计算机辅助教学前景看好，但需要投入资金和培训人员。即使传统的投影、幻灯，若教室不具备遮光设备等条件，它们也都无法正常使用。

另外，在实际的选择教学媒体过程中，还有一些因素需要考虑，如时间、地点、实际条件等，因此，在具体选择教学媒体时应全面考虑，合理运用。

归根结底，教学媒体的选择最根本的目的，是要在教学条件许可的情况下，选择或制作那些能获得最佳教学效果的媒体(一种或多种)。当然，对不同的学科、不同的知识点，媒体的选择肯定是不同的。

（三）现代教学媒体的选用方法

为了在教学过程使媒体的选择做到更加合理，人们积累了一系列媒体选择方法，目前普遍使用的有以下几种。

1. 问题选择法

问题选择法实际上是列出一系列有关媒体选择的问题，引导选用者通过思考、回答，逐步发现适用于某种教学情境的媒体。例如，在应用中可以通过回答下列问题决定媒体的选择。

(1)你想通过媒体来为学生提供感性材料还是练习？你打算在课堂上使用还是课后使用？是用于集体讲授还是用于个别化学习？

(2)你所选择的媒体形式，学生有能力使用或理解吗？

(3)教学内容需要借助于图形或图像表征吗？

(4)静止图像还是活动图像更适合于所选内容的学习？

(5)有现成的活动图像资源吗？

(6)教室可以播放 VCD 吗？

……

根据实际情况，问题表列出的问题可多可少；可按逻辑排序，也可不按逻辑排序，有些问题还需要根据前面的问题的回答结果来确定。但最好按某种逻辑排序，以利于选用者较快地把挑选的目光趋向理想的教学媒体。问题选择法相对比较简单，它同时也是其他一些媒体选择法的基础。

2. 成效比计算法

这种方法是在媒体成本与所得到的教学效益之间，通过模糊数值计算来决定对媒体的选择。选择的基本原则就是用较小的成本得到较大的教学效益。美国传播学家 W. 施拉姆提出媒体选择的计算公式是：

媒体选择的概率(P)＝产出的效益/媒体的成本

P 值越大，选择的概率就越高。这种方法的关键是成本和效益的核算，尤其是教学效益一般难以准确核算。

3. 矩阵选择法

矩阵选择法通常是以两维排列，如以教学方法为一维、媒体的技术水平为另一维，将适合使用的典型媒体列入表中，然后根据教学条件选择教学效果最优的媒体来进行教学设计。表 2-2 列举了常用课堂教学方法可选用的一些媒体，按媒体的技术性能(媒体整合性、内容结构性、行为互动性、用户接触面)可分为低技术、中技术和高技术三种。

当然，也以媒体的种类为一维，以教学目标或教学功能或其他考虑因素为另一维，然后用某种评判尺度反映两者之间的关系。评价尺度可用“低、中、高”的级别区分，也可用“适宜”与否(有利、较有利、一般、不利)来表示，也可以用数字和字母符号表示。表 2-3 表示的就是依据教学类型来选择教学媒体的实例图。其中，L 代表“低”，M 代表“中”，H 代表“高”。

表 2-2 常用教学方法的教学媒体选择

教学媒体 / 教学方法	低技术	中技术	高技术
讲解	印刷材料 黑板 录像/录音 实物展示台 书写白板 幻灯/投影	多媒体播放系统 电子讲稿(如 PPT) 概念地图 DVD 语言实验室 电子记录白板 视频广播 Web 资源	多媒体网络教室 虚拟教室 双向视频会议系统 数字语音室 卫星电视 Web 资源/主题资源 电子互动白板 视频流/音频流
演示	录音(如语言、音乐) 录像 幻灯/投影 实物展示台	多媒体播放系统 电子讲稿(如 PPT) 概念地图 模拟演示软件 DVD 音频会议系统 Web 资源	电子互动白板 虚拟现实软件 数字博物馆 双向视频会议系统 卫星电视

续表

教学媒体 教学方法	低技术	中技术	高技术
个别指导	印刷材料(如指导手册) 面谈 电话(课外)	超媒体课件 音频会议系统 语音邮件 Web 资源	个性化教学软件 数字语音室 即时聊天系统 桌面视频会议系统
操练与练习	印刷材料 录音 录像	DVD PC 课件 Web 资源 语音系统/语言实验室	数字语音室 Web 课件 桌面会议系统 音频流
自主学习	印刷材料 录音 录像 E-mail	DVD Web 资源 新闻组 电子图书馆	Web 课件 主题资源 网志(BLOG) 数字图书馆 桌面会议系统 双向视频会议系统
小组讨论	记事本 E-mail 录音	音频会议系统 语音邮件	虚拟学习社区 即时聊天系统 桌面会议系统 Web 电话
全班交流	黑板报/墙报 问答 口头汇报 幻灯/投影	电子小报 音频会议系统 新闻组 电子讲稿(如 PPT)	虚拟学习社区 BBS 电子表决系统 双向视频会议系统 桌面会议系统
合作学习	印刷材料 E-mail 电话	音频会议系统 FTP 传真 语音邮件	虚拟学习社区 桌面会议系统 即时聊天系统 Web 电话

表 2-3　依据教学类型来选择教学媒体实例

教学媒体 \ 学习类别	学习真实信息	学习直观鉴别	学习原理、概念和规律	学习过程程序	完成技能的知觉，运动的运作	发展期望的态度、观点和动机
静止图像	M	H	M	M	L	L
电影	M	H	H	H	M	M
电视	M	M	H	M	L/M	M
三维物体	L/M	H	L	L	L	L
录音	M	L	L	M	L	M
程序教学	M	M	M	H	L	M
演示	L	M	L	H	M	M
印刷教材	M	L	M	M	L	M
口头表达	M	L	M	M	L	M

4. 流程图选择法

这种方法是在问卷选择法的基础上，先对教学过程进行剖析，然后把选择的问题按教学逻辑排成一定的序列(步骤)。每一步骤有一个问题，由选择者决策，决策后再进行下一个问题分支。循序渐进，到回答最后一个问题时，就会对一种或一组媒体进行认定，即选定对特定教学目标适合的媒体是什么。根据不同的教学目标和教学策略，可以有不同的选择流程图。

知识拓展

多媒体教学①

多媒体教学是指在教学过程中，根据教学目标和教学对象的特点，通过教学设计、合理选择和运用现代教学媒体，并与传统教学手段有机组合，共同参与教学全过程，以多种媒体信息作用于学生，形成合理的教学过程结构，达到最优化的教学效果。

多媒体教学其实古已有之，教师一直在借助文本、声音、图片来进行教学。但是从20世纪80年代开始出现了采用多种电子媒体如幻灯、投影、录音、录像等综合运用与课堂教学，这种教学技术又称多媒体组合教学或电化教学。20世纪90年代起，随着计算机技术的迅速发展和普及，多媒体计算机已经逐步取代了以往的多种教学媒体的综合使用地位。因此，现在我们通常所说的多媒体教学是特指运用多媒体计算机并借助于预先制作的多媒体教学软件来开展的教学活动过程。它又可以称为计算机辅助教学(CAI)。

① 多媒体教学[OB/OL]. http://baike.baidu.com/new/439948.htm.

第二节　现代常见教学媒体及应用

教学媒体按照时代特点，即教学媒体出现时间的先后，可以分为传统教学媒体和现代教学媒体。现代教学媒体，是指直接介入教与学的活动过程中，能用来传递和再现教育信息的现代化设备(硬件)，以及记录、储存信息的载体(软件)，如幻灯机和幻灯片、投影器和投影片、录音机和录音带、计算机与 CAI 课件等。软件和硬件两部分缺一不可，必须配合使用。按照媒体作用于人的感官不同，习惯上又将现代教学媒体分为视觉媒体、听觉媒体、视听觉媒体及交互媒体。

一、 现代视觉媒体及应用

（一）视觉媒体

视觉媒体是指呈现视觉信息的媒体，主要有幻灯机、投影器、数码照相机、视频展示台等设备以及相应的教学软件。

（二）视觉媒体的类型

目前在教学过程中经常使用的视觉教学媒体有两类：非投影型视觉媒体和投影型视觉媒体。非投影型视觉媒体就是不需要投影器材而直接就能观看、观察的视觉媒体，教学中普遍使用的是：黑板和粉笔、文字印刷材料、静止图片、模型和实物教具。投影型视觉媒体是指利用放映设备和光学原理将记录在被放映物体上的信息呈现出来并实施教学功能的一类视觉媒体，这类视觉媒体通常由硬件和软件两部分组成，主要包括幻灯机、投影机等。

非投影型视觉媒体大多属于传统媒体，由于不需要用投影器材而可以直接观看，使用方便、灵活，被广泛应用于教学中，在现代科技媒体迅速发展的今天，它已被一些人忽略或被低估了在教学中的重要性。但非投影型视觉媒体拥有的特殊优势与作用，决定了它不会被现代教学媒体替代。相反，它在现代教学传播中将发挥越来越重要的作用，如粉笔与黑板、印刷材料、图示材料、模型与实物教具。其特性见表 2-4。需要说明的是，虽然粉笔与黑板等属于传统视觉媒体，但由于在现代教学传播中仍然发挥着重要的作用，所以还是予以介绍。

表 2-4　几种常用非投影型视觉媒体特性

媒体类型	优势	局限性
粉笔、黑板	①以文字或图示传递信息，直观性强 ②简单、方便、成本低、普及广 ③板书清晰易于调动学生的学习思路	①黑板面积有限，呈现内容不多 ②必须辅以教师讲解 ③粉笔灰影响健康
印刷材料	①具有系统的文字信息传递能力 ②不受时间、空间及设备条件限制 ③易获取、易保存、成本较低	①主要靠文字传递信息，比较抽象 ②出版周期较长，时效性不高

续表

媒体类型	优势	局限性
图示材料	①将抽象的概念具体化、形象化 ②来源广泛、使用方便且价格便宜	①二维图，缺乏立体感 ②静止的，无法表现运动 ③画面尺寸局限致使受教人数、场地受限
模型与实物教具	①表达实物三维特征，更形象具体 ②可拆装，培养学生实践操作能力	易分散学生学习注意力

投影型视觉媒体是采用光学原理在光线较暗的场合下将视觉材料展示在亮度较高的屏幕上，这种视觉媒体需要靠投影器材实现信息的传递。投影型视觉媒体由硬件和软件两部分构成，硬件指与传递教育信息相联系的各种教学机器，如幻灯机、数字投影仪、视频展示台、电子白板等。软件是已承载了教学信息的幻灯片、计算机课件等。目前常用的现代投影型视觉媒体包括数字投影仪、视频展示台、数码照相机、电子白板等。

1. 数字投影仪

多媒体数字投影仪(图 2-2)作为一种新兴的数字显示设备，可以与录像机、摄像机、影碟机和多媒体计算机系统等多种信号输入设备相连，可将信号放大投影到30～400 英寸的屏幕上，获得巨大、逼真的画面，可供多人观看，是计算机教学、演示汇报等活动的必备设备。

图 2-2　数字投影仪

数字投影仪根据工作原理可分为 CRT 投影机：CRT(Cathode Ray Tube)阴极射线管；LCD 投影机：LCD(Liquid Crystal Display)液晶；DLP 投影机：DLP(Digital Light Processor)数码光学处理器。

2. 视频展示台

视频展示台又称实物展示台(图 2-3)，既可以展示各种透明胶片(正负片、幻灯片、投影片等)，也可以展示印刷材料、图片、实物等，已逐渐取代传统的光学投影仪和幻灯机。但是视频展示台只是一种图像采集设备，需要与外部显示设备连接才能将图像显示出来。

目前，主流视频展示台的分辨率为 50 万像素左右，清晰度可达 500 线以上。视频展示台还具有正负片反转、黑白彩色转换、镜像、冻结、图像放大缩小、自动聚焦、多辅助光源等功能。视频展示台可将外部录像机、VCD、DVD 的视/音频信号输入，也可将视/音频信号输出到电视机、投影机、液晶显示器等设备。

图 2-3　视频展示台

图 2-4　数码照相机

3. 数码照相机

数码照相机(图 2-4)是一种能够进行拍摄，并通过内部处理把拍摄到的景物转换成以数字格式存放的图像的特殊照相机。数码相机是集光学、机械、电子于一体的产品。它集成了影像信息的转换、存储和传输等部件，具有数字化存取模式，与电脑交互处理和实时拍摄等特点。光线通过镜头或者镜头组进入相机，通过成像元件转化为数字信号，数字信号通过影像运算芯片储存在存储设备中。数码相机的成像元件是 CCD 或者 CMOS，该成像元件的特点是光线通过时，能根据光线的不同转化为电子信号。

它具有如下特点：①拍照之后可以立即看到图片，从而提供了对不满意的作品立刻重拍的可能性，减少了遗憾的发生；②只需为那些想冲洗的照片付费，其他不需要的照片可以删除；③色彩还原和色彩范围不再依赖胶卷的质量；④感光度也不再因胶卷而固定，光电转换芯片能提供多种感光度选择。

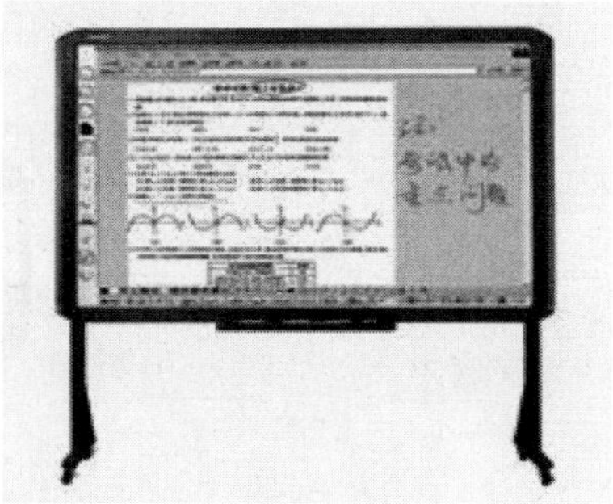

图 2-5　电子白板

4. 电子白板

电子白板(图 2-5)是汇集了尖端电子技术、软件技术等多种高科技研发手段的高新技术产品。它通过应用电磁感应原理，结合计算机和投影机，可以实现无纸化办公及教学，它经历了复印式电子白板和交互式电子白板两个阶段。

(1)复印式电子白板。

复印式电子白板又称“立式手写复印机”。其功能在于可将白板上书写的内容进行扫描并打印出来，过程与普通的复印过程一样，首先由图像传感器件对书写内容进行采集，采集信号经过一定的图像处理后，用热敏、喷墨或其他打印方式输出。除了复印功能外，一些厂家还在此基础上添加了与计算机相连的功能，即可将白板的内容扫描到计算机中，其功能表现上相当于一台扫描仪。

(2)交互式电子白板。

交互式电子白板又称“数码触摸屏”。交互式电子白板可以与计算机进行信息通信，将电子白板连接到计算机，并利用投影机将计算机上的内容投影到电子白板屏幕上，在专门的应用程序的支持下，可以构造一个大屏幕、交互式的协作会议或教学环境。利用特定的定位笔代替鼠标在白板上进行操作，可以运行任何应用程序，可以对文件进行编辑、注释、保存等在计算机上利用键盘及鼠标实现的任何操作。

（三）视觉媒体的教学应用

视觉媒体在各科教学及各阶段教学过程中应用广泛，它们在教学中的作用主要表现在以下几点。

1. 能提高学生的学习兴趣

视觉媒体可以直观形象地再现学生难以看到或不易观察清楚的诸如事物的结构、形态、发展过程，以及各种现象和史料等。它所表现的自然景物、任务形态、图像的复合与抽动、色彩变化以及配音，具有生动性、趣味性和变化性的特点，能引起学生的注意，提高学生的学习兴趣，增强学习效果。

2. 有利于培养学生的思维分析与问题解决能力

利用视觉媒体提供的内容直观形象，使认识的对象由抽象变为具体，有利于学生对事物进行分析综合，从具体形象中抽象出事物的本质属性。例如，在拆装实物模型活动过程中，通过设置问题，让学生主动地动手实践分析问题并解决问题，有利于培养学生的思维分析能力与实践操作能力。

3. 节约教学时间，提高教学效率

使用视觉媒体辅助课堂教学，可以缩短教学时间，提高单位时间的学习效果。例如，课堂上需要演示的复杂图形以及需要板书的文字，可事先制作成幻灯片，上课时，教师根据教学需要投影演示。这样既能加快学生的认知过程，又节省了教师课堂教学时间，提高了教学效率。

二、 现代听觉媒体及应用

听觉媒体指的是承载、传输和控制声音信息的物质材料和工具。在人们获取信息的感觉通道中，听觉仅次于视觉，可见听觉在教学中的重要性。听觉媒体设备的作用主要是对教师讲课进行扩声、对课件中的声音内容进行重现，也被广泛应用在各种活动中，在音乐和语言等教学中音频设备有着更重要的作用。

（一）常见听觉媒体

在现代教学媒体中，常用的听觉媒体设备主要包括传声器、扬声器与音箱、功放、录音机(座)、激光唱机和多媒体计算机的音频部分(声卡)等。其主要功能是采集声音、处理与放大声音，通过扬声器还原声音，扩大声音的作用范围。

1. 传声器

传声器俗称话筒、麦克风(图 2-6)，它是把声波转换为电信号的一种器件。传声器是整个音响系统的第一环节，它的质量好坏和使用是否得当，对整个系统的电声指标有着很重要的影响。

图 2-6 常见传声器

话筒包括线式和无线式两种。其中，无线传声器因体积小、使用方便、音质良好而得到广泛应用，它实际上是一种小型的调频发射、接收扩声系统，由小型调频无线电发射机和接收机两部分组成。教学中使用的无线话筒通常是领夹式，使用时只要将话筒头夹在衣领，接通电源即可，不需要手持话筒。

2. 扬声器与音箱

扬声器是一种把电信号转变为声信号的换能器件，俗称“喇叭”，扬声器的性能优劣对音质影响很大。扬声器放到专门制作的箱子里以后就构成一个音箱，音箱传出来的声音更加悦耳柔美。

3. 功放

功放是用来将微弱的电信号放大成具有一定电功率的音响设备。它可以把来自传声器、激光唱机、录音机或多媒体计算机输出的音频信号加以放大，推动扬声器(音箱)发声，从而扩大声音的作用范围。

4. 录音机(座)

录音机是利用电磁转换原理来记录和重放声音的一种音响设备。磁带录音机由磁头组、电路系统和机械系统组成。

由于录音磁头和放音磁头结构相同，所以一般录音机将两者合二为一，称为录放磁头。专业录音机中两者是分开的。录音机具有功率放大电路和扬声器，能完成声音的再现。录音座只具有前端放大电路，提供线路级电平的信号，录音座又称卡座，一般用于专业音频制作。

5. 激光唱机

激光唱机又叫 CD 机(Compact Disc-Digital Audio)，主要由电路和机械两部分组成。电路部分主要由激光拾音器(激光头)、伺服系统、信号处理系统、控制显示系统和电源等组成。机械部分由唱片仓驱动机构、唱片旋转机构等组成。激光唱机把激光束照射在唱片的信号面，激光头读取激光唱片反射的光信号，并把光信号转换为高频电信号。高频电信号经过信号处理系统放大、整形、解调、纠错和 D/A 转换后还原成声音信号。

（二）听觉媒体的教学应用

随着听觉媒体设备普及度与功能日益完善，利用录音教学得到了越来越广泛的应用，主要有以下几个方面。

1. 在课堂教学中的应用

听觉媒体在课堂教学中的应用，主要是辅助那些与声音有关的内容教学，如外语教学中的语音、语调、听力训练；语文教学中的朗读与讲演能力的培养；音乐课中的名曲介绍与欣赏等教学内容以及用声画同步形式进行的各种教学活动等。

录音教学方法在课堂中与传统教学方法配合，可以扬长避短，发挥积极作用。目前录音教学方法的主要应用包括：帮助教师示范、培养学生的外语听说能力、帮助学生自我反馈、提高口头表达能力、帮助教师讲授某些教学中的难点及配合幻灯解说。

2. 在课后活动中的应用

运用听觉媒体开展课后活动，是一种非常有意义的活动形式，它有利于发展学生的智力，培养学生的能力。例如，运用录音设备进行学生辩论会、歌咏、演讲、朗诵等活动的现场录音，既活跃了学生的课后生活，又使学生在活动中学会了听觉媒体操作的相关知识与技能。

3. 在学生思想品德教育与心理辅导中的应用

把有关英雄、模范人物的先进事迹及有关人员的奋斗历程等录音作为生动具体的教材，播放给广大师生听，大家会有一种亲切感，特别是当所讲内容是大家所关心的问题时，更能达到良好的教育效果。

4. 在社会及家庭教育中的应用

听觉媒体可以用于从幼儿到成年人的各种录音教材、函授教材等，对各个年龄阶段的人进行教育和教学。

5. 在培养和提高师资水平方面的应用

可以用录音设备将优秀教师的讲课记录下来，除可供学生使用之外，还可供教师的培训和教学研究之用。利用录音还可以对教师进行现代思想观念和现代教育理论理念的培训，提高他们的教学能力。

三、 现代视听觉媒体及其应用

通过对记忆力的研究发现，单用听觉，3 小时左右能保持所获得知识的 60%，3 天后则下降为 15%；单用视觉，3 小时能保持所获得知识的 70%，3 天后则为 40%；如果视听觉并用，则 3 小时能保持所获得知识的 90%，3 天后为 75%。上述结果表明视听觉并用可获得更多的教学信息量、更长的记忆保持串，是最佳的信息获取方式。

（一）视听觉媒体

视听觉媒体，是指通过视、听两个感觉信道同时呈现信息的媒体。视听觉媒体同时作用人的视觉和听觉，它将鲜明、直观的图像与生动的声音相结合，使人的多种感官同时接收到丰富信息的刺激，给人留下更深刻的印象。

目前，随着多媒体技术和通信技术的发展，视听觉媒体在教学中得到越来越多的应用，在推动教育现代化中发挥着重要的作用。

在教学中，视听觉媒体具有以下几个方面的显著特征。

(1)录制的视频，作为一种动态和有声的形态，能够再现客观现实或过程。声画并茂、视听结合，能够多方位刺激人的感官，营造学习情境，激发学习兴趣，加深对事物的认识，给人留下更长久的记忆。

(2)电影和电视，能传达人的情感，渗透人的思想、价值观等，具有很高的教育价值。

(3)视频的播放易于控制，可以不受时间、空间的限制，可以自主选择观看内容，可以重复观看。

(二)常见视听觉媒体及教学应用

1. 常见视听觉媒体

20世纪，常见的视听觉媒体主要有电影、电视、录像、激光影碟、VCD、DVD等。进入21世纪以后，互联网的迅速普及，数字技术的不断发展，信息的表示、存储和传输形式都发生了巨大的变化，人们获取信息的途径也发生了翻天覆地的改变。多媒体技术迅猛发展，数字化的视听新媒体也应运而生，它的最大特点是数字化，可以方便存储、传输和播放。

数字化的视听新媒体主要包括数字电视、数字电影、数码摄像机、视频电话系统、视频直播系统等，还有平板电脑、手机等媒体设备。

(1)电视机。

电视机指利用电子技术及设备传送活动的图像画面和音频信号，即电视接收机，也是重要的广播和视频通信工具。电视是用电信号即时传送活动的视觉图像，它利用人眼的视觉残留效应显现一帧帧渐变的静止图像，形成视觉上的活动图像。电视按传输信号处理方式经历了模拟电视与数字电视两个阶段，数字电视是一个从节目采集、节目制作、节目传输直到用户端都以数字方式处理信号的端到端的系统。与模拟电视相比，数字电视具有图像质量高、节目容量大(是模拟电视传输通道节目容量的10倍以上)和伴音效果好的特点。电视在现代教学中主要用于播放视频教学片。

(2)数字电影。

数字电影是指在电影的拍摄、后期加工以及发行放映等环节，全部以数字处理技术代替传统光学化学或物理处理技术，用数字化存储介质代替胶片的电影。相比传统的胶片电影，数字电影的优势主要体现在节约了电影制作费用，革新了制作方式，提高了制作水准。

通过高清摄像技术，数字电影实现了与高清时代的接轨；数字介质存储，永远保持质量稳定；传送、发行不再需要胶片，发行成本大大降低，传输过程中不会出现质量损失；在卫星同步技术的支持下，还可实现现场直播、远程教育培训等。

在网络技术、数字技术、流媒体技术的支持下，互联网上衍生了大量的电影网站，用户可以在线观看，也可以下载，用户有了更多选择，可以满足不同的需求。

(3)摄像机。

摄像机的种类繁多，其工作的基本原理都是一样的：把光学图像信号转变为电信号，以便于存储或者传输。当我们拍摄一个物体时，此物体上反射的光被摄像机镜头收集，使其聚焦在摄像器件的受光面(如摄像管的靶面)上，再通过摄像器件把光转变为电能，即得到了“视频信号”。光电信号很微弱，需通过预放电路进行放大，再经过各种电路进行处理和调整，最后得到的标准信号可以送到摄像机等记录媒介上记录下来，或通过传播系统传播或送到监视器上显示出来。

图 2-7 摄像机

摄像机按质量档级可分为广播级、业务级和家用级。广播级摄像机一般用于电视台和节目制作中心，图像质量最好，性能全面稳定，自动化程度最高；业务级摄像机一般常用于教育部门的电化教育及工业监视等系统中，图像质量较好；家用级摄像机是一种家庭文化娱乐用摄像机，自动控制功能强，操作简单。摄像机的主要性能指标有：信噪比、最低照度、灵敏度、解析力、几何失真与重合误差等。

(4)移动通信工具。

现代智能手机、iPad 等移动通信工具已具有照相机、摄像机的功能。手机使用方便灵活，在手机上能观看各种视频、电影、电视，观看教育频道的节目。在手机上观看教学视频已逐渐成为一种方式和趋势。在手机客户端使用的视听媒体软件有腾讯、爱奇艺、暴风影音、优酷等。

2. 教学应用

现代视听觉媒体在教学中的应用主要表现在如下几个方面。

(1)利用广播电视系统进行系统教学。

系统教学是指利用录像、电视手段进行一门完整课程的教学。教学信息主要通过卫星广播电视、网络电视、教学专题节目三种播放形式进行传播，而教师主要参与辅导、答疑、批改作业等。例如，我国的广播电视大学、电视师范学院主要采用这种教学形式，它不仅可以大面积地传播信息，提高教学效率，还可以解决师资不足的困难。

(2)利用插播教学片辅助课堂教学。

教师根据教学内容及教学计划，在课堂教学中直接利用电视教材、电影片段和播放设备，以穿插播放的形式进行辅助教学，及时解决教学中的重难点。因此，播放什么内容、何时播放、播放长度、播放次数，均可以由教师根据需要及实际情况选择和控制，这种教学方式不仅使课堂教学形式多样化，而且能更加有效地发挥教师的主导作用，使学生的易受性大大增强。

影视题材广泛丰富，内容生动活泼，寓意深刻，教育性和思想性较强，具有极大的吸引力和感染力，易为学生所接受，能给学生多层次、多侧面的直接感受。例如，播放科普教学片，既可以弥补课堂教学，又可以开阔学生的视野，扩大知识面，有利于学生综合能力的培养。

(3)运用教学视频进行示范教学。

示范教学是指利用教学视频为学生提供典型的示范动作、操作过程或实验过程，指导学生进行教学实践。比如，在舞蹈课上，我们可以利用视频片段将教师的动作要领一一示范和讲解给学生；再比如，在实验课上，通过播放视频，可以把教师操作实验的实验原理、实验步骤、实验方法形象、直观地再现于课堂，对学生进行实验前的指导教学。运用教学视频，不但可以避免教师每次教学示范、讲解的重复劳动，可以集中精力加强指导，还可以供学生反复观看学习，课前、课中、课后都可以进行学习，改变了学生的学习方式，拓宽了学生的学习空间，还可以优化教学行为，提高教学的质量和效率。

(4)利用视频反馈加强学生技能。

在舞蹈、体操等动作课程上，教学视频和视频反馈在提高学生课堂教学技能上具有良好的效果。视频反馈主要是利用摄像机或手机等设备将学生编排的舞蹈或体操过程拍摄下来，然后通过小组观看、讨论、比较、评价或教师反馈，使学生能较清楚地看到自己的问题和不足，从而取长补短，及时纠正存在的问题，并较快地掌握各种课堂教学技能的动作要领。

(5)利用视频进行网络远程培训。

目前，国内各个行业，尤其是教育行业，由教育机构开设了一些网络远程培训课程，其主要形式是网络视频课程、相关阅读任务、在线的研讨、学习成果的汇报等。

第三节　新兴教学媒体及在幼儿教学中的应用

随着现代技术的发展，新兴教学媒体得到迅速发展和应用，网络上产生了大量的适合幼儿教学的视听资源，它们以网络视频和三维动画的方式出现，让人们的视听觉得到了很大的满足。在流媒体技术出现之前，人们必须要先下载这些多媒体内容到本地计算机，在漫长的等待之后(因为受限于带宽，下载通常要花上较长的时间)，才可以看到或听到媒体传达的信息。令人欣慰的是，在流媒体技术出现之后，人们便无须再等待媒体完全下载完成了。下面对网络电视和流媒体进行简要介绍。

一、网络电视

网络电视又称 IPTV(Internet Protocol TV)，它基于宽带高速 IP 网，以网络视频资源为主体，将电视机、个人电脑及手持设备作为显示终端，通过机顶盒或计算机接入宽带网络，实现数字电视、时移电视、互动电视等服务。网络电视的出现给人们带来了一种全新的电视观看方法，它改变了以往被动的电视观看模式，实现了电视以网络为基础按需观看、随看随停的便捷方式。尤其是有了时移、点播等部分互联网的功能，把单向的“Broadcasting”(广播)，变成了双向的“Interactive”(互动)。网络的双向互动功能和信息服务功能不仅为“人际互动”(如视频通话、即时通信、互动游戏)等创造了条件，同时也为“人机互动”区别于传统电视节目内容的开发增添了多种可能性。

网络电视的基本形态：视频数字化、传输 IP 化、播放流媒体化。

网络电视可根据终端分为四种形式，即 PC 平台、TV(机顶盒)平台、平台(网络电视)和手机平台(移动网络)。

网络电视的常见播放工具软件如表 2-5 所示。

表 2-5　常用播放工具软件

名称	特点	技术
PPTV	在线视频软件，它是全球华人领先的、规模最大的、拥有巨大影响力的视频媒体，全面聚合和精编影视、体育、娱乐、资讯等各种热点视频内容，并以视频直播和专业制作为特色，基于互联网视频云平台 PPCLOUD，通过包括 PC 网页端和客户端，手机和 PAD 移动终端，以及与牌照方合作的互联网电视和机顶盒等多终端，向用户提供新鲜、及时、高清和互动的网络电视媒体服务	P2P 技术，看的人越多越流畅
风云	互联网上大规模视频直播的共享免费软件，具有人越多、播放越流畅的特性。无论是精彩激烈的运动场面，还是绚丽夺目的影视特技画面，都能呈现清晰流畅的播放效果	基于 H.264 编解码技术
Streaming Over P2P	网络电视直播系统，不会因为某些节点的退出而导致其他节点节目的中断或者抖动。通过该软件不仅能收看网络电视，还能播放流媒体文件，轻松搭建属于自己的电视台	P2P 技术
CoolStreaming	P2P 技术实现的 IPTV，是一种互联网上实现的没有规模限制的有质量保证的 IPTV。使用 CoolStreaming，可以实时地收看/收听世界各地各个电视台的直播节目	P2P 技术
PPS	能点播的网络电视，是一套完整的基于 P2P 技术的流媒体超大规模应用解决方案，包括流媒体编码、发布、广播、播放和超大规模用户直播，能够为宽带用户提供稳定和流畅的视频直播节目	P2P 技术
CCIPTV	中国最大的新一代网络电视门户软件，这里拥有众多的国内外网络电台、网络电视频道。用户在这里通过点击自己喜欢的网络电台、网络电视的链接地址，收听、收看国内外众多的电台和电视频道	P2P 流媒体传输系统采用了最新的 H.264 编解码标准
SopCast	是一个简单、易用的系统，可以在互联网上观看流媒体的节目。你可以用它来建立一个属于你自己的个人频道，来和朋友、全世界的网友分享你的成果	

续表

名称	特点	技术
中国网络电视台	CNTV研发的网络电视，高清	
QQlive	边聊边看的网络电视	
TVUPlayer	很多频道，台湾、英文频道	
CUTV	城市联合网络电视台，凝聚各城市台的实力，立足地方，坚持民生，关注民生，传播价值	

网络电视在幼儿教学活动中可以发挥很大的作用。电视由于画面生动形象、丰富多彩、鲜活有趣，对幼儿能产生极大的吸引力。网络电视上资源丰富，可以随时在网上查找和播放幼儿学习的资源，如音乐、故事、小电影、动画、游戏视频等，为教师教学、幼儿学习带来了极大的便利。有的网络电视还可以进行互动，给幼儿学习带来乐趣。

二、流媒体

流媒体是指采用流式传输技术在网络上连续实时播放的媒体格式，如音频、视频或多媒体文件。流媒体技术也称流式媒体技术，所谓流媒体技术就是把连续的影像和声音信息经过压缩处理后放上网站服务器，由视频服务器向用户计算机顺序或实时地传送各个压缩包，让用户一边下载一边观看、收听，而不要等整个压缩文件下载到自己的计算机上才可以观看的网络传输技术。该技术先在使用者端的计算机上创建一个缓冲区，在播放前预先下载一段数据作为缓冲，在网络实际连线速度小于播放所耗的速度时，播放程序就会取用一小段缓冲区内的数据，这样可以避免播放的中断，也使得播放品质得以保证。

流媒体技术的出现极大地提高了人们应用互联网上的视听新媒体的频率。目前，幼儿教学中，教师可以从互联网上随时搜索关于学前教育五大领域(健康、语言、社会、科学、艺术)的相关视听媒体资源，然后把这些资源以最快的速度和简洁的方式应用到教学中，常见的应用如下。

(1)在互联网上搜索下载视频或动画，运用播放器自带的功能或格式工厂进行格式转换，把格式转换成常见的视频格式或动画格式，再对视频或动画进行裁剪和编辑，得到自己想要的片段，直接应用到教学或教学课件中。这种情况需要幼儿教师掌握多媒体处理的相关技术，我们将在后面章节中重点进行介绍。

(2)在计算机上搜索到相关主题的视频内容，收藏链接地址，在教学中直接把计算机与投影仪相连，在课堂上有组织、有计划地进行选择播放，成为一节课中的一个有机组成部分。

(3)通过网络直播平台实时观看一些幼儿栏目。在计算机上或网络电视上，都有很多幼儿栏目，教师平时要经常关注，发现一些有现实意义和教育意义的正在发生的直播内容，可以在课堂上播放给幼儿观看。

(4)流媒体技术的出现和三网融合以后，手机就可以作为终端观看电视、电影和视频了，而且通过手机的通信平台可以相互传播视频，手机上存在着大量丰富的视频资源，教师如果想把手机上的视频或直播节目投放到电视上让幼儿观看，通过设置就能实现。

知识拓展

如何把手机上的视频投放到电视上播放？

本文将详细阐述如何将手机里的视频投屏到电视上播放的操作步骤(以华为手机为例)。

(1)首先，手机和智能电视的网络必须为同一个局域网，其次，打开手机，找到“设置”，打开它，如图 2-8 所示。

(2)在“设置”里找到“设备连接”，打开它，如图 2-9 所示。

(3)在“设备连接”里找到“多屏互动”，打开它，如图 2-10 所示。

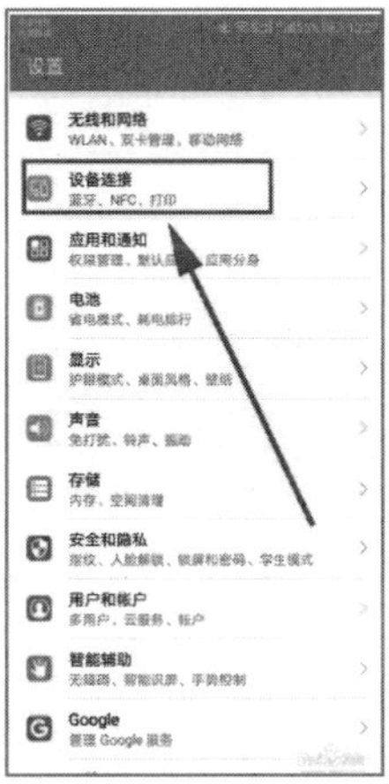

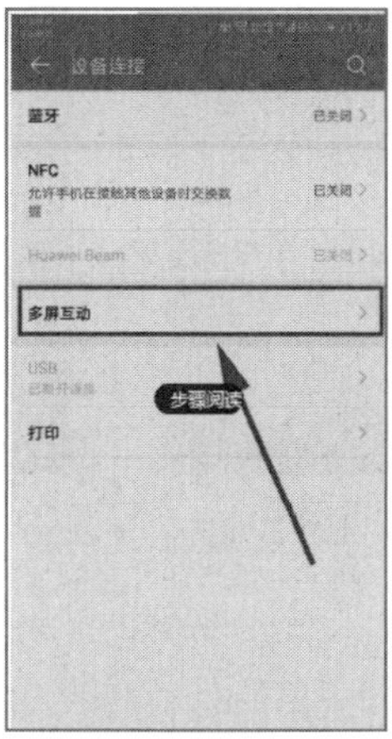

图 2-8　设置　　图 2-9　设备连接　图 2-10　多屏互动

(4)系统自动搜索局域网内的智能设备，找到需要投屏的电视，点击连接，本文以暴风电视为例，如图 2-11 所示。

(5)连接成功后，电视上会显示“您的手机已成功连接电视”，表示手机和电视连接成功，如图 2-12 所示。

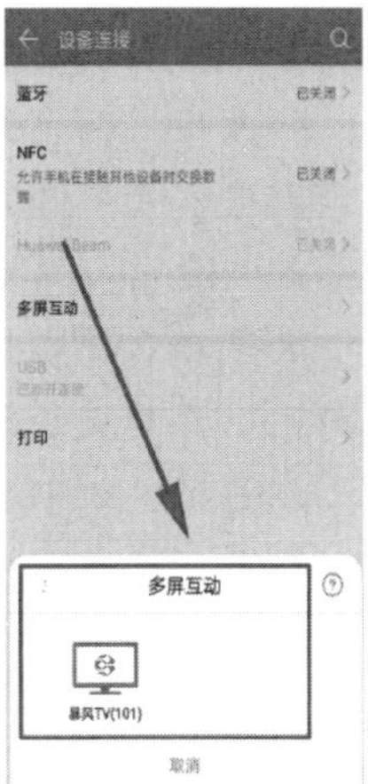

图2-11　暴风电视　　图 2-12　手机与电视连接成功

(6)在手机上找到视频，打开它，会发现它的上面有一个按钮，点击这个按钮，并播放该视频，如图 2-13、图 2-14 所示。

(7)这个时候，电视上就会同步插入该视频了，如图 2-15 所示。

图 2-13　点击手机按钮

图 2-14　手机上播放

图 2-15　电视上同步播放

本章小结

本章主要介绍了教学媒体的概念和各种教学媒体的特性，从视觉媒体、听觉媒体、视听觉媒体以及多媒体、新兴媒体等几个方面进行了阐述和说明，了解这些媒体的特性，掌握这些媒体的使用，对于教师的教学甚至日常生活都是十分必要的。更重要的是，我们还学习了现代教学媒体的选用原则、依据与方法，并通过实例分析，说明了在教学中如何正确选择媒体辅助教学。当然，如何选择教学媒体，不是靠一两节课的学习就能完全掌握的，需要同学们在今后的教学实践中不断探索、总结。

需要指出的是，通过本章的学习，我们应该开始熟悉现代教学环境，尤其是多媒体教学。多媒体教学以自己独特的优势，在教育教学中充当了重要的角色：一方面，多媒体教学将文本、声音、视频、动画、图形和图像等多种媒体进行综合处理，更具有动感和趣味性，能充分激发幼儿的学习兴趣；另一方面，它又具有直观演示、人机交互、实时操作等多种形式，能给幼儿带来视听觉的多种冲击，能充分调动幼儿学习的主动性，提高教学效率。多媒体教学已成为探索幼儿园教学改革的一条重要途径，也是幼儿园教育现代化建设的重要内容。

思考与练习

1. 教学媒体的发展经历了哪几个历史阶段?

2. 教学媒体按作用于人体感官及信息分为哪几大类?

3. 你认为非投影型视觉媒体是否都应该全部被现代媒体取而代之，进而退出历史舞台?

4. 什么是视听觉媒体?视听媒体在教学中都有哪些应用形式?

5. 什么是多媒体? 它有什么优点?

6. 什么是流媒体?

7. 常用的教学媒体选择方法有哪几种? 分别如何操作?

8. 从教学媒体选择的角度，写出幼儿音乐活动“找朋友”的教学设计。

第三章　多媒体素材处理

本章学习提示

多媒体在教学中的应用已经十分普遍，对多媒体素材的采集和加工技术将成为教师的必备技能。本章将介绍多媒体及其素材的相关概念，常见媒体的文件格式，各种媒体的获取，以及常见媒体的后期处理技术。其中媒体处理技术将涉及几个常见的处理软件，软件对各种媒体的处理技术及媒体的应用是本章学习的重点。

本章学习目标

1. 了解多媒体的相关概念、分类、特性、文件格式。
2. 掌握文本的获取及处理技术。
3. 掌握图形、图像的获取及处理技术。
4. 掌握音频的获取及处理技术。
5. 掌握视频的获取及处理技术。
6. 掌握动画的制作技术。

第一节　多媒体素材概述

一、 多媒体素材的概念

多媒体的英文单词是 Multimedia，它由 media（媒体）和 multi（多）两部分组成，一般理解为多种媒体的综合，即直接作用于人感官的文字、图形、图像、动画、声音和视频等各种媒体的统称，是多种信息载体的表现形式和传递方式。多媒体技术是利用计算机对文本、图形、图像、声音、动画、视频等多种信息综合处理、建立逻辑关系和人机交互作用的技术。

真正的多媒体技术所涉及的对象是计算机技术的产物，而其他的单纯事物，如电影、电视、音响等，均不属于多媒体技术的范畴。

多媒体素材是指多媒体课件，以及多媒体相关工程设计中所用到的各种听觉和视觉工具材料。多媒体素材是多媒体课件的基本组成元素，是承载教学信息的基本单位，它包括文本、图形、图像、音频、视频、动画等素材。素材的准备包括采集和后期处理，是课件制作中耗费时间、精力最多的工作。

二、 多媒体素材的分类与采集

一般地，根据素材在磁盘上存放的文件格式不同，可将素材划分为文本、声音、图像、动画、视频等类型。

多媒体素材的采集与制作涉及的面比较广，包括对硬件、软件的掌握，专业知识和技能的掌握，上网的搜索能力、筛选能力，后期加工处理能力，耗费的时间较长，是一项十分繁重和细致的工作。有些素材通过一些途径可以间接获取，比如网上有许多优秀的素材网站，可提供大量的图像、音频、视频、动画等多媒体素材，还有丰富的字体和 PPT 模板。对于广大教师来说，这些都不失为一条理想的捷径，不但节省了时间，缩短了课件制作周期，而且不需要投入那些昂贵的设备；但有时需要的素材是个性化的、真实的，必须自己制作，需要通过拍摄、绘制、录制来获取，这就要求教师要掌握一些常用的工具软件和多媒体设备的使用技术。

本章就不同的媒体的格式、采集及处理技术一一进行探讨。

第二节　文本素材及处理技术

一、 文本素材的特点和保存格式

（一）文本素材的特点

文本是一种经过高度抽象后的将信息传达和情感传达完美结合的表意符号，具有极强的思想表现力。文字表达的特征有两点：一是表意的准确性，能准确地传达信息、阐述概念；二是给人充分的想象空间。古人留下的众多美好诗词就充分体现了这一点，“人有悲欢离合，月有阴晴圆缺”寥寥几个字，就揭示了深刻的人生哲理；在教学中，一个概念用文字就可以准确地描述出来，如“实数直观地定义为和数轴上的点一一对应的数”。

无论在何种视觉媒体中，文本都是画面的三大形象元素（色彩、图像、文本）之一。

文本是一种以文字和各种专用符号表达的信息形式，它是人们最熟悉的媒体形式，也是在现实生活中使用得最多的一种信息存储和传递方式。自从人类诞生以来，人类社会至少已经历了四次意义重大的信息传播革命。第一次是语言传播的诞生；第二次就是书面文字传播的诞生，它克服了语言传播在时间和空间上的限制；第三次是印刷传播；第四次是电报电话、广播电视等电子传播。最新一轮的信息传播革命，即正在我们身边发生的第五次信息传播革命——数字多媒体传播革命。多媒体技术将文字、声音、图形、图像、视频等多种媒体融合在一起，其中文本信息不仅是人与计算机交流的主要方式，而且在多媒体应用系统中占据着主导位置。

尽管随着多媒体技术的不断发展，教学中开始大量采用多种媒体进行教学，但其中文本的应用仍然占据着相当大的比重，这是因为教学中对信息的表达，文本与其他媒体相比，仍然具有优越性与不可替代性，它具有如下特点。

1. 表示简单

文本是字母、数字及其他各种符号的集合，通常人们将这个集合称为字符集。在目前的计算机系统中，广泛使用的是 ASCII 编码字符集，它用 7 位二进制位对字符进行编码，每个编码占据一个字节。汉字字符使用的是简体中文字符集的中华人民共和国国家标准《信息交换用汉字编码字符集——基本集》，一个汉字占两个字节。而其他媒体的表示相对要复杂得多，所占用的空间也大。

2. 处理方便

由于每个字符占据固定的二进制位数(8 位或 16 位)，所以系统在处理字符时可以直接对字节进行操作，这对计算机来说，十分容易。

3. 存取速度快

一张 A4 大小的纸写满文字只需要上千个字节，而一张大小为 640×480 个像素的图像，则占到 30 万个字节，所以读取一页文字的速度要比读取一张图像的速度快很多，而一页纸上的文字所要表达的内容可以比一张图像表达得多很多。

（二）文本素材的保存格式

文本作为一种常见的教学媒体，通常以文本文件保存。它可以有多种保存格式，不同的格式可以用不同的软件进行编辑处理，格式之间也可以相互转换，但要符合一定的规则，越是格式简单的文档，越是具有兼容性。常见格式有以下几种。

1. TXT 格式

TXT 文本是纯文本文件，其文档内容是无字符格式设置的，即文件里没有任何有关字体、大小、颜色、位置等格式化信息。Windows 系统的“记事本”就是支持 TXT 文本的编辑和存储工具。其他各种文字编辑软件、多媒体集成软件、浏览器均可直接调用 TXT 格式文件。

2. RTF 格式

RTF 是 Rich Text Format 的缩写，是一种多信息文本格式，方便于不同的设备、系统查看的文本和图形文档格式，有很好的兼容性，使用 Windows“附件”中的“写字板”保存、打开并进行编辑。

RTF 使用美国国内标准协会（ANSI)、PC-8、Macintosh(mac 苹果)，或 IBM 的 PC 字符设置控制显示形式和打印形式。目前，在不同的操作系统下创建的 RTF 文档可以在多种操作系统和应用程序之间互相传输、查看。比如，RTF 格式作为一种翻译文档可以在 MS-DOS、Microsoft Windows、OS/2、Macintosh 等不同操作系统和不同应用程序之间进行传输和查看。

用户也可以把使用 WPS 和 Word 软件创建的文档直接保存成 RTF 格式，但由于嵌入了兼容各种应用程序的控制符号，其体积都比较大，还要注意的一点是 Word 等应用软件特有的 RTF 格式是无法正常保存的。如果要查看 RTF 格式文件的源代码，只要使用“记事本”将它打开即可。

3. DOC、DOCX 格式

DOC、DOCX 是目前最常用的文字处理软件 Word 所使用的文档格式，这种文件可以保存更多的格式信息，包含图、文、表、公式等多种格式信息。Word 是美国微软公司办公软件之一，是目前被广泛使用的一种文字处理软件。

DOC 是 Word 2003 以及之前版本保存的文档；DOCX 是 Word 2007 及以上版本保存的新型文档，DOCX 是 document for XML 的简写，是用新的基于 XML(Extensible Markup Language)的压缩文件格式取代了之前的文件格式 DOC，故其文件大小比 DOC 格式小。使用 Word 2007 及以上版本创建的文档也可以保存成 DOC、DOCX、RTF、TXT、PDF、HTML、DOTM 等多种格式。高版本的 Word 软件向下兼容文档格式。

4. WPS 格式

WPS 是一种中文字处理软件的文档格式，WPS 是我国自主知识产权的软件代表，它是一款更适合中国人使用的办公软件。WPS Office 是由金山软件股份有限公司自主研发的一款办公软件套装，可以实现办公软件最常用的文字、表格、演示等多种功能；具有内存占用低、运行速度快、体积小、强大插件平台支持、免费提供海量在线存储空间及文档模板等特点。自 1988 年诞生以来，WPS Office 产品不断变革、创新、拓展，现已在诸多行业和领域超越了同类产品，成为国内办公软件的首选。使用 WPS 软件创建的文档，可以保存成 WPS、WPT、DOC、DOCX、RTF、TXT 等格式。

5. PDF 格式

PDF 文件(Portable Document Format)是 Adobe 公司开发的一种电子文件格式。这种文件格式与操作系统平台无关，也就是说，PDF 文件不管是在 Windows、Unix，还是在苹果公司的 Mac OS 操作系统中都是通用的。这一特点使它成为在互联网上进行电子文档发行和数字化信息传播的理想文档格式。越来越多的电子图书、产品说明、公司文告、网络资料、电子邮件开始使用 PDF 格式文件。PDF 格式文件目前已成为数字化信息事实上的一个工业标准。虽然无法在 Adobe Reader 中创建 PDF 文件，但是可以使用其查看、打印和管理 PDF 文件。

用户用 PDF 转换器既可以把图片、Word、Excel、PPT 等格式文件转换成 PDF 文件，然后上传至网上，也可以把网上下载的 PDF 文件转换成图片、Word、Excel、PPT、HTML、TXT 等格式文件；如果只是用来打开和阅读 PDF 文件，下载一个 Adobe Reader 软件，就可以查看、打印和管理 PDF 格式文件。

二、 文本素材的获取

文本素材的表现形式很多，可以是手写的，也可以是印刷品，还可以是现代媒体上的数字化文本。如果想获得它的数字化文本素材，可以通过直接获取和间接获取两种方式来得到。

(一)文本素材的直接获取方式

我们获得文本素材最直接的方式是通过键盘输入，现在随着硬件技术和网络技术的发展，又扩展出了手写输入、语音录入、扫描输入、拍摄等多种输入方式。

用户在输入文本时会遇到一些问题，比如一些特殊符号、拼音、音标、音符等信息的输入，我们可以用“插入→符号→其他符号→选择相应字体”来实现，也可以用中文输入法的软键盘中的符号来实现。下面给出具体的操作方法。

(1)英文。英文状态，半角。

(2)汉字。中文输入法，全角。

(3)特殊符号。一些学科经常要用到一些专用的运算符号，键盘上没有，我们可以运用“插入→符号→其他符号→选择所要符号”，插入即可，如图 3-1 所示。

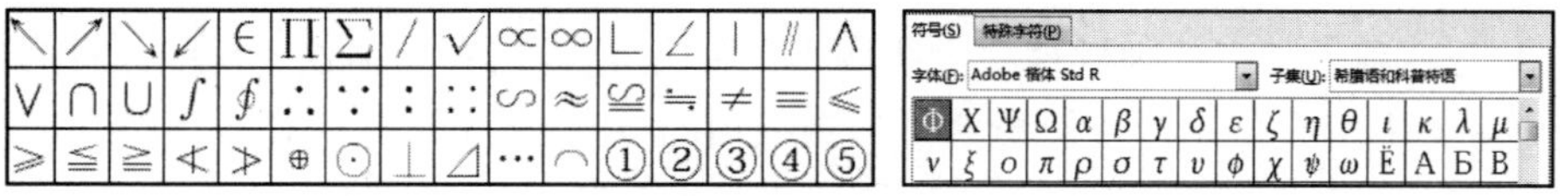

图 3-1　特殊符号

(4)拼音。先在英文状态下输入拼音字母，遇到需要输入声调时有两种解决方法：一种是运用“插入→符号→其他符号→选择能显示拼音的字体”，如 Adobe 黑体、方正姚体、细黑等字体，这时符号库中会显示带声调的拼音字母，如图 3-2 所示，选择字母插入即可；另一种是利用中文输入法软键盘中的“拼音字母”输入，如图 3-3 所示。

图 3-2　字符库中的拼音

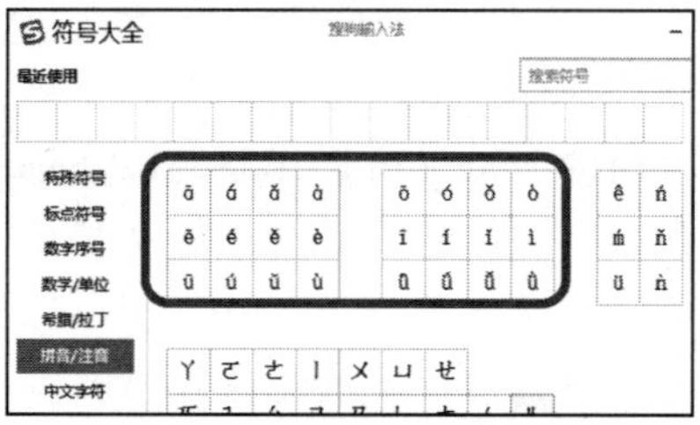

图 3-3　输入法中的拼音

图 3-4 是用拼音输入的句子。

wǒ ài wǒ de zǔ guó。(黑体)

我爱我的祖国。

wǒ ài wǒ de jiā xiāng。(方正姚体)

我爱我的家乡。

图 3-4　拼音

(5)英文音标。要想输入英文音标，还是用上面的两种方法，只是插入符号要选择可以显示音标的字体 Kingsoft Phonetic 或 Times new roman 等，符号库中就显示有相应的音标；而运用软键盘输入，首先得选择一种中文输入法，比如搜狗拼音输入法就有“英文音标”，选择相应音标输入，如图 3-5 所示。

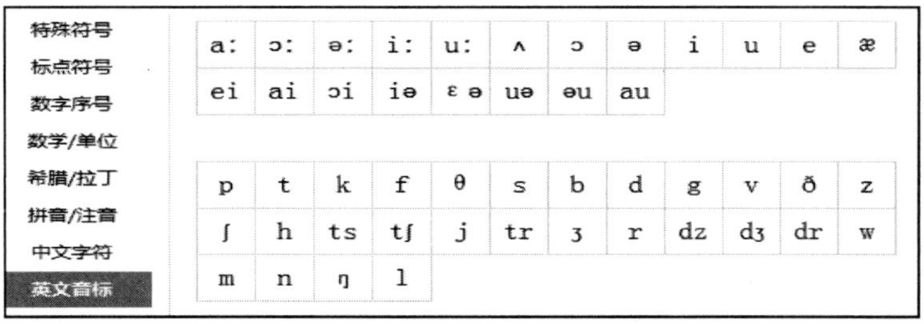

图 3-5 音标

(6)音符。音乐老师需要制作乐谱时，可以用专用的软件来实现。在 Word 文件中也可以输入音符，比如使用音乐音符字体(五线谱音符输入 AKVO 字体)等，同样是“插入→符号→其他符号→选择相应的音乐音符字体”，然后在字符库中选择音符插入。

在使用特殊字体输入符号时，要提前安装这种字体，并将字体文件嵌入文档再进行保存，否则文件中的符号在其他计算机上可能无法正常显示。嵌入的方法是：“文件→选项→保存→将字体嵌入文件”(或勾选“仅嵌入文档中使用的字符”以减小文件的大小)。还有一种方法可以实现特殊符号的显示，就是利用图片来代替文字，从一些图片上找到一些符号，直接插入图片来当文字使用，但是这种方法存在一个问题，就是这些文字是不能编辑的。

(二)文本素材的间接获取方式

从网上复制文本或下载文件是一种间接获得文本信息的方式。一般在不涉及知识产权的情况下，网页上的文本内容是允许复制粘贴的，也可以直接保存为网页文件或者文本文件。

文本文件是记事本保存的一种格式(TXT)。运用记事本可以快速整理文字，形成有用的文本素材。这是因为记事本是一个只能处理文字，不能处理其他媒体的软件，对文字也只能设置一种简单的格式。利用这个特点，我们可以把从网上获取的文字保存成文本素材，舍掉其他多余的格式和媒体信息。

运用 Word 整理文本素材，文字和相关的图片、图形等信息都可以保留下来，而且可以设置新的排版格式。这些信息如果是从网页上获取的，用复制粘贴的方法时，要选择粘贴的类型，“只保留文本”这种方式可以保留文字，但会舍掉一些字体格式，如果粘贴过来的文字格式不满意或格式不统一，可以用“开始”选项卡下的“字体”功能区的“清除格式”命令清除原有格式，再重新排版。

另外，我们也可以把一张图片上的文字转换成文本素材。下载安装 OCR 文字识别软件，这个软件支持 PDF、PNG、JPG、BMP 等文件格式上的文字识别，正确率非常高，简单易用。

三、 文本素材的处理技术

文本作为一种最常见的信息类型在工作中的应用主要有两种类型：一种是在办公文档中的应用；另一种是在 PPT、动画、视频中的应用。下面我们以 Word 和 PPT 中文本的应用为例说明文本的处理技术。

文本的处理主要包括格式处理、版面设计、信息化表达等几个方面。格式包括文体格式和字体、段落格式、文体格式都是固定格式，比如信件、演讲稿、通知、论文等文体都有自己的格式规范，此文不做讨论；而字体、段落格式则要根据使用的用途和场合来恰当地进行选择和设计。排版包括文本在文中的布局和设计，以美的视觉效果引起人的注意，好的布局设计能更好地吸引人抓住内容的重点。信息化表达主要是探讨如何把表述性的文字转换成可视化的信息，或更恰当有效地传递信息。

（一）文本的格式处理

一个页面乃至一篇文档所展示出来的整体效果是由几个因素决定的：一是字体；二是段落格式；三是版面设计(详见后面“文本的版面设计”那部分内容)。

1. 字体

首先，一篇文档从外观上看要美观、和谐统一，一般采用的字体以不超过三种为宜，否则就会感觉很乱；其次，字体的选择一定要符合这篇文档的用途和场合。

中文字体的种类很多，从形态上大致可以分为：黑体、宋体、楷体、书法体、手写体、卡通体、圆体等，其中每一种字体所散发出来的气质是不一样的，也适用于不同的场合。

下面以 PPT 中的字体为例分析不同场合的特点及字体的推荐(表 3-1)。

表 3-1　不同场合 PPT 字体的选择

场合	场景气质	使用目的	推荐字体	选择字体
小学	活泼、有趣、生动	趣味、吸引人、可爱	卡通体/手写体/装饰体	方正少儿体、方正喵呜体、华康少儿体、方正卡通简体
中学	严谨、认真、简洁、传统	耐看、传统、严谨	宋体/楷体	思源宋体、仿宋、宋体、方正粗宋简体、楷体
印刷阅读	严谨、商务、简洁	耐看、长时间阅读、中庸	黑体/宋体	黑体、微软雅黑、方正兰亭黑体、思源黑体、方正超粗黑体、等线
广告宣传	绚丽、高档	夺人眼球、富有趣味、变形效果出众	装饰体	方正粗谭黑简体、造字工房文研、方正综艺简体、造字工房力黑、迷你简汉真广标
发布会	高端、优雅、高级	高端、高档、精品、购买欲	纤细字体	思源黑体 CN light、微软雅黑 light、等线 light
商务报告	严谨、商务、简洁	耐看、长时间阅读、中庸	黑体	微软雅黑、思源黑体、方正超粗黑体、方正兰亭黑体、黑体

这么多的字体，从哪里来呢？最有效的办法是从网上下载。用户用百度搜索“字体”，可以找到好多字体网站，这里提供几个网站，如站长素材网(http：//font. china. com)、求字体网(http：//www. qiuziti. com)、艺术字在线生成网(http：//www. qt86. com)等。

下载字体及安装(win7/win8/win10)：

(1)用百度搜索“字体”，找到很多网站，如站长素材网，打开此网站，找到自己想要的字体，下载。

(2)把下载的字体文件包选中，进行解压。

(3)安装字体(扩展名是 ttf、otf 的文件)。

(4)打开应用程序，就可以使用新的字体了。

还有一种懒惰的办法，用户不用下载字体也可以使用这种字体，用户只要在网页上把使用该字体的文字选中，复制粘贴到 PPT 中，选择“保留源格式”，并记得在保存选项里勾选“将字体嵌入文件”选项。但这种方法不是万能的，有时会出现嵌入失败提示，说明没有获得版权许可。

2. 段落格式

文档要看着舒服，段落格式的设置非常关键。我们把标题与正文、段落与段落的间距控制得当，整个文档看起来就会脉络清晰，阅读性就会提高很多。一般级别越大的标题段间距越大，标题与正文的距离要比正文的行距要大，段落间距可以和正文的行间距一样，也可以稍微大一点，正文的行距不宜过大，以适合阅读为宜。比如，正规出版物，段间距与行间距多数情况的设置是一样的，比较适宜长时间的阅读；而一些网页或 PPT 中的文本段落间距往往比行间距大，可以提高清晰度和阅读效果。

3. 文本格式的快速设置

我们在给文本设置格式的时候，为了保证前后文本的格式统一，经常前面使用过的格式，后面要重复使用，而每次都重新设置是很花费时间的，为了提高工作效率，我们要掌握一些快速格式化的技巧。下面介绍常用的两种方法。

第一种方法，运用“格式刷”。即把设置好的文字格式“刷”到另外的文字上。比如，同级别的标题格式，设置好第一个标题格式后，用刷子把格式刷到其他几个标题上，正文也可以用同样的方法，这样一篇文档，也就只需要设置几次格式，其他全用刷子来实现，是一种快速统一格式、提高工作效率的好方法。如图 3-6 所示是“格式刷”，单击可以刷一次格式，双击可以刷 N 次，直到再次取消刷子为止。

图 3-6　格式刷

第二种方法，先定制“样式”，再用样式来快速排版。下面是运用“样式”排版并生成文档的目录的步骤。

步骤一：定制“一级标题”样式。打开一篇较长的文档，按照从前至后的顺序来设置文本的格式。首先选中开头的最高级别的标题文字，分别设置好文本的字体格式(字体、字号、字间距、颜色、效果等)和段落格式(对齐方式、段前段后间距)，并在段落格式对话框中，选择大纲级别“一级”(图 3-7)，确定，然后在“开始”功能区中“样式”下选择“创建样式”(如图 3-8 所示，先点击按钮，会出现如图 3-9 所示，选择“创建样式”)，输入样式名称“一级标题”，注意不要跟已有的样式名称重名。

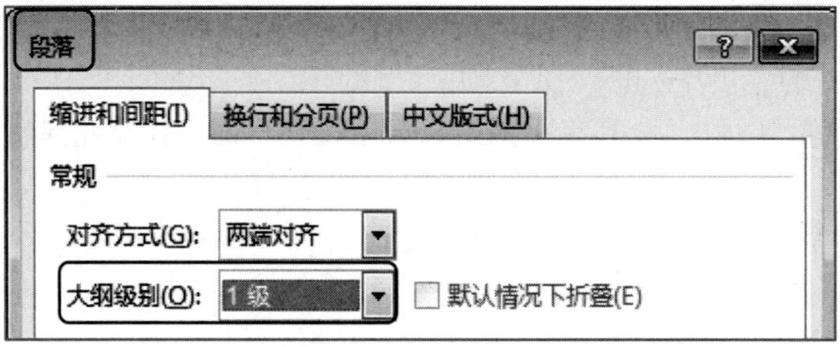

图 3-7　大纲级别设置

图 3-8　样式

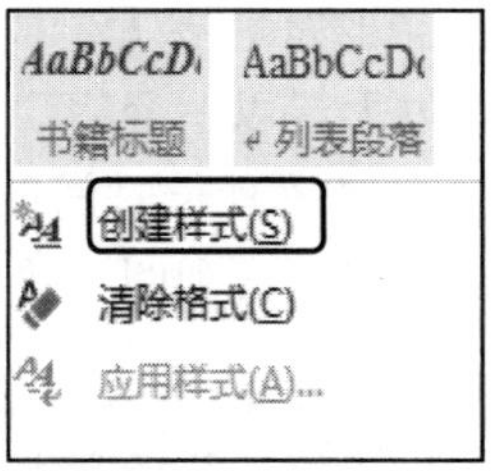

图 3-9　创建样式

步骤二：依次定制“二级标题”“三级标题”等标题样式。其次选中二级标题文字，设置好文字的格式，并在段落对话中选择大纲级别“二级”，同理创建样式“二级标题”到样式库中。依次类推，添加三级、四级标题样式……直到本文档的所有级别的标题都设置好格式并建好样式。

步骤三：定制“正文”样式。用同样的方式设置正文的某一段文字格式，大纲级别选“正文文本”，添加样式“正文”到样式库中。

步骤四：运用定制好的样式对整个文档进行排版。选中相应的文字，点击样式库中的样式名称，则定制好的格式应用到文字上。用这个方法，对整个文档进行排版。

步骤五：生成目录。在文档前插入一页，输入标题“目录”，光标定位到下一行开头，在“引用”功能区下点击“目录”(图 3-10)，选择“自定义目录”(图 3-11)，设置相关属性(图 3-12)，确定生成目录。

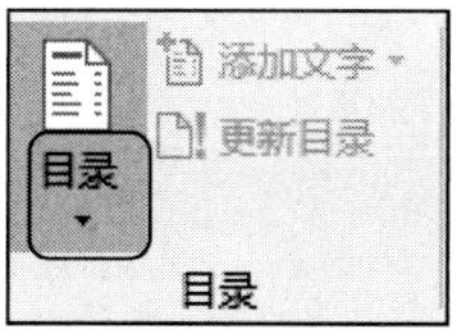

图 3-10 制作目录

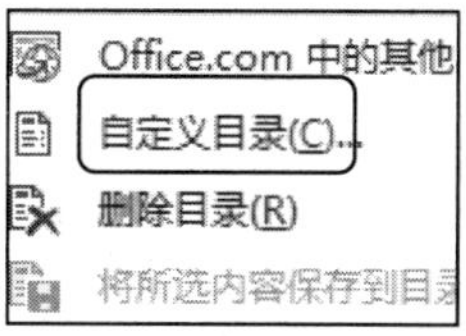

图 3-11 自定义目录

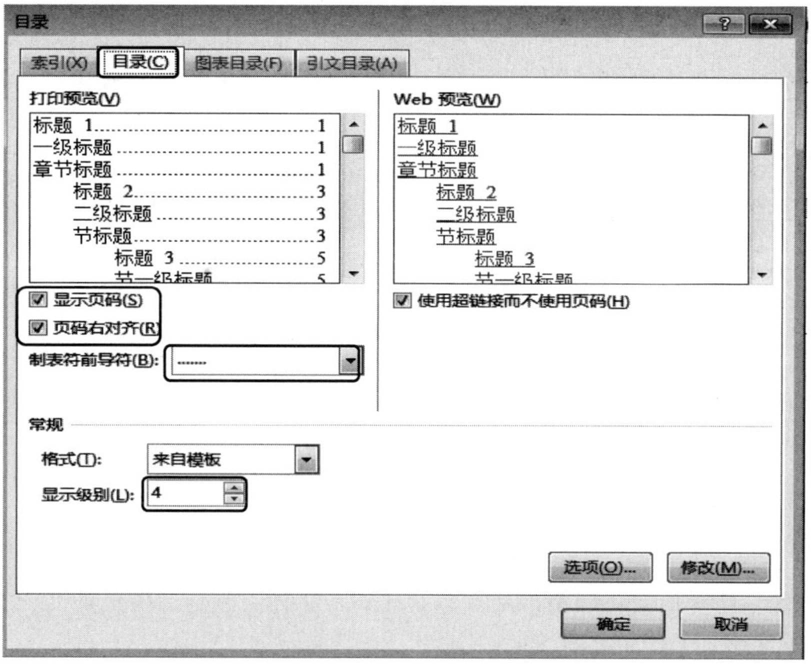

图 3-12 目录属性设置

（二）文本的版面设计

文本在文中的布局与设计，对内容的表达效果起着十分重要的作用。除了怎样创造出一个让用户难以忘怀的形象以外，如何以最佳的视觉效果结合最高的效率把信息传递给用户才是关键所在。我们要尽可能地提高它的设计感和美感，以更好地吸引用户的注意，并促进人们抓住内容的重点。这里以 PPT 中文本的设计为例来探讨布局与设计的一些问题。

(1)留白。适当的“留白”即可以达到最佳的版式效果。在版面设计中，很重要的一个原则就是留白。比如，文字在图形中不要太接近边框，适当的留白能给用户喘息的空间，形成得体的虚空间，如图 3-13 所示。

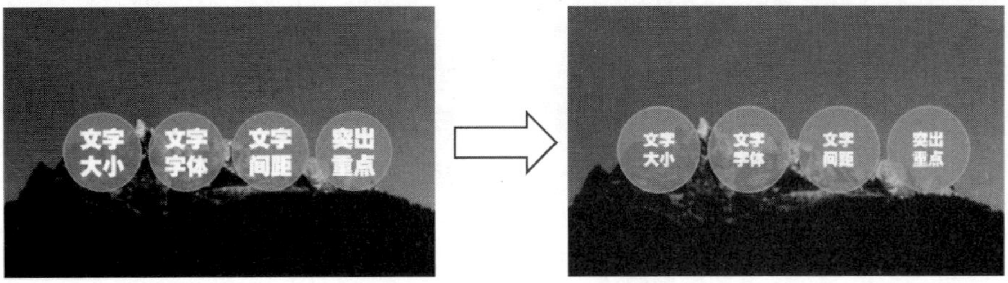

图 3-13　文字与边框要留白

同样纯文字的版面，也要注意文字与边界、行与行、字与字之间都应该保持一定的距离，留出可以“呼吸”的空间，如图 3-14 所示。

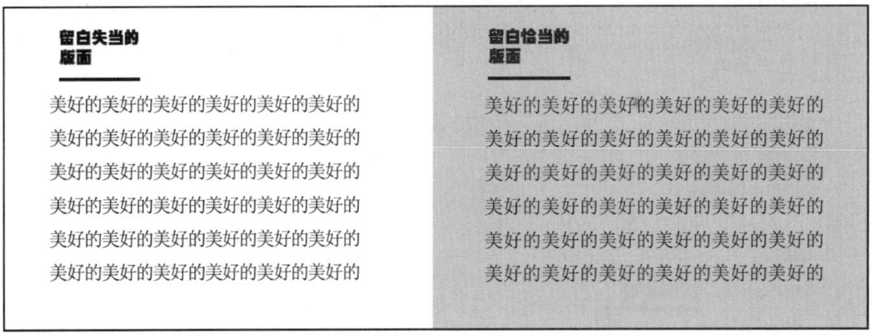

图 3-14　文字版面的留白对比

(2)用间距、字体的变化调整出层次感。比如，字体、字号、颜色的变化都可以出现这种清晰的层次感，如图 3-15 所示。

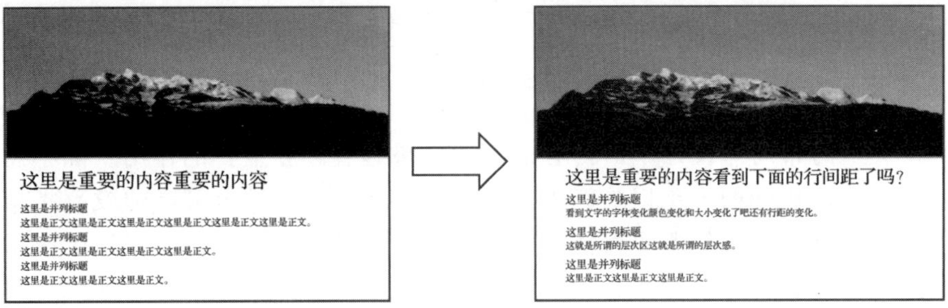

图 3-15　用字体和间距的变化设计出层次感

(3)文字与其他元素搭配，提高设计感。根据将来使用的场合可以选择英文或拼音做修饰，如对幼儿制作 PPT，可以选择拼音，其他以成人为对象的可以选择英文，看起来更加高档。

例 1：中英文搭配，如图 3-16 所示。

图 3-16　中英文搭配

例 2：文字与形状、图片等元素搭配，如图 3-17 所示。有关形状、图片的处理会在第三节介绍，这里只了解创意。

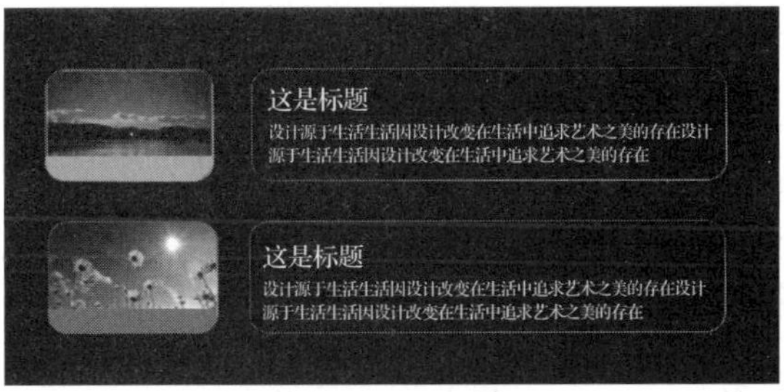

图 3-17　文字与形状、图片

图 3-18　文字的修饰

例 3：字体、字号变化，位置变化，添加修饰，如图 3-18 所示。

(4)文字特效。一些宣传页、工作汇报的 PPT 封面的标题设计是非常重要的，下面提供几种文字特效的制作方法。

①三维旋转文字的制作。效果如图 3-19 所示。

图 3-19　三维旋转文字

步骤一：设置文字背景。打开 PPT，根据内容的需要先插入一张准备好的图片作为背景使用(背景制作此处不做详述)。

步骤二：插入标题。插入一个横排文本框，输入标题文字，设置字体为“方正粗宋简体”，设置好字号大小。

步骤三：设置三维旋转效果。选中第一个字先“剪切”再“粘贴”，把第一个字独立出来，再依次把每个字都独立出来。接下来设置三维效果，选中第一个字，右键单击选择“设置形状格式”，弹出“设置形状格式”窗格(图 3-20)，在窗格中选中“文本选项”，先设置“文本填充与轮廓”，打开“文本填充”前的小箭头，选择“渐变填充”，设置类型为“线性”，方向为从左往右变深的类型，渐变光圈添加成 4 个光圈，第一和第二光圈均设置为“白色”，第三个光圈设置为“灰色”，第四个光圈设置为“黑色”，如图 3-20 所示；现在设置“文本选项”下的第二项“文字效果”(图 3-21)，打开“三维旋转”前的箭头，设置 X 旋转为

“30”度，至此第一个字的三维旋转效果设置完成。

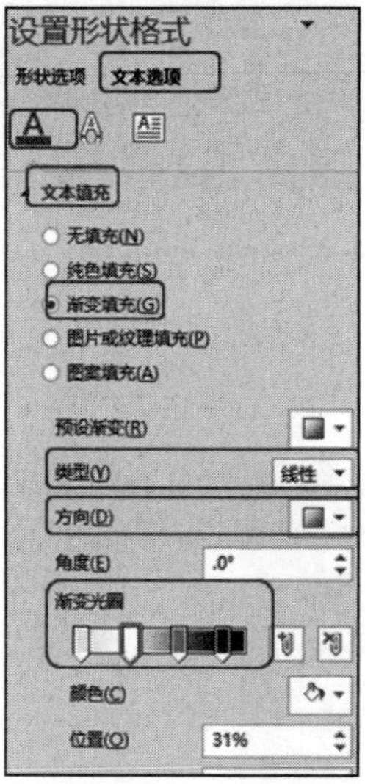

图 3-20　填充

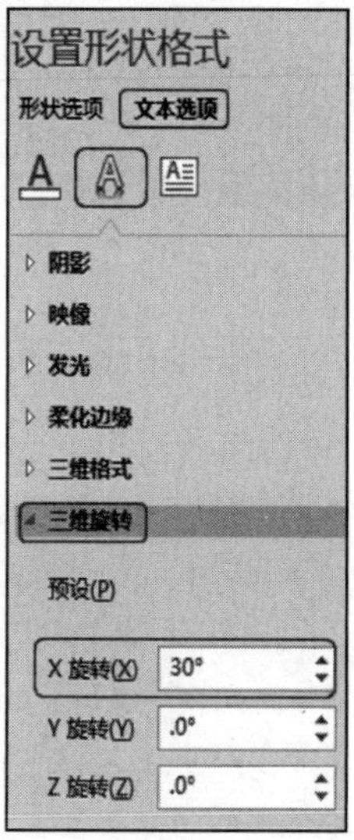

图 3-21　旋转

步骤四：完成所有字的三维旋转效果。选中第一个字，用“格式刷”把格式依次刷到其余每个字上，用“对齐”命令调整字间距到满意为止，完毕。

②倒映文字、镂空字等的制作。效果如图 3-22、图 3-23 所示。其制作方法和步骤与上述旋转文字的制作基本一致，可以参考练习。

图 3-22　倒映字

图 3-23　镂空字

（三）文本的信息化表达

在工作中，尤其是用 PPT 的时候，大量使用纯文字进行展示过于抽象、刻板，也容易让人产生疲惫感，而经过一些信息化处理，变成可视化的形式，则会更加条理、清晰、直观、易懂。

1. 表格

把文字所表述的内容转换成表格来表达，效果更好。例如，儿童思维发展的三个阶段，如表 3-2 所示。

表 3-2　儿童思维发展的三个阶段

阶段	年龄段	思维能力阶段	举例	特点
1	3 岁以前	动作思维阶段	桌上放着一个苹果，宝宝矮小够不着，这时他发现旁边有凳子，于是把凳子搬过来，自己爬上去，成功地把苹果拿到手	思维在动作中进行
2	3～6 岁	具体形象思维阶段	家长可在儿童拆装玩具或积木时，帮助他们理解平面与立体的关系，和儿童玩图片分类和比较游戏，让儿童从具体中学会归纳和抽象，利用儿童的好奇心，经常向他们提出各种问题，引导他们去观察事物和现象等	具体形象思维占优势，缺少立体感和空间感
3	6～11 岁	抽象逻辑思维阶段	一只狗有 4 条腿，两只狗有 8 条腿，三只狗有多少条腿？这种问题属于抽象逻辑思维能力题。家长要注意让儿童学会独立思考，不要给儿童现成的答案	培养儿童抽象逻辑思维能力的关键时期

2. 项目符号或编号

把具有一定顺序或存在一些并列项的内容，转换成项目符号列表(图 3-24)或编号标注的形式来表达，逻辑更加清晰。

据幼儿园老师的调查统计，3～4 岁的小朋友们有 85% 都喜欢户外活动，有60%的小朋友喜欢绘画，有 50% 的小朋友喜欢阅读图画书，有65%的小朋友喜欢唱歌

3～4 岁小朋友们最喜欢的活动

第一位：户外活动，占 85%

第二位：唱歌，占 65%

第三位：绘画，占 60%

图 3-24　把叙述性的文字转化成项目符号列表

3. 层级结构图

把一组关系用直观的方式交流信息，如图形列表、流程图、维恩图、组织结构图等形式，如图 3-25 所示。

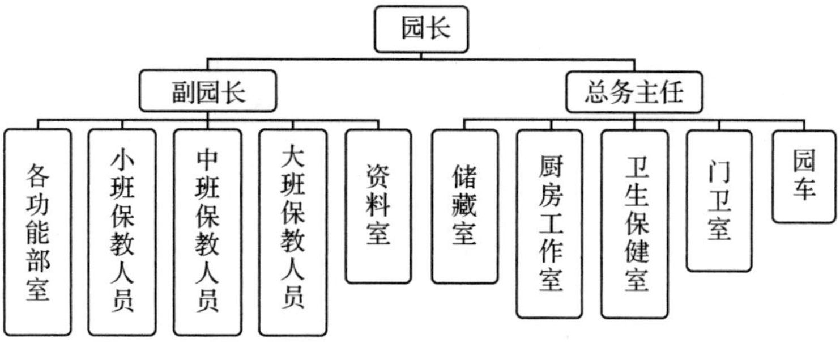

图 3-25　组织结构图

(1)图表。

把数据转换成图表，能更直观地反映数据的大小及变化的趋势，以及不同对象之间的比较，如图 3-26 所示。

	A	B	C
1	小朋友每月阅读图书数统计		
2	月份	李轩	杨睿
3	一月	10	18
4	二月	8	15
5	三月	16	12
6	四月	8	16
7	五月	15	13
8	六月	15	21
9	七月	19	26
10	八月	20	18

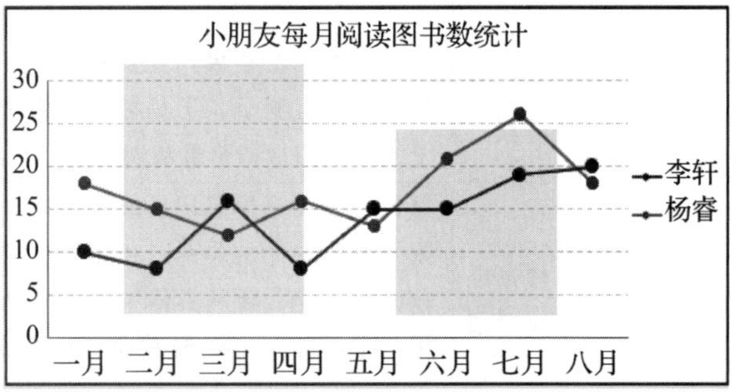

图 3-26　把数据转换成形象化图表

语言所描述的内容用可视化的图表表示，传达的信息会更加直观，用户能更有效地获取信息，如图 3-27 所示。

为了促进幼儿健康快乐的成长，本学期计划在小班每周举行户外活动 10 次、区域活动 5 次、手工课 4 次、阅读活动 12 次

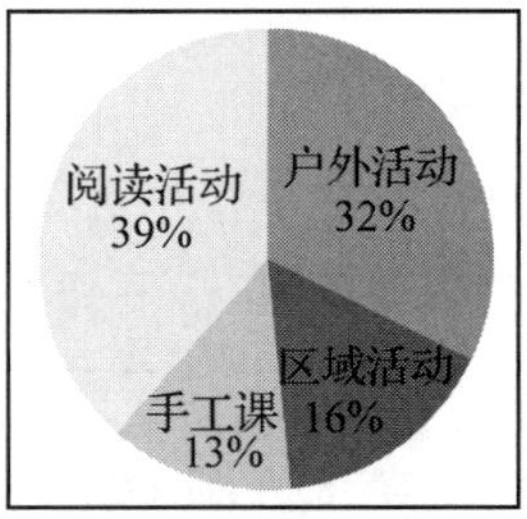

图 3-27　把文本转换成可视化图表

(2)图文组合。

我们对事物进行定义的时候，文字是最准确的，但配上图片是不是就更形象了，如图 3-28 所示。

图 3-28　图文结合

(3)时间线。

对于有时间先后性的信息，可以采用时间线(轴)的方式来表达信息，如图3-29所示。

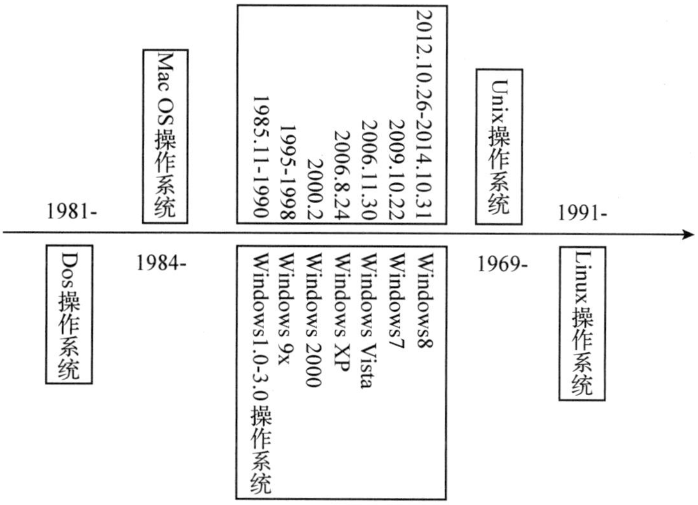

图 3-29　操作系统发展简史

实践活动

1. 把给定的 1. PDF 文件用 PDF 转换器转换成 Word 文件。(如果没有安装 PDF 转换器，请自行下载安装此软件)。

2. 用 OCR 识别图片 1. jpg 上的文字，保存成 Word 文件，保存路径与原文件相同。

3. 搜索“教育技术”，把网页上的内容用复制粘贴的方式分别保存成文本文件和 Word 文件，比较两种方法的异同。

4. 下载字体：方正超粗黑体、思源黑体、方正兰亭黑体、方正少儿体、方正卡通简体、华康少女文字、方正喵呜体、思源宋体等字体，并安装下载的字体。

5. 用 Word 打开“论文 . docx”，运用定制样式的方式对全文进行排版，并制作目录。

参考格式：

一级标题：黑体，二号，居中，大纲级别一级，段后间距 1.5；

二级标题：黑体，三号，居中，大纲级别二级，段前段后间距 0.5，行间距 1.5；

三级标题：宋体，加粗，小四，大纲级别三级，首行缩进 2 个字符，段后间距 0.5，行间距 1.5；

正文：宋体，小四，大纲级别正文，首行缩进 2 个字符，行间距 1.5。

6. 把下列信息进行信息化处理，使之转换成可视化形式，请至少用两种方式表达。

小明某一门课程的评价主要包括四部分：出勤占 10%，态度占 10%，平时任务占 40%，汇报任务占 40%。

7. 设计并制作一页 PPT，标题文字使用三维旋转效果。

第三节　图形、图像素材及处理技术

一、 图形图像概述

图形图像以直观、形象、生动、丰富的色彩等特点传达信息，在教育教学中得到广泛应用。

（一）图形图像的分类

根据信息表达方式的不同，图形图像一般分为矢量图(vector)和位图(bitmap)。

矢量图，也叫作向量图。简单地说，就是缩放不失真的图像格式。矢量文件中的图形元素称为对象，矢量图是通过多个对象的组合生成的，对其中的每一个对象的纪录方式，都是以数学函数来实现的，记录了元素形状、颜色、轮廓、大小和屏幕位置等的算法。

矢量图只能靠软件生成，文件占用内在空间较小，因为这种类型的图像文件包含独立的分离图像，可以自由无限制的重新组合。它的特点是放大后图像不会失真，和分辨率无关，适用于图形设计、文字设计和一些标志设计、版式设计等。

位图，也叫作点阵图、栅格图像、像素图。简单地说，就是最小单位由像素构成的图，缩放会失真。构成位图的最小单位是像素，位图就是由像素阵列的排列来实现其显示效果的，每个像素有自己特定的位置和颜色信息，在对位图图像进行编辑操作的时候，可操作的对象是每个像素，我们可以改变图像的色相、饱和度、明度，从而改变图像的显示效果。位图图像质量是由单位长度内像素的多少来决定的。单位长度内，像素越多，分辨率越高，图像的效果越好。

（二）图像的大小、 分辨率和像素

1. 像素

像素(Pixel)是图像显示的基本单位，被视为图像的最小的完整采样，是有颜色的小方块。而图像就是由若干个小方块组成的。它们有各自的颜色和位置，因此小方块越多，也就是像素越多，那么图像也就越清晰，同时图像的大小也就越大。

2. 分辨率

分辨率(Resolution)是度量位图图像内数据量多少的一个参数。通常表示成每英寸像素(Pixel per inch，ppi)和每英寸点(Dot per inch，dpi)。

分辨率可以从显示分辨率与图像分辨率两个方向来分类。

显示分辨率(屏幕分辨率)是屏幕图像的精密度，是指显示器所能显示的有多少。由于屏幕上的点、线和面都是由像素组成的，显示器可显示的像素越多，画面就越精细，同样的屏幕区域内能显示的信息也越多，所以分辨率是个非常重要的性能指标之一。显示分辨率一定的情况下，显示屏越小，图像越清晰；反之，显示屏大小固定时，显示分辨率越高，图像越清晰。

图像分辨率则是单位英寸中所包含的像素点数。图像的分辨率越高，所包含的像素就越多，图像就越清晰，印刷的质量也就越好。同时，它也会增加文件占用的存储空间。

以上两种分辨率有什么关系呢？我们举个例子来说明。如果你选择一张图片做全屏播放，想要足够的清晰度，你的图片分辨率应该和你的显示器或者投影仪的分辨率保持一致。比如，你的显示器分辨率是 1024 mm×728 mm，那么你需要选择一张全屏播放的图片分辨率也应该达到 1024 mm×728 mm，同时，不是图片的分辨率越高越好，因为高分辨率的图片会使你的 PPT 文件变得很大。

提示：图像的分辨率是可以调节的，图像处理部分会介绍。

二、 图形图像文件的格式及特点

图形图像的格式有很多种，像 Adobe Illustrator、CorelDraw、AutoCAD、Freehand 等软件创作的图像是矢量图形，矢量图的格式有 AI、EPS、SVG、DWG、DXF、CDR、WMF、EMF 等类型；常见的位图文件格式主要有 PSD、JPEG、BMP、GIF、TIFF、PCD 等类型；图标格式主要有 ICO、DLL、EXE 等。用户在使用的时候，不同格式之间可以互相转换。下面介绍几种常用的图形图像文件格式。

（一）BMP 格式

BMP 是 Bitmap(位图)的简写，是 Windows 标准的位图文件格式，能够被多种 Windows 应用程序所支持。这种格式的特点是包含的图像信息较丰富，几乎不进行压缩，但由此导致了磁盘存储空间过大，网页中不可能大范围使用文件较大的 BMP 格式文件。

（二）JPEG 格式

JPEG 也是 JPG 格式，是最常用的一种有损压缩的图像格式，是一种 24 bit 真彩色的静态图像格式。其压缩技术十分先进，它用有损压缩方式去除冗余的图像和彩色数据，获取极高的压缩率的同时能展现十分丰富生动的图像。目前已广泛用于彩色传真、静止图像、电话会议、印刷及新闻图片的传送上。

（三）GIF 格式

GIF 的英文原意是“图像互换格式”，是 CompuServe 公司所创建的位图文件格式。GIF 格式是各种图形处理软件上均能处理的、经过压缩的一种图形文件格式，存储色彩最高只能达到 256 种，不能用于存储真彩色的图像文件，但 GIF 格式的图像所占容量都比较小，大多用在网络传输上，传输速度要比传输其他图像文件格式快得多。

GIF 格式可以存多幅彩色图像，并支持透明背景，如果把存于一个文件中的多幅图像数据逐幅读出并显示到屏幕上，就可构成一种最简单的动画。

（四）PSD 格式

PSD 格式是 Photoshop 特有的、非压缩的文件格式。它的保真度和 BMP 一样，但是因为它需要记录层，每一层就是一幅等大小的图像，体积自然就比 BMP 大很多。不过正是因为这个层的存在，使得它可以存储许多 BMP 所不能存储的效果，因此很多美工、图像编辑人员用它来存储作品。

（五）TIFF 格式

TIFF(也记为 TIF)是一种标记图像的文件格式，TIFF 格式最高支持的色彩数可达到 16 MB，文件体积庞大，但储存的信息量巨大，细微层次的信息较多，有利于原稿色彩的复制。TIFF 格式是平面设计中最常用的图像格式之一，主要的图像编辑排版软件都支持它。

（六）PNG 格式

PNG 是一种无损压缩的位图图像格式。PNG 图像可以是灰阶的 16 位或彩色的 48 位，也可以是 8 位的索引色。PNG 图像使用的是高速交替显示方案，显示速度很快，只需要下载 1/64 的图像信息就可以显示出低分辨率的预览图像。PNG 支持透明效果，可以为原图像定义 256 个透明层次，使得彩色图像的边缘能与任何背景平滑地融合，从而彻底地消除锯齿边缘。这种功能是 GIF 和 JPEG 没有的。

（七）WMF 格式

WMF 是 Windows Metafile Format 的缩写，简称图元文件，它是微软公司定义的一种 Windows 平台下的图形文件格式。Microsoft Office 的剪贴画使用的就是这种格式。目前，其他操作系统尚不支持这种格式，如 Unix、Linux 等。

（八）AI 格式

AI 代表 Adobe Illustrator，是一种矢量图形文件格式，放大不失真。这种文件只能用 Illustrator 软件编辑。在正常的情况下，AI 文件也可以通过 Photoshop 打开，但打开后的图片就只是位图，并且背景层是透明的。至于打开后的精度，可以在打开时弹出的对话框上修改图片的分辨率。

（九）SVG 格式

SVG 可以算是目前最火热的图像文件格式了，它的英文全称为 Scalable Vector Graphics，意思为可缩放的矢量图形。它是基于 XML，由 World Wide Web Consortium (W3C)联盟进行开发的。严格来说，它应该是一种开放标准的矢量图形语言，可让你设计激动人心的、高分辨率的 Web 图形页面。用户可以直接用代码来描绘图像，可以用任何文字处理工具打开 SVG 图像，通过改变部分代码来使图像具有交互功能，并可以随时插入 HTML 中通过浏览器来观看。

问题探讨

PPT 支持哪些图像格式呢？每种格式的图片有什么利弊？如果图像格式 PPT 不支持怎么办？

用户使用格式工厂就可以进行图像格式转换，转换成 PPT 支持的格式。

三、 图形图像素材的获取与输出

获取图形图像素材最常用的方法有：拍摄、扫描、屏幕捕捉、视频捕捉、网上下载、图形图像处理软件绘制等。

（一）拍摄

数字摄影是最直接的一种图像采集手段，用数码相机、摄像机拍摄下来的图像是数字图像，它被保存到相机的内存储器芯片中，然后通过计算机的通信接口将数据传送到计算机上。数码相机默认的拍摄格式是 JPG，但专业的摄影师都会选择 RAW 格式来拍摄。前者是经过压缩的格式，存储空间小，存取速度快，适宜生活纪录；后者是没有经过压缩的格式，占据内存大，后期可调性及可调空间非常大，适宜婚纱、写真、儿童摄影、风光风景、建筑纪实等。

（二）扫描

通过扫描仪扫描的方法获得数字图像文件。

（三）屏幕截取

截屏有专门的软件，但 Windows 提供的方法已经基本够我们使用了。Print Screen 键是把整个屏幕截取下来，Alt＋Print Screen 是将当前活动窗口截取下来。

如果要截取某一任意区域的画面时，就要用到截屏软件，比如 QQ 聊天软件中的 Ctrl＋Alt＋A 组合键，360 浏览器中的 Ctrl＋Shift＋X 组合键，也可以使用专业的截图软件 FastStone Capture 或 PicPick 等。

（四）视频捕捉

很多视频播放器都带有截图功能，可以把视频中的某一帧画面捕捉成图像文件，如暴风影音、QQ 影音等播放器。

（五）网上下载

网上有丰富的图像资源，用图片另存为或下载两种方法就可以获得；实际上，网络上的图片质量差别很大，格式也很多，要想获得有价值且质量较高的图像还是需要掌握一些方法和技巧的。

我们搜索图片有两个因素要考虑：一是图片的质量是否符合需要；二是图片是否存在版权问题，也就是是否要付费的问题。了解和掌握一些搜索技巧和有哪些高质量图片的网站是很有必要的。

推荐网站：http：//pixabay. com，这个网站上所有的图片和视频都是免费的、高清的。Pixabay 完全释放自由版权，可以下载、修改并使用。另一个推荐网站是：https：//cn. bing. com(必应)，这是在中国仅剩的能使用的国际搜索引擎，它不但支持中文搜索，也支持英文搜索(国外资源)，上边的图片数量多，分辨率高，搜索的准确度也高。如图3-30所示，必应的国内版和国际版。

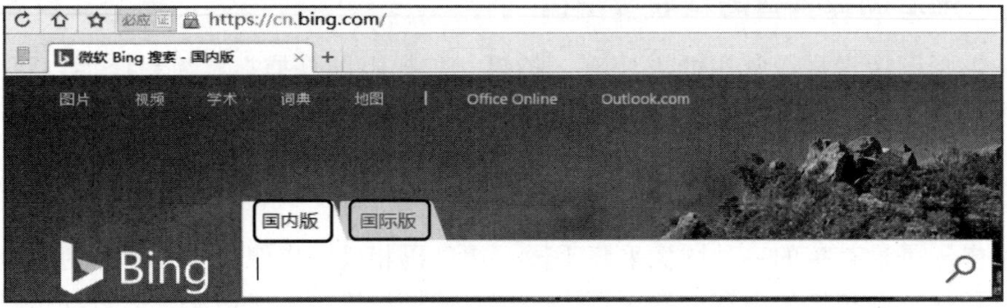

图 3-30　必应搜索

（六）图形图像处理软件绘制

如果你会使用一些专门的图像制作软件，像 FreeHand、Illustrator、CarelDRAW、Photoshop 等，这些软件都提供了强大的绘制图形的工具、着色工具、特效功能等，就可以制作我们所需要的图像。

四、 图形图像素材的处理技术

我们在教学中使用最多的就属文字和图像了，采集到的图像往往要进行一些处理，才能成为我们想要的图像素材。我们需要了解和掌握一些图形图像的处理技术，处理图形图像的软件很多，从可行性、易用性、实用性、够用的角度出发，本书介绍 Photoshop 和 PPT 两个软件对图形图像的处理。

重要说明：Photoshop 是个功能强大的图像制作和图像处理软件，图像制作功能面向平面设计，专业性很强，需要经过专门的学习才能掌握，本书定位在它的图像处理的掌握，并结合幼教实际进行了取舍。下面从图像处理的角度用任务驱动的方式来进行介绍，并非以软件的功能做系统的介绍。PPT 使用的是 2016 版。

（一）图形图像的处理技术

采集到的原始图像一般会存在一些问题，比如分辨率偏高或偏低，拍摄的照片效果不佳，图像上有多余信息，需要去除，需要把几个对象合成为一个图像等；有时找不到合适的图形，还需要自己制作。针对这些问题，我们来一一解决。

1. 图像的大小及分辨率的调节

图像的大小与分辨率有直接的关系，如果图像的分辨率偏低，放大会模糊不清，影响展示效果；图像的分辨率过高，占用存储空间太大，在 PPT 中使用会导致文件过大，影响播放速度。因此在工作中要考虑把它的大小调整到一个合适的范围。

结合前面分辨率的分类和定义，我们来谈谈工作中图像大小的调整。如果你的屏幕分辨率是 1024×728，图像的分辨率是 223×300，那么这张图用到 PPT 中经放大，就会变虚而失真。只有接近屏幕分辨率的图像，才经得起放大。如果要使用一张分辨率不高的图，只能在维持清晰度不变的基础上，把图做一定限度的放大，提高它的分辨率。通过提高分辨率放大的图像，图像的清晰度是不会提高的，因为你只是增加了像素点而不是图像的细节，所以放大也是有限的。下面我们来看用 Photoshop 如何提高图像的分辨率。

第一步，打开 Photoshop，再打开要调节的图像文件，点击“图像”菜单，选中“图像大小”命令。

第二步，在图像大小对话框中，如图 3-31 所示，现图像的分辨率为 72 像素/英寸，尺寸大小为 264×188 像素，宽×高为 9.31 厘米×6.63 厘米。现在先勾选重定图像像素，下拉列表选择两次立方(适用于平滑渐变)，然后人为修改分辨率，把它提高到 200 像素/英寸(这个值是不可以无限放大的，因为我们是无法补充细节的)，这时发现像素会自动调整为 733×522，文件变大，点击“确定”，就提高了图片的分辨率大小，如图 3-32 所示。

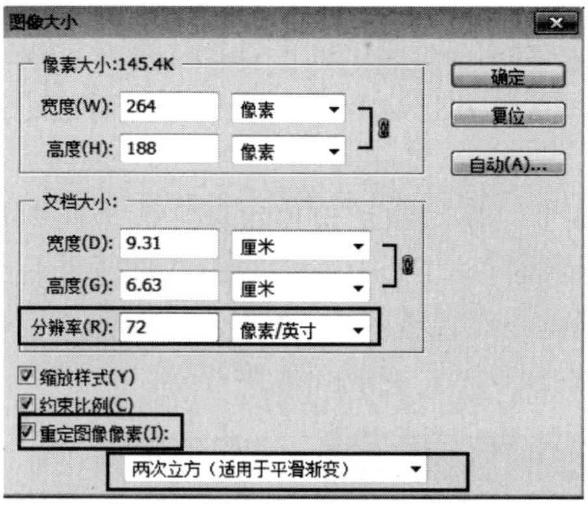

图 3-31　图像原来的分辨率

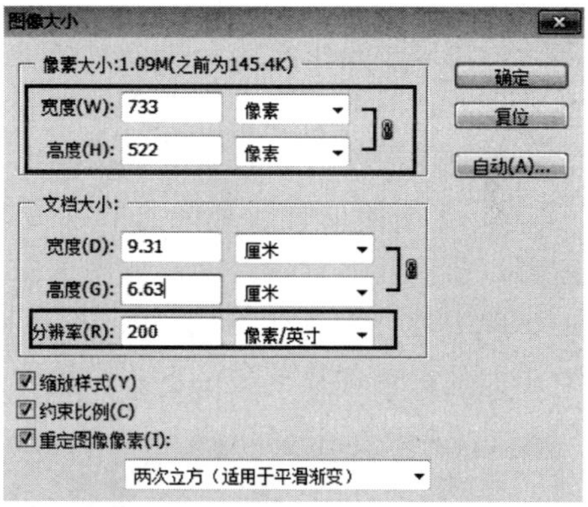

图 3-32　图像调整的分辨率

第三步，我们点击确定之后，可以看到图片变大了，但是没有失真，分辨率提高了。

第四步，保存图片，点击“文件→存储为”，输入文件名，选择格式，选择路径点击保存，会出现以下对话框(图 3-33)，把品质调节到最佳，滑块拖到最大，格式选项选择“基线(标准)”，确定就完成了。

要降低图像的分辨率，方法也类似，只要把原来的分辨率改成一个比原来小的分辨率，使文件调整到自己需要的大小即可。

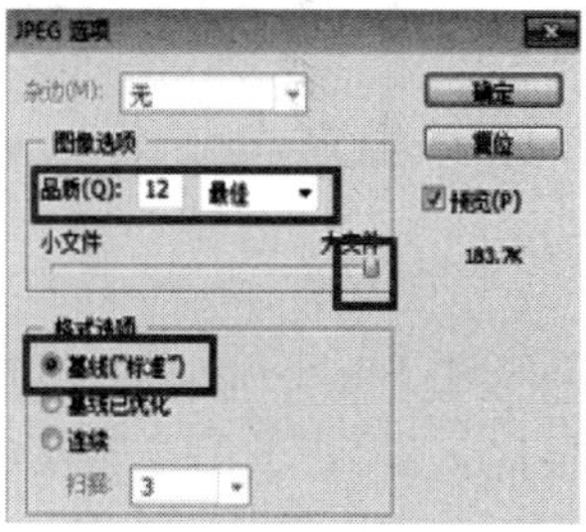

图 3-33　保存文件

2. 图像的裁剪

有时采集的图像上有多余的信息，比如，意外地多拍了一些对象，可以通过裁剪去掉多余的部分；或者图像的主体不够突出，可以裁掉多余的图像，使主体得以显现。其方法是，PPT 里“图片工具－格式”里有一个“裁剪”工具，如图 3-34 所示，可以对图像做大小的裁剪，或剪裁成某个形状，还可以设置图像的纵横比，调整大小等。用 Photoshop 里的裁剪工具，同样可以直接裁掉多余的图像，或按一定的形状进行裁剪，如用“建选区”工具进行裁剪。

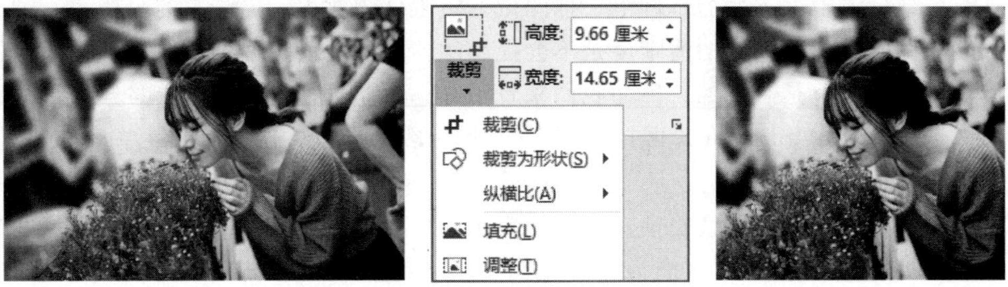

裁剪前　　裁剪工具　　裁剪后

图 3-34　图像的裁剪

3. 抠图/对象特写/制作透明图片

有时我们想突出某个对象，可以对这个对象做特写处理，也可以把这个对象周围的景物做虚化处理。有时要把一个对象单独保存成图像，并且这个对象放到任何颜色的背景上都可以，也就是说要把它的背景处理成透明的。

(1)如果一个对象的背景是纯色的，要把这个对象的背景去掉，保存成透明图片，这个对象就可以放到任何背景上了。如图 3-35 所示，在 PPT 中，小熊的背景原来是纯白色的，选中小熊图片，选择“图片工具→调整→颜色→设置透明色”命令，鼠标会变成吸管的样子，对小熊的白色背景单击一下，白色背景就删除了，变成了透明背景。

图 3-35　PPT 制作透明图

用 Photoshop 同样可以处理成透明背景。其方法是，先打开小熊图片(图 3-36)，在图层区双击“背景图层转换成普通图层”，工具箱上选择“魔棒工具”，在图片的白色区域上单击，则把白色区域建成了选区，按 Delete 键，则白色背景被删除，图片的背景变成透明，文件存储为 PNG 格式。

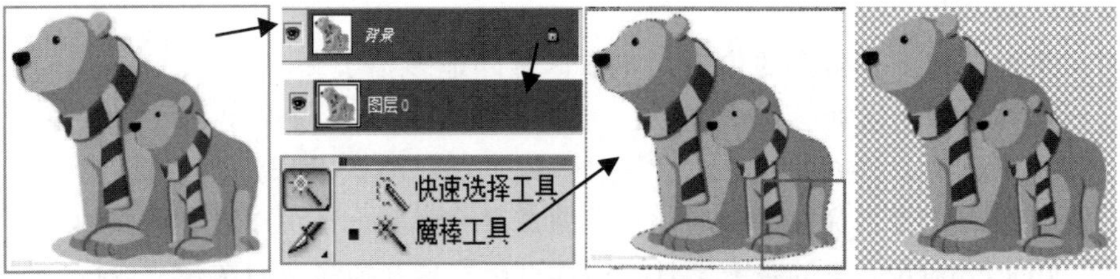

图 3-36　Photoshop 制作透明图

如果对象在复杂的背景上，想要删除背景，就要先用 Photoshop 把这个对象建成一个选区，再抠图处理，保存成 PNG 格式。建选区的工具有规则的和不规则的，具体使用时要针对不同对象选择适当的工具。如图 3-37 所示，小猪佩奇所在背景相对复杂点，我们选择不规则建选区工具“磁性套索工具”，把小猪佩奇建好选区，复制选区，粘贴到新图层上(也可以反选，删除背景即可)，关闭背景图层的眼睛，保存文件成 PNG 格式。

图 3-37　对象的抠图

PPT 也可以删除一个对象的复杂背景，把对象从背景中制作出来。其方法是，使用图片工具中的“删除背景”命令。结合“标记要保留的区域”“标记要删除的区域”这两个命令，来得到图像中的对象，再使用“压缩图片”删除裁剪区域以缩小图像大小，如图 3-37 所示。

(2)要给图像上的某个局部图像做特写，只要把局部用椭圆工具建好选区，新建一图层或新建一个文件，粘贴出来，保存即可，如图 3-38所示。

图 3-38　局部特写

(3)要突显图像上的主体，忽略其他对象，可以把其他对象模糊处理，像拍摄时对主体对焦一样的效果，用 Photoshop 中的滤镜中“高斯模糊”处理。其具体操作如下。

用 Photoshop 打开图片(图 3-39)，用套索工具把两枚覆盆子圈起来建成选区，执行“反选”命令，把其余图像选中，选择“滤镜→模糊→高斯模糊”，手动调整像素参数到一个合适值确定即可。

图 3-39　突出主体

4. 修复图像

图像上的水印文字、污点、多余的景物等，都会成为画面上的缺憾，通过图像局部处理可以去除缺陷，使图像得到修复。Photoshop 里提供了好几种修复工具，像“修补工具”“修复画笔工具”“仿制图章工具”等，这些工具都可以实现对局部的修复。

下面以“修补工具”为例介绍去除图像上的文字。

用 Photoshop 打开图像，选择工具箱上“修复画笔工具”中的“修补工具”，如图 3-40

所示。设置修补参数为“源”，然后把图像上的文字用“修补工具”建好选区，移动选区到无字的地方，就把原来的字替换掉了。注意“源”和“目标”的选择，决定了怎么进行图像的替换。

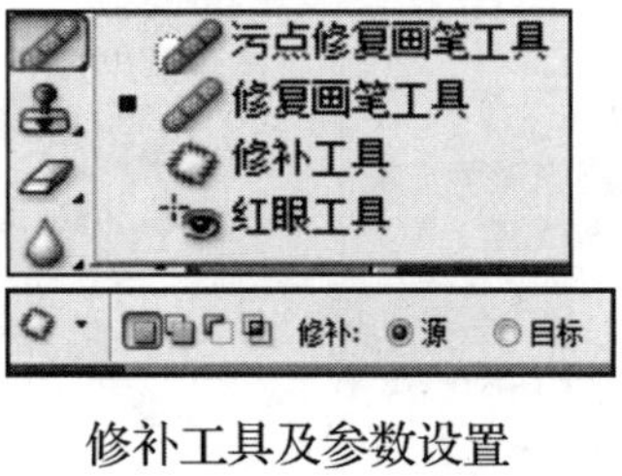

图3-40　修补工具及参数设置

5. 图像色调/色彩调节

如图 3-41 所示，PPT 可以对图像的色调/色彩做简单处理，可以调整图片的亮度/对比度、颜色、艺术效果等。其方法都简单易用，不再赘述。

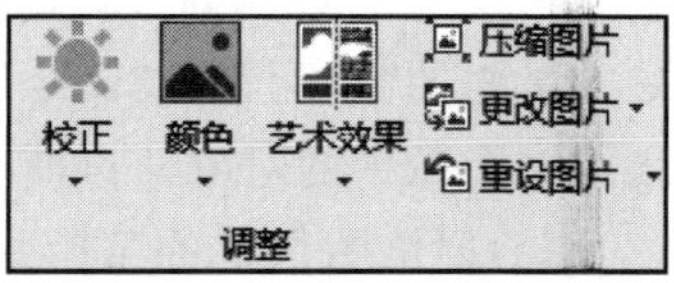

图 3-41　PPT 调整图片

Photoshop 对图像色调、色彩的调整功能更加强大，主要使用色阶、色彩平衡、颜色、曲线、亮度/对比度、色相/饱和度等命令进行。拍摄照片过程中，各种原因引起的照片表现力不足，通过 Photoshop 可以进行修复和增强。下面以“色阶”“曲线”两个命令举例说明。

(1)色阶。

第一步，打开 Photoshop，导入一张图片，如图 3-42 所示。

图 3-42　调节前后

第二步，选择图像→调整→色阶，打开色阶控制面板，如图 3-43 所示。

第三步，要使图像阴影部分突出，调节左侧的按钮(黑场)。将左侧的滑块向右滑动就可以使阴影部分变得更暗。此图片的阴影部分不缺少像素，不用调节。

第四步，要使高光部分变得更亮，向左滑动右侧的滑块(白场)就可以使图像的高光部分变得更亮。此图中高光部分基本没有像素，因此要把滑块向左侧调整。

第五步，中间的滑块就是调节灰度的滑块。需要注意：将中间的滑块向左滑动是将图片的灰色调亮而不是调暗，相反，向右调整则是使图片变暗。

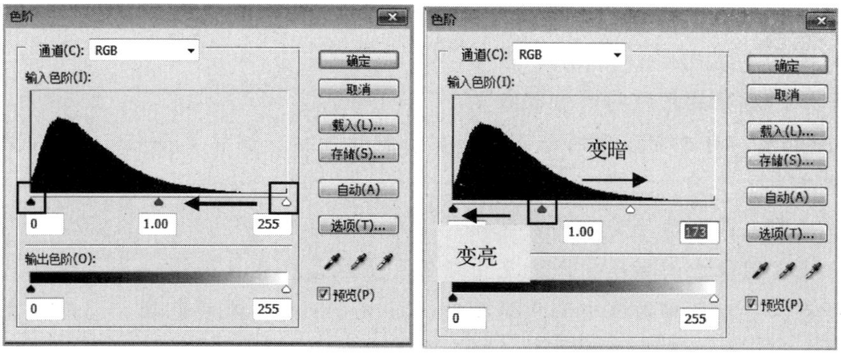

图 3-43 色阶

(2)曲线。

曲线命令不但可以调整图像整体或单独通道的亮度、对比度和色彩，还可以调节图像任意局部的亮度。

第一步，打开 Photoshop，导入一张图片，先把背景图层复制两层，备注名改为“亮”“暗”两个图层，如图 3-44 所示。

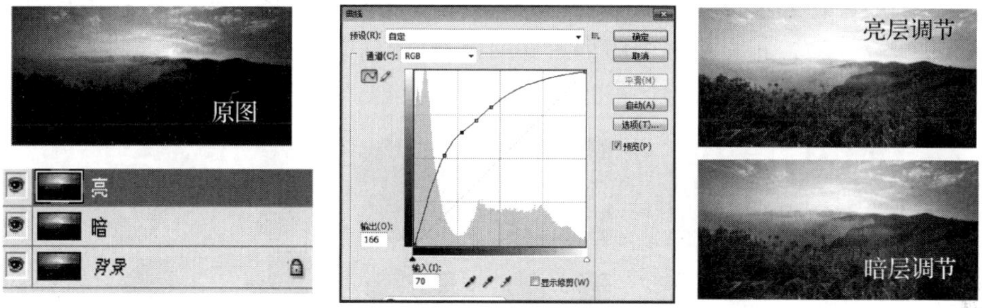

图 3-44 曲线调节

第二步，选择“亮部”这个图层，然后用曲线工具将图片提亮(地面上的物体可以看到细节即可)，如图 3-44 所示(亮层调节)。

第三步，把暗层拖到亮层之上，将其覆盖住，这样照片就又变回了原来的样子。在暗部图层上，通过降低透明度和橡皮擦结合来让地面达到曝光正常。这样天空和地面的曝光都正常了，也不会丢失天空和云海的细节，如图 3-44 所示(暗层调节)。

第四步，用调整饱和度命令，提高饱和度，保存文件。(或者利用插件 HDR 中的饱和度，对图像进一步调色，效果会更好。)

曲线命令对话框上，其他选项作用如下。

通道：单击右边下拉按钮，在下拉列表中可选择混合通道或单色通道，从而对不同通道的曲线进行调整。

：该按钮默认为选中状态，表示可通过拖动曲线上的调节点来调整图像。

：选中该工具可在曲线编辑框中手工绘制复杂的曲线。绘制结束后，单击按钮可显示曲线及其节点。

知识拓展

色彩平衡：图像偏色的判断与校正。

色相/饱和度：可改变图像的颜色、为黑白照片上色、调整单个颜色成分的“色相”“饱和度”和“明度”。

去色：将彩色图像转换为当前颜色模式下的灰度图像。

反相：反转图像中的颜色，即使黑白颠倒、原色与补色互转。

色调分离：可以调整图像中的色调亮度，减少并分离图像的色调。色调分离后的黑白图像，具有木刻版画效果；色调分离后的彩色图像仅由几种鲜丽色块组成，具有套色版画的视觉效果。

6. 绘制

有些图形、房屋、建筑、人物、景物，都可以使用 Photoshop 和 PPT 中的形状工具来动手制作。下面以 PPT 为例介绍制作的方法和技巧。

一些复杂图形可以通过简单图形合并得到，合并形状里包括五种合并模式，分别是结合、组合、拆分、相交、剪除(图 3-45)。结合是两个图形相加(图示①)；组合是第一个图形与第二个图形相加且剪掉重叠的部分(图示②)；拆分是两个图形的交线把图形互相切割成多个图形(图示⑤)；相交是两个图形重叠的部分(图示③)；剪除是从第一个图形中剪掉与第二图形重叠的部分(图示④)。

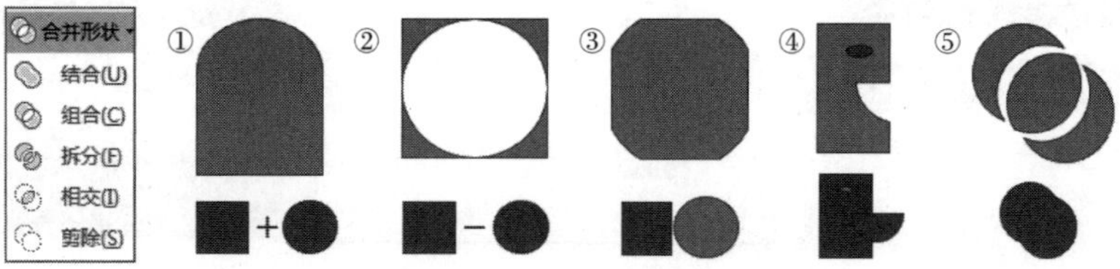

图 3-45　几种合并方式

PPT 总共提供了 100 多种形状，充分运用它们之间的相互组合合并会得到意想不到的新图形。

实践活动

利用合并形状绘制如下图形，注意多个图形的组合、对齐等技巧的运用(图 3-46)。

图 3-46　形状

(二)图形图像在 PPT 中的应用举例

下面我们来谈谈处理好的图像在 PPT 中如何使用，可以使 PPT 看起来更加高档。首先，我们要了解图像在 PPT 中的作用是什么。它有这样几种作用：辅助理解，营造气氛，情景再现。比如，介绍某一人物，肖像帮助我们了解这个人；介绍水果，配上水果的图片，也同样是帮助认识这个水果。营造气氛，过年这个节日，配上对联、福字、合家欢、礼花、鞭炮的图片，都是为了营造过年的气氛。报道一件事情的发生，回顾历史事件，用当时的照片，就具有很强的历史感和真实性，使情景再现。其次，我们来了解应用的技巧，下面是应用举例。

1. 作为背景

有时我们用图像作为某张 PPT 页面的背景，只是用来营造一种气氛，创造一种意境，重点是介绍页面上的文字，这就不需要图像太过醒目，过分分散人的注意力。怎么办呢？其方法是给图像上做一个蒙板，使它变暗或变淡。

(1)用 PPT 给图像上加一层蒙板(透明形状)。

第一步，在 PPT 中先插入作背景的图像，调整大小覆盖整张幻灯片，注意保留图像的原有纵横比，多余的部分可以裁剪掉。如图 3-47 所示，已调整大小与幻灯片一样大。

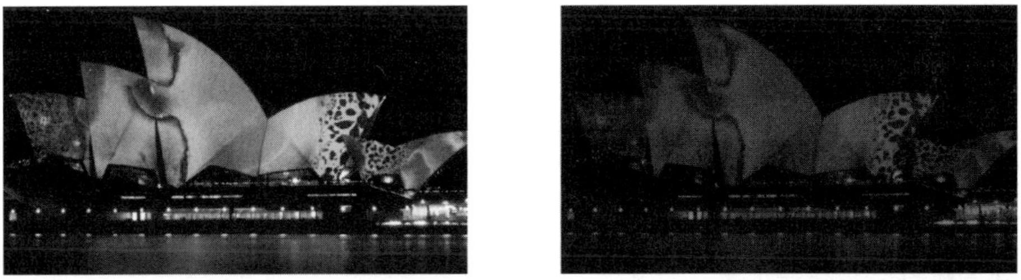

图 3-47 原图与暗的效果图

第二步，再插入形状里的“矩形”，调整大小与幻灯片一样，设置形状填充色“黑色”(或深灰色)，无边框。接着修改它的透明度，选中形状右击，选中“设置形状格式”(图 3-48)，选择“形状选项→填充→纯色填充”，选择颜色为“黑色”，透明度设置一个值 50%。这样一个暗的背景图就做好了。

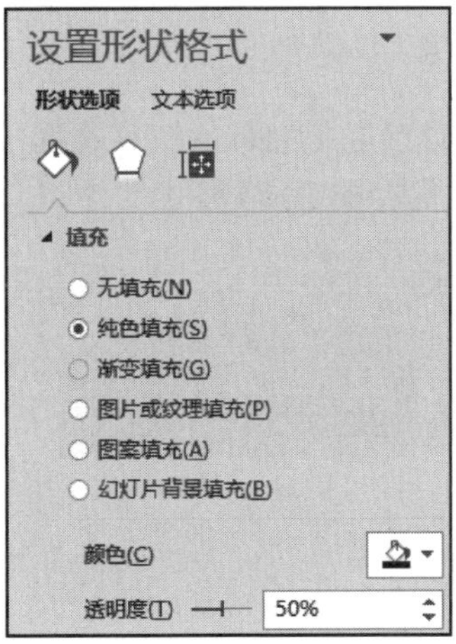

图 3-48 制作暗背景图

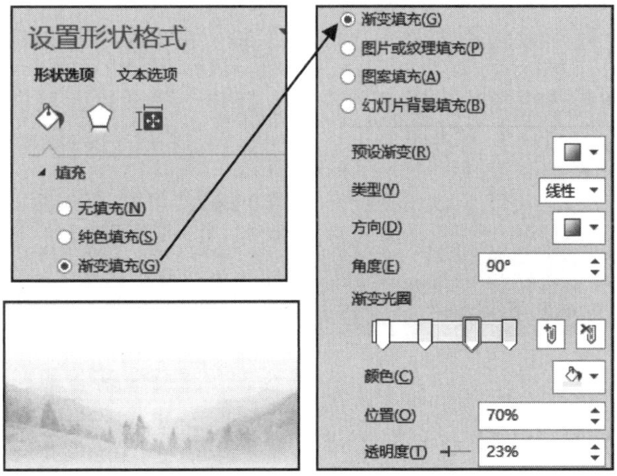

图 3-49 制作淡背景图

如果你想做出图 3-49 所示的变淡的背景图，首先你选择的图像本身要比较亮，再用 PPT 中校正图像命令把原图像的亮度调到最大；其次来制作蒙板，把作蒙板用的矩形用白色渐变填充，类型选“线性”，方向选“由上而下”，角度选“90°”，设置几个渐变光圈(图中设了 4 个光圈)，光圈的作用是给图像不同位置设置透明度用的，想变淡透明度设低一点，想保留原样，透明度设高一点。一张若隐若现的背景图制作出来后，可以单独用作一张幻灯片的背景图，也可以用作母板的背景图。

(2)用 Photoshop 制作淡化图片/透明图片。

用 Photoshop 中的蒙板制作淡化的背景图。蒙板是根据“黑”“白”“灰”转化选区的工具，将黑白渐变转为透明向不透明的选择范围。

第一步，打开图片，单击快速蒙板，如图 3-50 所示。

第二步，将前景色与背景色恢复为默认的黑白色，选择渐变工具中前景到背景填充。

第三步，用渐变工具在图像上“拉”出渐变范围和方向。

第四步，退出快速蒙板，这时填充部分会转为选区，按 Delete 键，图像就变淡，也可以再进行反选，对另一半的图像也可以按 Delete 键进行删除，每部分都可以多次删除，直到效果满意为止。

第五步，将图像保存成 JPG 格式(不是透明图片)。

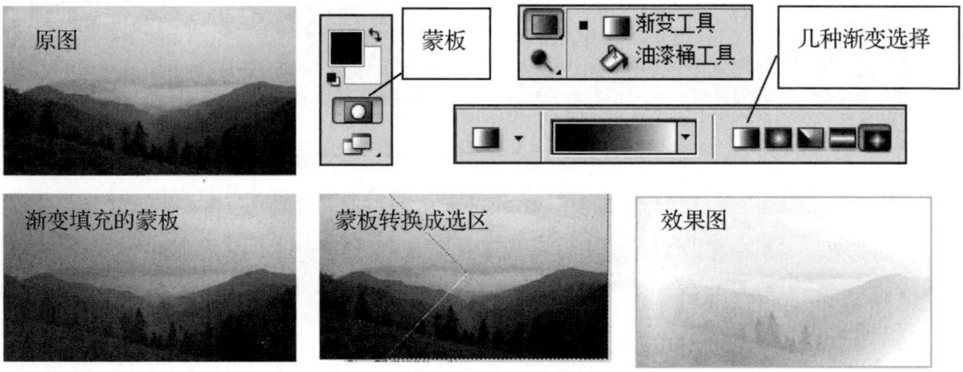

图 3-50　用蒙板制作淡化图片

制作透明图片。用 Photoshop 打开一张图片，双击背景图层把它转换成普通图层，这时就可以调整它的透明度了，如图 3-51 所示，调整好后，保存成 PNG 格式文件。

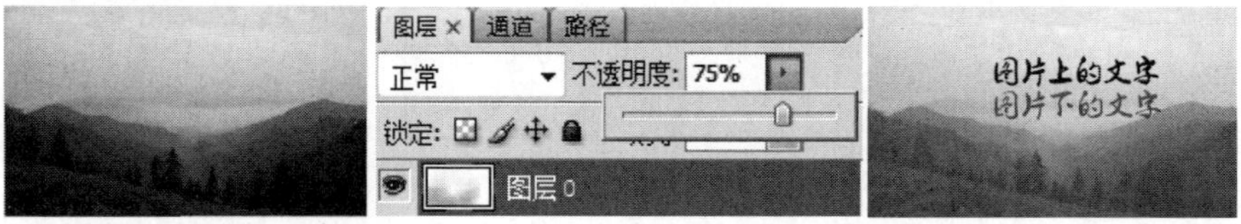

图 3-51　用 PS 制作透明图片

2. 插图、图标的应用

(1)图像可以直接作为插图使用，简单大气，也可以修饰加个边框再使用。PPT 自带一些“图片样式”，专为图片添加边框效果，不再赘述。这里介绍一种用法，使图片不再是那么规规矩矩，而是呈现一种自然的动感效果，使页面充满创意。如图 3-52 所示，把图片填充在一些类似墨汁笔刷的图形里，再作插图使用。

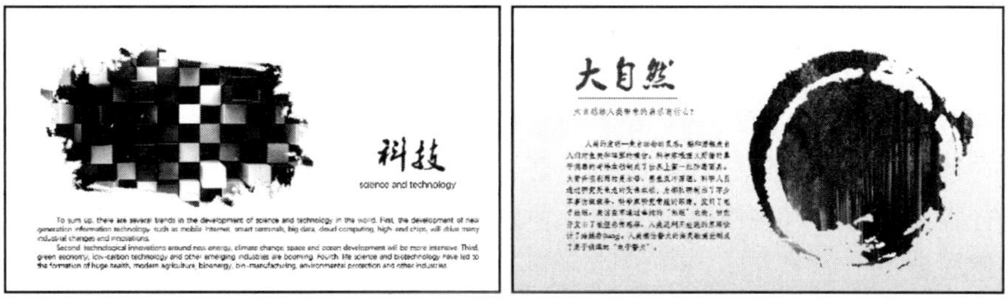

图 3-52　墨汁笔刷效果

制作方法如下。

第一步，首先在网上下载一些墨汁笔刷，如图 3-53①所示。

第二步，用 Photoshop 打开下载的文件(jpg 格式)，用矩形工具选中一个笔刷图形，按 Ctrl＋C 复制，再在 PPT 中粘贴出来，如图 3-53②所示。

第三步，用图片工具→颜色→设置透明色，把笔刷区域设置成透明，如图 3-53③所示。

第四步，右击“设置图片格式”，选择“用图片或纹理填充”，再选择填充的图片文件，如图 3-53④所示，一幅漂亮的笔刷效果图就做出来了。

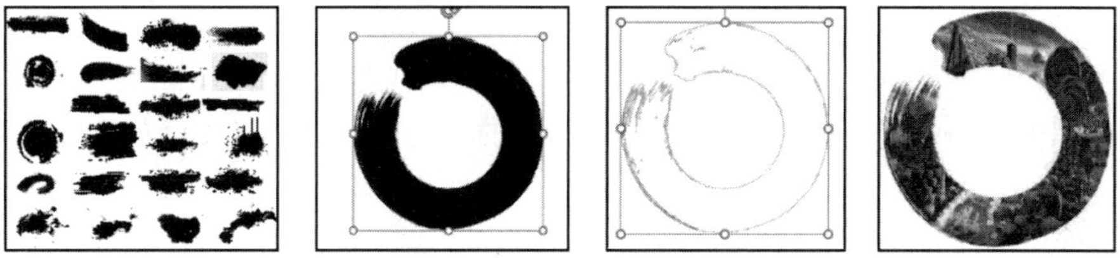

①　②　③　④

图 3-53　制作笔刷效果

(2)图标在 PPT 中的应用，使内容的表达更加直观且易于理解，增加了吸引力和表现力，如图 3-54 所示。

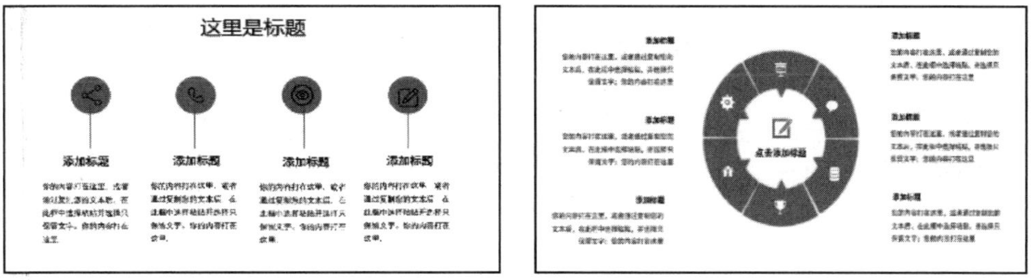

图 3-54　图标在 PPT 中的应用

下载图标的网站，如阿里巴巴矢量图标库，下载时还可以根据需要选择图标的颜色，以便与 PPT 色调相配，如图 3-55 所示。

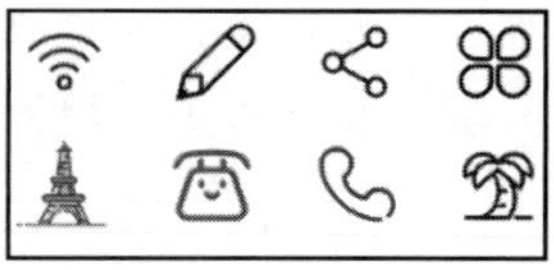

图 3-55　图标

3. 划分版面

(1)图像作为 PPT 页面的一个重要组成部分，也可以用来进行板块划分，如图 3-56 所示，可以进行 1/3 位置的划分，可以对半划分，也可以把图作为背景用图形在中部或偏左的部位进行版面布局。这些例子仅提供一种思路，以便使你可以创作更多的版面，比如不规则的版面划分。

图 3-56　用图片划分版面

(2)结合形状进行布局。

形状在 PPT 中可以发挥很大的作用，因为它的变化多样性，使页面布局出现了更丰富的变化，如图 3-57 所示。其方法是：先插入你想要的形状(下面第一幅图用的是平行四边形)，调整大小，右击形状“设置图片格式”，如图 3-58 所示，在形状选项里选择填充，再选择“图片或纹理填充”，点“文件……”选择你要填充的图片文件即可。一旦做好后，形状还可以随时进行更换，只要选中形状，“绘图工具→编辑形状→更改形状”，选择新的形状即可。

图 3-57　形状布局页面

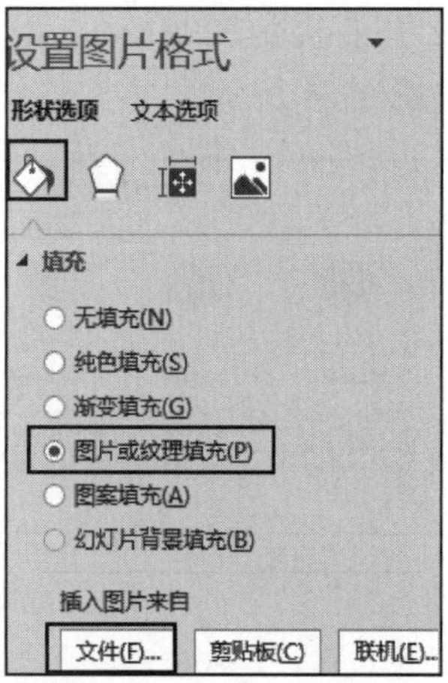

图 3-58　图片填充形状

PPT 自带多种形状，结合前面介绍的合并形状，你完全可以创作出更加丰富的页面布局。

实践活动

1. 练习截图，分别截一个窗口、一个图像、一个视频界面，分别粘贴在 Word、PPT 中，并对它们做缩放和裁剪练习。

2. 选择一个网站，练习下载图标，并下载至少两种颜色的图标。

3. 从网上收集一些卡通图形，用 PPT 里的形状进行绘制，或自己设计并绘制一些场景或图形。

4. 制作背景图片，如变暗的、变淡的、透明的效果图等。

5. 请用 PS 中的色阶、曲线命令分别对图像 1.jpg、2.jpg 进行调节。

6. 请从网上搜索三个动画人物，用 PS 去掉背景，保存成 PNG 格式文件。

第四节　音频素材及处理技术

一、 常见音频素材的格式

声音通常有语音、音效和音乐三种形式。语音指人们讲话的声音；音效指声音特殊效果，如雨声、铃声、机器声、动物叫声等，它可以从自然界中录音，也可以采用特殊方法人工模拟制作；音乐则是一种最常见的声音形式。

音频文件的格式有很多种，每种格式都有自己的特点。下面介绍常见的几种音频格式。

（一）WAV 格式

WAV 格式是微软公司开发的一种声音文件格式，也叫波形声音文件，是最早的数字音频格式，被 Windows 平台及其应用程序广泛支持。WAV 格式支持许多压缩算法，支持多种音频位数、采样频率和声道，采用 44.1 kHz 的采样频率，16 位量化位数，因此 WAV 的音质与 CD 相差无几，但 WAV 格式没有经过压缩，对存储空间需求太大，不便于交流和传播。

（二）MP3 格式

MP3 是一种音频压缩技术，由于这种压缩方式的全称叫 MPEG Audio Layer3，所以简称为 MP3。MP3 是利用 MPEG Audio Layer 3 的技术，将音乐以1∶10 甚至 1∶12 的压缩率，压缩成容量较小的文件。每分钟音乐的 MP3 格式只有 1 MB 左右大小，这样每首歌的大小只有 3～4 兆字节，其音色和音质还可以保持基本完整而不失真。使用 MP3 播放器对 MP3 文件进行实时的解压缩(解码)，这样高品质的 MP3 音乐就播放出来了。它的缺点是最高比特率为 320 K，高频部分音质不高。

（三）WMA 格式

WMA 的全称是 Windows Media Audio，是微软公司力推的一种音频格式。WMA 格式是以减少数据流量但保持音质的方法来达到更高的压缩率目的，其压缩率一般可以达到 1∶18，生成的文件大小只有相应 MP3 文件的一半。

（四）RA 格式

RA 格式是 Real Audio 的缩写，这种格式真可谓是网络的灵魂，强大的压缩量和极小的失真使其在众多格式中脱颖而出。和 MP3 相同，它也是为了解决网络传输带宽资源而设计的，因此主要优势在于压缩比和容错性，其次才是音质。

（五）RM 格式

RM 是目前网络上流行的主流多媒体文件格式之一，该类文件必须使用基于 RealNetworks 公司开发的 RealMedia 引擎的播放器（如 RealPlayer）才能正常播放。

（六）OGG 格式

OGG 是一种新的音频压缩格式，类似于 MP3 等现有的音乐格式。但不同的是，它是完全免费、开放和没有专利限制的。Vorbis 是这种音频压缩机制的名字，而 OGG 则是一个计划的名字，该计划意图设计一个完全开放性的多媒体系统。目前该计划只实现了 OGG 这一部分。OGG Vorbis 文件的扩展名是 .OGG。这种文件的设计格式是非常先进的。现在创建的 OGG 文件可以在未来的任何播放器上播放，因此，这种文件格式可以不断地进行大小和音质的改良，而不影响旧有的编码器或播放器。

（七）MIDI 格式

MIDI（Musical Instrument Digital Interface）乐器数字接口，是 20 世纪 80 年代初为解决电声乐器之间的通信问题而提出的。MIDI 是编曲界最广泛的音乐标准格式，可称为“计算机能理解的乐谱”。它用音符的数字控制信号来记录音乐。一首完整的 MIDI 音乐只有几十 KB 大，却能包含数十条音乐轨道。几乎所有的现代音乐都是用 MIDI 加上音色库来制作合成的。MIDI 传输的不是声音信号，而是音符、控制参数等指令，它指示 MIDI 设备要做什么，怎么做，如演奏哪个音符、多大音量等。它们被统一表示成 MIDI 消息（MIDI Message）。传输时采用异步串行通信，标准通信波特率为 31.25×（1±0.01）KB。

知识拓展

1. 音频文件通常使用什么播放？

Windows 自带的播放器是 Windows media player，通常简称“WMP”。WMP 可以播放 MP3、WNA、WAV 等音频文件。视频方面可以播放 AVI、MPEG-1、MPEG-2、DVD 等格式。

暴风影音、QQ 影音同时支持音频和视频的播放，还支持对音频、视频的截取等处理。

很多音乐网站提供了丰富的歌曲，你可以在线听，如果要下载歌曲需要下载相应的客户端，如酷狗音乐、QQ音乐等。

2. 这么多的音频格式，是不是PPT都支持呢？

PPT支持的音频文件格式主要有MP3、WMA、WAV、MIDI、AU、AIFF等格式。如果插入的音频格式，PPT不支持的话，可以先将音频格式转化为PPT支持的格式，步骤如下。

①网上搜索、下载、安装格式工厂软件(格式工厂是一款绿色免费、功能强大的格式转换软件，支持各种视频格式、音频格式和图片格式转换)。

②打开格式工厂软件，单击音频选项(还有视频、图片等选项)，选择PPT支持的音频格式，如图3-59所示。

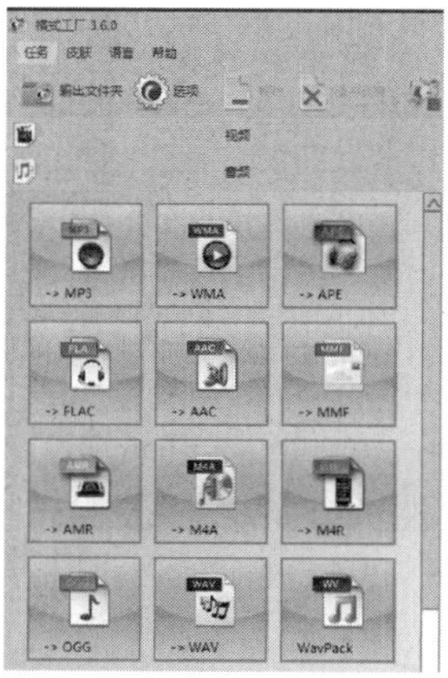

图3-59　选择想要的音频格式

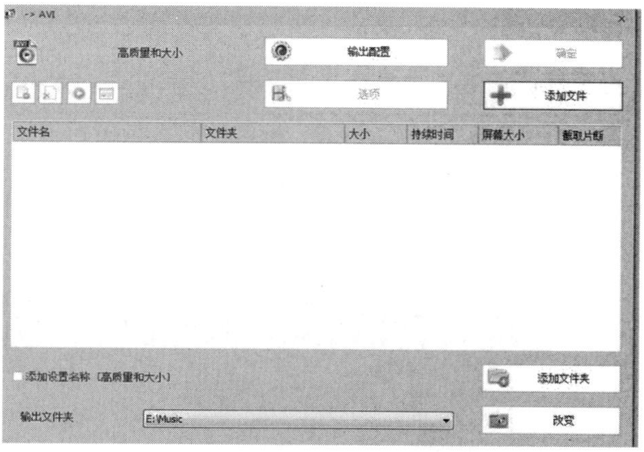

图3-60　选择保存路径和要转换的文件

③单击“改变”，选择输出路径；单击“添加文件”，选择要转换的音频文件，单击确定，如图3-60所示。

④选择列表里的任务，单击“开始”按钮进行转换，如图3-61所示。

图3-61　选择任务并开始转换

二、 音频素材的获取

（一）音频素材的获取途径

音频素材可以通过直接和间接两种方式获取。直接获取是通过录音设备和录音软件录制，间接获取是从其他媒介上拷贝或从网上下载。

保存音频的媒介有素材盘、磁盘等，需要时复制下来；另外，一些音乐网站、音频素材网站上有大量的音乐和音频素材，需要时下载，注意有些是免费提供的，有些是收费的。

知识拓展

常用的音频网站

用百度搜索“音频素材”，会搜到很多音频网站，下面介绍两个音频网站。

包图网：提供了丰富的不同场景、不同风格的音效，如图 3-62 所示。

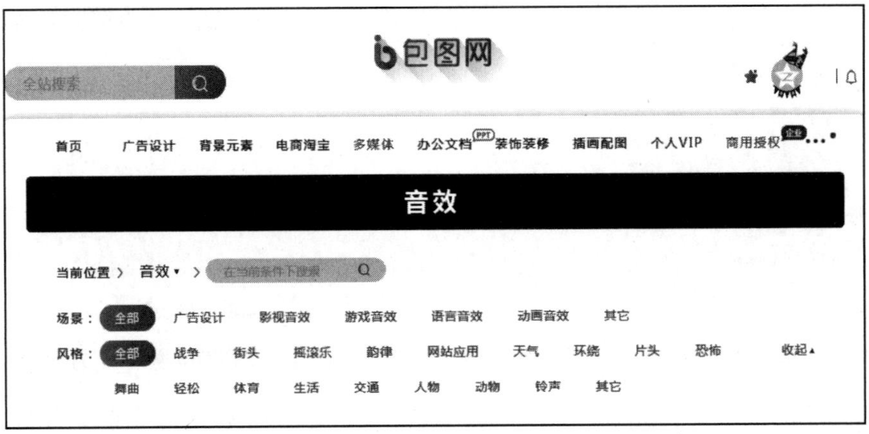

图 3-62　包图网上的音效

摄图网：提供了三种类型的音效：自然环境、日常生活、影视游戏，如图 3-63 所示。

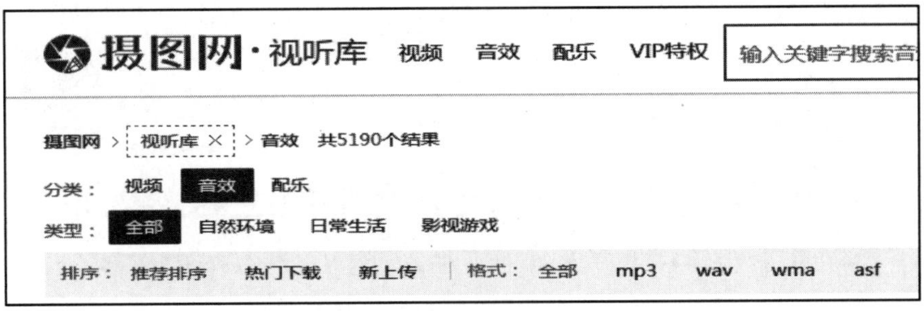

图 3-63　摄图网上的音效

用百度搜索“音乐网站”，会搜到很多，如百度音乐、酷我音乐、QQ 音乐、歌谱简谱网等，你可以根据需要进行选择。

有些声音是不能从网上找到的，如读音、演讲、授课、配乐朗诵、讲故事、配乐演唱等，这就需要自己进行录制。录制数字音频既可以通过硬件来录制，也可以通过软件来录制。录音的硬件有录音笔、麦克风、声卡、音箱、耳麦、录音卡座、手机等设备；录音的软件有系统自带的录音机、Goldwave、Cool Edit、Power MP3 Recorder、Auvisoft MP3 Recorder、Adobe Audition 等软件；像专业音乐制作人会使用录音棚，有专业的设备和音乐制作软件，本书不做这方面的介绍。

录制下的声音，往往要做后期的剪辑、音效处理、合成等处理，才能最终得到想要的音频素材。后边会以 Adobe Audition 为例介绍声音的加工处理。

（二）音频的采集

使用计算机录制声音的时候，声卡是个重要的硬件。在声卡上一般有话筒输入 Mic、线路输入 Line 和扬声器输出 SPK 接口，话筒连接在声卡的 Mic 接口上，音箱连接在 SPK 接口上，用录音机等设备录音时，还需将录音机的线路输出(Line Out)连接到声卡的线路输入接口上。

声卡的主要的作用之一是对音频信息进行录制与回放，在这个过程中采样的位数和采样的频率决定了声音采集的质量。

1. 采样的位数

采样位数可以理解为声卡处理声音的解析度。这个数值越大，解析度就越高，录制和回放的声音就越真实。我们要知道：电脑中的声音文件是用数字 0 和 1 来表示的。在电脑上录音的本质就是把模拟声音信号转换成数字信号。反之，在播放时则是把数字信号还原成模拟声音信号输出。

声卡的位是指声卡在采集和播放声音文件时所使用数字声音信号的二进制位数。声卡的位客观地反映了数字声音信号对输入声音信号描述的准确程度。8 位代表 2 的 8 次方是 256，16 位则代表 2 的 16 次方是 64K。比较一下，一段相同的音乐信息，16 位声卡能把它分为 64K 精度单位进行处理，而 8 位声卡只能处理 256 个精度单位，造成了较大的信号损失，最终的采样效果自然是无法相提并论的。

2. 采样的频率

采样频率是指录音设备在一秒内对声音信号的采样次数，采样频率越高，声音的还原就越真实越自然。在当今的主流声卡上，采样频率一般共分为 22.05 kHz、44.1 kHz、48 kHz三个等级，22.05 kHz 只能达到 FM 广播的声音品质，44.1 kHz 则是理论上的 CD 音质界限，48 kHz 则更加精确一些。对于高于 48 kHz 的采样频率，人耳已无法辨别了，所以在电脑上没有多少使用价值。

三、 音频素材的处理技术

声音的处理主要包括格式的转换、录制、剪辑、降噪、合成、混音、拼接、加特效等。常见的处理软件有 Goldwave、Cool Edit、Power MP3 Recorder、Adobe Audition 等，这里以任务驱动的方式对 Adobe Audition CS6 的功能进行介绍。

Adobe Audition CS6 是一款专业的音频编辑工具，提供音频混合、编辑、控制和效果处理功能。它支持 128 条音轨、多种音频特效和多种音频格式，可以很方便地对音频文件进行修改和合并。使用它，你可轻松创建音乐，制作广播短片。

（一）认识它的界面

启动 Adobe Audition CS6，它的窗口主要由以下几部分组成：菜单栏、工具栏、文件面板、编辑器、媒体浏览器、选区/视图等面板；在“窗口”菜单中可以显示和隐藏这些面板。

其中的编辑器（图 3-64 中的位置 3）可以有两种状态显示：一种是单轨界面，另一种是多轨界面。通过工具栏上的按钮来切换（位置 1），点击“波形编辑”切换到单轨界面，点击“多轨合成”切换到多轨界面，编辑器下方是播放和录音按钮。

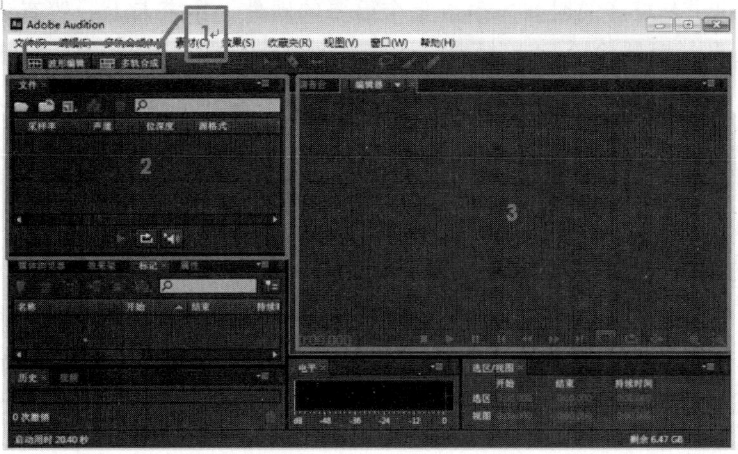

图 3-64　Audition 界面

文件面板（位置 2）主要用来打开、关闭、显示音频文件，可以同时打开多个文件，但一次只能在单轨上对一个文件进行编辑操作。要把文件从单轨转移到多轨上，只要在轨道上右击，选择“插入多轨中”，就把声音插入多轨界面中了。

（二）音频的编辑

在单轨界面下，我们打开一个音频文件，就可以对文件进行编辑操作。

选中一段声音。按住鼠标左键在音轨上左右拖动能选中一段声音；双击鼠标能够选中全部；再单击鼠标可以释放选中状态。

复制、移动、删除一段声音。选中一段声音，执行“复制和粘贴”（要选择复制的位置）命令，则是复制这段声音；执行“剪切和粘贴”（要选择移动的位置）命令，则是移动这段声音；执行“删除”命令（或 Delete 键），则是删除这段声音。

裁剪。选中一段你想要的声音，执行“裁剪”命令，只留下来选中的这部分声音，其余部分则被清除。

静音。选中一段声音，执行“静音”操作，则这段时间上的声音全部消失，而时间长度不变。

保存文件。编辑处理好的音频，用“文件”菜单中的“保存”命令是以原文件名、原路径、原格式进行保存。

格式转换。用“另存为”命令则可以修改保存的路径、文件名和格式。其方法是：选择文件菜单中的“另存为”命令，在保存对话框中，选择新的路径，修改新的文件名，选择新的文件格式就是进行文件格式转换。

在文件格式转换的过程中需要注意一些问题，一些高质量的文件格式可以转换成低质量的文件格式，而低质量的文件格式转换成高质量的文件格式时，它的质量并不会真正得到提高。比如，把一个 MP3 格式的文件转换成 WAV 格式，只是文件变大了，音质并没有得到提高，所以格式转换的原则是向下方转换。

练一练

用 Audition 对一首歌曲进行编辑练习和格式转换练习。

（三）音频的内录和外录

用 Adobe Audition 录音有内录和外录两种模式。内录是把电脑上用其他播放器正在播放的声音录制下来，这种方式外界环境的声音是录不上的；外录是指通过麦克风把声音录制下来，这种方式要保证环境的安静，周围环境所发出来的声音都会被录下来。

要使用 Adobe Audition 进行内录或外录，需要进行相应的设置，下面以“内录”为例介绍一下操作步骤。

第一，启动软件 Adobe Audition。

第二，设置“内录”模式。右键点击扬声器图标，选择录音设备(图 3-65)。查看录音设备里是否有“立体声混音”，若没有可右键点击空白位置，显示禁用设备或已断开设备，选择启用立体声混音即可，右击“麦克风”设置为“禁用”(图 3-66)，再双击“立体声混音”设置它的“高级”属性为图 3-67 所示，这种模式就是内录模式。查看“播放”选项为“扬声器”(图 3-68)，双击“扬声器”设置属性为图 3-69 所示，使播放与录音的采样频率和位深度保持一致。

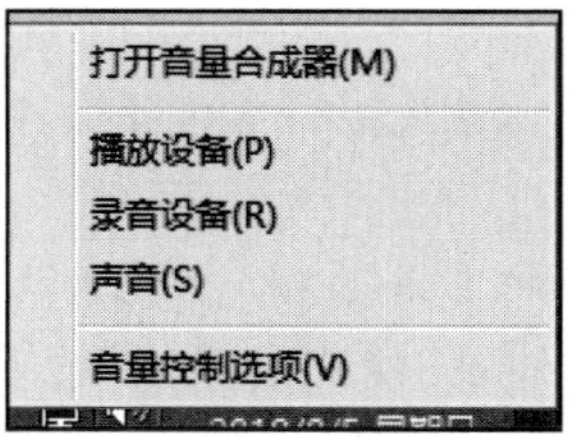

图 3-65 录音模式设置

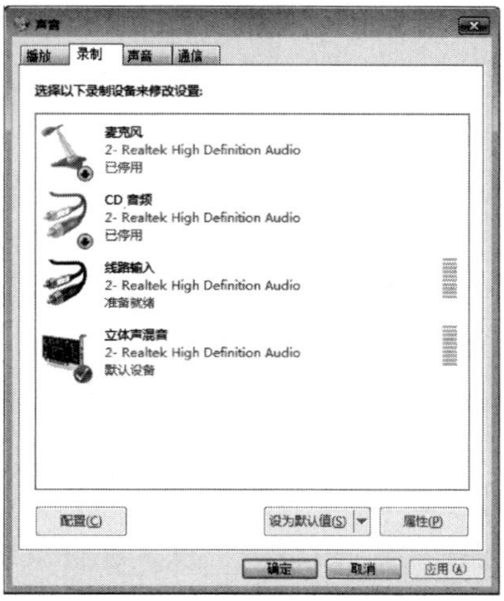

图 3-66 内录模式设置

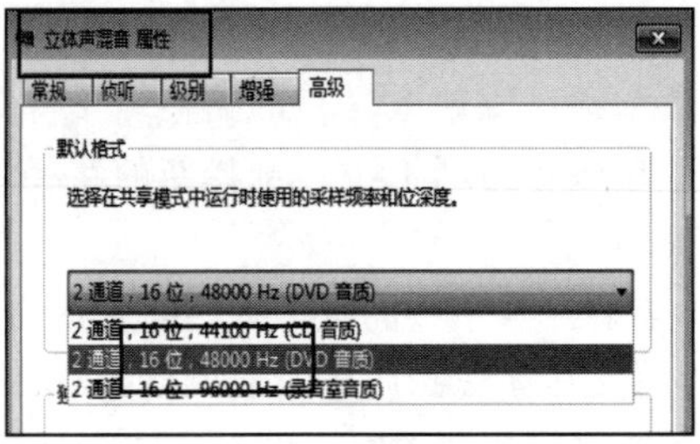

图 3-67　录音设备属性

图 3-68　播放设备

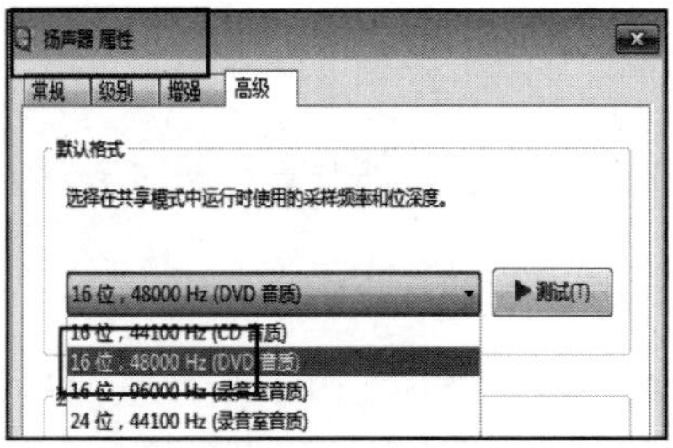

图 3-69　播放设备属性

第三，录音。在 Adobe Audition 中切换到多轨模式(保证采样频率和位深度与前面选的一致)，在轨道 1 上先激活录制准备 R(图 3-70)，然后点击下方播放控制台的录音按钮(图 3-71)，再用别的播放器播放你要的那个声音(可以是一首歌或一段视频)，就开始内录了，播放完点击停止按钮停止录音。

图 3-70　轨道上的录音按钮

图 3-71　播放台的录音键

第四，剪辑并保存文件。对录制的声音进行剪辑处理，因为我们是先开始录音，然后才开始播放声音，播放完，再停止录音的，所以开始和结束部分都会多录下一些多余的部分，把这些删除掉，再保存文件。

轨道左侧的控制面板上的几个字母含义：M，静音；S，独奏；R，录制准备；I，监视输入。

练一练

在网络上搜索一首儿歌，用 Audition 把它录下来，录完进行剪辑并保存。提示：用内录模式。

在音频素材网上搜索小动物的叫声，用 Audition 把它录下来，录完剪辑并保存。

要录下自己的声音，用“外录”模式进行录制。“外录”模式设置如下：录音设备，把“立体声混音”禁用，把“麦克风”启用，其他的采样频率和位深度都保持一致，录音开始，戴上耳麦说话即可，录完仍然要对声音进行剪辑处理。关于在伴奏带下录制人声，后面还会介绍。

注意：本文是以 Adobe Audition CS6 介绍的，之前的版本，内录和外录模式的设置与此文介绍的方法有不同之处，请上网查询。

练一练

用 Audition 录下自己说的一段话。提示：用外录模式。

（四）降噪处理

用外录方式录制下的声音会受周围环境的影响，会有噪声，降噪处理能够清除噪声。其方法如下。

用 Audition 录制下声音以后，立即在单轨模式下，先选中一部分波形，这部分是人还没有发声前多录下的环境噪声，进行噪声的取样，单击“效果→降噪/修复→采集噪声样本”命令，确定，再双击选中全部音频，单击“效果→降噪/修复→降噪”命令，确定，环境噪声就去除了。

（五）制作卡拉 OK 带或伴奏带

如果我们需要一首歌曲的卡拉 OK 带或伴奏带，可以用 Audition 软件来制作。其方法如下。

第一，打开 Adobe Audition 软件，打开原唱歌曲，双击全部选中。

第二，点击“效果→立体声声像→提取中置声道”命令，在对话框中的“预设”(图 3-72)里选择“卡拉 OK(降低人声 20 dB)”，确定，这是制作卡拉 OK 带。在“预设”里选择“移除人声”，确定，这是制作伴奏带。这两种方法都可以方便地制作纯音乐的音频文件。

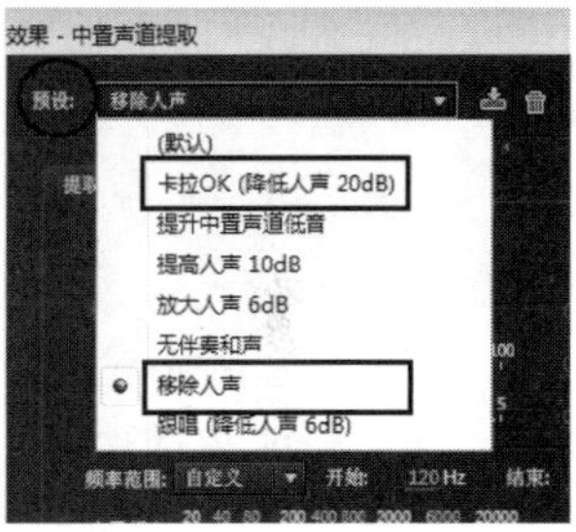

图 3-72　制作伴奏带

第三，保存。

提示：现在的音乐网站上也提供了一些歌曲的纯音乐版，有的还提供了各种乐器演奏的版本，你可以先找找，找不到的时候再用 Audition 制作。

练一练

用 Audition 制作一首歌曲的伴奏带。

（六）用“淡入”“淡出”方式拼接音频

有时我们需要把来自几个文件的几段声音经过剪辑后拼接成一段声音，其方法如下。

第一，先剪辑第一段声音。打开 Adobe Audition，在单轨界面下，打开要作为开头部分的那个声音文件，进行剪辑处理，留下需要的部分待用。

第二，“淡出”处理。对刚才剪辑过的声音的后面部分进行“淡出”处理，使将来连接的时候过渡比较自然。用鼠标选中后面的一部分声音，点击“效果”菜单下的“振幅/压限→淡化包络→选择 smooth Fade out”，然后确定，播放并试听，最后部分的声音是渐渐减弱的。第一段声音处理好了，右击选择“插入多轨中”，把处理好的这部分声音先放到多轨界面的一个音轨中。

第三，剪辑第二段声音。回到单轨界面，再打开另外一个声音文件，同样进行剪辑处理，待用。

第四，“淡入”处理。选中第二段声音的前面一小部分，点击“效果”菜单下的“振幅/压限→淡化包络→选择 smooth Fade in”，然后确定，播放并试听，前面部分的声音是渐渐增大的。右击音轨选择“插入多轨中”，把处理好的后半部分声音也放到多轨界面的另一个音轨中了。

第五，拼接。现在只要把两部分连接起来即可，用鼠标左键拖动第二段到第一段的末尾，两段声音就自然拼接起来了，如果还有第三段，则重复做剪辑和“淡出”“淡入”处理即可。

第六，保存文件。在多轨上处理过的声音，用“保存”命令生成的是一个项目文件，即 Audition 格式文件(保留原始状态，下次可以再次修改)，而我们通常是要生成一个音频格式文件的，方法是点击“文件”菜单中的“导出→多轨缩混→整个项目”，在对话框中输入文件名，选择格式为常用音频格式 MP3 或 WAV 等，确定即可。

注意：用 Adobe Audition 导出音频文件时自动生成一个 pkf 格式文件，这是音轨数据记录文件，也就是软件里看到的波谱光谱数据，可以删除，不影响“多轨效果格架”保存的设置，只不过下次载入工程时，软件会再次生成该文件。

练一练

情境设计：儿童节到了，我们安排小朋友进行儿歌连唱，教师需要提前把几首歌的曲子连成一个文件。

提示：几首曲子的伴奏带可以在专门的网站上寻找(如翻唱网)，也可以自己制作，再用 Audition 进行剪辑、淡出、淡入、拼接处理，保存即可。

（七）调整音调或音速

一段声音是有音调与音速的，Audition 能改变它原有的调子和速度，使它适合不同的场合和需要。其具体操作如下。

调整音速。用 Adobe Audition 打开一段声音，全部选中，点击“效果”菜单下的“时间与变调→伸缩与变调”，在对话框中有一项是调整“伸缩”值的(图 3-73)，以百分比进行调整，小于 100%，速度变快，大于 100%，速度变慢，调节过程中可以用试听方式进行观察。

调整音高。用 Adobe Audition 打开一段声音，双击全选，点击“效果”菜单下的“时间与变调→伸缩与变调”，在对话框中有一项是调整“变调”值的(图 3-73)，以半音阶为单位进行调整，正值每增加一个音阶，音调增高，负值每减小一个音阶，音调降低。

（八）在音乐伴奏下录音

有时我们要制作带有背景音乐的诗词朗诵或演讲，可以在 Audition 的多轨窗口中来制作。第一个轨道上放伴奏文件，第二个轨道用来录音，录完音，对声音做降噪、剪辑等处

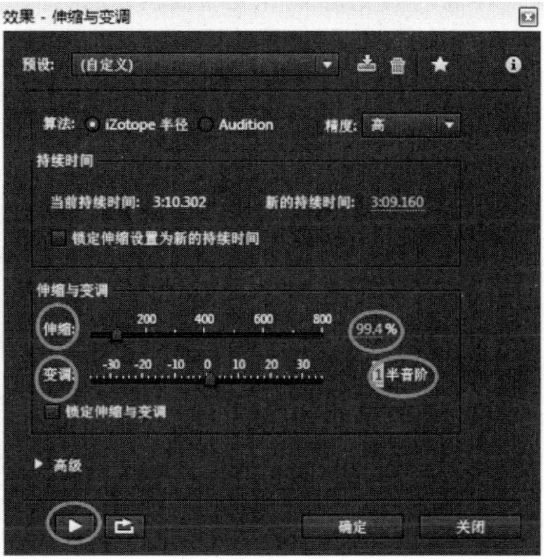

图 3-73　调整音高和音速

理，最后混缩导出音频格式文件，一个配乐朗诵或演讲就制作完成了。我们以配乐朗诵为例介绍其操作步骤。

第一，打开 Adobe Audition，切换到多轨界面，导入伴奏音乐文件，并把它拖到音轨一上，待用。

第二，设置外录模式，做录音准备工作。用前面介绍过的方法，把录音模式设置成外录模式，准备好耳麦并连接到计算机的声卡上，待用。

第三，录音。戴上耳麦，单击音轨二上的 R 按钮 R (录制准备)，再点击播放控制台的录音按钮，这时你就可以听到音轨一上的音乐响起，同时看到音轨二上已经开始录音，现在你就可以朗诵了，朗诵结束，点击停止按钮，录制完成。

第四，降噪。双击音轨二上的音频，切换到单轨界面，用前面介绍过的方法对这段声音做降噪处理，也可以使用“静音”命令对声音的局部做处理。

第五，增幅。录制的人的声量不够的时候，可以进行增大处理。选“效果→振幅/压限→增幅”命令，在对话框中，可以用预设里的定量增幅试听一下，也可以自己手动设置“增益”值，边调节，边试听，直到满意为止，然后确定即可。

第六，保存。回到多轨窗口，调整两个音轨上的音频的时间长度、音量大小，用混缩导出方式生成一个 MP3 格式或其他音频格式文件。

这样一个配乐诗朗诵就制作完成了。如果你觉得效果还不够好的话，还可以让你的声音变得更好听，那就要进一步进行混响等处理。

（九）添加混响等音效

自己录制的声音，往往声音干涩、不够丰满，我们人为地添加一些音效，可以使声音变得更动听，从而设置出各种不同场合才有的音效。其方法是：双击选中录音，选择“效果→混响”(图 3-74)，有五种混响(卷积混响、完整混响、混响、室内混响、环绕声混响)可选，选择任何一种混响都可以对声音做效果处理，有预设选项，也有手动进行调节的，都可以通过试听检验效果，不满意关闭对话框，满意的效果点击“应用”。比如，选择第三种“混响”，进入对话框后，你可以降低“干声”而提高“湿声”，使音质得到改善。也可以选择“卷积混响”，进入对话框后，预设里有很多种模式，你可以分别试听，比如，选“Bitter hallway”试听一下效果。“环绕声混响”预设里推荐“All mixed up”试听。

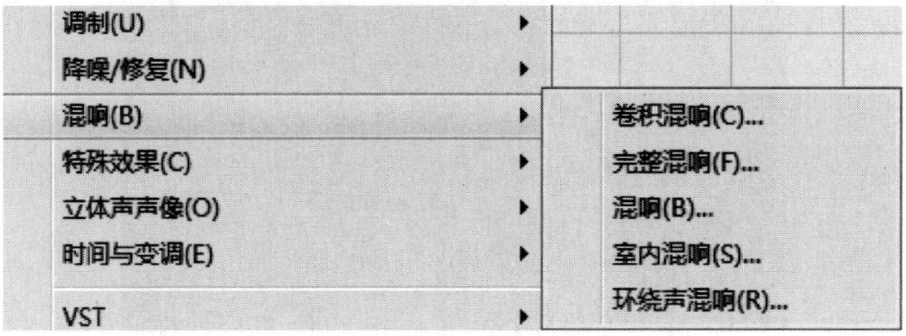

图 3-74　混响处理

另外，还可以给原声补充一些低音或高音，使声音更富于变化。使用“效果”菜单中的“滤波与均衡”，自己可以尝试一下。

拓展：效果菜单下有众多的命令都是用来对声音做音效处理的，你可以尝试每一种命令对人声的处理。

一般录制好的人声都是单声道，听起来会感觉单调，没有空间感。这时我们可以用软件中的声相效果器来处理，通过改变原有声音的声相状态、声场宽度、输出电平等，也可以通过效果器来增加混响效果，或通过调音台来增加低音、消减高音等，以达到满意的效果。

实践活动

1. 从网上收集两首歌曲并下载，查看它的格式，用格式工厂转换成另两种格式，分别把数据填写到表格中，对比容量大小。

表 3-3　文件格式与大小

歌曲名称	MP3	WMA	WAV

相关学习：在网上查看音频格式，了解不同格式的特点。

2. 幼儿园教师介绍动物给小朋友认识，计划用动物图片、名称以及叫声来介绍。请准备动物叫声的音频素材，如猫、狗、羊、老虎、狮子、公鸡、燕子、百灵鸟、海鸥等。同学们在音频素材网上收集至少五种动物的叫声(前面文中有推荐的网址)，下载下来，不允许下载的用 Audition 内录的方式录制下来，文件用动物的名字命名，保存到素材库中，以备后面做 PPT 课件使用。

提示：内录是禁用麦克风，打开立体声混音。录音时，先开始录，再在网页上播放声音，播完再停止录音，把前后多录下的空白部分删除掉，只留下动物叫声的那部分音频，保存成 MP3 格式。

3. 歌曲串烧制作。晚会上的几首歌曲联唱，需要提前把几首歌的曲子制作成一个音频文件，原来的每首歌都需要裁剪，衔接的地方也需要进行淡化处理。同学们可以用儿歌进行制作，也可以用喜欢的歌曲制作。

4. 应用实例：制作一首配乐诗朗诵。

制作目的：掌握音频的搜索、下载、录音及处理。

制作流程：

①在网上搜索背景音乐，下载。

②用 Audition 进行配乐录音。

提示：设置外录模式，启用麦克风，禁用立体声混音，设备采样频率和位深设置成一致的。音轨一上放背景音乐，音轨二上用来录音；录制整首诗的朗诵；如果课件中要用到单个字的发音，把单个字的发音也录下来(在单轨下录就可以)。

③对录音进行剪辑、降噪、增幅、混响等处理，使效果达到满意。

④在多轨合成窗口下，把背景音乐和人声混缩导出成一个音频文件。

应用形式：

①教学中直接播放。

②应用到 PPT 课件中。

第五节　视频素材及处理技术

一、常见视频素材的格式

视频是每秒连续播放 24 帧以上的动态画面，每一幅的图像被称为帧(frame)。因为人们无法在快速连续的图像变化中识别单帧静态画面，于是就会出现连续平滑的动态视觉效果，我们把这种现象称为视觉暂留现象。

根据史料记载，宋朝时期在中国出现的走马灯，是最早的视觉暂留原理的运用，也被称为“马骑灯”。后来，在 1828 年，有位叫保罗·罗盖的法国人利用视觉暂留原理发明了留影盘，这是一个用绳子穿过双面的圆盘，盘子的其中一面画了一个空笼子，另外一面画了一只鸟，当圆盘旋转起来的时候，鸟就出现在了笼子里。随着人类科学技术的进步，人们正是利用这种视觉原理制作成动态视频。

视频文件一般由一段连续播放的数字图像和一段跟图像同时播放的音频共同组成。根据播放媒介的特性和解码器的类别，视频可以被输出成不同的文件格式，它们又具有不同的特性，下面将给大家介绍在生活和工作中常用的几种视频格式(表 3-4)。

表 3-4

视频格式	格式简介	特点
1. AVI (Audio Video Interleaved 的缩写)	微软公司开发的一种伴音与视频交叉记录的视频文件格式。在 AVI 文件中，伴音与视频数据交织存储，播放时可以获得连续的信息	AVI 格式使用灵活方便，这种视频文件格式灵活(可以在 PC 和 Microsoft Windows 环境下使用)、图像质量好(图像基本无压缩)，但缺点就是文件体积过于庞大
2. MOV QuickTime 影片格式	Apple 公司开发的一种音频、视频文件格式。QuickTime 原本是 Apple 公司用于 Mac 计算机上的一种图像视频处理软件	具有较高的压缩比率和较完美的视频清晰度等特点，但是其最大的特点还是跨平台性，即不仅能支持 MacOS，同样也能支持 Windows 系列。同时又具有较高的压缩比例和高清晰度的视觉效果
3. MPEG/mp4/H. 264 (Motion Picture Experts Group 的缩写)	MPEG 即运动图像专家组格式，这类格式包括 MPEG-1，MPEG-2 和 MPEG-4 在内的多种视频格式。H. 264 则是 MPEG-4 格式的高级视频编码。	MPEG-1 格式的视频压缩比高，但图像质量稍差；MPEG-2 主要是提高了图像的质量，但压缩比小，因此需要的存储空间就大；在这里我们特别指出，MPEG-4(MP4)是时下我们常用的视频格式之一，它的特点是体积小、图像质量高、对网络传输带宽要求不高。而 H. 264 在具有高压缩比的同时还拥有高质量流畅的图像
4. VOB (DVD Video OBject 的缩写)	VOB 是 DVD 视频对象，这是 DVD 影碟上的关键文件，内含的是电影的实际数据。实际上是用来保存所有 MPEG-2 格式的视频信息、音频信息以及字幕信息	VOB 格式数据中除视频影片文件外，还可以提供菜单和按钮用的画面以及多种字幕的子画面流
5. RM/RMVB (Real Media 的缩写)	RM/RMVB 文件是 RealNetworks 公司开发的一种流式视频文件格式，最初的定位就是视频流运用方面，是视频流技术的始祖。RMVB 是由 RM 视频格式升级延伸出的新视频格式	在保证静止画面质量的前提下，大幅地提高了运动图像的画面质量，从而使图像质量和文件大小之间达到了微妙的平衡。另外，相对于 DVDrip 格式，RMVB 视频也有着较明显的优势，一部大小为 700 MB 左右的 DVD 影片，如果将其转录成同样视听品质的 RMVB 格式，最多也就 400 MB 左右。不仅如此，这种视频格式还具有内置字幕和无须外挂插件支持等独特优点

续表

视频格式	格式简介	特点
6. MICROSOFT 流媒体格式——ASF/WMV	一种独立于编码方式的在互联网上实时传播多媒体的技术标准，微软公司希望用其取代 QuickTime 之类的技术标准以及 WAV、AVI 之类的文件扩展名。使用了 MPEG-4 的压缩算法，体积小，适合网络传播	WMV 的主要优点在于：可扩充的媒体类型、本地或网络回放、可伸缩的媒体类型、流的优先级化、多语言支持、扩展性等
7. FLV (Flash Video 的缩写)	FLV 流媒体格式是随着 Flash MX 的推出而发展出来的视频格式	由于 FLV 格式视频形成的文件极小、加载速度极快，使网络在线观看视频极为方便快捷，目前各在线视频网站均采用此视频格式，如优酷、土豆、爱奇艺、新浪微博、56 等

二、 视频素材的获取

视频素材主要从以下四个方面获得。

（一）从网络渠道下载视频文件

线上渠道下载视频，主要通过网站提供的下载链接或云端资源库（如百度云盘）进行提取。但是要注意，目前主流的视频网站所提供的视频资源大部分都只能通过指定的播放器进行播放，如爱奇艺、腾讯视频、搜狐视频等网站，所下载的视频扩展名分别为 .qsv，.qlv 和 .ifox，下载完成后，可以使用格式工厂、狸窝视频格式转换器、万能视频格式转换器等视频格式转换软件对其进行转码，转变为 AVI、MP4 等兼容性广的格式后再进行播放。

（二）调用已有的数字视频资源，如资源库、电子书籍、VCD 或 DVD 光盘等

刻录 VCD 和 DVD 光盘时，如果所使用的电脑配有刻录光驱，就可以使用刻录大师或 NERO 软件进行录制，否则可以把已有资料送到影音店进行加工。

刻录 VCD 时，需要先把视频文件转换成 MPEG-1 格式，然后启动 NERO，选择 CD 的盘，然后选择制作 VCD 视频的选项，导入转化好格式的 MPEG-1 视频文件，再制作菜单，然后按屏幕提示进行操作即可。

刻录 DVD 与刻录 VCD 的步骤类似，但是要先把素材转化成 MPEG-2 格式，启动 NERO，选择 DVD 的盘，选择“制作自己的 DVD 视频光盘”选项，按照屏幕提示，导入转化好格式的文件，再制作菜单，最后输出刻录就完成了。

刻录光盘时，我们要注意原始素材的清晰度，只有高清视频素材制作 DVD 才有意义。如果原始素材本身清晰度不够高，即使转化成体积容量大的 MPEG-2 格式，再刻录成

DVD，清晰度仍然不高。因此，在原始素材清晰度不高的情况下，我们可以把视频素材转换成 MPEG-1 格式，刻录成 VCD 更能节省光盘空间，一张空白的 DVD 光盘可以录制 6 张 VCD 质量的视频素材。

（三）使用视频采集设备将模拟视频信号转换成视频数字信号

换言之，就是用录像采集卡等设备把真实的录像资料转换成 MEPG 或 AVI 等格式的视频文件。

从视频信号的构成和存储方式来讲，可以分成模拟视频和数字视频两种。模拟视频是由连续的模拟信号组成的视频图像，我们看到的电视、电影、录影带上的实录画面通常是由模拟视频的形式组成的，而数字视频则是由图像中的像素点编码组成的，并且可以对图像中的任何节点进行编辑修改，如在视频中增加特效等。

（四）运用专业的视频软件或录屏软件截取数字视频片段

运用专用的视频软件截取数字视频片段，如暴风影音、会声会影等视频软件。

总而言之，素材的收集与处理，要根据具体情况，灵活运用，以最低的成本取得最好的效果。

三、 视频素材的处理技术

视频的处理技术主要包括视频的采集技术和后期的处理技术。本章节主要介绍摄像机和手机的视频采集技术，以及会声会影、Adobe Premiere 软件的后期处理技术。

（一）视频的采集

当前，在一般的日常生活和工作中，比较经常使用的拍摄设备有手机、摄影机、DV 机等。不管是采用何种采集技术，都可以通过以下基础技巧，提升摄影效果。

1. 保持拍摄画面稳定是摄影技术中的第一要素

不管是拍摄照片或是视频，观众更趋于看到清晰的画面效果，因此在拍摄视频的时候，清晰度尤为关键，而视频的清晰度往往取决于画质的稳定与摄影设备的分辨率。根据工作的条件，选择分辨率相对高的摄影设备，能够更好地呈现拍摄主体的动态和表情。例如，在幼儿园中拍摄小朋友活动时，由于拍摄主体经常性的运动，这就需要不断变化机位，因此，摄影者要尽量保持采集设备的稳定。

第一，我们可以借助携带方便的伸缩三脚架等摄影器材，或者选用带有光学防抖性能较好的设备。如果使用手机进行视频采集，要尽量采取横置的配设，因为打竖的拍摄容易在两侧出现大面积黑边，严重影响观看质量。而且横置手机还有一个优势，当我们用双手握手机拍摄时，更有利于保持画面稳定性，减少抖动。

第二，若非专业摄影师，应当尽量避免边走边拍的方式，或者减少快速来回摇晃镜头，应多使用固定镜头，通过平摄、俯摄、仰摄等角度和位置，来调整景物的大小及景深。例如，爬在梯子上(俯摄)、楼顶(俯摄)或趴草地上(仰摄)等，都会产生意料之外的视觉效果和氛围。平摄角度是最符合人们视觉习惯的拍摄方式，画面平和稳定。俯摄技巧更容易将拍摄主体表现得高大、威风一些。而俯摄通常用于表现人物视线中的周围环境情况，但是要注意人物拍摄时尽量不要采用这种方式，这样的画面容易让人产生藐视被拍摄人物的错觉，当然小孩除外。

第三，在视频采集过程中要注意对焦。摄像机一般的工作模式包括自动、手动和程序拍摄三种。在自动工作模式下，聚焦、快门、光圈、白平衡等设置均处于自动调整状态，绝大部分的拍摄都采用这种工作模式。当然，摄影师为了取得某些特殊的拍摄效果或者自动对焦无法得到清晰的摄影效果时，则采用另外两种工作模式。比如，在白天获得夜晚的效果、朦胧美的效果等。如果使用手机采集视频时，由于手机摄像头对焦效果不如摄像机那么好，所以最好在拍摄前，先关掉自动追焦功能，找好拍摄物体的对焦点，避免在采集过程中再次对焦，保证画面清晰平稳。

2. 注意画面构图

画面构图是指电视电影的布局和结构。它包括被摄影对象的形状结构、色彩肌理、明暗质感等构成因素在摄影画面中所占有的位置和空间组合关系，因此摄像者应注意从以下的构图原则中寻找并构造平衡完美的视觉效果。

第一，在设计、绘画及摄影中，艺术家们经常使用三分法的构图手段，以追求视觉平衡和突出主体的效果。三分法，也被称为井字构图法(图 3-75)。三分构图法把摄影画面纵横划分为三份，中间的四个交叉点都可以放置主体形态，在电影中，导演经常使用这样的摄影构图，处理拍摄主体和陪衬物之间的关系，使剧情更紧凑、有张力。

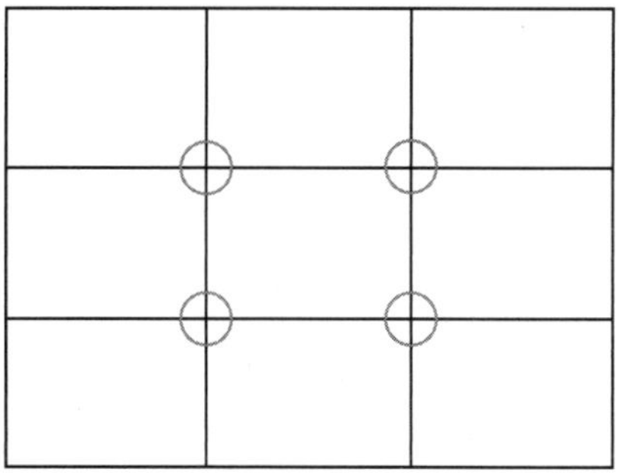

图 3-75 构图九宫格

第二，在拍摄过程中，要注意处理背景布置。首先，尽量避免不必要的运动物体出现在背景画面上，分散观众注意力。因为运动中的物体远比静止的物体更要引人注目。其次，避免杂乱的背景，保持画面整洁、流畅，否则也会分散观众的注意力，弱化主体物的地位。最后，要确保主体物从背景中凸显出来，从而营造画面的层次感。例如，穿深色衣服的人，要尽量避免安排在深色的背景下拍摄，反之亦然。

第三，在拍摄主体物时，可以在前景中加入一些点题的小摆件，烘托主题，以增加场景的层次。

3. 正确利用光线条件，营造符合主题的氛围

在视频采集过程中，摄像者首先要处理好被拍摄对象与光源之间的位置关系。一般情况

下，最常见的做法是面向光源，但这里的面向光源并非正面朝光，这样容易使被拍摄对象失去立体感而成为没有阴影的二维图像，在这种情况下，可使光线略微倾斜，以增加立体感和对比度。如果在逆光拍摄的情况下，人物的脸部色彩较暗，不容易得到理想的画面效果，只能通过开启摄像机的补偿功能来弥补光线的不足，使被拍摄物体色彩变亮一些，但是在特殊效果的要求下，采用逆光拍摄，使之形成对比，也可以使拍出的视频有特殊的意义和内涵。

此外，在拍摄环境光线条件较弱的情况下，视频中容易出现影响美感的噪点，这时，我们可以借助周围的环境光，如室内灯、路灯、广告灯等。如果拍摄对象是人的话，可以想方设法把光打在脸上，使之与周围环境形成鲜明的对比，增强画面效果。

4. 注意声音的采集处理

声音效果对摄影画面氛围的辅助效果有着举足轻重的作用，只有良好的声音效果，才能使你拍摄的影片更加立体鲜活。在拍摄过程中，我们经常会遇到这样的问题：距离被摄对象稍远时，无法听辨画面对象发出的语言或声音，或者在背景比较嘈杂时，亦很难听清人物主角的声音。

针对这些情况，拍摄者在拍摄时，应尽量保持安静，因为拍摄者离话筒位置较近，说话时会显得音量很大，这样会影响视频的整体效果。另外，可以为被拍摄对象外接麦克风，例如，别在衣领的微型麦克风，或手握式麦克风等。

5. 恰当运用几种常见的镜头技巧

(1)推拉镜头。

镜头的推拉实际是在技术上相反的技巧。推镜头即沿直线向拍摄主体物不断推进，使观众的视线逐渐接近主体物，而拉镜头即反其道而行之，使观众视线逐渐远离主体物，从而把观众的注意力引向其他部分，扩大观众视野，以同时表现局部和整体的关系。

(2)摇镜头。

使用摇镜头时，摄像机位置保持不变，正如我们站在原地扭头观看周围环境一样。摇镜头可以左右、上下、斜向摇动，摄像者要保持镜头运动速度均匀，开始拍摄前可以先停滞片刻，然后均匀加速或减速，再停滞，最后落幅要缓慢，注意交代清楚开端和结尾的情况。

(3)移镜头。

移镜头即摄影设备本身移动，而拍摄角度不变，适合近距离拍摄，一般借助轨道来进行横向或纵向的移动。例如，在表现运动中的交通工具、人物等，都可以采取移动镜头方式进行拍摄，以表现主体物与环境的关系。

(4)跟镜头。

摄像机在跟拍运动物体时，为了保持主体物的画面位置，只能变换背景以交代物体的运动方向。例如，当我们用望远镜瞄准某个移动目标的时候，为了能一直观察到目标，我们只能移动镜头跟随目标。

(5)甩镜头。

甩镜头是指一个镜头结束后不停机，直接极速地转向到另一个方向，从而直接改变画面内容，而中间的那段画面因为极速而模糊不清，这就表达了一种在同一时间、同一空间同时发生的事件的结合。

(6)升降镜头。

升降镜头技巧是指摄像机通过垂直、斜向、不规则方向升降而拍摄的画面。在升降的过程中，不断改变拍摄高度和视角，从而给观众带来更丰富的视觉效果和增强空间的深度感。

(7)长镜头。

长镜头即长时间用摄像机跟拍某个主体物，完整地呈现出其完整的状态、情绪、动作、故事情节等。

拍摄的技巧非常多，但是只要掌握好基础技巧，根据不同的问题，灵活运用，都能达到良好的拍摄效果。

（二）会声会影软件的使用技巧

通常，我们采集到的视频，都要进一步加工处理，以达到理想的效果。视频的处理主要包括视频的编辑、合并、切割、压缩、转码等操作。我们常用的视频处理软件有 Adobe Premiere、Adobe Aftereffect、格式工厂(转码软件)、会声会影、视频剪辑专家、编辑星、爱剪辑等。

会声会影软件是一款制作相册、小电影等视频的功能强大、操作简单的软件。只要把采集的视频加上文字、音乐、过场特效等，就可以形成生动的影片。

会声会影的版本不断地更新换代，不同版本的功能也有所差异，但总体上的操作流程和编辑手法基本一致，都要经过新建项目、准备素材、编辑素材、添加转场以及滤镜效果这些步骤去完善所采集的视频。

在本节中，我们会以会声会影 2018 版为例进行讲解。很多初学者解压和安装会声会影软件后，会发现电脑桌面上新增了三个软件图标，还以为装错软件了，但是没有错，会声会影安装后确实会出现三个功能不同的软件启动图标，分别是 Corel Video Studio 2018、Corel FastFlick 2018、Live Screen Capture 2018(图 3-76)。

图 3-76　会声会影软件桌面快捷图标

1. Live Screen Capture(录屏软件)

在日常学习和工作中(如说课、微课制作等)，我们经常需要进行屏幕录像，这就需要我们下载一些录屏的软件截取所需视频。除了 Live Screen Capture 之外，我们还可以下载 Microsoft Snip、Apowersoft 录屏王、录屏专家、剪辑师等。

Live Screen Capture 的操作非常简单，需要设置的参数非常少，下面我们通过三步为大家介绍本软件的操作过程。

第一，录屏前要先确认录屏范围。点开 Live Screen Capture 软件后，我们会看到如图 3-77所示的小窗口，首次启动软件时，默认录屏的范围是电脑桌面的长宽比，即全屏录制，在录制期间，桌面的任何变化都会呈现在录制影像中。如果我们仅需要局部录屏，可以点击全屏选项的小三角形，然后选择自定义，最后点击如图 3-78 所示的红圈标注中的箭头，就可以任意选择拉选录屏范围。

图 3-77　Live Screen Capture 软件界面

图 3-78　Live Screen Capture 工作桌面

第二，点开设置选项的小三角形，会出现如图 3-79 所示的窗口。在文件设置中，我们可以设置捕获视频的文件名，为视频指定保持路径，再设置视频的格式和帧率。一般来说，我们保持视频的格式只有 wmv 这个选项，而帧率最好也是选择默认的 30 帧(动画帧率一般为 25 帧/秒，实拍录影为 30 帧/秒)。音频设置在图 3-79 的状态下是正常录制的状态，系统音频后面的音量调节可以控制设备本身声音的大小，如果要消除声音的采集，只要再次点击声音选项中的圆圈按钮，就可以关闭声音的录制。对于任何设置，我们都可以根据实际情况进行灵活操作，使录制视频达到理想的效果。

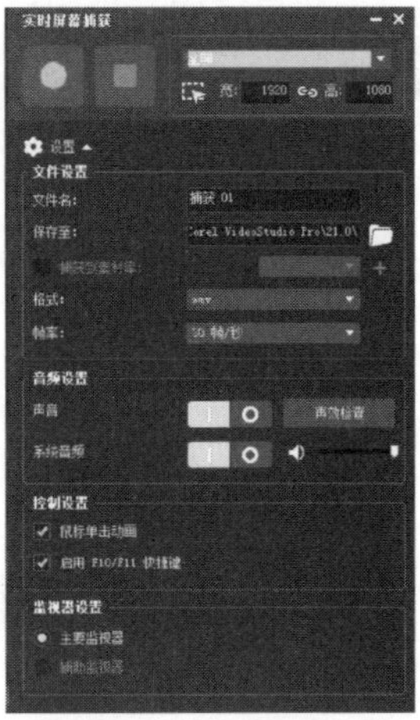

图 3-79　Live Screen Capture 设置

第三，设置好所有的参数，做好准备工作，点击红色的圆点，或者点击快捷键 F11(开始/暂停/恢复的快捷键)，倒数 3 秒，就可以开始录制视频了(图 3-80)。录制结束后，再点击键盘上的 F10 结束录制，电脑桌面就会自动弹出录制视频所在的文件夹，打开录制好的 wmv 文件就可以浏览观看了。

图 3-80　Live Screen Capture 软件开始录屏界面

2. Corel FastFlick(电子相册制作软件)

Corel FastFlick 又名影音快手，是一款快捷简易的制作电子相册的软件。为了方便广大使用者的工作，我们可以从手机端下载以下应用程序，在手机上制作电子相册：爱美刻、易企秀、电子相册、小相册等。在 PE 端，我们也可以下载狸窝照片视频软件、传影 DIY、MediaShow 魅力四射、杰霸工作室等。

影音快手的功能与 Corel Video Studio 的部分功能有所重复，因此我们通过三个步骤简单讲解一下如何制作一本属于自己的电子相册吧。

(1)选择所需模板。打开影音快手后，可以看到在操作界面的右边，有一个素材库(图 3-81)，点击打开需要的素材，确定相册风格。

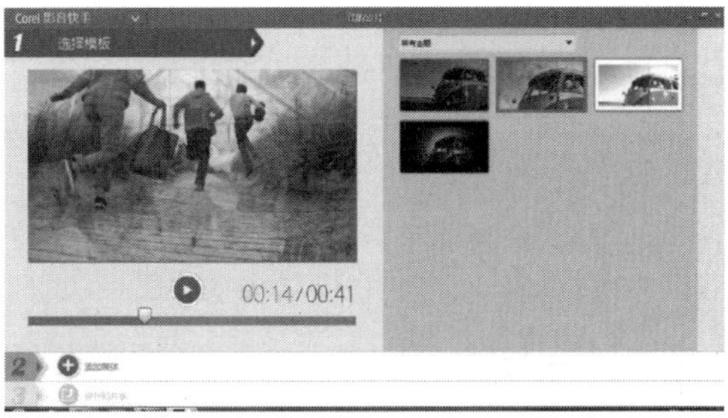

图 3-81　影音快手工作界面 1

(2)添加素材。如图 3-82 所示，点击右边绿色的添加按钮，自由添加制作相册所需的素材。编辑素材时，如图 3-82 所示，点击红色标注中的 T 字母就可以对模板中的文字进行修改，但是要注意，仅把时间控制条拉到视频时间轨道上的紫色部分，才能对字幕进行修改；点击音乐符号按钮(图 3-83 中红色标注中)，就可以在出现于屏幕右方的窗口上修改模板中的音乐和字幕。

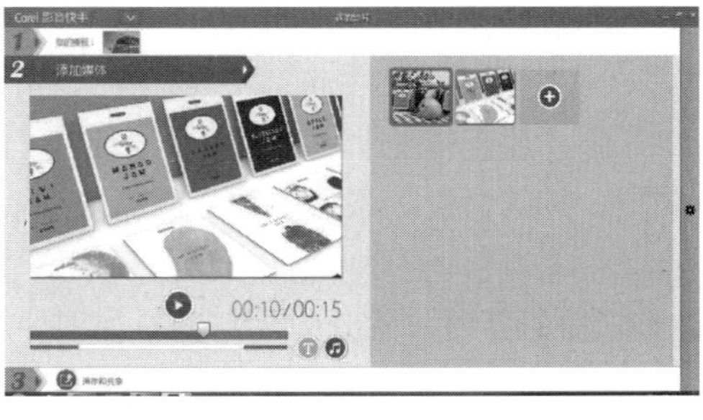

图 3-82　影音快手工作界面 2

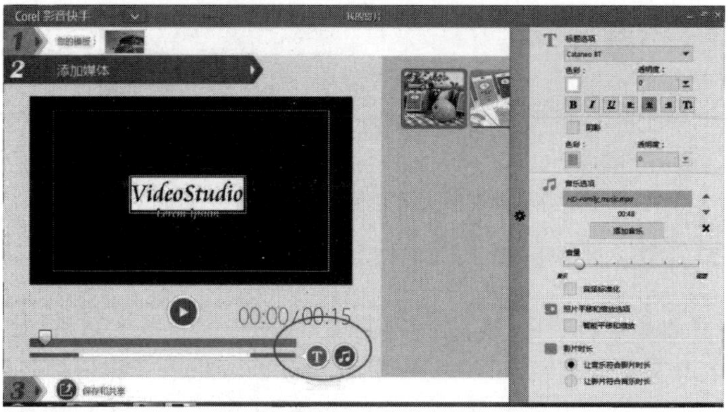

图 3-83　影音快手工作界面 3

(3)渲染输出视频(图 3-84)。根据播放平台的特性，选择保存影片的格式。在界面的右下角，我们可以更改视频文件的名字和输出视频的保存路径，最后点击保存电影即可。另外，如果点击绿色的“在 VideoStudio 中编辑”就会自动在 Corel Video Studio 软件打开该影片进行智能编辑。

图 3-84　影音快手工作界面 4

3. Corel Video Studio(影片剪辑软件)

由 Corel 公司推出的影音编辑工具——Corel Video Studio，又名会声会影，它是目前应用较为广泛的视频剪辑制作软件，其可视化的操作页面和多元化的特效运用，可供非专业视频制作人员制作出高水平的视频。

会声会影的版本比较多，从会声会影 12 起，把 12 的 10 用罗马字母 X 来表示，即 X2、X3、X4、X5，目前最高版本是会声会影 2018 版。下面我们以最新版为例，从界面认识、素材导入、剪辑与修整、特效设置、添加字幕、添加配乐和输出渲染七个步骤进行介绍。

(1)认识界面。会声会影软件的界面一共分为 6 部分，如图 3-85 所示。

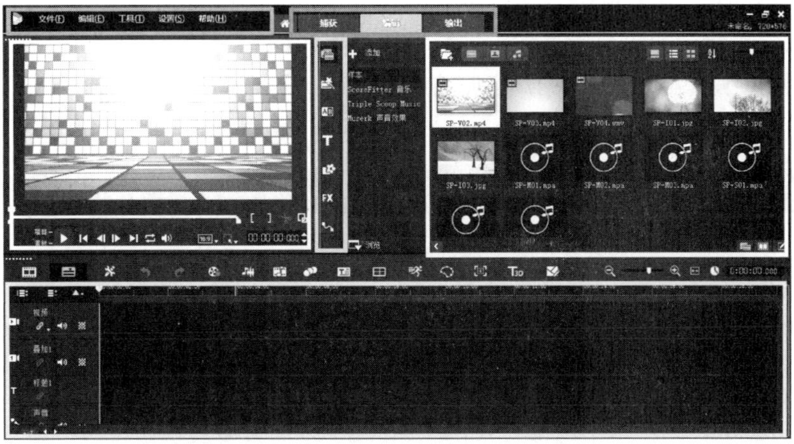

图 3-85　Corel Video Studio 软件界面

菜单栏(图 3-85 红色框部分)。菜单栏包括文件、编辑、工具、设置、帮助五个菜单。

步骤标签(图 3-85 紫色框部分)。步骤标签包括捕获、编辑、输出三个步骤提示，使用者可以按照制作流程点击相应的步骤进行操作。

素材管理面板(图 3-85 橙色框＋黄色框部分)。素材管理面板的主要作用是对素材进行保存和分类，当我们单击控制面板上的按钮(图 3-85 橙色框部分)时，右边就会出现该部分相应的资源库(图 3-85 黄色框部分)。橙色框部分的控制按钮自上而下分别是视频和音频素材库、模板库、转场库、标题库、图形库、滤镜库、运动路径库。特别指出，视频和音频素材库除了自带的资源外，还可以从本机导入素材，但要注意导入本机的素材，在完成输出前不能改变其存放路径；模板库是安装会声会影软件后，corel 公司提供的视频模板，2018 版本中还新增了照片分割模板；转场库是 A 照片向 B 照片过渡时的切换效果；标题库用于视频开场标题的样式设置。

时间轴(图 3-85 蓝色框部分)。时间轴由视频轨、覆盖轨、标题轨、声音轨、音乐轨组成，而轨道的数量可以通过轨道管理器(图 3-86)进行设置。(图 3-86 中紫色圈为轨道管理器按钮)

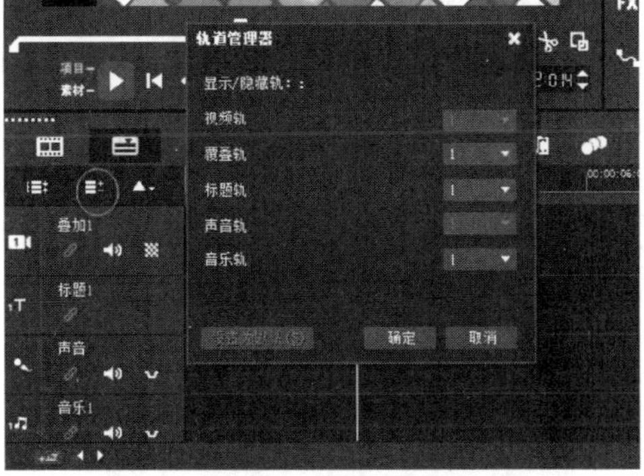

图 3-86　轨道管理器

工具栏(图 3-87)。工具栏包括故事版视图、时间轴视图、自定义工具栏、撤销、恢复、录制捕获(可启动本机自带摄像头进行视频采集)、混音器、自动音乐、运动追踪、字幕编辑、多相机编辑器、重新映射时间(视频变速)、自定义运动路径、摇动和缩放(可自定义参数)、三维标题。

图 3-87　Corel Video Studio 工具栏

预览窗口(图 3-85 白色部分)。即我们所看到的显示屏幕，用于视频、图片等素材的预览及各种运用设置后的效果浏览。预览屏幕下面是导览面板(图 3-88)，其中图 3-88 紫色圈部分为开始标注和结束标注按钮，用以确定视频素材开始和结束的位置；图 3-88 黄色圈部分为修剪工具，用以视频素材分段；图 3-88 红色圈部分的按钮用以对视频、图片、音频等素材的播放进度控制，依次为播放按钮、跳到第一帧、前一帧、后一帧、跳到最后一帧、循环播放、音量、高清预览、视频比例、修剪滤镜。特别要注意的是，红色圈上面是飞梭栏，拖动飞梭栏上方的多边形按钮就可以预览位于鼠标位置时段的视频素材，如果拖动左右两端的黄色多边形节点，就可以快速截取该段视频。灵活地运用预览窗口上的工具，也可以快速地修剪视频素材，因此，初学者在开始使用软件前，应当先尝试操作这些按钮，熟悉其功能特性，为制作高水平的视频和提高工作效率奠定基础。

图 3-88　Corel Video Studio 时间控制面板

(2)导入视频、图片、音频素材。

导入视频、图片和音频素材前，我们要先把素材进行分类，放置在规划好的文件夹中，在视频编辑过程中，都不能改变其位置，否则再次打开工程文件进行编辑时，无法正常预览和编辑相关素材。

素材可以导入素材库中，也可以直接导入时间轴上。通常情况下，建议先导入素材库中，以方便管理素材，并按照要求来选用素材，再根据不同类型的素材分别放置在不同的轨道上，等待进一步的编辑和修剪。

第一，把素材导入到素材库的方法。

方法一：在素材库控制面板中导入，先选择导入素材的类型(图 3-89 中三个蓝色的按钮，分别是视频、图片、音乐素材)，再点击加载素材的文件夹按钮，打开对话框，在素材保存的位置选中要加载的素材文件，点击打开即可。

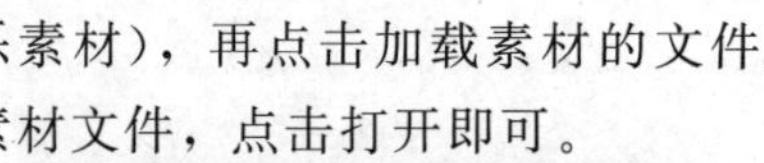

图 3-89　素材库控制面板按钮图标

方法二：利用菜单栏导入，打开文件菜单，选择“将媒体文件插入到素材库”命令，在弹出的对话框中，选中要加载的素材文件，点击打开即可。

第二，把素材直接导入时间轴的方法。

方法一：在素材库管理面板中，先选择要导入的素材类型，在出现的素材中选择要导入的素材，然后拖动该素材到相应类型的轨道上，放开鼠标即可。

方法二：利用菜单栏直接导入，打开文件菜单，选择“将媒体文件插入到时间轴”命令，打开对话框，选择素材保存的位置，选中要加载的素材文件，点击打开即可。

方法三：按照设计要求，直接在时间轴上右击鼠标，选择相应的素材，将其插入到相应的位置上。

(3)剪辑与修整。

将视频、图像、音频等素材放置在相应的轨道后，接下来就要对它们进行修剪、复制粘贴、删除、分割场景等编辑操作，最终获得符合设计要求的视频。

第一，修剪视频。

一般在修剪视频前，要先播放浏览一下待修剪视频。选中视频，在导览面板中，点击播放按钮进行预览。视频的修剪有以下两种方法。

方法一：利用导览面板中的修剪工具(小剪刀图标)进行剪辑。首先，拖动时间轴，确定修剪位置；其次，点击“修剪工具”按钮，视频轨道上的素材就会在修剪的位置出现一条线，重复操作后，素材就会被截成几段；最后，根据设计需求，选中不需要的素材段，按键盘上的 Delete 键，将其删除，随后拖动剩余素材的位置调整视频即可。

在使用时间轴确定视频位置时，还可以精确到帧。例如，我们可以在导览面板中点击前一帧或后一帧，即可精剪视频。

方法二：在轨道中右击素材，点击“多重修整视频”命令，利用多重修整工具，进入多重修整工具的界面中(图 3-90)，我们可以看到修剪视频的预览屏幕和各种修剪工具。首先，拖动时间轴，在开始的地方点击暂停，再点击“前大括号”按钮；其次，继续播放或拖到需要结束的时间点，点击暂停，再点击“后大括号”按钮；最后，用同样的方法把后面需要修剪的视频剪辑好，这样我们就可以得到符合要求的视频了。

图 3-90　多重修整视频工作界面

在修剪视频的过程中，我们要特别注意修剪节点的选取，一般来说，按照视频素材中的场次进行修剪是常用的剪辑手法。

第二，修剪音频素材。

部分视频素材本身自带声音，所以在导入时间轨道后，会在音频轨同时出现音频素材，有时只需要素材中的声音或只需要视频，就可以右击素材，选中“分割音频”命令，这时，可以留下视频，而删掉原带音频，反之亦然。

在导入音频素材后，我们往往会发现音频比视频的时间要长，这时，可以拖动时间轴到视频结尾的地方前后，点击“修剪”工具，然后按 Delete 键删掉多余的音频。当然，我们也可以按照视频剪辑的方法对声音轨道上的音频文件进行修剪。

最后要注意，为了让修剪后的音乐过渡得更自然悦耳，可以右击音频素材，选择淡入和淡出的处理。

(4)添加特效。

第一，添加转场效果，包括随机和手动两种。

操作提示：随机转场效果是指，在文件菜单栏中，选中参数选择，根据实际情况选择随着视频与照片，或视频与视频的出现，或在连接地方自然随机插入。

手动添加转场效果是指，在素材管理面板中，选择转场素材库，在右边界面中选中所需的转场效果，按住鼠标左键，一直拖到时间轨道的视频与视频的连接处，或图片与图片的连接处，然后释放即可。

第二，添加滤镜效果，指在视频或图像上实施的特殊效果，类似软件 Photoshop 中的滤镜效果运用，如气泡、打雷、刮风、下雪等。

操作提示：在素材管理面板上点击 fx 标志的视频滤镜库，右边的界面出现了各种不同的滤镜效果，根据预览选择所需类型，选中此图按下鼠标左键，拖到待编辑的视频素材上释放即可。

第三，翻转视频，指视频的播放从结束往开始进行反向运动，这是电影剪辑中常用的手法之一，如从左往右奔跑的人，使用了翻转视频效果后，此人会反向从右往左后退。

操作提示：选中待编辑的视频素材，点击翻转视频前的小方块即可。去掉对勾或按后退快捷键 Ctrl＋Z，就可以撤除该操作。

第四，色彩校正，在视频采集的过程中，因为设备和外部环境的影响，视频色彩饱和度不够，或者光线不足的情况下，都可以利用色彩调整器进行修正编辑。

操作提示：选中待编辑视频素材，点击“色彩校正”工具，在弹出的色彩调整器中，用鼠标拖动需要调整的项目，注意观察视频的效果变化，直到满意为止。消除该步操作的方法：可以点击“撤销”按钮或按快捷键 Ctrl＋Z。

第五，调整视频图像的大小。有时，视频素材的大小并非与屏幕预览的大小一致，这时我们可以通过屏幕中出现的黄点和绿点(图 3-91)进行调整。

操作提示：拖动黄点，可以调节图像的缩放；点击绿点，可以使图像进行不规则变形。

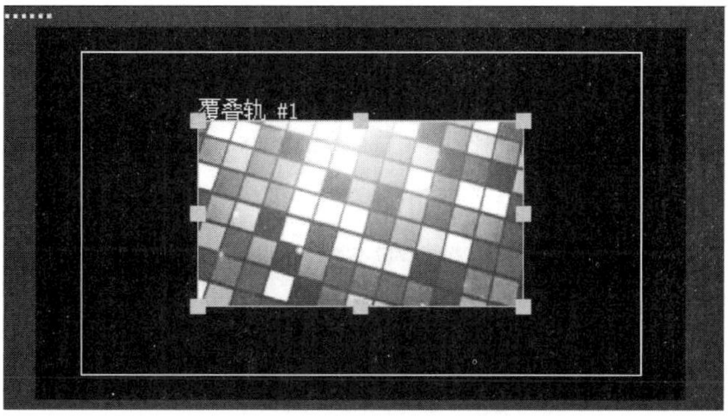

图 3-91　预览窗口

第六，图像的摇动与缩放。为了使静止的图像动起来，从而产生视觉的震撼。

操作提示：选中图像，点击“摇动与缩放”工具，在自定义的对话框中，可以根据设计需求，自行设定效果。

第七，多视频轨道的运用。在视频剪辑的过程中，我们可以利用不同轨道的叠加运用，营造出不同层次的视觉效果。

(5)添加字幕。

看电影的时候，我们经常能在屏幕下方看到与配音同步出现的字幕，一般而言，字幕的出现一排为好，字体不能太大，也不能太小，字体颜色多为白色，字幕较多的情况下尽量选择正规的字体，方便观众快速读懂。字幕的添加一共分为四个步骤。

第一，点击工具栏上的字幕工具，打开字幕编辑器。

第二，用鼠标右键拖动编辑器视频，浏览屏幕下方的波形图，或者点击播放按钮，找到字幕开始的时间节点。

第三，点击编辑器右上角的添加按钮(图 3-92 中的“+”号按钮)，添加该时段的字幕。

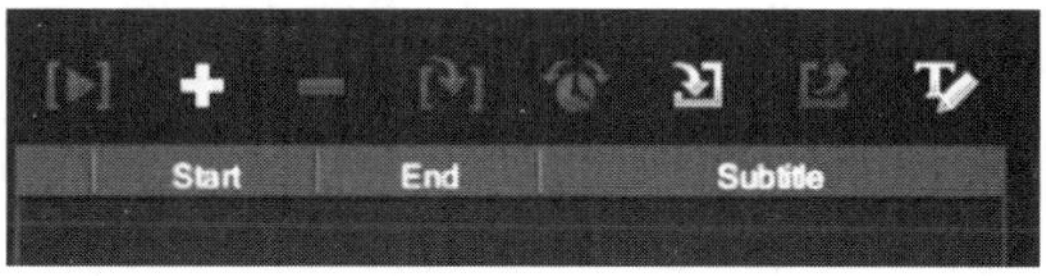

图 3-92　字幕编辑器

第四，如果不满意该段字幕出现的时间，还可以直接在波形图上画开始和结束的时间区域。

另外，如果视频素材是影视作品，可以在专门的网站上下载字幕素材(会声会影支持 utf、srt、lrc 三种格式的字幕导入)，点击导入字幕的标志，选择导入的字幕即可，如果加入的字幕与视频不同步，也可以根据上面所提及的方法进行播放调整。

(6)添加配乐。

根据实际运用情况，我们经常要对音乐效果进行再次编辑，除了上面为大家介绍的音乐剪切、合并之外，还可以对音乐进行添加滤镜、提取伴奏、环绕混音、音速调整等。

第一，添加音频滤镜。利用音频滤镜功能可以消除视频采集中的部分杂音和噪音，对音乐的音色进行润色等。

操作提示：

首先，双击音频素材，在弹出的“音乐和声音”选项中，选择“音频滤镜”，打开滤镜对话框(图 3-93)。

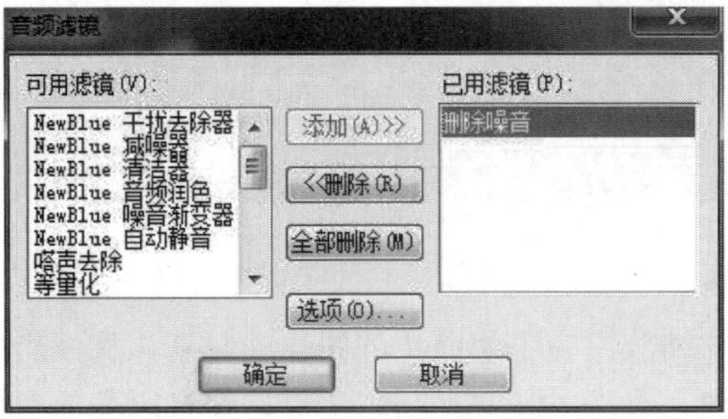

图 3-93 音频滤镜对话框窗口

其次，根据要求，选中左边的可用滤镜效果，再点击添加，右边的已用滤镜中就显示已添加的滤镜功能，滤镜效果的数量可以根据要求进行添加，如果需要删除已用滤镜，则点击某个已用滤镜，再点击删除即可。

再次，添加某个滤镜后，还可以通过“选项”功能菜单来调节滤镜数值，例如，添加“删除噪音”后，点击选项，就可以一边听音一边调节阈值的大小来调整音效。

最后，所有数值调整完毕后，点击确定即可。

第二，提取伴奏。在进行歌舞表演时，有时只需要伴奏，或者在进行配音练习时，只需要音乐，那么我们需要运用音频剪辑软件消除对白声或歌唱声。运用会声会影 2018 中的混音器功能就可以轻松解决这个问题了。这个操作的原理就是通过把左声道的声音复制到右声道(或把右声道复制到左声道)，使左右两个声道的声音一致，因为在录制音乐过程中，其中一个声道录制歌声，另一个声道录制伴奏，所以只要确定伴奏的声道，就可以将其复制到另一个声道，这样原来的歌声就会被盖掉，而只剩下伴奏声，电影背景音乐和独白的分离法亦然。

操作提示：

首先，选中待编辑音乐素材，单击时间轴上面的工具栏中的“混音器”(图 3-94)，切换为“混音器视图”。

图 3-94 混音器图标

其次，在弹出的“选项”面板中，点击“属性”选项卡。勾选“复制声道”，然后单击“左”单选按钮(图 3-95)。

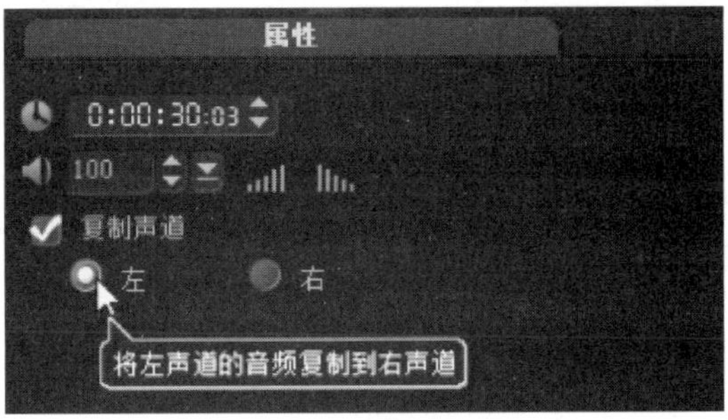

图 3-95 混音器属性面板

第三，环绕混音。主要功能：一是对不同音乐的拼接过渡进行淡化处理；二是对左右声道的音量大小进行调节。例如，我们为幼儿园活动配音时，遇到有解说词情况时，需要把背景音乐声量调小，那么就可以利用混音器的功能进行调整。

操作提示：

首先，把背景音乐放到音乐轨，解说声音放到声音轨道。

其次，点击“混音器”工具，进入混音器视图，在导览面板中，点击“项目”按钮，进入项目模式(图 3-96)。

图 3-96 时间控制轴面板

再次，进入“选项”面板，在“环绕混音”面板中，点击“声音轨”图标，再把红色图标拖到最左边(图 3-97)。

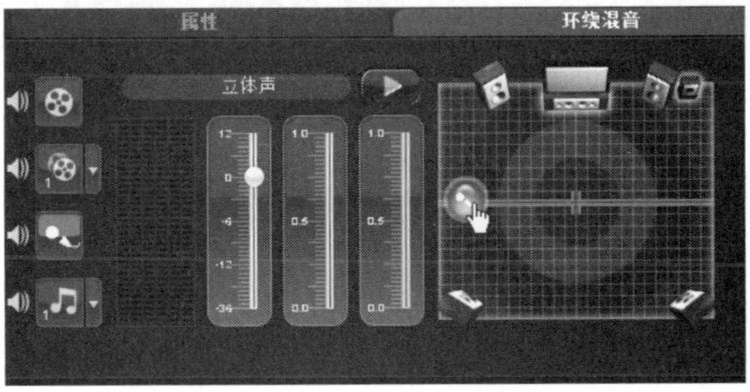

图 3-97 环绕混音器 1

最后，点击“音乐轨”图标，将蓝色图标拖动到最右侧(图 3-98)，操作完成以后，点击导览面板中的播放按钮，即可预览该效果。

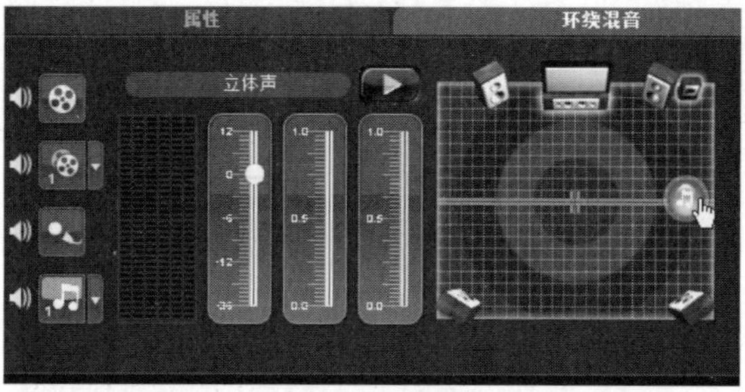

图 3-98　环绕混音器 2

第四，音速调整：主要指加速或减速播放音频。

操作提示：右击待编辑音频素材，在“选项”菜单下，点击“速度/时间流逝”进行调整，并根据实际设计需求选择效果的区间。

(7)输出渲染。

所有音频、视频、图片编辑完成后，就可以点击步骤标签中的输出选项，在弹出的输出设置界面(图 3-99)设置好参数，点击“开始”按钮，就可以获得编辑好的视频了。

图 3-99　输出界面

输出设置对视频的播放有很大的影响，因此要注意以下三点。

第一，播放平台的设置。

如图 3-99 所示，红色方框中的图标就是不同播放平台的选项，使用者可以根据实际情况选择电脑平台、移动手机平台，制作成电影、光盘 VCD 或 DVD 等。

不同的播放平台播放的模式不同，一种是基于帧，另一种是基于场，所以在设置文件参数时要注意选择。

电脑平台播放的视频基于帧，如果用电脑播放基于场的视频就会使画面物体边缘出现锯齿状，影响播放效果。

DVD 的播放基于场。在中国的 PAL 制式是高场优先，因此切记，在分享生成光盘时，把向导界面左下角参数选择及模板管理器中的光盘模板均改为高场优先，否则会出现跳帧或画面抖动等播放不稳的效果。

VCD 的播放基于帧，因此在制作 VCD 视频时，可以通过文件→参数选择→常规选项卡默认场顺序，选择基于帧，否则画面的清晰度会下降。

第二，视频格式。

大多数情况下，我们都选择电脑平台的输出模式，视频输出的格式也会对播放造成影响。

如果播放的电脑是普通 Windows 系统，那么选择任意一种视频格式都没有太大影响，一般建议使用兼容性广的 MP4 格式。但是，使用播放的系统为苹果系统，则建议用 MOV 格式输出，因为苹果系统对 MP4 格式并不兼容。

第三，视频渲染区间。

视频渲染时，要注意浏览界面左方的预览屏幕，点击下方的播放按钮，可以观看最终的渲染效果。特别指出，渲染的视频区间也可以通过预览屏幕下方的时间轴进行控制，如果要完整输出该段视频，则要保持两个黄点：一个居于最前，另一个居于最后(图 3-100)。

图 3-100　输出面板时间轴

实践活动

3～5 人一组为单位，制作一个幼儿绘本故事视频，故事朗诵感情饱满，绘本画面有趣、充满童真，吸引幼儿注意，绘本画面出现的时间要与故事朗诵内容匹配。

第六节　动画素材及处理技术

一、常见动画素材的格式

（一）动画的原理

1. 动画的定义

动画的英文为“Animation”，源自拉丁文，意思是创作者以某种方式，使原本不具生命的物体像获得生命般活动起来。动画是指通过一系列图像的连续播放，基于人类“视觉暂留”原理的作用下，给视觉造成连续变化的图像效果。

2. 动画的制作

根据考古发现，在法国肖维岩洞中发现了“八条腿”野牛的壁画，这些野牛有很多条腿、很多个头及尾巴。通过考古学家们的研究表明，这实际上是史前穴居人表现物体移动的方式，在摇曳的灯光下，这些动物似乎“跑”了起来。研究人员认为，史前艺术家们这种用“类卡通”技术来表现印象中移动的场景的艺术手段实际上就是最早的影像艺术的表达，象征着动画艺术的起源。

动画的制作，集合了绘画、卡通漫画、电影、摄影、音乐、文学、数字多媒体等艺术形式，它把人、物、景等的表情、动作、位置等变化分成多幅画面，再用摄影机或多媒体设备连续拍摄制作而成。

动画的播放由许多帧静止的画面组成，而每个静止的画面的制作方式，最常见的是绘于纸张或赛璐珞片(一种透明的胶片)上，如手翻书，就是较为简单的一种动画制作手段。其他的方式还包括黏土、综合材料模型、沙画等材质。例如，用黏土制作好场景和角色，再通过逐帧拍摄的方式创作出来的定格动画。

随着时代和科技的发展，许多动画艺术家们，可以通过电脑动画软件制作动画。按空间艺术的范畴来划分，动画可分为二维动画与三维动画。二维动画的制作软件一般有 Anime Studio、Flash 等，三维动画的制作软件有 Maya、3Dmax、C4D 等。

3. 动画的运用

(1)机械行业。用于演示机械的运行及其操作原理，如汽车、飞机、轮船、机床及零部件等，可使使用者更清晰地了解机器的运作和操作。

(2)电子行业。用于各种电子产品动画，如手机、娱乐电子游戏、医疗设备等，使其更智能化、人性化。

(3)科技领域。用于各种高科技设备的演示动画，如航空航天、军事装备、能源探测仪等，把性能、操作原理讲解到位，并可灵活做出修改，节省重新研发和修改的成本。

(4)销售生产行业。用于生产流程、生产工艺、产品特性等方面的演示，让客户一目了然，减少营销沟通的时间成本，使人记忆深刻。

(5)教育行业。用于教学知识点的讲解、技术技能示范演示，提高学生的学习兴趣和能动性，如教育课件 PPT 动画演示、幼儿绘本故事短片等。

（二）动画文件的格式和特点

动画的制作原理与电影电视一样，都是视觉暂留原理(前一节已有介绍)。真实利用这一原理，在前一幅画面还没消失前播放下一幅画面，就会营造一种流畅的视觉变化效果。所以，电影一般采用了每秒 24 张或 30 张画面的播放和拍摄速度。但是不同区域的人种对影像变化的敏感度不同，因此，中国电视电影的 PAL 制式采用 25 帧率，而 NTSC 制式(N 制式)采用的是 30 帧率。特别指出，如果低于 24 帧率的播放速度，就会出现停顿现象(因两帧画面的播放速度超过视觉停留的时间，而无法形成流畅的画面效果)，所以在制作动画时，制作拍摄和播放的速度一般都在 24 帧率以上。

目前，动画文件常用的格式主要有以下几种。

1. SWF

SWF 是 Flash 动画文件的发布格式，是 FLA 文件的编译版本，通常在网络上发布使用的一种文件格式，被广泛运用于网页设计、动画制作等领域。这是一个完整的影片文档，无法再次编辑，用户在发布时，可以选择保护功能，否则很容易被他人输入其他源文件中再次被使用。

2. FLA

FLA 是 Flash 动画制作源文件的存放格式，只能用 Adobe Flash 再次打开进行编辑，主要包含 Flash 文档的媒体对象、时间轴、脚本三种类型的信息。因此，通常未完成创作的工作文件都被存储为 FLA 格式。

3. FLV

FLV 是 Flash Video 的简称，是一种视频封装的流媒体格式，支持在线边下载边观看。在 Flash 中，大多数为矢量图形，这种图形的特点是无论放大或缩小均没有失真，且容量小，有效解决导出 swf 文件体积庞大、不能用于网络等缺点。

4. GIF

GIF 是动画动图格式，原义是“图像互换格式”，GIF 图像文件的数据是经过压缩的，主要特点是在一个 GIF 文件中可以存放多幅彩色图像，通过逐帧播放并显示到屏幕上，从而构成一段最简单的动画，如 QQ 动态表情。

5. AVI

严格意义上说，AVI 格式是一种视频格式，它可以同时包含视频画面信息，以及声音信息，可以解决图像与音频的同步问题，而被广泛运用于各种动画视频中。但是，在播放过程中，不能控制其播放速度。

从目前动画制作工艺上看，一般通过电脑技术制作出来的数码动画均可以运用各种视频文件格式进行保存和播放，所以动画的保存格式通常要综合考虑动画的投放平台和实际情况的需要。

二、 动画素材的获取

动画素材主要从以下几个方面获得。

第一，从已有的动画素材库获取，如动画素材库光盘 VCD 和 DVD、电子书籍等。

第二，通过网络渠道下载动画文件素材，如网站链接引用、云端资源库等。

第三，运用专业的动画制作软件进行创作，如二维动画制作软件 Flash、Animator、Anime Studio 等，三维动画制作软件 Maya、3Dmax、C4D 等。

第四，利用多媒体软件的动画制作功能进行创作。例如，PPT 中的动画窗格工具，可以根据需求设定设计对象的运动方式，如消融、飞入、展开、打字机等动画效果。

三、 动画素材的处理技术

（一）Flash 概述

1. Adobe Flash 软件简介

Adobe Flash 软件是美国 Macromedia 公司(2005 年被 Adobe 公司收购)所开发的一种

集二维动画创作与运用程序设计于体的软件。例如，用于设计 internet 网页矢量动画或网页游戏，这种使用向量运算的格式所产生的动画有特殊的档案格式 SWF(Flash 动画发布格式)，其占用存储空间较小，网页加载速度快，因此，大部分网络浏览器都内建 Flash 播放器(用于播放 Flash 文件的 Flash Player)，用于加载页面 Flash。

从简单的动画制作到复杂的交互网页运用程序，从繁杂的多媒体格式的支持到 FLV 流媒体视频文件的在线播放，Flash 给无数的创作者提供了想象和创作的空间。

2. 传统动画与 Flash 动画的比较

传统动画的制作由美术动画电影移植而来，通常包括剧本策划、角色设定、场景设定、分镜脚本设计、原画设计、关键帧绘制、中间帧绘制、描线、着色、拍摄、配乐等阶段，从而形成完整的动画视频。因此，要求创作者必须要有一定的美术基础，掌握基本的动画运动规律，工序复杂，投入的人力成本非常大。

Flash 动画相较于传统动画，拥有崭新的视觉效果，动画运动更灵巧，是新时代的艺术表现形式。虽然 Flash 动画制作仍遵循传统动画原理，但是对手工传统动画制作进行了改进，运用计算机完成动画绘制等一系列工作，使动画制作过程变得更加简单、易操作。因此，使用 Flash 制作的动画能极大地减少人力、物理的成本，大大缩短制作时间，即使非动画制作人员也能依靠软件制作出精彩的动画片段。另外，Flash 动画因拥有自带的 ActionScript 脚本，可以实现交互性，具有更大的设计空间。

3. Flash 的运用领域

随着时代的变迁，Flash 的运用不再局限于互联网，它还可以用于电视电影、移动媒体、教学课件等。轻松幽默的剧场、刺激的交互游戏、实用的网页广告、有趣的网络导航(图 3-101)、寓教于乐的教育课件等 Flash 动画表现形式，正在逐步渗透进我们的生活。

图 3-101　网站导航

4. Flash 软件学习三步曲

作为一款功能强大的矢量动画制作软件，我们如何迅速掌握其使用方法和创作技巧呢？

首先，要了解 Flash 的基本界面和运用的概念，如帧、层、元件、影片等概念。

其次，利用菜单和属性面板，制作和设置各种不同属性的元件对象，如按钮、影片等。

最后，结合实践案例，参照制作步骤，一步一步进行练习，遇到问题，灵活运用网络资源等解决技术难题。

要制作出精良的 Flash 动画，除了掌握软件技术，还要掌握一些美术、音频与视频素材处理的相关知识。因此，学习者不妨多看、多练、多思考，再结合实际动手做一做。

（二）Adobe Flash Professional CS6 的操作界面

本章节的 Flash 软件学习，以 Adobe Flash Professional CS6(以下简称 Flash CS6)为例进行讲解。Flash 推出的版本很多，CS6 版本较之前的版本新增了多项实用的功能，如全新的界面设计、多平台开发、集成多种软件、更丰富的设计工具等。

启动 Flash CS6，程序将打开默认的开始页面，在此之前，会自动弹出一个对话框(图 3-102)，提示选择创建文件的类型，除了提供模板，用户还可以根据使用播放平台，选择相应的新建文件类型，一般的动画短片创作，创作者可以选择新建 ActionScript 3.0 或 ActionScript 2.0 文件类型。

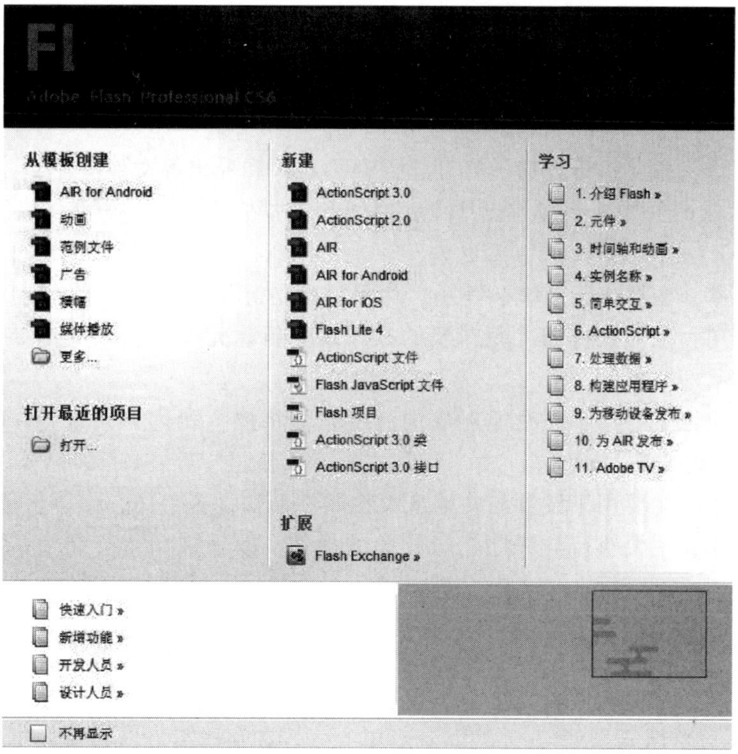

图 3-102　Flash CS6 启动对话框

选择好新建文件的类型，我们就可以进入启动界面。Flash CS6 的工作界面较之前版本更简洁、更直观，包括菜单栏、时间轴面板、面板集、舞台四大板块(图 3-103)。

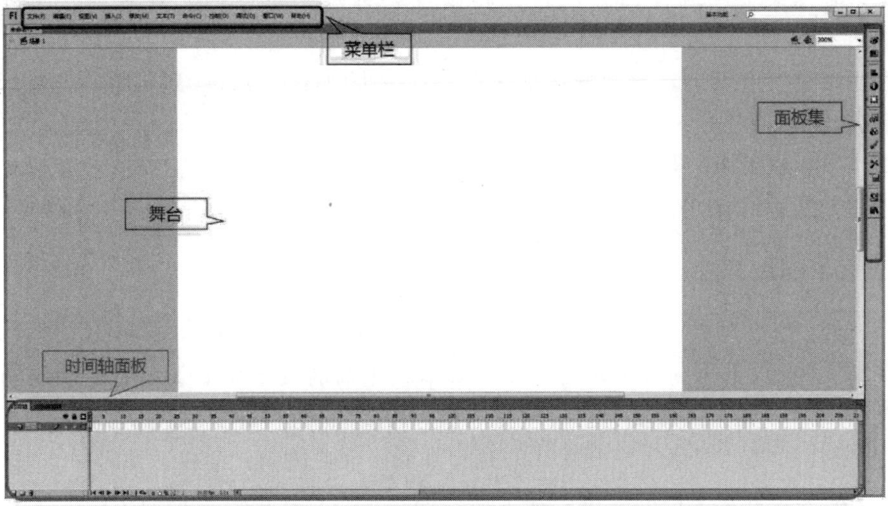

图 3-103　Flash CS6 操作界面

1. 菜单栏

菜单栏中一共有 11 个菜单，包括文件菜单、编辑菜单、视图菜单、插入菜单、修改菜单、文本菜单、命令菜单、控制菜单、调试菜单、窗口菜单、帮助菜单，几乎所有的操作命令都可以在菜单栏中找到，其主要功能如下。

(1)文件菜单：主要执行新建、打开、保存、导入和导出等文件操作。

(2)编辑菜单：主要执行撤销、清除、复制、粘贴、剪切、查找、编辑元件等编辑操作。

(3)视图菜单：主要执行放大、缩小、标尺、网格等与视图相关的操作。

(4)插入菜单：主要执行插入新对象的操作，如新建元件、插入关键帧、创建补间动画、新建图层等。

(5)修改菜单：主要用于修改原对象的属性，如将位图转化为矢量图，将选中的对象转化为新元件等。

(6)文本菜单：主要用于设置与文本有关的属性，如设置字体、字距、检查拼写等。

(7)命令菜单：主要执行与程序运行相关的操作，以管理和运行命令，实现批量处理的目的。

(8)控制菜单：主要执行影片测试相关的操作命令，如测试场景、影片，播放与停止等。

(9)调试菜单：主要用于测试发现影片中的错误。

(10)窗口菜单：主要用于窗口和面板的管理，如新建窗口、展开或隐藏指定窗口、重新排列窗口位置等。

(11)帮助菜单：为工作过程提供帮助和技术支持。

2. 时间轴面板

时间轴面板包括图层区域和时间线区域，如图 3-104 所示，用于管理动画中的图层和帧的运动，亦可通过窗口菜单中的时间轴菜单，显示和隐藏该面板。通过图层区域左下角的按钮(图 3-104 蓝色方形框中)，我们可以新建图层、新建文件夹以及删除图层等，来管理动画对象的图层。通过时间线区域下方的按钮(图 3-104 中紫色方形框中)，来测试播放影片、设置动画帧率等。此外，红色的时间轴亦可以用于拖动播放动画。

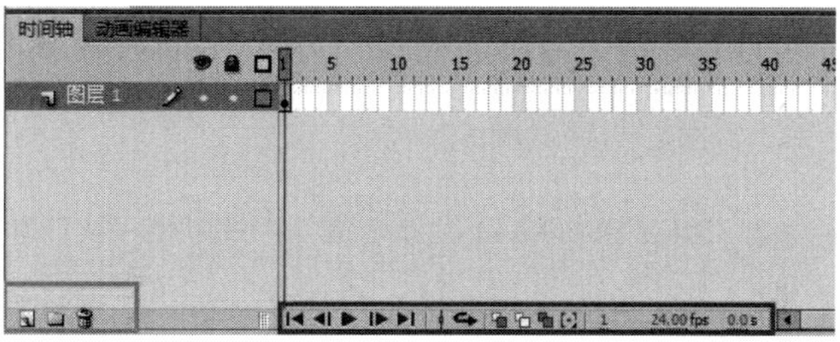

图 3-104　时间轴面板

3. 场景与舞台

如图 3-105 所示的界面，用于设置动画对象的整个区域被称为“场景”。场景是对各种动画对象进行编辑修改的区域，包括舞台和工作区。其中白色矩形区域就是舞台，最终动画的效果就会显示舞台区域中的内容；舞台之外的灰色区域就是工作区。

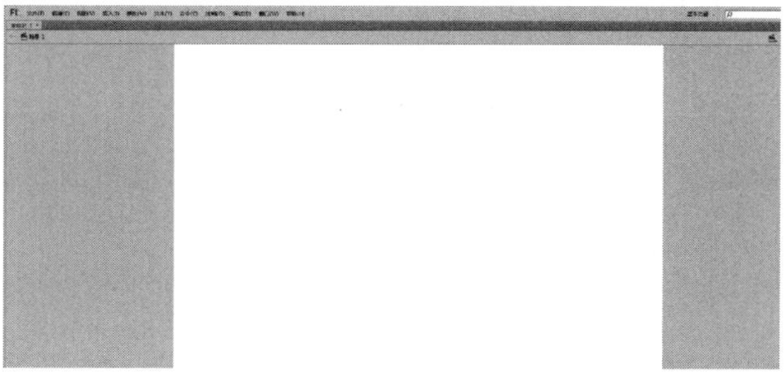

图 3-105　场景

4. 面板集

Flash CS6 界面中最大的更新就是面板集的设计，它集中管理了窗口菜单栏中的所有功能面板，包括颜色、样本、对齐、信息、变形、代码片断、组件、动画预设、工具箱、项目、属性、库(图 3-106)。使用者只要点击相应的面板图标，旁边就会弹出相关的面板，这样集中的管理方式，更简洁明了，便于操作。

图 3-106　面板集

下面，我们主要了解以下几个功能面板的使用。

(1)颜色和样本面板。

如图 3-107 所示，选中动画对象，然后再拖动颜色面板中的圆形图标，即可为其填充或更改颜色，亦可在样本面板中点选已有的颜色。如果想要改变已选颜色的明度，只需要上下拖动图中灰色的小三角形图标。另外，颜色面板右侧的数值可以用鼠标左右拖动，以改变色彩的明度、色相、饱和度、透明度(A 值)。

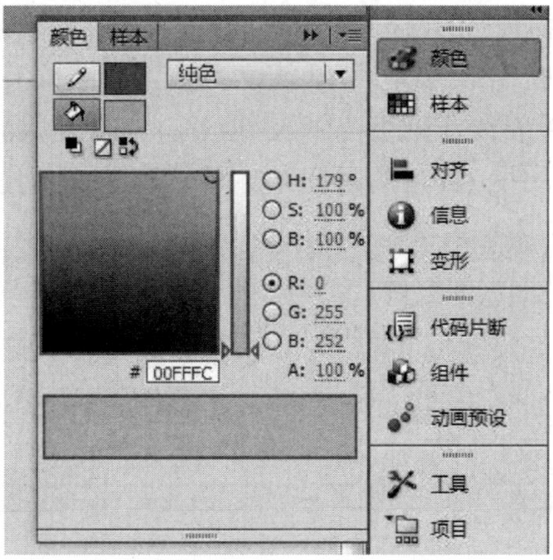

图 3-107　颜色和样本面板

(2)代码片断面板。

主要用于交互设计中的动作命令选项，例如，首先，选择要进行交互的按钮文件，在展开的代码片断面板中，再点击展开时间轴导航的文件夹，选择“单击以转到帧并停止”选项；其次，单击代码片断面板左上角的“添加到当前帧”按钮，就可以在“动作面板”中修改代码，以符合实际运用。如图 3-108 所示，在动作面板中修改代码 gotoAndStop(5)，实际点击该按钮时，就会跳转并停止在第 5 帧，至于要跳转到哪一帧，就把括号中的数字改成第几帧的数值。

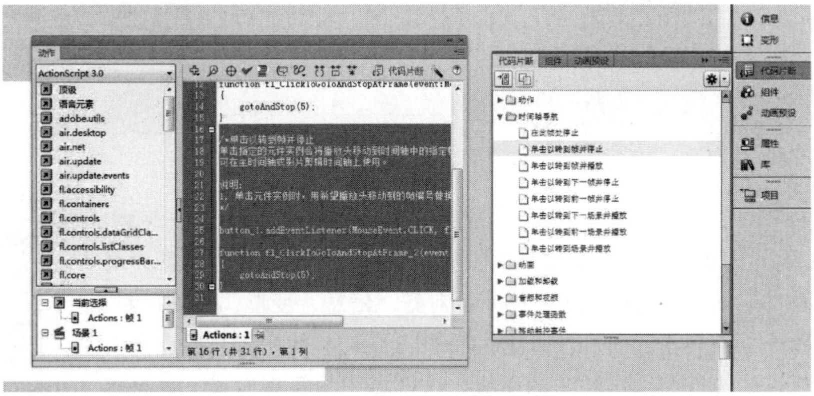

图 3-108　动作面板

(3)工具箱面板。

在创作动画内容时，经常需要使用工具箱中的工具，对动画对象进行编辑和修改，因此我们可以将其固定在某个特定的位置上。首先，点击展开工具箱面板；其次，拖动展开的工具栏到界面最左端；最后，当出现蓝色竖线时，放开鼠标，就可以将其固定在该位置上。Flash 工具箱中的工具包括选择工具、部分选择工具、任意变形工具、3D 平移工具、套索工具、钢笔工具、文字工具、线条工具、椭圆工具、铅笔工具、刷子工具、Deco 工具(装饰工具)、绑定工具(绑定骨架)、填充工具、吸管工具、橡皮工具、抓手工具、放大镜工具，其使用方法大多数与 Adobe Photoshop 中的工具的使用方法类似(图 3-109)。

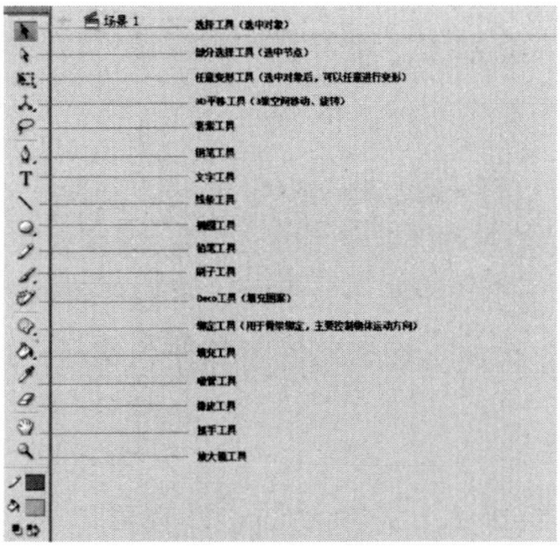

图 3-109　工具箱

(4)属性面板和库面板。

属性面板主要用于设置文件中选中对象的属性。因此，我们要设置某个对象速写时，需要使用工具箱中的选择工具选中对象，再单击展开属性面板时，就会展示该对象的各种属性参数，只要修改数值就可以改变对象的属性，如改变对象大小、帧率、舞台颜色等(图 3-110)。特别注意的是，如果单击舞台空白区域，属性面板出现的是该文档的属性参数；如果单击某个动画关键帧，属性面板出现的则是呈现帧属性面板；如果单击舞台中的文字，则弹出文字属性面板。

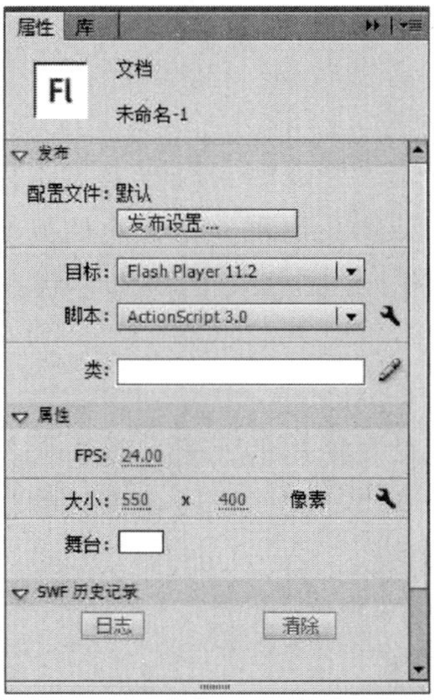

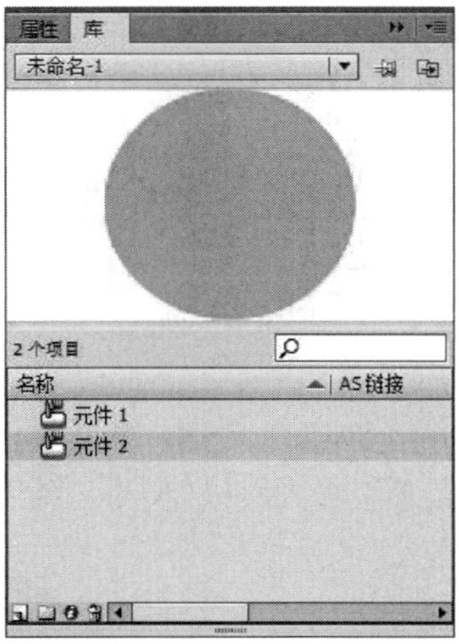

图 3-110　属性面板　　　　图 3-111　库面板

库面板主要用于管理各种动画元素，可以在此面板对各种元件或动画元素进行命名操作(图 3-111)，点击左下角的按钮，可以进行新建元件、新建文件夹、显示元件属性、删除操作。

（三）Flash的基本概念

在Flash的使用操作中，经常涉及库、元件、按钮、影片等专业术语。因此，我们在学习Flash动画制作前，先了解常用的术语概念。

1. 媒体对象

媒体对象指Flash文档中的各种图形图像、文本、声音、视频等组成因素。这些对象在Flash中有不同的表现状态，单击选中某个元素时，我们就可以观察出它们不同的状态特征。

在Flash中，包括文字、图像、绘制图形等各种对象都存在以下三种状态，且三种状态可以进行互相转化。

(1)打散状态。

打散状态是指图形的各组成部分是独立的，并且可以用选择工具选中图形的某个部分，如图3-112所示，既可以单选蓝色部分的五角星图形，也可以单选黑色部分的线框。选中打散状态下的图形，中间蓝色部分会呈现密密麻麻的小点。把图形转化为打散状态，选中对象，然后用快捷键Ctrl+B或者通过菜单栏“修改→分离”进行转化。

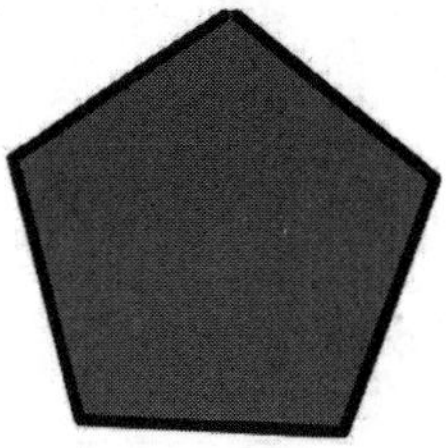

图3-112　打散状态下的五角星

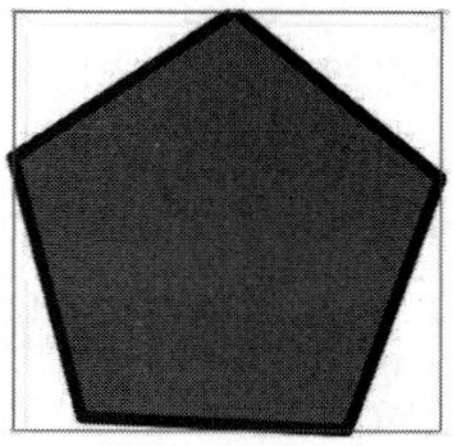

图3-113　组合状态下的五角星

(2)组合状态。

如图3-113所示，组合状态指所有组成图形的部分被组合成一个整体，无法再单选组成部件中的某个部分。选中组合状态下的图形，四周会出现一个蓝色的方形，且在进行放大缩小、旋转等操作时，该图形依然维持原比例。把图形转化为组合状态可以用快捷键Ctrl+G或者通过菜单栏“修改→组合”进行转化。

(3)元件状态。

如图3-114所示，元件是Flash动画中可以重复使用的元素。选中元件时，图形四周出现蓝色方框，左上角出现+号，图形中心有个圆点。把图形转化为打散状态可以用快捷键F8或者通过菜单栏“修改→转换为元件”进行转化。

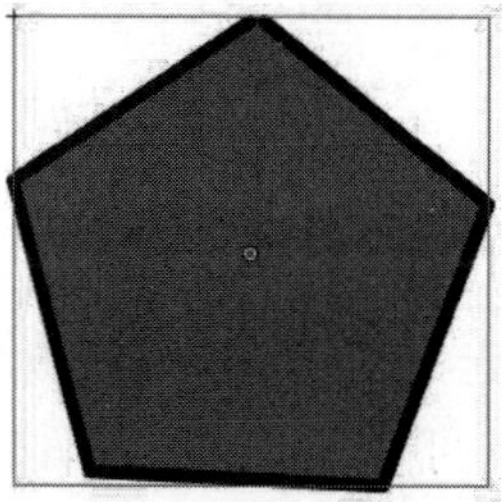

图3-114　元件状态下的五角星

特别注意，在不同状态互相转化，首先要选中对象，然后执行相应的快捷键或菜单命令。Flash 软件对变形过渡和运动过渡的动画对象有严格的要求，变形过渡动画的对象必须是打散的，而运动过渡动画的对象则必须是组合状态或元件状态(文字和图片默认是组合状态)。

2. 帧与帧率

帧是 Flash 中的基本单位，帧率是指每秒播放的帧数，在 Flash CS6 中默认的帧率是 24 fps。帧率的大小直接影响到动画的播放效果和播放时长，根据视觉暂留原理，帧率过低，动画运动效果不够平滑流畅，而帧率过高则会耗费更多的 CPU 资源，或在播放过程中因无法及时渲染而出现停顿。

在 Flash 中，帧主要分为普通帧、关键帧、空白关键帧三种类别，它们在 Flash 中的时间格的标记如图 3-115 所示。

图 3-115　帧的标记

(1)普通帧。

主要用于记录舞台的内容，创作者不能对普通帧的内容进行修改编辑，普通帧的主要功能是记录动画的表现时长。在时间轴上，普通帧的标记是空心矩形或单元格。

(2)关键帧。

指在动画播放过程中，呈现关键性动作或内容属性变化的帧，所有的动画内容的改变都是通过关键帧进行修改。关键帧在时间轴上的标记是黑色的实心圆点，所有的动画对象都必须插在关键帧上。例如，我们在第一帧插入一个红色的圆形，然后在第 10 帧插入一个关键帧，那么在第 10 帧的地方依然呈现一个红色的圆形。如果需要变成蓝色，只需要将第 10 帧上圆形的红色用填充工具改变成蓝色，最后，这个动画从第 1 帧播放到第 10 帧时，圆形的红色就会变成蓝色。

(3)空白关键帧。

这是一个特殊的关键帧，在时间轴上的标记是空心的圆点。当创作者插入空白关键帧时，舞台上没有任何的动画对象存在，仅作为添加对象的占位符。若在空白关键帧上添加对象，就会自动转换成关键帧。在创建一个新的图层时，每个图层的第一帧都会默认为空白关键帧。

3. 图层

用图层管理动画对象，是 Flash 中制作动画的重要手段，每一个图层都像一张透明的赛璐珞片，可以在上面绘制任何对象，包括文字，把它们叠加起来就组成了动画的内容。在一个 Flash 动画文档中，通常包含多个图层，它们互相独立，每一层都有自己的独立时间轴和帧，创作者可以在不同的图层上创建对象和动画。

在 Flash CS6 中，按照图层的不同功能，可以分为普通层、引导层、被引导层、遮罩层、被遮罩层 5 个类型。

(1)普通层。

没有任何特殊效果的图层，仅用于放置动画图层，新建的图层一般都默认是普通层。

(2)引导层和被引导层。

引导层的作用是引导与之相关联的图层中的动画对象的运动轨迹。引导层中的内容，如线、图形等，都只能呈现在工作区中，在输出的动画中是看不到的。在 Flash CS6 中，若建立引导图层，首先要在图层管理区域建立一个普通图层，然后再选中该图层右击，在打开的菜单中选择引导层，则该图层就会被转化成引导图层；如果在右击打开的菜单中选择"添加传统运动引导图层"，则该图层就会被转化成被引导层。

(3)遮罩层和被遮罩层。

在遮罩层中创建的对象具有透明效果，如果遮罩中的某个位置有对象，那么被遮罩层中，相同的位置的内容就会呈现出来，而被遮罩层的其他部分将会被挡住。在 Flash CS6 中，若建立遮罩图层，则要先建立普通图层，然后在图层区域选中该图层，右击打开菜单，选择"遮罩层"。

4. 元件(Symbol)

元件是 Flash 中非常重要和常用的概念，是可以反复取出来使用的元素，包括按钮元件、图形元件、影片剪辑元件三种。在动画制作过程中，所有的元件都会自动保存在库中，每个元件都有独立的时间轴、舞台和图层，也可以独立于主体动画外播放。因此，双击舞台中的某个元件，就可以从场景编辑进入元件编辑，只要更改元件的任何内容和属性，在灰色工作区双击回到场景编辑上，就可以看到实例动画的更新，从而大大地提高了工作效率。

(1)按钮元件。

按钮元件主要用于创建动画中的交互控制，以响应鼠标各种状态下的命令，如弹起、指针经过、按下、点击等(图 3-116)。在这 4 个不同状态帧上可以建立不同的内容，既可以是静止的图形，也可以是动画片段或影片剪辑，如点击某个红色圆形按钮时，出现一朵花，只需要选中该元件，双击进入元件编辑状态，然后再点击状态帧下面建立出现一朵花的内容，测试影片时，只要我们用鼠标点击这个红色圆形按钮，画面上就会出现一朵花。同理，如果在指针经过状态帧下建立动画内容，则鼠标经过红色按钮时就会出现设置的动画内容。

图 3-116　按钮元件时间轴

按钮的交互相应需要借助动作脚本来实现，因此，我们还可以打开代码片断面板进行设置修改，以符合实际需要。

(2)图形元件。

图形元件是可以反复使用的静态图形，是制作动画的基本元素之一。我们可以用图形元件来创建一段可以重复使用于主体动画的片段，但是要注意，图形元件不能添加任何交互行为和声音。因此一般情况下，图形元件在 Flash 文件中的尺寸要比影片剪辑元件和按钮元件小。

(3)影片剪辑元件。

图形元件和影片剪辑元件比较容易让人混淆，其内部都包含一段动画片段，亦可重复用于主体动画中，实现各种效果复杂的动画。有时，一个动画片段既可以用图形元件实现，也可以用影片剪辑元件实现，但是两者之间亦存在较大的差异。

图形元件不能具有交互行为和声音，也不能添加动作脚本，然而，影片剪辑元件却没有这些限制。在制作主体动画时，影片剪辑元件也可以作为一段动画运用于按钮元件的某一帧了。当播放主体动画时，影片剪辑元件也在循环播放。

因为图形元件的播放是依赖主时间轴的时长，因此图形元件的时长一定要比主体动画时间短，否则主时间轴上的动画播放结束后，图形元件就无法播放了。但是，影片剪辑元件的播放时长是独立于主时间轴的，即使主体动画播放结束，影片剪辑元件依然可以按照其内部的时间轴继续播放。

特别注意，每在舞台上使用一次元件，即“创建了元件的一个实例”。通常，我们称元件为“父”，实例为“子”。因此实例在任何内容上的改变，都不会对元件造成影响。相反，子元件一旦改变，动画实例效果也会发生变化。

(4)库。

点击操作界面右侧的面板集中的“库”面板，就可以看到所有用于动画创作中的各种元件素材，其主要作用是存放、管理作品中所有的元件和素材。无论是从外部导入的图片、声音、视频等，还是在 Flash 中创建的元件，都会出现在“库”中。

库是 Flash 用来存放、管理作品中所有元件和素材的容器。无论是从外部导入到 Flash 的图片、声音和视频等素材，还是我们制作的元件，都会存放在库中。创作者可以在库中建立多级文件夹，并通过拖动等操作，将相同类别的元件素材放入统一的文件中管理。这种组织结构有助于创作者更快捷、清晰地使用和管理库中的素材，提高工作效率。

我们可以使用的库的类型一共有两种，即公用库和专用库，它们都可以在窗口菜单栏中找到。公用库是 Flash 系统统一提供的元件和素材，而专用库是当前作品中所使用的元件和素材。

在库面板中，每个素材和元件都可以通过属性面板进行修改，包括它们的大小位置、色彩效果、播放选项(循环、播放一次、单帧)，或者单击右键进行修改。

（四）Flash 基本操作

1. 创建和编辑图形

在 Flash 中创建和编辑矢量图形，主要运用 Flash 工具箱中的各种工具辅助完成。按照功能对这些工具进行划分，主要分为以下 5 种类型，特别需要注意的是，在修改工具特性时，基本操作都是点选该工具，然后打开界面右侧属性面板，对其参数进行修改，以符合设计的需求。

(1)Flash 工具箱中用于创建矢量图形的绘图工具主要包括钢笔工具、椭圆工具、矩形工具、铅笔工具和画笔工具。

(2)用于修改矢量图颜色和肌理效果的工具主要包括墨水瓶工具、颜料桶工具、滴管工具以及 Deco 工具。

填充图形颜色时，先选中填充对象，然后单击笔触颜色按钮或填充色按钮，从弹出的颜色窗口中选择一种颜色，即可以更改填充对象。如果是新建图形，单击选中笔触和填充色后，新建图形的轮廓颜色就是笔触色，形状内的颜色就是填充色，最后在需要改变的对象上点击鼠标左键，即可对其更改颜色。

墨水瓶工具主要用于改变已有直线的颜色、线型和宽度，通常与滴管工具配合使用。特别注意，墨水瓶工具和颜料桶工具位于工具箱同样的位置，默认情况下通常显示为颜料桶工具。如果要使用墨水瓶工具，可以用鼠标按住颜料桶工具图标不放，从弹出的面板中选择墨水瓶工具即可。要改变墨水瓶性质，同样也要点开界面右侧属性面板进行修改。

另外，在颜色选区中单击黑白色切换按钮，当前颜色立刻返回到默认颜色，即笔触颜色为黑色，填充颜色为白色。此外，打开的笔触颜色或填充色窗口，再单击按钮，可以将笔触颜色或填充色设置为没有颜色，如果单击按钮，可以将当前设置的笔触颜色和填充色进行互换。

若填充图形肌理效果或图案时，我们可以点击 Deco 工具，该工具默认的是藤蔓式填充效果，如果要更改其绘制效果，在点击 Deco 工具后打开界面右侧的属性面板(图 3-117)。在绘制效果下面可以更改其填充效果，如网格填充、对称填充、建筑物刷子、火焰动画等，具体的效果特征也可以通过高级选项进行更改，从而使创建的图形更丰富精彩。

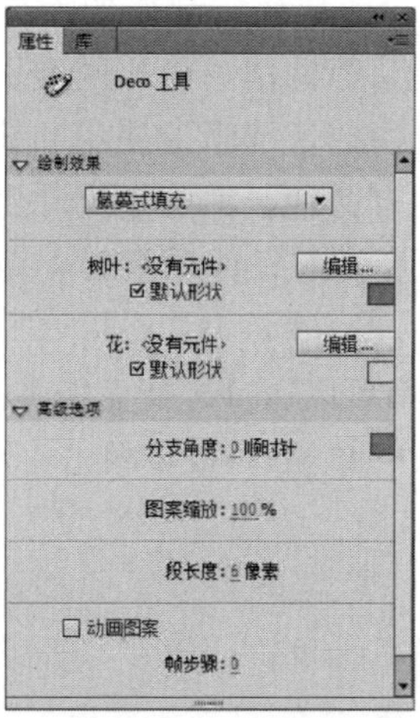

图 3-117　Deco 工具属性面板

(3)用于选取和修改矢量图形的工具主要包括选择工具、部分选取工具、套索工具、任意变形工具以及橡皮擦工具。

(4)用于查看图形或影片的工具主要有抓手工具和缩放工具。

(5)用于编辑和创建文本信息的工具主要是文本工具。

用文本工具在舞台上点击，就可以在显示的输入框中输入文本信息进行编辑。如果要推出文字编辑状态，只要在输入框以外的地方单击鼠标即可。如果需要改变输入的文字属性，也可以点击打开界面右侧的属性面板进行修改，如字号大小、字体颜色、行距、字距等。

从打开的文本属性窗口看，文本一共分为静态文本、动态文本和输入文本三种。静态文本是指创建文本信息后，该文字在动画制作过程中，只能改变文字的外形，而无法改变其文字信息内容。而动态文本与静态文本不同，用户可以通过使用程序及变量来改变文字方块内的内容，因此常用于显示动态内容，如制作滚动字幕。输入文本是指用户可以在其中输入文字的文本框，它一般用于 Flash 表单等需要用户输入文字的场合。

2. 图层操作

Flash 的图层操作与 Photoshop 的图层操作相似，就像一张张透明的纸，按照一定的顺序进行叠加。

Flash 软件的图层区域位于时间轴面板的左侧，它们的按钮功能和名称如图 3-118 所示，图层的排列顺序决定了舞台中对象的显示情况。

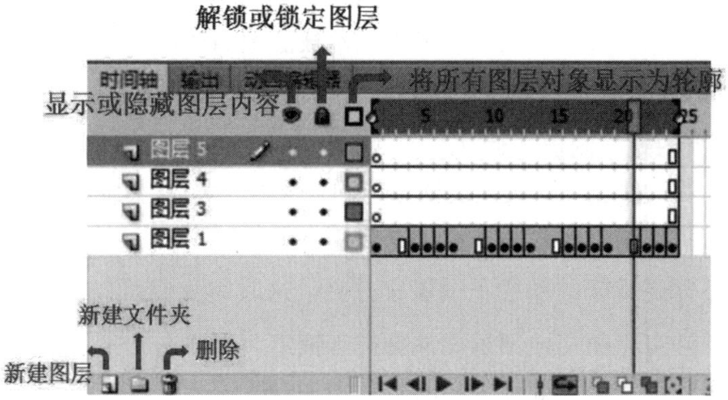

图 3-118　图层管理区

(1)新建图层。

打开 Flash 软件后，图层区域默认显示一个图层，因此，在动画制作过程中，我们还需要新建多个图层。新建图层的方法主要有以下三种。

第一，通过按钮创建。如图 3-118 所示，点击图层区域左下角的新建图层按钮，即可新建图层；若点击新建文件夹按钮，则可新建文件夹。图层和图层文件夹的关系是：一个图层文件夹中可以包含多个图层。

第二，通过菜单栏命令创建。在菜单栏上，按照“插入→时间轴→图层文件夹”的顺序命令进行新建图层或图层文件夹。

第三，在时间轴面板左侧的图层处右击鼠标，从弹出的快捷菜单中选中“插入图层”或“插入图层文件夹”选项，即可创建新的图层或图层文件夹。

(2)选中图层。

图层的选择主要通过鼠标点击图层名称处选中，可以单选某个图层，亦可以多选多个图层。

选择多个连续图层或图层文件夹时，可以先选中第一个图层(或文件夹)，然后按住Shift键，同时选中最后一个图层(或文件夹)即可。

选择多个不连续图层或图层文件时，可以在按住Ctrl键的同时，单击所需要选择的图层或文件夹即可。

(3)调整图层与图层文件夹的顺序。

在时间轴面板上创建新的图层或图层文件夹时，按照系统的设计是由下至上的顺序进行添加。当然，在动画创作过程中，我们可以根据设计需求，用鼠标按住某个图层不动，进行上下拖动，以改变该图层的叠放顺序，图层文件夹顺序的调整方法亦然。另外，此操作还可以将此图层拖动放置于其他图层文件夹的图标上，然后松开鼠标，即可将此图层置于某个文件夹内。

(4)显示或隐藏图层与图层文件夹。

在Flash软件默认情况下，创建的图层与图层文件夹均处于显示状态。但是，在动画制作较为复杂的情况下，为了便于观察操作，可以先选中需要隐藏的图层或图层文件夹，再单击图3-118中的按钮下面与该图层同行的圆点，即可将图层或图层文件夹进行隐藏，再单击一下该圆点位置上的图标就可以显示被隐藏的图层或图层文件夹。若直接点击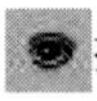按钮，则直接隐藏或显示所有图层和图层文件夹的内容。

(5)锁定或解锁图层与图层文件夹。

在Flash软件默认情况下，创建的图层与图层文件夹均处于解锁状态，解锁状态下的图层内容才可以被再次编辑，但是在动画制作较为复杂的情况下，为了便于制作，创作者也会先锁定暂时不需要编辑的图层和图层文件夹。这时，我们可以单击按钮下面与该图层同行的圆点，即可将图层或图层文件夹进行锁定，再单击一下该圆点位置上的图标就可以解锁被锁定的图层或图层文件夹。若直接点击按钮，则直接锁定或解锁所有图层和图层文件夹。

(6)图层与图层文件夹的轮廓显示。

在Flash软件默认情况下，图层与图层文件夹的动画对象均是实体显示状态。除此，舞台上的对象还可以轮廓状态显示，二者的区别如图3-119所示(左为实体显示，右为轮廓显示)。轮廓显示的好处是可以快速预览渲染该动画对象的效果，因为在动画制作繁杂的情况下，实体显示的渲染预览所需内存较大，需要时间较长，如果选择轮廓显示则可以降低内存的虚耗，使渲染时间极大提升。轮廓显示的操作与解锁图层、隐藏图层类似，可以通过按钮实现。特别注意，当图层显示的是实体时，该图层显示的方形标志外轮廓依然是黑色，如；若图层显示的是轮廓状态，其方形标志外轮廓颜色变成形状颜色，方形中间则变成灰色，如 。(注意：在轮廓显示状态下的动画对象，其轮廓颜色与所处图层的方形标志颜色一致。)

图 3-119　实体显示与轮廓显示

3. 帧操作

实际上，Flash 动画的制作就是对每一帧进行编辑操作的过程，每一帧就是一个动画画面。通过时间轴面板右侧的时间线区域进行各项帧操作，就可以完成各种动画效果的制作。

(1)新建帧、关键帧与空白关键帧。

在前面，本书提到 Flash 中的帧主要分为普通帧、关键帧和空白关键帧三个类型。

普通帧用于控制两个关键帧之间的时长，前后相邻的两个普通帧的内容是一致的，其创建方法：一是在菜单栏中，按照“插入→时间轴→帧”的命令顺序执行，或者直接按 F5 快捷键；二是直接在时间线区域右击鼠标，在弹出的快捷菜单中选择“插入帧”的命令即可插入一个普通帧。

关键帧是指与前一帧的动画内容有所改变的帧，在两个关键帧之间创建补间动画或创建普通帧，都会使动画播放更加平滑流畅。其创建方法：一是通过菜单栏命令选项进行创建，单击需要添加普通帧的时间格，按照“插入→时间轴→关键帧”的命令顺序执行，或者直接按 F6 快捷键；二是直接在时间线区域相应时间格右击鼠标，在弹出的快捷菜单中选择“插入关键帧”的命令即可在相应的时间格处建立一个关键帧。

空白关键帧是一种特殊的关键帧，在空白关键帧状态下的舞台，没有任何动画对象，在加入对象后，即自动转化为关键帧，反之删除所有对象后，该关键帧亦会自动转化为空白关键帧。空白关键帧的添加方法与关键帧的添加方法相似。

(2)选择帧。

选择帧是对帧进行修改、编辑等各种操作的首要步骤，选中相应的帧，同时亦选中了该帧在舞台上的对象。在 Flash 动画制作过程中，可以选择单帧，也可以选择多帧进行编辑操作。

在时间线区域上对着某帧点击即可选中单帧，选中的帧在时间轴上会显示成蓝色；若要同时选中相邻的多帧，只需要按住鼠标左键选中某帧不放，左右拖动即可；若要选中不相邻的帧时，在用鼠标选择帧的同时，按住 Ctrl 键即可。

(3)复制、剪切和粘贴帧。

在 Flash 动画制作过程中，为了提高工作效率，我们通常需要复制、剪切和粘贴帧到多个图层或不同的文档中。

复制帧是指将选中的帧复制到剪贴板中备用。其操作方法主要有三种：一是选中帧，通过菜单栏，按照“编辑→时间轴→复制帧”的顺序执行命令，或是通过快捷键“Ctrl＋Alt＋C”进行复制。二是选中需要复制的帧，在时间轴面板右击鼠标打开快捷菜单，然后选择“复制帧”命令选项。三是选中需要复制的帧，然后按住 Alt 键进行拖曳，当鼠标移动到相应地方时，即可把选中的帧复制到该处。

剪切帧是将选中的帧剪切到剪贴板上，与复制帧不同的是，进行剪切操作后，原来的帧内容就被删除了。剪切帧的操作方法主要有两种：一是选中帧，通过菜单栏，按照“编辑→时间轴→剪切帧”的顺序执行命令，或是通过快捷键“Ctrl＋Alt＋X”进行剪切。二是选中需要剪切的帧，在时间轴面板右击鼠标打开快捷菜单，然后选择“剪切帧”命令选项。

无论是复制或是剪切帧，都需要在相应的时间格上进行粘贴。粘贴帧的操作方法主要有两种：一是把鼠标移至需要复制粘贴的帧处，按照菜单栏“编辑→时间轴→粘贴帧”的命令顺序执行，或者按快捷键“Ctrl＋Alt＋V”。二是将鼠标移至需要粘贴的帧处，右击鼠标，从弹出的快捷菜单中选择“粘贴帧”命令，即可把复制的帧粘贴到该处。

(4)删除帧。

在 Flash 动画制作过程中，如果有错误或多余的帧，我们需要把它们删掉，删除帧的操作方法主要有以下两种：一是选中需要删除的帧，然后右击鼠标，从弹出的快捷菜单中选择“删除帧”命令，即可把选中的帧删除。二是选中需要删除的帧，然后按快捷键“Shift＋F5”，亦可删除选中的帧。

(5)移动帧。

除了复制、剪切和粘贴帧可以调整帧在时间线上的位置外，还可以通过鼠标直接移动。其操作方法是：选中需要移动的帧，在选中的位置上，光标的箭头下面会显示一个虚线矩形，这时按住鼠标左键不放，将选中的帧移动到适合的位置，最后释放鼠标左键即可完成帧的移动操作。

(6)翻转帧。

翻转帧的操作意味着将一段连续帧的序列播放进行始末翻转，换句话说就是将第一帧转换为最后一帧，同理，第二帧换成倒数第二帧……直到全部交换完为止。特别注意的是，翻转帧的操作仅对序列多帧才有效，对于单帧是不起任何作用的。

翻转帧的操作方法有两种：一是选中需要翻转的帧，在菜单栏上，按照“编辑→时间轴→翻转帧”的顺序执行命令，即可将选中的帧始末翻转。二是选中需要翻转的帧，然后在时间线区域右击打开快捷菜单，最后在弹出的菜单中选择“翻转帧”的命令，亦可翻转选中的帧。

综合以上的帧操作，我们不难看出，不管是翻转帧还是复制帧等，操作的步骤均较为相似，基本上都可以通过菜单栏的“编辑→时间轴”命令菜单执行，或者右击时间线区域打开快捷菜单进行帧操作。

4. 场景编辑模式与元件编辑模式

在 Flash 动画制作过程中，背景和动画角色通常在不同的编辑模式下制作其运动变化过程。场景编辑模式主要用于整体动画效果的制作，元件编辑模式主要用于动画角色的动态和交互设计的制作。系统默认的舞台编辑模式是场景编辑模式，导入元件在场景中时，双击元件即可进入元件编辑模式，再次双击该元件就可以进入子元件编辑模式，它们在工作区表现为 

，即表明此时舞台的编辑模式一共为三个层级。

5. 创建 Flash 影片

创建 Flash 影片的基本操作方法如下。

(1)打开 Flash 软件，创建新的动画脚本(ActionScript3.0 或 ActionScript2.0，两者的区别是版本不一样)，进入 Flash 工作界面。

(2)在工具箱中找到矩形工具，使用矩形工具在舞台上绘制一个图形。

(3)选中第一帧或选中矩形，在菜单栏中点开修改菜单，选择“转换为元件”命令。(另外两种方法是右击打开快捷菜单，以及按 F8 快捷键)

(4)在弹出的转换元件菜单中(图 3-120)，在“类型”选项中选择“影片剪辑”，使创建的动画帧转换成影片元件。

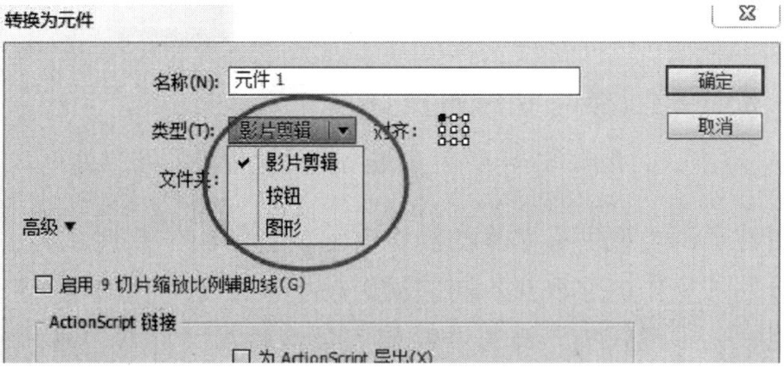

图 3-120　转换元件菜单

6. 保存/导出动画

动画制作并非马上能完成，因此在制作结束前，我们需要对编辑的 Flash 文件进行保存。源文件保存的操作方法是：如果是第一次进行保存操作，可以按照“文件→另存为”顺序执行命令，在弹出的保存菜单中，设置相应的文件名、文件保存类型和存放的路径。若用 Flash CS6 进行编辑，则选择“Flash CS6(. * fla)”保持类型。这样保存好的 Flash 文件格式扩展名就是“. fla”。如果并非第一次进行保存操作，只需要按照“文件→保存”顺序执行命令，就可以按照之前的保存设置进行保存。

如果动画制作完成，还需要导出制作完成的动画，可以按照菜单栏上“文件→导出”顺序执行命令，按照设计需求，可以导出图像、所选内容、影片三种类型，具体的设置可以在随后弹出的菜单窗口中修改，以符合要求。

7. 发布动画预览

在动画制作过程中，为了调整和确定动画效果是否符合设计要求，需要预览 Flash 动画，此时则需要发布动画预览，其操作方法如下。

(1)打开需要发布的文件。

(2)点开文件菜单，选择“发布设置”命令。根据设计要求，在弹出的子菜单中设置发布属性。

(3)根据设置好的发布属性，按照“文件→发布预览”执行命令，在子菜单中选择符合要求的动画发布格式，如 HTML、Flash、JPEG 等，系统默认的是 HTML 发布格式。

(4)如果发布的格式是 HTML，则打开浏览器，显示要发布的动画效果。

8. 发布 Flash 动画

在预览发布的动画后，确认动画制作效果符合要求，就可以正式发布 Flash 动画了。

发布 Flash 动画的操作方法如下。

(1)在 Flash 工作区打开需要发布的文件。

(2)在菜单栏上，按照“文件→发布设置”，打开“发布设置”菜单，按照设计要求进行修改设置，在左侧的“发布”或“其他格式”选项中，勾选发布输出的动画文件格式。

(3)在输出文件名的选项中可以更改发布文件的目录和名称。点击“高级”选项后，还可以对其他细节参数进行设置。

(4)完成各项设置后，点击“发布”按钮，系统就会按所设属性将制作好的 Flash 动画发布出去。

(五) Flash 动画的分类与制作方法

1. 逐帧动画

逐帧动画是所有动画类型中最基本的制作方法，它的制作原理是将一个连续动作进行分解，并把这些分解的动作图片放在不同的动画帧中，使每一帧的内容略有不同(换言之，将分解动作图片定义到关键帧中，对每一帧的内容进行设计和修改)，最后利用逐帧播放的方式，形成一段动作平滑流畅的动画。

逐帧动画的优点是：灵活性和兼容性广，几乎任何的动画形式都可以用这种方法进行制作，且分解的关键帧越多，动作表达越流畅，尤其适合制作动作复杂或细节繁多的动画。

逐帧动画的缺点是：逐帧动画是传统的动画制作形式，需要定义的关键帧非常多，工作量大，操作琐碎，时间成本高，工作效率较低。

逐帧动画的操作方法有以下两种。

(1)利用素材导入方式创建逐帧动画。

素材导入方式是较为常用的制作方法之一。创作者可以利用下载的素材或者用其他软件制作的动画文件，包括图形图像序列文件，导入 Flash 软件的舞台中，重新设计修改，编辑成新的动画文件。其操作方法：第一，在菜单栏中，按照“文件→导入→导入到舞台”顺序执行命令。第二，在弹出的菜单中选择导入素材的路径，然后单击“打开”按钮(如果导入的是图形图像系列，需要在打开相应的素材文件夹时，点击其中一张图片)，在弹出的提示菜单中选择“是”，即可将动画文件素材导入到舞台。导入素材后，每一张图片都自动生成一个个关键帧(图 3-121)，打开“库”面板，我们就可以找到相应的素材。第三，预览该动画效果时，可以直接按 Ctrl＋Enter 键，或者按照菜单中“控制→测试场景”命令执行，即可预览。

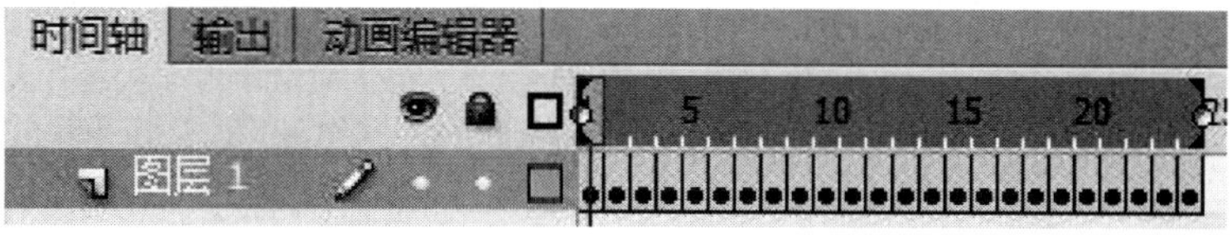

图 3-121　序列图关键帧标记

(2)在 Flash 中创建逐帧动画。

除了上述导入素材的方式创建逐帧动画外，还可以在 Flash 中的各项功能自定义每一个关键帧的内容，从而创建逐帧动画。如图 3-122 所示，按照动画角色行走的规律进行分解，从第 1 帧绘制到第 12 帧，每一帧的图片都记录角色行走的变化，通过循环播放，从而形成完整流畅的行走过程。

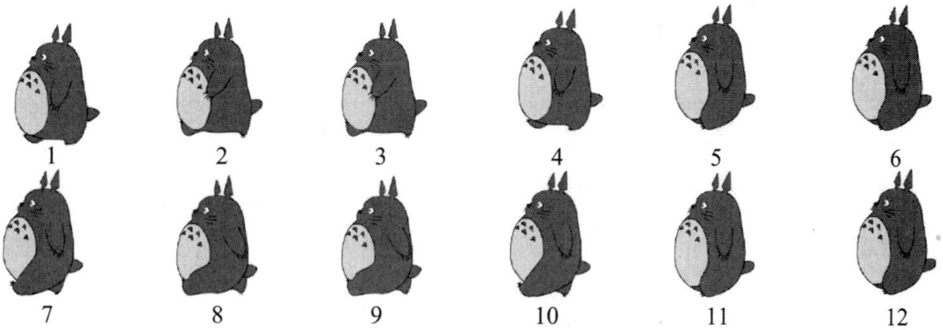

图 3-122　角色行走逐帧绘制图

2. 补间动画

Flash 软件最突出的特色就是补间动画的创建，在 Flash CS6 中制作的补间动画主要有三种类型：补间动画、传统补间动画、补间形状动画。特别注意，任何一种补间动画都需要建立在多帧的两个关键帧之间。

在制作各种类型的补间动画时，必须要注意动画对象的组合状态。矢量图形的特征是在图形对象被选中时，表面会出现均匀的白色小点。矢量图形通常是运用工具箱中的直线、矩形、椭圆、铅笔、刷子等绘图工具绘制而成。非矢量图形的特征是在图形对象被选中时，对象四周会出现蓝色或灰色的方框，如从外部素材库导入的位图等，但要注意，用文字工具建立的文本对象并非矢量图形，将矢量图形组合起来后，就可以得到组合图形，将库中的元件拖到舞台中，就可以得到一个元件实例。

(1)补间动画。

补间动画是基于对象的动画，通过一个对象在两个不同的关键帧中的变化来创建，在时间轴上的标记是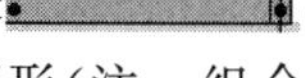。即一个关键帧中的非矢量图形逐渐变成另一个关键帧中的另一种非矢量图形(注：组合图形、文字对象、元件实例、被转换成元件的外部素材等皆可，但元件能修改的属性参数较多，因此比较建议转换成元件)，以实现元件由一个位置到另一个位置的变化。例如，实现同一个元件的大小、位置、颜色、透明度、旋转等属性的改变。在舞台中，我们还可以通过任意变形工具等进行属性关键帧的各种编辑修改，如位置、大小、旋转等。此外，还可以通过“动画编辑器”面板调整补间动画的效果。

创建补间动画的操作方法：首先，在75帧处插入空白关键帧，导入一个非矢量图形，将其转化成元件。其次，在该关键帧处右击打开快捷菜单，选择“创建补间动画”命令，此时在图层区域会出现一个新的补间图层。再次，调整补间动画的效果，选中补间图层上的75帧的对象，使用与时间轴面板同一位置的“动画编辑器”面板(可以通过“窗口”菜单栏打开)对补间动画效果进行设置(图3-123)，如左右拖动鼠标，调整X和Y值上的蓝色数字，即可调整动画对象的最终位移、大小、旋转、色彩效果、滤镜等，当然也可以在右侧的虚线处上下拖动鼠标调整数值变化(调整补间动画的方法还有在舞台中编辑属性关键帧，属性关键帧指补间动画的特定时间或帧中为对象定义的属性参数；或通过界面右侧的“动画预设”窗口将调好的动作运用于该对象)。最后，回到时间轴面板，在第100帧处右击打开快捷菜单(按照设计需求选择相应的时间帧格)，选择插入关键帧，在弹出的子菜单中选择位移(如果设置了旋转、缩放、滤镜等参数，可以在该子菜单中选择相应的命令)，即完成了该动画对象从75帧到100帧的位移变化。

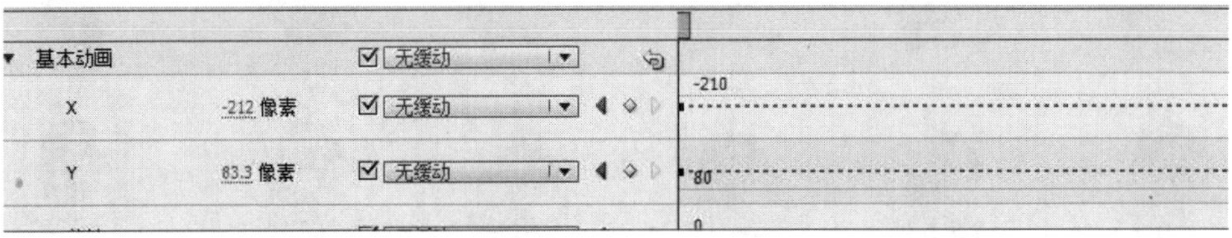

图 3-123 动画编辑器

注意事项：一是运用与补间动画中的动画对象必须是非矢量图形，只需一个关键帧实现运用。二是创建补间动画的帧数会根据选中对象在时间轴面板中的位置而不同，如选中的对象处于时间轴面板中的第一帧，那么补间的时长就是一秒。若当前文档的帧频是24 fps，那么在时间轴面板中创建的补间动画帧格就是24帧。三是若需要删除已创建的补间动画，只需在时间轴面板中选中创建好的补间动画帧，右击鼠标，从弹出的快捷菜单中选择“删除补间”命令。四是如果原有图层是普通图层，那么在创建补间动画后，该动画会成为补间图层。五是在补间动画中调整动画变化的帧是属性关键帧。

(2)传统补间动画。

传统补间动画，即CS6版本之前的动作补间动画或动画补间动画，也可以用传统补间动画的形式制作出动画对象的位移、变形、旋转、透明度、滤镜及色彩变化等效果，它在时间轴上的标记是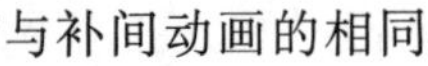。与补间动画有所类似，比较容易混淆，因此我们可以比较两者之间的差异。

传统补间动画与补间动画的相同处有以下几点。

第一，动画对象只有一个，且必须为非矢量图形，比较建议转化为元件。

第二，实现的动画效果都是一个位置到另一个位置的变化，或者实现同一个动画对象的大小、位置、颜色、透明度、旋转等属性的变化。

第三，两者均可以实现动画滤镜。

传统补间动画与补间动画的差异处有以下几点。

第一，传统补间动画是基于关键帧的动画类型，一个传统补间动画至少需要两个关键帧；补间动画是基于对象的动画类型，只需一个关键帧。

第二，补间动画创建后会出现新的补间图层，而创建传统补间动画不会出现新的图层。

第三，除了在动画编辑器上调整动画滤镜的变化外，传统补间动画还可以利用运动引导层来引导动画对象按照指定的路径进行运动。

第四，补间动画不允许在动画范围内添加帧标签，而传统补间动画则允许在动画范围内添加帧标签。

第五，在补间动画范围中选择单个帧，必须按住 Ctrl 键再单击该帧；而传统补间动画中的单帧直接单击即可选择。

创建传统补间动画的操作方法：首先，在时间轴面板上选择同一个图层，建立两个关键帧，注意两个关键帧中的普通帧大于一帧；其次，在两个关键帧中间右击鼠标，在弹出的快捷菜单中选择“创建传统补间”即可。

注意事项：一是创建传统补间动画必须有两个关键帧；二是动画图形必须为非矢量图形；三是首尾必须是同一对象。

(3)补间形状动画。

补间形状动画是用于创建形状变化的动画效果，使一个动画对象的形状转换成另一种形状，同时亦可设置该图形的位置、大小、颜色变化等，针对的动画对象为矢量图形。它在时间轴上的标记是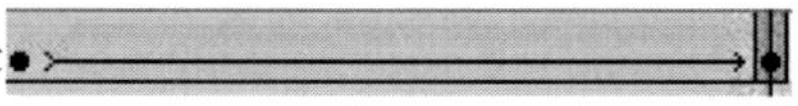。

补间形状动画的创建方法与传统补间动画的创建方法类似，只要创建出两个关键帧中对象的变化即可，其他的过渡帧会由系统自动创建，这种类型的动画使动画对象的变化更平滑流畅。

操作方法：首先，在时间轴的第 1 帧建立一个空白关键帧，利用工具箱中的工具创建一个红色长方形；其次，在时间轴的第 12 帧上插入一个空白关键帧，再利用工具箱中的工具创建一个橙色的圆形；最后，在两个关键帧之间右击打开快捷菜单，选择“补间形状动画”即可完成。需要预览该动画效果依然可以按 Ctrl＋Enter 快捷键。

注意事项：一是创建的对象必须是矢量图形(如果使用元件或文字，则需要先打散，转化为矢量图方可再变形)。二是始末两个关键帧的对象必须不同，可分别打散为矢量图。三是两个关键帧中的对象必须是可以编辑的图形。如果是其他类型的对象，则需要将其转换成可以编辑的图形。四是两个关键帧中的对象必须有所变化，否则没有创建形状补间动画的意义。

3. 引导动画

顾名思义，引导动画指动画对象沿着特定的轨迹进行运动的动画，这种特定的轨迹也被称为路径或引导线。在制作引导动画时，至少需要使用两个图层：一是用于绘制运动轨迹的引导层；二是用于动画对象的被引导层，最终形成被引导层的动画对象沿着引导层的路径运动的效果。在最终生成的动画效果中，引导层的路径线条或形状并不会显示出来。

在 Flash 中，制作引导动画的方法如下。

第一，在时间轴面板中插入关键帧，创建动画对象(例如，利用工具箱中的矩形工具创建一个矩形)，并选中此对象所在的图层。

第二，在图层区域右击鼠标，在弹出的快捷菜单中选择“添加传统运动引导层”，在图层区域新建一个运动引导层，如图 3-124 所示。

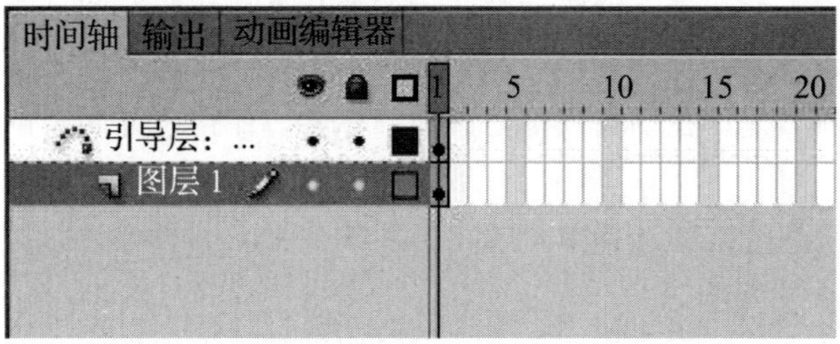

图 3-124　添加引导层

第三，选中引导层的第一帧，用钢笔工具(也可以使用铅笔工具、矩形工具、椭圆工具、线条工具等创建不同形态的路径)在舞台上绘制一条曲线的路径。

第四，在引导层第 30 帧的位置，插入帧，也在图层 1 的时间轴上插入一个关键帧，把时间轴滑动块拖到第 30 帧的位置上，将舞台中的矩形移动到路径的 b 端(图 3-125)。

图 3-125　引导动画制作舞台

第五，回到时间轴，在图层 1 的两个关键帧中间右击打开快捷菜单，选择“创建传统补间动画”，即可完成该矩形从曲线的 a 端，沿曲线运动到 b 端(图 3-126)，如果需要预览该效果，可以按快捷键“Ctrl＋Enter”。

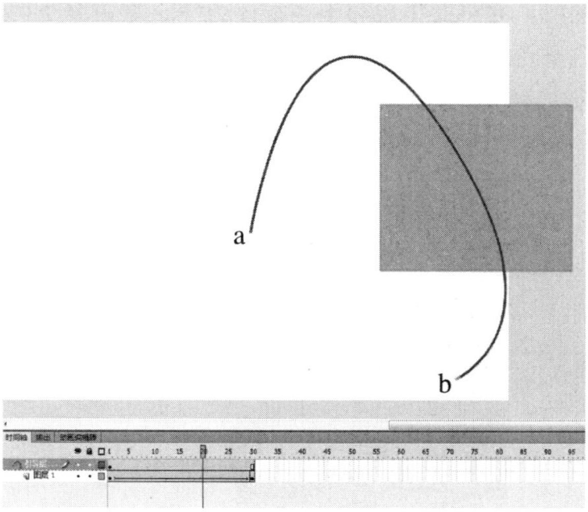

图 3-126 引导动画制作工作区

4. 遮罩动画

遮罩动画是 Flash 动画制作中非常重要的类型，许多丰富的动画效果都通过遮罩动画来完成。在 Flash 图层区域，有一个遮罩类型的图层，可以通过新建一个普通图层，再在该图层上右击鼠标打开快捷菜单，选择“遮罩层”。

遮罩层的运用主要有两个方面：一方面，在遮罩图层上创建一个任意形状，则遮罩层下方的对象可以透过这个任意形状的“窗口”显示出来，而这个任意形状之外的对象将不会被显示出来，如图 3-127 左图所示。另一方面，用遮罩层的形状挡住被遮罩层的对象，即在遮罩层形状“视窗”中的对象是没有显示的，而在这个“窗口”外的内容就会被显示出来，如图 3-127 右图所示。

遮罩前　　遮罩后

图 3-127 遮罩图层运用前后的对比

创建遮罩动画的操作方法：

第一，打开 Flash 软件，用椭圆工具在图层 1 上建立一个椭圆形，并将此椭圆置于舞台左端。

第二，在第 30 帧的位置插入一个关键帧，并将此时间格上的椭圆移动至舞台右端，即完成该椭圆从舞台左边运动到右边的动画。

第三，新建一个图层，并将此图层移至图层 1 之下，重命名为“风景图”，从外部素材库导入一张风景照片到舞台，置于该图层中，并在时间轴中的第 30 帧插入关键帧。

第四，在图层区域右击打开快捷菜单，把图层 1 转换成遮罩层，保持选中图层 1，随后在时间线区域右击两个关键帧中间，创建“传统补间动画”(图 3-128)。

图 3-128　创建遮罩动画工作区

第五，完成遮罩动画制作后，导出该动画片段。根据菜单栏中“文件→导出→导出影片”顺序执行命令，在打开的导出菜单中，根据要求，设置文件名字、导出路径及保存类型，注意导出的类型若是图像，则仅导出单帧图片内容。(如图 3-129 所示，被保存成 jpg 图像序列)

注意事项：

(1)在创建遮罩层的补间动画时，可以灵活地运用三种不同类型的补间动画，使动画效果更丰富。

(2)不能试图用一个遮罩层掩盖另一个遮罩层。

(3)遮罩动画可以运用在 gif 动画上。

(4)不能设置遮罩层的渐变色、透明度、颜色、线条样式等。

(5)在制作过程中，如果遮罩层挡住了编辑下面图层对象的视线，可以使遮罩层仅显示轮廓状态。

(6)在被遮罩层中不能创建动态文本。

5. 骨骼动画

Flash 动画中的骨骼动画，主要通过工具箱中的骨骼工具和绑定骨骼工具来实现，以

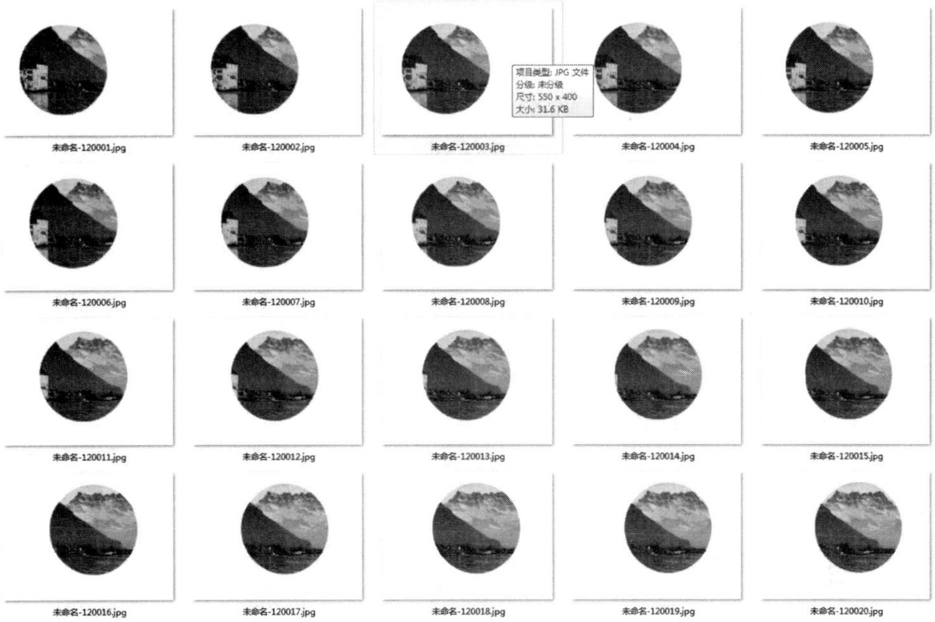

图 3-129　导出的 jpg 图像序列

实现动画角色的运动过程，如角色跑、跳、走等。自从 Flash 系统增加了骨骼工具的使用后，制作动画角色的运动过程变得更加简单便捷，只要在角色运动的部分增加骨骼，就可以更快地定义每一个运动的关键帧，从而形成流畅的动画片段。

下面我们以水草的舞动为例，介绍骨骼动画的制作过程。

(1)启动 Flash CS6，新建一个 ActionScript 3.0 文档，并保存为“舞动的水草 . fla”的文件。

(2)制作海底世界图片。

首先，点击工具箱中的颜料桶工具，在右侧的颜色属性面板中修改颜色类型，将纯色修改为线性渐变，并将颜色的渐变色修改为蓝色→蓝绿→黄色(图 3-130)。

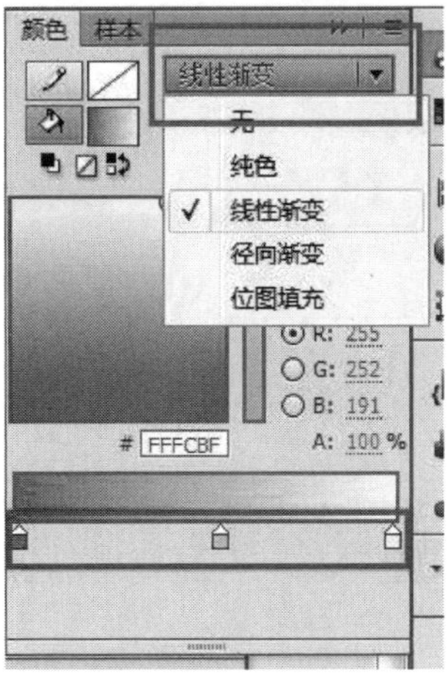

图 3-130　颜色属性面板

其次，用矩形工具拉出一个和舞台一样大小的方形，还可以用任意变形工具旋转该方形以调整线性渐变的方向。

最后，选中喷涂刷工具(长按刷子工具图标，在弹出的子工具栏中选择，主要用于制作海洋中的细泡)，在属性面板中将喷涂刷工具的颜色修改为白色，然后在舞台上随意喷洒出一些白色的小点点，并将图层1重命名为海底世界(图 3-131)。为了方便后面的动画制作，亦可将该图层锁定。

图 3-131　海底世界底图

当然，大家也可以从外部的素材库导入一张已制作好的海洋素材图。单击“文件→导入→导入到舞台”菜单命令即可。

(3)利用工具箱中的工具创建一个海草图形。

首先，新建图层，可命名为“海草”。点击钢笔工具，在属性面板修改为无填充颜色，绘制好海草的形状，完成后将颜料桶的颜色选择为海草的绿色，点击“颜料桶”工具填充。

其次，双击海草形状的边框，选中后用 Delete 键将其删除，留下颜色填充部分的内容。

最后，选中绘制好的海草，按快捷键 F8，将其转化为影片剪辑元件(转换成影片剪辑元件后，“库面板”中会出现相应的元件实例文件，选中此元件，再单击一次元件名字，即可重命名该元件名)，并将这个影片剪辑元件重命名为“海草动画”，双击舞台上的海草动画元件实例，进入元件编辑模式，如图 3-132 所示。(注意观察元件编辑模式下的背景图，变灰证明已进入该编辑模式，并且图层区域重新出现新的图层，可以在时间轴定义各关键帧的内容，使元件中的形状动起来。)

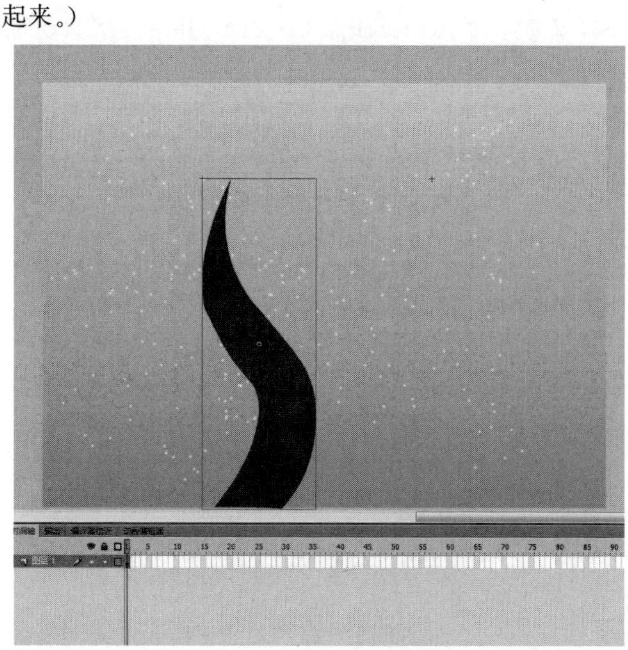

图 3-132　元件编辑模式

(4)为海草绑骨架。

首先，选中海草图形，点击“骨架工具”，从海草的底部往上拖动直到第一个弯曲处，这时，我们会发现时间轴面板中出现一个骨架图层，原来的图层 1 就会变成一个空图层，意味着系统将添加了骨架的海草转入了骨架图层。

其次，保持选中“骨架工具”，单击第一根骨架的尾部(尖的一端)，根据海草弯曲的程度，并往上拖动，直到第二个弯曲处，如此类推拖出其他的子骨骼，如图 3-133 所示。(注意：空的图层 1 可以删掉。)

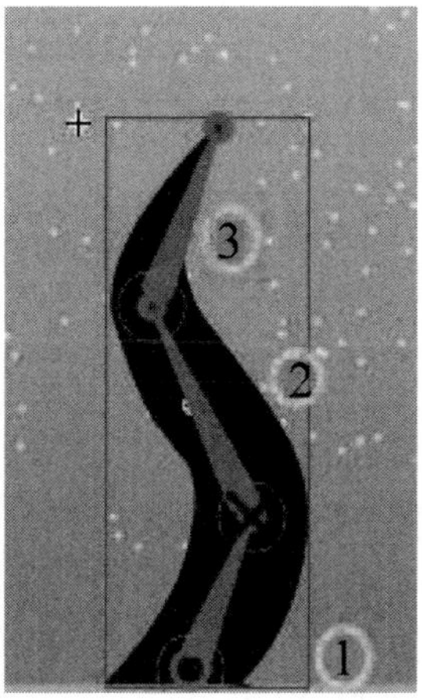

图 3-133 海草骨骼

最后，点击“选择工具”，左右拖动各级骨骼，就可以看到海草摇动的效果。为了防止海草在摇动的过程中脱离水底，我们可以用“选择工具”移动到海草第一个骨骼的尾部，当光标下面带有骨头标志时，单击该处，光标会变成图钉的符号，此时打开“属性面板”，在位置选项中勾选“固定”(图 3-134)，就可以将最下端的骨架固定，即此骨架不能被移动了。

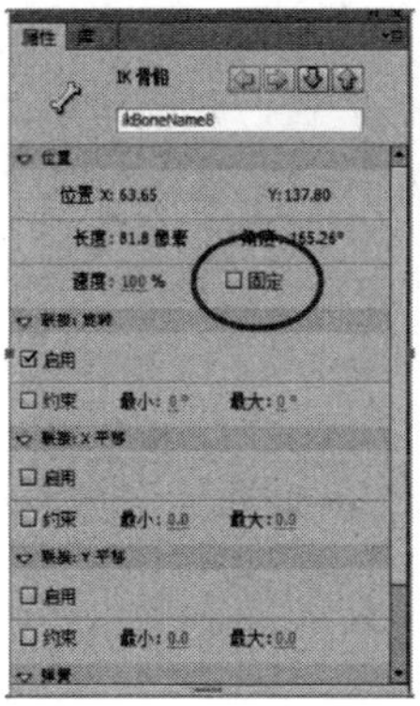

图 3-134 骨骼属性面板

(5)为骨骼添加姿势，制作海草动画实例。

首先，在骨骼图层第 50 帧处右击鼠标，弹出快捷菜单，选择“插入姿势”，时间轴上该图层变成绿色，并用“选择工具”移动顶端的骨骼，使海草中的骨架变成如图 3-135 所示的样子。

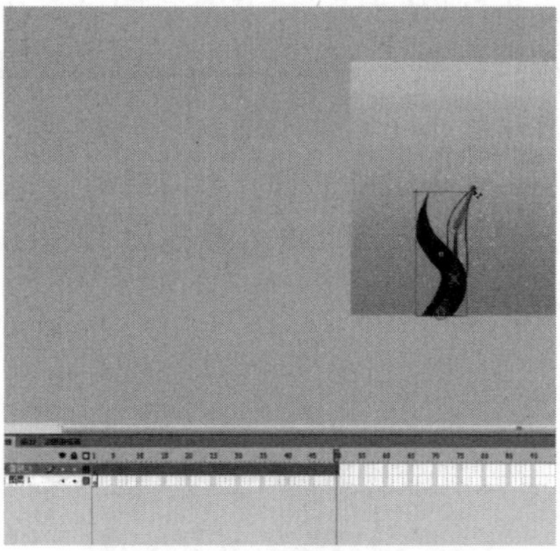

图 3-135　为骨骼插入姿势

其次，为了让海草摆动得更加优美，可以将时间轴滑块移动到第 100 帧的位置，使用“选择工具”调整海草中的骨骼至原始位置左右，此帧会自动转换成姿势帧。

最后，拖动时间轴滑块，我们就可以看到海草摆动的循环动画已经完成了，单击“场景 1”，回到主场景编辑模式。

(6)为海底世界添加多个海草动画实例。

打开“库面板”，多次拖动海草动画实例到舞台上，并运用“任意变形工具”，调节部分实例的大小、位置、方向等，做出不同方向、大小的海草动画，如图 3-136 所示。

图 3-136　舞动的海草

(7)为动画插入背景音乐。

虽然海草的舞动动画制作完成了，但是为了增加动画气氛，我们还可以为该动画插入一段背景音乐。

首先，在主场景的编辑模式上，新增一个图层，并命名为“music”，并将音乐文件“纯音乐-船歌 . mp3”导入到库。

其次，选中 music 层的第 1 帧，并打开属性面板，将声音菜单点开，名称选择“纯音乐-船歌 . mp3”，效果选择淡入，同步设置为开始和循环，这样就保证在动画播放期间，音乐不会停止，过渡平滑(图 3-137)。

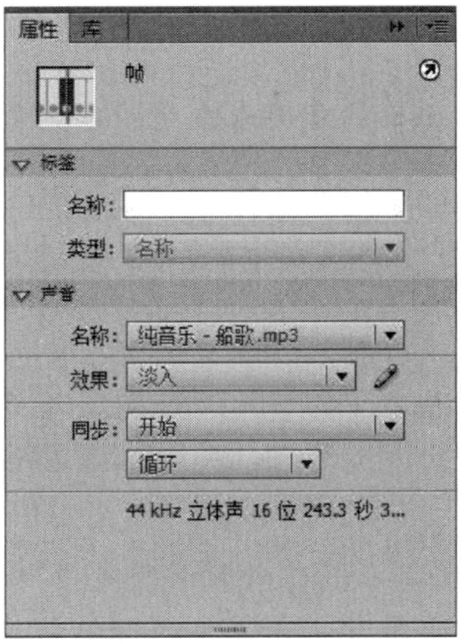

图 3-137　帧属性面板

最后，按 Ctrl+Enter 键就可以预览全部的动画效果了。

(8)导出动画影片。

首先，保存好制作完成的工程文件。

其次，按照“控制→测试影片”执行菜单命令，测试动画效果，确定无误。

最后，按照“文件→导出→导出影片”的菜单命令顺序执行，根据实际需求选择影片格式，即可导出海草舞动的动画片段，建议导出 swf 文件格式。(注意：也可以通过“文件→发布设置”进行导出的设置，再点击“文件→发布”菜单输出影片。)

(六) Flash 动画制作的基本步骤

Flash 动画的制作与传统动画的制作步骤类似，无论何种类型和规模的动画，我们都可以分为动画前期、动画中期、动画后期三个阶段。

1. 动画前期

动画前期主要指前期的策划准备工作，包括主题的确定、剧本的编撰、各种素材(所涉及的视频文件、音乐文件、场景参考图、角色参考图、道具参考图等)，前期工作准备得越充分，后续的动画制作效率越高，制作越精良，因此，好的动画制作一定做过充分的前期工作。

2. 动画中期

动画中期包括角色、场景、道具等动画元素的设定，以及各种动画角色的动态过程，即在 Flash 中定义各关键帧的内容过程。

3. 动画后期

动画制作后期主要是影片的测试和发布。在这个阶段，创作者需要对动画的内容、素材、性能等多方面进行测试，确认没问题后，就可以发布出去，以便在各种多媒体设备上播放。

通常，动画制作后期可以使用“Adobe After Effects(简称 AE)”进行润色、特效制作等编辑操作，使整体画面效果更丰富精彩，视觉更震撼。

实践活动

制作一个幼儿 Flash 动画，画面内容要求在花园中飞舞着 4 只蝴蝶，用以教幼儿认识蝴蝶，学会数 1～4 的数。

实践过程：

(1)利用网络找到蝴蝶和花园的素材，并用 Photoshop 处理蝴蝶照片，使其变成透明底的 png 图片。

(2)通过“文件→导入→导入库”将花园和蝴蝶图片导入到库，以便使用。把花园图片导入舞台，并命名该层为“花园”。

(3)新建一个图层置于“花园”图层之上，将其命名为“蝴蝶”，把蝴蝶图片置于该层，右击图片，在弹出的快捷菜单中选择转换为元件，再在弹出的菜单窗口中将蝴蝶图片转换成影片剪辑元件，并命名该元件为“蝴蝶舞动”，在库面板中，我们可以看到出现一个元件实例，如图 3-138 所示。

图 3-138　库面板

(4)制作蝴蝶飞舞路径动画。

第一，双击“蝴蝶舞动”元件，进入蝴蝶影片剪辑元件编辑模式。

第二，在图层区域，右键单击图层 1，弹出快捷菜单，选择“添加传统运动引导层”，图层区域会在图层 1 上新增一个引导层(图 3-139)，在引导层上用钢笔工具绘制出蝴蝶飞舞的路线。

图 3-139　引导图层

第三，在第 100 帧为两个图层插入关键帧，但要注意，单击工具箱下面的图标 ，在第 1 帧把蝴蝶中心点贴紧至路线的 a 端，在第 100 帧将蝴蝶中心点贴紧至 b 端(图 3-140)。

第四，右击图层 1 的时间轴面板，在弹出的快捷菜单中，选择“创建传统补间动画”，蝴蝶就会沿着该线段飞动，但是这样的飞动有些僵硬，我们可以将时间轴滑块拖动到曲线转折处，用“任意变形”工具调整蝴蝶的方向，调整的帧格就会自动转换成关键帧，如图 3-141 所示。

图 3-140　制作引导动画舞台

图 3-141　制作引导动画工作区

(5)为了让蝴蝶舞动得更自然，再次双击“蝴蝶元件”，进入子元件编辑模式，制作蝴蝶缩放动画。

蝴蝶缩放动画过程：首先，在第 6 帧添加关键帧，运用“任意变形工具”压缩蝴蝶图形的宽度，拖动时间轴滑块就可以浏览蝴蝶翅膀一张一合的动态；其次，复制 1～6 帧，在第 12 帧处粘贴，依此类推，一直粘贴到第 100 帧左右，如图 3-142 所示。

图 3-142　制作蝴蝶翅膀一张一合动画的工作区

(6)点击场景 1，回到主场景编辑模式，新建一个普通图层，重命名为“按钮”，然后在第 35 帧处为各图层插入关键帧，创建一个红色的椭圆按钮，命名为“press”，并在元件编辑模式下添加按钮的关键帧，设置该按钮元件在鼠标经过时由红色变成黄色(图 3-143)。

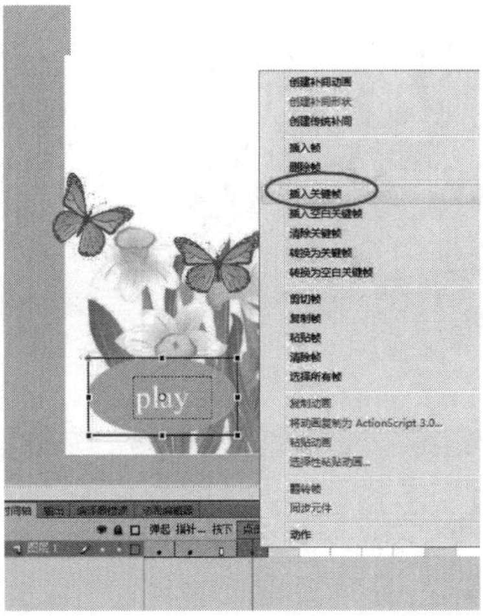

图 3-143　按钮元件编辑模式

(7)选中 35 帧的所有图层，打开代码片断面板，点开“时间轴导航”菜单，选择“在此帧处停止”，以使影片内容停留在此帧画面，这时图层区域多了一个叫“Actions”的图层，主要用于承载各种代码片断(图 3-144)。

(8)选中“按钮”图层的第 35 帧，依次点开代码片断面板中“时间轴导航→单击以转到帧并播放”，点击该命令后面的大括号图标 {} ，在弹出的对话框中(图 3-145)，将 gotoAndPlay(5); 中的 5 改为 36，将 instance_name_here 改为 Press(按钮元件的名字)，使鼠标单击按钮时，影片从第 36 帧开始播放。

图 3-144 代码片断面板

图 3-145 片断代码对话框

(9)为所有图层在第 36 帧添加关键帧，然后选中蝴蝶图层的第 36 帧的位置，从库中把蝴蝶飞舞动画实例拖动到舞台相应的位置，一共拖动 4 次，运用“任意变形工具”调整其大小、方向、位置等(图 3-146)。

图 3-146 动画最终效果画面

(10)为所有图层在第 136 帧添加关键帧，选中第 136 帧上的所有图层帧格，打开“代码片断”面板，点开“时间轴导航”菜单，选择“在此帧处停止”，以使影片内容停留在此帧画面。(因蝴蝶飞舞动画实例的动画时长为 100 帧，因此要在主场景上增加 100 帧)

(11)调试并发布该动画，至此，完成了所有动画的制作。

实践总结：

因 Flash 软件功能强大，未能面面俱到介绍各种应用技术，因此请注意将实践过程中的难点或技术难题记录下来，并灵活运用各种多媒体手段。例如，用百度搜索相关教程，辅助完成实践任务。

本章小结

本章重点介绍了常用的文档、图形图像、音频、视频、动画等媒体素材的格式和特点，以及获取和处理技术，同时配合实例介绍了几种常用多媒体素材处理软件的使用方法，使读者能够较为全面地掌握多种媒体的一般处理技术。

思考与练习

1. 寻找各种文件，如各种教案、办公文件、信函、通知书、明信片等，运用 Word 进行格式编排。

2. 什么是矢量图和位图，各有什么特点?

3. 图形、图像都有哪些获取方法，运用这些方法分别收集几种格式的图片，并分类保存。

4. 音频文件的格式有哪些? 不同格式如何进行格式转换?

5. 在有伴奏带的情况下录制一首歌，对设备有哪些要求，要进行哪些设置? 检验自己电脑的声卡、麦克风等设备，录制一首歌曲并运用 Audition 软件进行后期的处理，使人听起来更悦耳。

6. 视频都有哪些文件格式? 在网上搜索不同格式的视频文件(如 AVI、MOV、MPG、ASF 等)，并播放观看，注意它们的文件大小、画面质量和播放方式。

7. 运用会声会影制作一个电子相册，要求素材有大量图片，有前后字幕，中间也可添加一些文字，有背景音乐，有转场特效等。

8. 分小组完成一个主题的拍摄，并制成一个 DVD 或 VCD 光盘。主题可以是一场演出、一次幼儿活动、一个科学试验等。运用会声会影对得到的视频进行剪辑处理，添加旁白、字幕、背景音乐等，恰当使用一些特技，最后合成输出成一个视频文件。不同小组间进行交流、互评。最后生成一个影视文件保存在 U 盘或制成一个 DVD 光盘。

9. 动画文件都有哪些格式? 常用的动画制作软件有哪几种?

10. 某个动画场景如下：蓝蓝的天上白云飘，鸟儿欢声唱，路边小草正茁壮成长，太阳正冉冉升起，小朋友们在草地上嬉戏玩耍……请利用 Flash CS3 制作一段帧速不低于 12 f/s，时间大于 30 秒的动画。

第四章　多媒体课件制作

本章学习提示

多媒体课件制作能力已成为衡量教师教学能力的一项重要标志，本单元通过介绍多媒体课件设计方法及两个重要的多媒体课件的设计方法和通过案例教学讲解两个重要的多媒体课件制作工具的使用，使学习者具有一定的课件制作能力。其具体包括以下内容：多媒体课件概述；多媒体课件的设计原则与方法；PPT 课件设计与制作；Flash 课件设计与制作。建议在学习的过程中注意：结合实例分析和练习，体会多媒体课件在幼儿教学中的应用，为今后的教学打下良好的基础；多多实践，从易到难，逐步提高多媒体教学课件的整体设计能力、评价能力和鉴赏能力。

本章学习目标

1. 了解多媒体课件的相关概念、分类、特点及作用。
2. 掌握幼儿教学多媒体课件的设计原则。
3. 掌握多媒体课件制作的一般步骤。
4. 掌握 PPT 和 Flash 课件制作技术。

第一节　多媒体课件概述

《幼儿园教育指导纲要(试行)》中指出：幼儿园应与家庭、社区密切合作，综合利用各种教育资源，共同为幼儿的发展创造良好的条件。多媒体课件能有效唤起幼儿进行创造活动的兴趣和愿望，有利于幼儿进行观察和思考，促进幼儿园教学资源的有效整合。

一、 多媒体课件的概念与类型

(一)多媒体课件的概念

多媒体课件是在多媒体计算机系统软硬件环境中，教师根据教学大纲的要求和教学的需要，利用多媒体编辑软件把文字、图形、图像、声音、视频、动画等多种媒体素材进行集成，使它们融为一体并赋予它们以交互特性，从而制作出具有直观、生动、形象、感染力强的多媒体应用软件产品。它可以激发幼儿的学习兴趣和主动性，有效提高幼儿在五大领域的认知、情感和技能。

多媒体课件是用来辅助教学的工具，对它的认识，可以从技术和内容两个方面来理解。从技术上讲，多媒体课件是采用多媒体技术交互综合处理文、图、声、像等信息媒体以表现教学内容的一种计算机教学程序。从内容上讲，它是以教学理论和学习理论为指导，运用系统方法，针对教学目标和教学对象的特点，合理地选取与设计教学信息媒体并进行有机组合，从而形成优化的教学结构的一种教学系统。多媒体课件的内容通常包括两个方面：一是利用符号、语言、文字、声音、图形、图像等多种信息媒体描述的教学信息；二是引导学习者通过人机交互作用展开学习过程的各种控制信息。

（二）多媒体课件的类型

多媒体课件的分类方法有很多，如按课件的组织形式分类，按照课件的呈现方式分类，按照课件的制作软件分类，按照课件的教学功能分类等。根据对课件问题的研究应以教学理论特别是学习理论为依据的观点，本书根据学习类型来对课件进行分类。不同类型的学习对应不同类型的课件，即课件类型的研究应以学习方式的差异为依据。

奥苏伯尔将学习分为“内容以现成的，相对定论的形式提供给学生”的接受学习，和“让学生自己去探索解决问题的原则和方法，进而获得知识”的发现学习。另外，区别于知识和技能等学习内容的不同，还可以加入操作学习，以此分类，相对应的课件形式有互动型课件、演示型课件、探究型课件。

1. 互动型课件

互动型课件形式丰富，包括操作与练习、游戏、模拟、测试、问题解答、检索等。大多数互动型课件是在学生熟悉了课程内容之后，让学生熟练地掌握诸如操作键盘、外语拼写等教学内容，通过反复地练习而获得知识和技能。操作和练习可以放在游戏的环境中，以增强学习的趣味性，并在这些游戏中附加时间的因素，以帮助学生提高完成游戏的速度[①]。例如，金山打字学习软件中的熟悉键盘游戏，学习目标就是提高学生的打字速度。通过打字，控制游戏中人物的前进速度，从而完成一定的任务，以实现课件与学生学习的互动。在运用这个软件进行学习的过程中，良好的学习兴趣使学生在一种轻松和娱乐的心境中完成学习任务，在互动过程中，学生与计算机之间可以实时地相互交换信息，从而激发学生的学习兴趣，强化认知，促使学生有效地学习，彻底改变传统教学模式中学生的被动地位。

2. 演示型课件

演示型课件适合表现的内容包括：其他手段难以表现的微观现象；真实实验中有危险的现象；真实试验中要很长时间或极短时间才能看到的现象；过去的过程或事件；需要反复观察的动态现象。[②] 此类课件注重设计的表现力，如版面设计、背景设计、文字设计、音视频设计等。各种信息媒介的表达和组合要做到优化设计、精心选择、取长补短、相辅相成，对于每一帧画面的设计从构图、大小、颜色、文字、解说、呈现方法等都精心设计(图 4-1)，以符合学生的认知规律，激发学习兴趣。

---

① 师书恩：《计算机辅助教学》，北京，高等教育出版社，2001。

② 解月光：《现代教育技术理论与实践》，148～150 页，长春，东北师范大学出版社，2010。

3．探究型课件

此类课件注重问题和情境的创设，遵循两个原则，即课件制作的外部教学活动与学习心理过程相一致原则；激发、保持学习积极性和主动性原则。① 笔者通过“吉卜赛人的神奇读心术”游戏来分析说明。

《吉卜赛神秘读心术》是一个 Flash 游戏(图 4-1)，这个游戏吸引人的原因在于：首先，机器能洞察人心，水晶球上显示的图案和你心中所想的图案一致。其次，这些图案都形状奇异，学生会怀疑这些怪异的符号背后隐含着什么魔力。最后，水晶球上显示图案时的声音烘托了一种神秘感。

该 Flash 游戏巧妙地创设了一种神秘的环境，但其本质是一个数学问题。按照游戏所要求的计算方法[像 23－(2＋3)＝18 这样计算]，其结果都只能是 9 的倍数中的一个。每操作一次，编号为 9、18、27、36、45、54、63、72、81 的图案都同时变化一次，变化后的图案相同；这些编号上图案的变化方式是随机的，即从一种图案变化到另一种图案是随机的，其他用来迷惑观众的编号图案保持不变，这样制造出来的效果具有更高明的迷惑性。

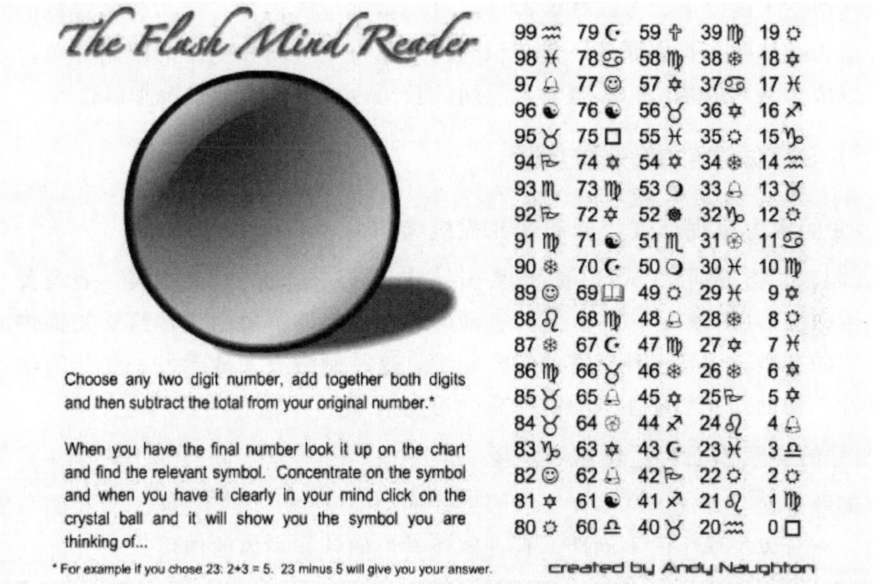

图 4-1 探究型课件

该游戏课件可以激发学生的探究兴趣，在反复游戏的过程中，学生可以发现其背后的数学规律，如 20～29 的数按照此规则计算，其结果都是 18。

① 解月光：《现代教育技术理论与实践》，148～150 页，长春，东北师范大学出版社，2010。

二、 多媒体课件的特点与教学功能

（一）多媒体课件的特点

1. 丰富的表现力

多媒体课件具有呈现客观事物的时间顺序、空间结构和运动特征的能力。可以将一些抽象的概念、复杂的变化过程和运动形式，以内容生动、图像逼真、声音动听的教学信息展现在学生面前，引导学生去探索事物的本质及内在联系。

2. 良好的交互性

多媒体课件不仅可以在内容的学习上提供良好的交互控制，而且可以运用适当的教学策略，指导学生进行有针对性的学习。利用学生及时反馈的信息来调整教学的深度和广度，保证学生获得知识的可靠性与完整性；给学生以自主权，学生通过反馈信息进行自我调整。

3. 极大的共享性

随着网络技术的发展，多媒体课件可通过网络进行传输，实现了教学资源的共享。以网络、光盘为载体的多媒体课件，使知识的传播不再受时间和空间的限制，单位、家庭及社会都可以成为学习的场所，并且学习时间的长短也可根据个人情况加以选择。

（二）多媒体课件的教学功能

1. 多变的内容呈现形式，调动幼儿积极参与

《幼儿园教育指导纲要(试行)》指出要引导幼儿通过多种感官感受美、表现美，多媒体课件由文本、图形(图像)、声音、视频、动画等多种媒体信息组成，给幼儿提供的外部刺激不是单一的刺激，而是多种感官的综合刺激，这种刺激极大地激发了幼儿的学习兴趣和主观能动性，帮助幼儿集中注意力，提高学习的效果。

2. 友好的交互界面，优化学习环境

多媒体课件交互方式丰富多样，能够更好地构建学生的学习环境。交互能引发学生的操作激情，充分发挥学生的主动性，真正体现学生的认知主体的作用。

3. 丰富的学习资源，扩大幼儿的知识面

多媒体课件提供大量的多媒体信息和资料，创设了具体、丰富有效的教学情境和直接的学习经验，不仅有利于幼儿对知识的获取和保持，而且大大地扩充了幼儿的知识深度和广度。

4. 精彩的灵动课堂，促进师幼互动

教师与幼儿是共同探索知识的玩伴，教师应与幼儿在共同的学习和探索中，促进幼儿的学习。多媒体课件从根本上改变了师幼关系，让幼儿学得更轻松，让教师教得更有效，实现了有效的师幼互动，成就了一个个精彩的灵动课堂。

总之，多媒体课件的教学功能既包括对幼儿的“学”的辅助，也包括对教师“教”的辅助。教师必须从幼儿出发、从课程背景出发，这样才能使生成的多媒体课件促进教学过

程、教学方法的全面优化，发挥其应有的功能。

三、 多媒体课件在幼儿园教学活动中的应用

“兴趣是最好的老师，是幼儿主动学习、积极探讨的内在动力。”教育心理学研究表明，教育手段的新颖多样是吸引幼儿注意、激发学习兴趣、形成学习动机的条件。传统的幼儿园教学活动中，教师大多是满堂灌，幼儿死记硬背，其结果致使幼儿产生厌烦，甚至丧失学习的自信心和积极性。而多媒体技术以其多样性、新颖性、艺术性、可操作性和创造性等特点，通过动态的画面和音响刺激，将教学信息转化为鲜明的视听形象展示在幼儿面前，使教学活动更加生动形象，富有感染力，有效地激发了幼儿的学习兴趣，使幼儿的知识、技能、情感在不知不觉中得以发展。下面以幼儿园语言、社会、美术、数学、科学活动为例加以说明。

（一）多媒体课件在幼儿园语言活动中的应用

1. 多媒体课件能够渲染欣赏氛围，培养幼儿对语言的感知力

欣赏优美的散文诗及儿歌，是幼儿语言活动中十分重要的内容。通过对这些语言文字的理解、欣赏、朗诵，能培养幼儿对语言美的感悟及语言表达能力。相比传统的语言教学，多媒体课件更能完整地表现出诗歌的意境和内容，促进了幼儿对诗歌的理解和体验。例如，诗歌《春雨》，首先，画外音是滴答、滴答的下雨声，接着是配乐诗朗诵《春雨》，同时相应的动画画面也依次呈现在荧屏上：春雨下着，种子从泥土中长出小绿芽；梨树开出了小白花；青青的麦苗慢慢地长高；小朋友播撒种子。多媒体课件将诗歌意境、内容和语言整合在一起，将诗歌的整体意境呈现在幼儿的面前，给了他们极美的视、听享受，使幼儿在美的感染下理解，又在理解的基础上学习、记忆，在学习、记忆的过程中，用语言、动作去表现自己对诗歌美好意境、美好情感的感受。这种教学效果是其他教学手段无法比拟的。

2. 多媒体课件能够营造动态情境，激发幼儿语言表达的积极性

幼儿间由于存在着个体差异，所以在语言方面也有明显的差异。因此，运用多媒体课件来营造一个丰富的动态语言环境成为一个必然的选择。例如，通过多媒体课件呈现给幼儿整个故事的背景，吸引有意注意并启发其思维；同时让幼儿参与语言活动，使他们的语言得到发展，从而整体提高幼儿的语言表达能力。

3. 利用多种模式相结合的课件，提高幼儿运用语言的能力

制作一种集演示、操作、游戏为一体的听听、说说、唱唱、做做的多媒体课件，让幼儿跟随电脑“娃娃”玩丰富多彩的游戏，在操作中感知，在游戏中学习，积累丰富的经验，提高幼儿在不同情景中运用语言的能力。

（二）多媒体课件在社会活动中的应用

社会教育中有些内容离幼儿的现实生活及经验有较大的距离，是无法现实地感知的，实施时具有一定的难度。在传统的社会教学中，幼儿对这些抽象事物的认识与理解，往往

局限于从教师语言描述中获得，即使使用一些挂图、模型等直观手段也显得比较呆板。相比之下，运用多媒体教学可以有效地弥补其不足，它能跨越时间和空间，把难以理解的或抽象的或微观的社会现象、社会事件或事物进行动态模拟，揭示出现象、事件或事物发展的规律及本质的特征，化抽象为具体，化难为易，化静为动，突出教育教学中的重点、难点，使难点、重点直观化、动感化、形象化和具体化，易于幼儿观察、想象、理解。

（三）多媒体课件在美术教学活动中的应用

传统的美术教学模式是教师出示范例—讲解范例—幼儿模仿—教师讲评，对幼儿来说，枯燥的形式缺少审美的感知，幼儿的作品往往千篇一律，依样画葫芦，而多媒体声色并茂、动静结合、高度智能化等强大的技术，使传统教学中无法或难以表达的内容，形象直观地展现在幼儿的面前，幼儿在其中按照自己的意愿和兴趣来表达自己的体验和情感，获得满足，激发表现美、创造美的兴趣。

当今的社会日新月异，对人们提出了更高的要求，只会模仿，不懂创新的人要被淘汰，多媒体教学在幼儿创新意识的培养中有着很大的优势。利用多媒体能突破时间和空间的限制这一特征，制作一个动画课件，通过声音和图像，为幼儿创设了形象、直观的和谐情境，使幼儿思路开阔，想象丰富了，创造力也随之被调动起来了。

（四）多媒体课件在数学活动中的应用

多媒体课件集图文声像于一体，富有吸引力和感染力，用于数学活动，有利于激发幼儿学习数学的兴趣。例如，小班数学活动“认识图形宝宝”，即让幼儿认识各种图形。如果教师单纯出示若干几何图形的图片，并机械重复演示给幼儿看，幼儿容易失去兴趣。制作“为图形宝宝找朋友”的课件，画面上有三个美丽的家，它们分别是小猪、小羊、小猴的家，小猪喜欢与三角形交朋友，小羊喜欢与圆形交朋友，小猴喜欢与正方形交朋友。当鼠标点击到某个形状，请幼儿帮它找朋友，并拉到相应的家里。如果找对了，就会发出小动物欢快的叫声，如果找错了，这个形状还会自动回到原来的位置，同时发出“你找错了，请再想想”的声音。运用电脑制作形态各异、活泼可爱的小动物，配上色彩鲜艳的背景及活泼动听的声音，整个过程清晰、生动、形象、逼真，有效地刺激了幼儿的视听觉，使幼儿产生浓厚的学习兴趣和强烈的探究欲望，为完成活动目标奠定了良好的基础。

（五）多媒体课件在科学活动中的应用

幼儿园科学教育是指幼儿在教师的指导下，通过自身的活动，对周围自然世界进行感知、观察、操作来发现问题，寻求答案的探索过程。但是，由于幼儿对客观事物认识的直接经验不足，加上生活、学习条件的限制，使得幼儿对自然世界的感知很有限，而且参差不一。譬如说，在“青蛙”科学教育活动中，别说是城里的幼儿，就是农村的幼儿，也大多没看到过青蛙，更不了解青蛙的生活，如果仅靠几张挂图、几个玩具，是很难让幼儿在头脑中建立真实的青蛙图像的。

运用现代多媒体技术正好可以解决这一难题，高清晰的投影、音频、视频、动画等多种媒体的综合应用，不仅可以真实再现自然世界，还可以使抽象、深奥的科学知识具体化、形象化、趣味化，让幼儿获得不易亲身感知或接触的经验，并将不能感知的事物和现象放大或模拟，从而激发幼儿对科学的兴趣，使他们主动观察、探索、思考。可以说，由于自然科学的特殊性，使得在幼儿科学教育活动中，运用现代多媒体技术手段进行教学有着独特的作用，它可以帮助幼儿获得科学知识，促进幼儿形成良好的生活行为和科学行为。

另外，多媒体课件在幼儿音乐活动、生活活动、体育活动中都有着一定的作用，能有效帮助教师提高教学效果。

四、几种常见的多媒体课件制作工具

（一）PowerPoint

PowerPoint 是微软公司出品的制作幻灯片的软件，此软件制作的电子文稿广泛地应用于学术报告、会议等。由于该软件编辑多媒体的功能比较强大、简单易学，所以目前大部分中小学、幼儿园教师也使用该软件制作课件。PowerPoint 内置丰富的动画、切换效果和多种声音效果，并有强大的超链接功能，可以直接链接外部相关文件，能够满足基本的教学需要。但 PowerPoint 制作的动画有些单调、生硬，而且仅仅通过超链接来实现交互功能，对于交互性要求较高的课件来说，显得力不从心。

（二）Authorware

Authorware 是 Macromedia 公司推出的多媒体开发工具，它最大的特点是基于图标的创作方式，用可见的流程贯穿课件制作的整个过程，只需对 13 种图标进行拖放和设置，就可以完成普通课件的开发，但图标方式及众多的函数有时显得很烦琐，真正运用自如地利用 Authorware 开发较为优秀的课件较为困难。

（三）Flash

Flash 是 Macromedia 公司出品的，用在互联网上动态的、可互动的 shockwave(多媒体播放器)。它的优点是体积小，可边下载边播放，这样就避免了用户长时间的等待。Flash 可以用其生成动画，还可在网页中加入声音。这样就能生成多媒体的图形和界面。由于用 Flash 制作小动画非常方便，所以它常被用于多媒体课件制作。

（四）方正奥思

方正奥思是我国方正技术研究院面向教育领域研究开发的一个可视化、交互式的多媒体集成创作工具。方正奥思能在中文 Windows 环境下运行，具有直观、简便、友好的用户界面。通过方正奥思，创作人员能够根据自己的创意，将文本、图形、图像、声音、动画、影像等多媒体素材进行集成，使它们融为一体并具有交互性，从而制作出各种多媒体应用软件产品。

方正奥思支持多种媒体文件格式，提供多种声音、动画和影像播放方式，提供丰富多彩的图文过渡方式和动态特技效果，并具有强大的集成和交互能力；方正奥思直接面向各种多媒体创作人员，易学易用，无须编程；功能强大，支持光盘出版、多媒体数据库，提供网页输出，可以制作各种级别的多媒体应用，主要包括多媒体课件、多媒体演示教学系统、电子出版物、多媒体演示查询系统、多媒体信息管理系统等。

第二节　多媒体课件的设计原则

多媒体课件的制作必须服务于教学，其目的是改革教学手段和提高教学质量，在设计和制作多媒体课件的过程中，遵循教育性、科学性、控制性、艺术性、经济性的原则，已经成为学界的共识。多媒体课件辅助幼儿园教育教学活动，适合孩子们的心理特点，但幼儿园教学活动有其自身的特点，幼儿园课件与小学、中学等其他层次的教学课件相比，有其特殊性。要创作出令人满意的课件，并在幼儿园教学活动中起到事半功倍的效果，还必须遵循以下几点。

一、必要性原则

课件应作为一种为教学活动服务的辅助手段。运用多媒体课件的确能为教学活动注入生机，但并非意味着所有的教学活动都必须用多媒体课件。因此对于每一个教学活动是否运用多媒体，要以活动设计为依据，根据活动目标、活动内容及活动过程中的各个环节的需要而定。一个思路新颖、富有创意的教学活动设计是课件制作中的必要前提，在此基础上，将教学活动与课件巧妙组合，相融一体，使教师和孩子全身心地进入自己的角色，让孩子在欣赏中自然接受，在玩和游戏中，轻松掌握，达到了导向、刺激、提示、激发兴趣和加深印象的目的。如果无视课件的必要性，盲目运用，反而会分散孩子的注意力，产生负面的效果。

二、趣味性原则

趣味性就是指课件要富有一定的童趣。幼儿课件应以幼儿喜爱的动画、游戏的形式为主，把活动内容故事化、游戏化，使活动内容有规律地渗透于课件之中，让孩子与课件充分交互和渗入，成为课件当中的一个角色，成为活动当中的主体，充分发挥自己的能力，这样的课件才符合孩子的学习特点和思维水平。要达到这一点，则需要根据教学内容进行丰富的创意，即对活动设计进行创意和对课件当中的每个角色、每个场景进行创意。在一个课件的运行当中，围绕活动目标，设置孩子感兴趣的片段和场景，来激发孩子的兴趣，加深孩子的印象。比如，水墨画活动“小青蛙”中，教师以《小蝌蚪找妈妈》的动画视频引入，让幼儿为小蝌蚪的妈妈画张相，使幼儿的绘画兴趣一下子被激发了起来。

三、形象性原则

孩子的知识经验少，思维形象具体，但想象力非常丰富，学习时需要某种事物的牵引或适当的点拨，课件正是起到把知识形象化的作用，架起了孩子思维与客观事物相结合的桥梁。比如，在欣赏诗《风和云彩》中是这样设计的：对于“天上的云彩真有趣，天上的风儿有本事”，画面上对应出现：蓝天草地的背景中，蓝蓝的天空上徐徐飘着几朵白云，人物化的风和云儿，在追来追去的嬉闹玩耍，很有情趣。针对儿歌中："吹呀吹，云彩变成小白船，竖起桅杆，扬起风帆，小白船呀漂呀漂，漂到远处看不见"：画面上出现了风吹云彩，然后风儿慢慢后退，云彩变成了一只小白船，一朵云彩变成了桅杆竖在小白船上，一朵云彩变成了风帆，挂在桅杆上，然后漂荡着的小白船，渐渐消失在天空中，使孩子完全融入其中。那云彩的有趣、风儿的本事和吹呀吹、漂呀漂等一系列的抽象动作，伴随教师那带有感情的讲解，合着教师抑扬顿挫的朗诵声，使幼儿陶醉在这首优美的诗歌中，在轻松、愉快、和谐的气氛中插上了想象的翅膀。

四、 交互性原则

一个好的课件，必须有极强的交互性。孩子的兴趣来得快，消失得也快，要抓住孩子兴趣的最高点，不失时机地把孩子最感兴趣的东西，快速直接地展示在孩子的面前，使孩子的兴趣和思维得以连贯、加深、延续。场景和片段的转换，不能像下拉菜单一样，一级一级地拉下去，又一级一级地返回来，那样孩子的兴趣将消失，孩子的思维将被打断，直接影响学习气氛和学习效果。

另外，在制作课件的过程中，要注意课件的交互灵活性，也就是交互的可操作性和操作的随意性，交互不仅仅局限于按钮和热区的响应，也要有创意。一个好的课件，必须能够根据教学过程的各个具体环节和实际变化的需要，把这个情节的场景或片段及时地展现在孩子们的面前。而且能够根据情节变化，孩子的适应状况和知识掌握情况，反复调用，反复操作。例如，各个场景的按钮从片头到结尾，一直贯穿，这样教师就能在教学过程当中，根据课程进展随意转换，把孩子们不懂的地方、理解不深的场景片段，反复操作、反复播放。同时也让孩子自己操作，选择自己喜欢的场景和片段进行反复操作、观看。

五、 真实性原则

幼儿教育是启蒙教育，幼儿园课件当中的事物、景象、动物和人物直接影响着孩子。所以在课件制作当中要认真负责，特别是在自然科学方面，更要给孩子以真实。取材方面，力争接近自然，接近真实，全面，不要给孩子以误导。

课件和活动设计也应该是一个有机的整体，课件是为整个活动服务，不是为活动中的哪一个环节服务，要充分发挥教师的丰富想象力，创意无限，研究教案设计课件，只有紧紧围绕活动目标和孩子学习的兴趣和启发点，切实注意上述几点，才能制作出高水平的课件。

第三节 多媒体课件的制作步骤

一、 多媒体课件的一般开发方法与步骤

（一）课题选择

通常选择那些既适合于多媒体技术表现的，又是在教学活动中亟须解决的问题作为研

究课题。课题选择应注意以下几个方面。

(1)教学要求。明确多媒体课件是对哪个学科的课程进行辅助教学，决定教学的内容和教学范围，明确多媒体课件所要实现的目的和达到的目标。

(2)教学对象。明确所制作的课件适合于哪类学习者使用，要着重考虑以下几点：学生的文化程度、年龄、学习能力、对计算机操作的能力和先置条件。

(3)课件类型。清楚所制作的课件属于哪种类型，了解课件的大体结构、主要模块以及各个主要模块之间的相互联系。

（二）课件的教学设计

课件的教学设计主要有教学单元的划分、选择适当的教学模式、多媒体信息的选择、知识结构的建立和形成性练习的设计等。

（三）软件的系统设计

多媒体课件具有存储信息量大和交互性友好的特征，软件的系统设计通常包括如下内容。

(1)软件的选择。根据课件的教学设计要求和教学模式，确定制作课件所需的工具软件。

(2)封面的设计。封面用于说明多媒体课件所包含的主要教学内容及该课件的使用方法等重要信息，它决定着课件总体设计是否合理、使用是否方便。

(3)建立教学单元间的层次结构。通过分析教学内容阐述教学，将教学内容分为一个个教学单元以及进一步再细分的知识点，形成一系列的学习子目标，并建立学习子目标间的逻辑结构和相互间的联系，生成学习目标的层次结构图。

(4)确定教学单元的超链接。设置实现跳转的条件，能从某个具体的信息或主题跳转到与其相关的另一个信息或主题，使其知识点与知识点之间的逻辑关系、层次关系及其连接关系形成一个非线性的结构。

（四）稿本的编写

编写稿本是由学科教师按照教学的思路和要求对课件的教学内容进行描述的一种形式，也是软件制作者开发课件的直接依据。编写稿本工作就是具体地规定每个单元中计算机向学生传送什么信息、从学生处得到信息后又如何判断和反馈，最后在稿本的基础上根据计算机媒体的特征与计算机的特点编排程序。

（五）素材的准备

素材包括文本、图像、动画、声音、视频等。素材的准备工作一般主要包括文本的录入，图形、图像的制作与后期处理，动画的编制和视频的截取等。素材要以理想的形式呈现教学内容，不能选择那些不符合教学规律和教学内容的素材。

（六）课件的编辑

利用著作工具或程序语言对各种素材进行编辑，按照前面的教学设计所确定的课件结构和稿本设计的具体内容将各种素材有机地结合在一起，编辑成交互性强、操作灵活、视听效果好的多媒体课件。

（七）课件的试用与评价

课件编制完成后，要检查这个已完成课件的教学单元设计、教学设计、教学目标等是否都已达到了要求，对课件信息的呈现、交互性、教学过程控制、素材管理等进行评估。

（八）课件产品的成型

通过评价调试后的课件还需要经受一个时期的试用考验，以便进一步完善修改。最终确定多媒体课件教学设计、程序设计和素材设计之后，就可将此多媒体课件制作成产品推广使用。

二、 课件设计实例分析——“洗手”课件的设计

下面以华东师大附属幼儿园小班的“洗手”课件为例，详述其设计过程。[①]

图 4-2 为多媒体教学课件设计制作的基本流程，根据这一流程，课件设计步骤如下。

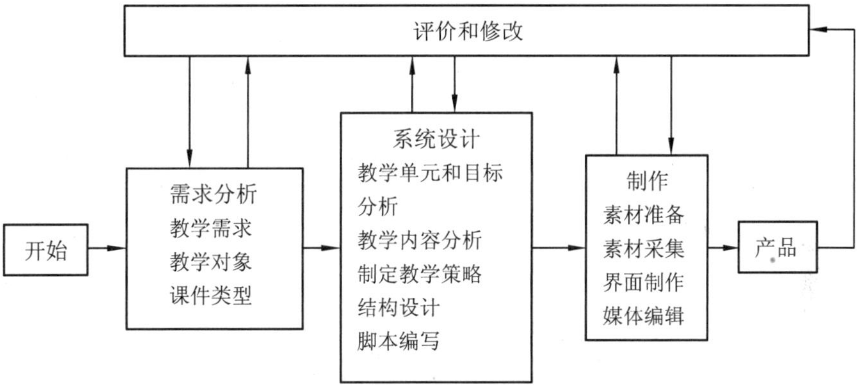

图 4-2 多媒体课件设计制作流程图

需求分析是课件设计的前提，直接影响着课件设计的好坏。本书着重讲述课件的需求分析和系统设计。

（一）需求分析

需求分析包括使用者分析和可行性分析等。以下为“洗手”课件的需求分析。

(1)教学需求分析。洗手是幼儿生活的一种行为习惯，孩子通过家长、教师在日常生活中的教导逐渐学会怎么正确洗手。洗手虽然是一种实践活动，但教师亲自到水龙头下教导每个小孩似乎没有很大的必要性。而通过多媒体课件的演示，孩子们会被画面上的内容吸引，学习兴趣得到提高，再通过教师讲解洗手的过程，结合平时的洗手习惯亲自体验怎

---

① 浅谈幼儿园多媒体课件的设计，http：//www.docin.com/p—17259610.html，2020-01-18。

么正确洗手，改掉一些坏的习惯。这样，相对于传统的教学方法，多媒体教学省时省力，孩子的能力也得到加强。

(2)教学对象分析。此课件使用的对象是 2～3 岁的幼儿，这个年龄段的幼儿的思维形象直观，理解能力弱，必须要通过教师的引导来学习；计算机操作能力差，课件的交互性操作要简单。

(3)课件类型分析。此类课件属于复合型课件。课件采用演示加互动的模式，使孩子在观看学习洗手的过程后，通过一个小游戏来巩固知识。

(二)系统设计

(1)教学单元和目标分析。此课件的教学目标是让孩子理解洗手的每个步骤，掌握洗手的过程。它的重点和难点是描述洗手的每个步骤。“洗手”的内容主要分为 7 个教学单元：湿一湿、抹一抹、搓一搓、冲一冲、甩一甩、擦一擦和干净的手，每个教学单元体现的是洗手的每个步骤。因此把每个洗手步骤设计成一个场景，场景里加上问题、动画、导航等。

(2)教学策略。教学策略是指为达到预期目的，教师在教学活动中采取的教学方法。“洗手”的步骤分别是：湿一湿、抹一抹、搓一搓、冲一冲、甩一甩、擦一擦和干净的手。相对应于这 7 个步骤，笔者设计了 7 个场景，最后再设计一个游戏场景来让孩子练习。教师在使用课件时，可以先演示洗手的步骤，中间过程可以适当提问孩子一些问题。最后让孩子来主动练习。

(3)教学评价。确定学生的行为是否达到目标，评价教学是否成功。按评价实施的时机分为教学之前、教学期间、教学之后的形成性评价；教师在使用课件之前已基本了解班级的每个孩子，然后通过观察课堂中孩子的表现和孩子使用课件后日常生活中洗手的表现，形成对课件的总体评价。

(4)编写脚本。脚本是系统设计的具体实现，是教学目标的详细注解，是课件制作者制作课件的最终依据。脚本分为文字脚本和制作脚本。

文字脚本是按课件教学内容出现的先后顺序，对每一部分内容及其呈现方式用文字进行描述的一种形式。它的格式如表 4-1 所示。

表 4-1　文字脚本样表

序号	内容	媒体类型	呈现方式

表 4-2 为“洗手”课件的文字脚本。

表 4-2　“洗手”课件的文字脚本

序号	内容	媒体类型	呈现方式
1	洗手、动画、游戏	活动影像(动画)、解说、导航	先调用动画，再同时调用声音和文字
2	湿一湿	同上	同上

续表

序号	内容	媒体类型	呈现方式
3	抹一抹	同上	同上
4	搓一搓	同上	同上
5	冲一冲	同上	同上
6	甩一甩	同上	同上
7	擦一擦	同上	同上
8	干净的手	同上	同上
9	小朋友们，你会洗手了吗？请根据听到的声音来点点图片吧	同上	同上

制作脚本是在文字脚本的基础上，具体标明所呈现的各种信息内容的位置、大小及显示特点。它是制作课件的直接依据。它不是文字脚本的翻版，而是要根据教学需求和多媒体特点对画面进行构思，对所要表现的内容进行创意，对交互界面上信息的呈现方式、控制方法进行统一的安排和设计。一般的制作脚本包括课件的系统结构说明、界面设计、知识单元的分析、连接关系的描述。对文本、图形、动画等的设计都要考虑课件界面、屏幕对象、风格等艺术性设计的要求。

脚本卡片是脚本的基本单元，文字稿本中给出的教学创意和教学设计的结构以及对课件制作的要求和指示是通过脚本卡片来描述的。多媒体课件是以一屏一屏的方式呈现给学习者进行学习的，每一屏如何设计、如何制作应有相应的说明。

制作脚本卡片的格式如表 4-3 所示。

表 4-3 脚本卡片样表

文件名：__________ 类别(序号)：__________

<table>
<tr><td colspan="2">屏幕画面
继续
返回</td></tr>
<tr><td>进入方式：
1. 由____文件，通过______按钮。
2. 由____文件，通过______按钮。
3. 由____文件，通过______按钮。</td><td rowspan="2">本屏呈现顺序说明：

解说：

制作要求：</td></tr>
<tr><td>键出方式：
1. 通过____按钮，可进入____文件。
2. 通过____按钮，可进入____文件。
3. 通过____按钮，可进入____文件。</td></tr>
</table>

三、 幼儿园多媒体课件设计特点分析

《教育信息化 2.0 行动计划》提出推动教师主动适应信息化、人工智能等新技术变

革，积极有效开展教育教学。启动“人工智能＋教师队伍建设行动”，推动人工智能支持教师治理、教师教育、教育教学、精准扶贫的新路径，推动教师更新观念、重塑角色、提升素养、增强能力。《幼儿园教师专业标准(试行)》中提出幼儿教师要具有一定的现代信息技术知识。幼儿园以游戏为基本活动，信息技术可以为幼儿创设更加生动的游戏情境，同时，结合良好的活动设计，信息技术手段的应用更加生动地促进了幼儿认知的发展。在幼儿园，信息手段的应用更加强调与其他教育手段相比的不可替代性，突出信息化教学手段的作用。

(一)幼儿园多媒体课件制作关键要点分析

1. 信息化教学手段的应用促进幼儿认知发展

应彩云教师的公开课《一寸虫》中有一个片段，小朋友利用一寸虫自己动手量小动物的尾巴，量完之后，教师提问："小朋友们，一寸虫只有一个，那这只一寸虫是怎么量知更鸟的尾巴的呢"，接下来多媒体呈现一寸虫在知更鸟的尾巴上测量的动画过程，一寸虫动态的在尾巴上测量，量完一寸会出现一条黄色的线代表已量完的一寸，课件的动画设置巧妙而生动地展示了一寸虫测量的过程。这个教学片段中多媒体呈现的过程直观、生动，是任何其他教育无法替代的，而这恰恰是信息技术应用的关键点。信息技术一般用于重点内容解决和难点内容突破，重点内容和难点内容的突破所对应的就是幼儿的认知，信息计划的应用不应只停留在激发兴趣、活跃氛围上，更有价值的应用是促进幼儿认知的发展，解决活动的重点和难点，并且这也是其他任何教学手段难以替代的。

2. 信息化教学手段应用突破教学重难点

全国幼儿园信息技术应用作品评比一等奖作品小班“妖怪王国历险记”教学设计中巧妙地利用信息技术创设游戏情境，在整个活动开展过程中，利用信息手段创设了妖怪王国的游戏情境。活动的第一部分通过让幼儿观察捉迷藏的朋友们，运用电子白板来进行简单互动，让幼儿从中练习观察力和语言表达能力。活动的第二部分则通过巧虎被抓走的剧情，来激发幼儿帮助巧虎的情感。根据年龄和心理发展特点，设计了小班幼儿颜色、图形，利用不断变化的形式，在易把握的基础上让幼儿尽情地畅想，通过一个个小游戏，让幼儿初步感受对应、分类。内容的选择和安排上，充分地考虑了幼儿的学习特点和认知规律，既符合幼儿的兴趣和现有水平，又要有一定的挑战性。孩子们救巧虎的第一关是一维的，只要选中一样的颜色就能成功。第二关是颜色和形状需要同时对应。而第三关则需要同时关注三个特征来进行分类，最具挑战性。当小动物们说出了国王的特征之后，孩子们需要通过回忆，说出具体特征，当然在此过程中，多媒体会给予一些提示。三关层层递进，帮助孩子认识颜色、形状和其他特征。幼儿在闯关过程中开动脑筋思考如何成功闯关，在完成任务的过程中突破了教学的重难点。

突出“有趣”将信息化教学手段只停留在激发兴趣的水平，对幼儿认知发展以及突破教学重难点意义不大，而“有意义”则是将信息化与活动设计高度融合，是教师主动去适应信息化、人工智能等新技术变革，积极有效开展教育教学，突破活动的重难点，促进幼儿各项能力的发展。

3. 信息化教学手段应用具有不可替代性

皮亚杰的认知发展阶段理论中明确地提出前运算阶段的幼儿以具体形象思维为主，抽象逻辑思维正在发展，因此在幼儿园教育环境中，大量直观的教具用以辅助幼儿的学习并促进幼儿的发展。2012 年发布的《幼儿园教师专业标准(试行)》提出幼儿教师要具有一定的现代信息技术知识。

现代教育技术在幼儿园的应用首先凸显其他直观教学手段的不可替代性。美国学者提出：幼儿教师对技术的理解与信仰将直接影响教师知识与技能的使用水平，幼儿教师教学信念不仅能帮助教师发挥计算机在使用中的潜力，还能让幼儿的潜力得到充分开发。在小班社会活动“小白兔上幼儿园”中，教师首先给幼儿播放课件《小白兔上幼儿园》的动画。内容：小白兔高高兴兴地去上幼儿园，见到老师问老师好，见到小伙伴问小伙伴好，老师夸小白兔是个有礼貌的好孩子。从小班幼儿的年龄特点分析，如教师头戴小白兔的头饰在教师开展角色游戏活动，所起到的教育效果要优于采用播放视频课件，从侧面反映出幼儿教师对信息化教学手段使用信念的不确定。

（二）《3—6 岁儿童学习与发展指南》背景下五大领域课件制作特点分析

1. 多媒体应用于创设游戏情境

《幼儿园工作规程》《幼儿园教育指导纲要(试行)》《3—6 岁儿童学习与发展指南》等文件明确提出幼儿园以游戏为基本活动。角色游戏是幼儿喜爱的游戏之一，也是教师在活动中常用的游戏之一，现代教育手段可以较好地应用于为角色游戏创设情境。例如，在大班科学活动“密室逃脱”的活动开展过程中，教师利用多媒体创设了密室以及密室主人的情境，音频播放出密室主人的指令，密室主人再通过音频安排任务，幼儿在积极的氛围下完成了学习任务，并通过它将一步步的推进要求呈现在孩子面前。细细掂量每一道指令，不难发现其中有点燃积极情绪的，有关注倾听习惯的，有强调自我保护的，有明确规则遵守的，也有引发思考探究的，充分体现了教师强烈的课程意识与育人理念。

2. 注重多媒体与幼儿、教师与幼儿的交互性

《3—6 岁儿童学习与发展指南》明确提出，教师应注重幼儿的直接感知、亲身体验与实际操作。在希腊，有研究者对希腊 240 名在职幼儿园教师和 428 名职前幼儿园教师应用电脑的状况进行调查，也显示信息通信技术支持的幼儿教育实践还需关注信息技术教学应用的实施过程。恰当指导交互活动是应用的核心手段，指导的方式包括直接指导与间接指导两种。直接指导是发生在面对面的情境中，通过手势、抚摸、语言或情感支持等产生，也包括成人手把手地教授幼儿使用鼠标，演示数码相机的使用方法，以及用对话或问题引导幼儿持续或中止某项幼儿活动等。

第一，“妖怪王国历险记”活动中，孩子们对画面的观察比较仔细，从大石头到花丛中的小动物们，孩子们认真观察，很快就发现了动物的藏身之处，在之后找国王的过程中，他们也通过自己的经验进行观察，完成了活动的主线任务。第二，白板课件的运用贯穿了整个活动，其间孩子们丝毫不怯场，与白板进行着流畅的互动，从点一下，到拉动图片，

孩子们认真、仔细地一次性完成。第三，在语言表达方面，当教师念出一些句式，并通过语音语调暗示他们重复时，他们都能够很顺利地学着说，在回答问题时，他们也都乐意举手，根据自己的经验来说一说，并且声音响亮，语句表达较完整。

3. 明确重难点，选取恰当的信息资源和手段

信息化的教学设计更加强调运用信息化教学资源、环境、手段支持学习者开展学习，以学习者为中心，注重协作学习活动，以“问题解决”作为学习和研究活动的主线，信息资源用以支持“学”。信息技术具有化难为易、化繁为简、化静为动、化陌生为熟悉、化抽象为直观、化隐性为显性、模拟仿真、虚拟现实、突破时空限制、拓展学习时空、激发学习动机、创设最佳学习环境、提供丰富学习资源、提供人性化(智能化)的学习支持等优势。幼儿教师基于对活动重难点的分析，选取恰当的信息教学手段，化繁为简，以问题解决为活动展开的主线。

第四节　常用多媒体课件制作技术

一、 PPT课件制作[①]

PPT是Microsoft Office办公套装中的一个组件，也称为幻灯片。在所有演示文稿软件中PPT一直被视为同类软件的佼佼者，主要是其在可操作性、交互性、制作演示文稿的效果以及提供的模板的数量方面都大大优于同类软件，而且其智能的制作向导更是获得了广大用户的青睐。由于PPT的优越性能，如能够添加文字、图片、声音、动画、视频等，使得教学变得丰富多彩，因此非常适合于教师根据自己的教学需要自行制作简单的多媒体课件。

（一）演示文稿的基本功能

演示文稿是最常见的课件类型，其基本功能如表4-4所示。

表4-4　演示文稿的基本功能

基本功能	说　明
幻灯片支持	幻灯片是演示文稿的基本单位，承载屏幕显示信息
媒体支持	每张幻灯片支持文字、图形图像、视频和声音的集成和使用
表格支持	提供表格的建立和编辑
超级链接	提供演示文稿内、外的超链接，支持网络链接
动画支持	提供幻灯片上媒体对象的动画支持，提供幻灯片切换动态效果

① 钟大鹏、蒋红星:《现代教育技术实用教程》，北京，中国铁道出版社，2002。

续表

基本功能	说 明
图表支持	提供多种形式的数据图表
演示播放	按顺序播放，支持播放重组

(二)演示文稿的基本架构设计

教学演示文稿的一般形式是第一张幻灯片作为封面，展示题目，然后是目录幻灯片和内容幻灯片，在此基础上，根据教学需要添加一些超级链接，实现跳转或其他交互功能。演示文稿的基本架构如表 4-5 所示。

表 4-5 演示文稿的基本架构

封面幻灯片	目录幻灯片	知识内容幻灯片
内容：标题 作者 其他信息 (如单位、时间等)	内容：导航目录 布局	内容：文字内容 素材形式 布局 动画效果

(三)利用 PPT 制作课件的一般步骤

在完成了教学设计、素材的收集整理等准备工作之后，就是课件的具体制作了。

1. 课件整体制作的一般步骤

(1)打开程序，新建 PPT 文件。

(2)应用设计模板。

(3)逐张制作幻灯片。

(4)设计幻灯片之间的联系(超级链接)。

(5)设计幻灯片动画运动方案。

(6)设计幻灯片切换效果。

(7)预览效果，修改保存。

2. 单张幻灯片制作的一般步骤

(1)插入新幻灯片。

(2)应用设计模板。

(3)设置幻灯片版式。

(4)设置配色方案。

(5)设置幻灯片背景。

(6)在文本框中输入文字。

(7)在幻灯片中添加各种元素(如插入图片、艺术字、声音等)。

(8)对各元素设置自定义动画。

(9)预览效果，修改完善。

(四)PPT课件制作实例——幼儿科学活动“认识图形”教学课件制作

鉴于PPT已经在计算机相关课程中学习，其工作界面、功能菜单及其基本操作在此不再赘述。下面用PowerPoint 2003来完成此课件的制作。

1. 确定教学内容

教学活动目标：

(1)幼儿能认识并分辨出三种不同的图形。

(2)幼儿知道图形的简单特征。

(3)在认识图形的基础上，体验游戏的愉快。

2. 课件结构设计

课件呈现的结构图如图4-3所示。

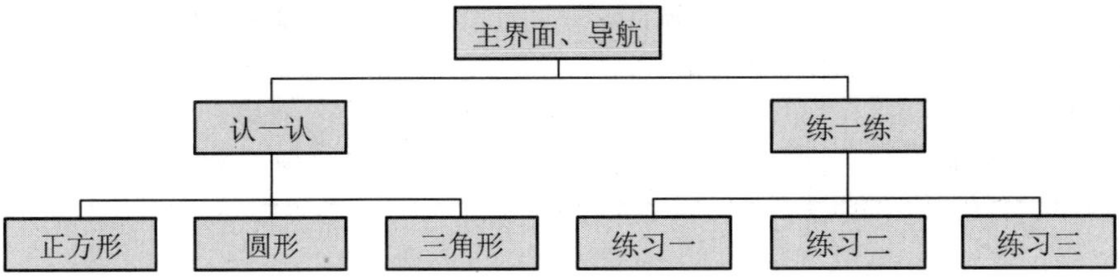

图4-3　课件呈现的结构图

3. 主要教学内容及相关素材收集

文字、声音、图片来自互联网，或自行创作。

4. 课件制作

(1)课件主界面及导航的制作。

第一步，设置背景。

课件中使用与主题内容相适应的背景，将起到烘托主题的作用。背景的设置大体有两种方法。

方法一：利用PPT中的“幻灯片设计”设置课件背景。选择菜单栏中“格式/幻灯片设计”，在右边的“幻灯片设计”窗口中选择合适的应用设计模板，然后单击“确定”即可，如图4-4所示。

方法二：利用外部图片做课件背景。选择菜单栏中的“格式/背景/填充效果/图片/选择图片”，在弹出的窗口中，根据图片所存的地址位置找到所需的图片并插入，如图4-5所示。单击“确定”后，再选择“全部应用”。

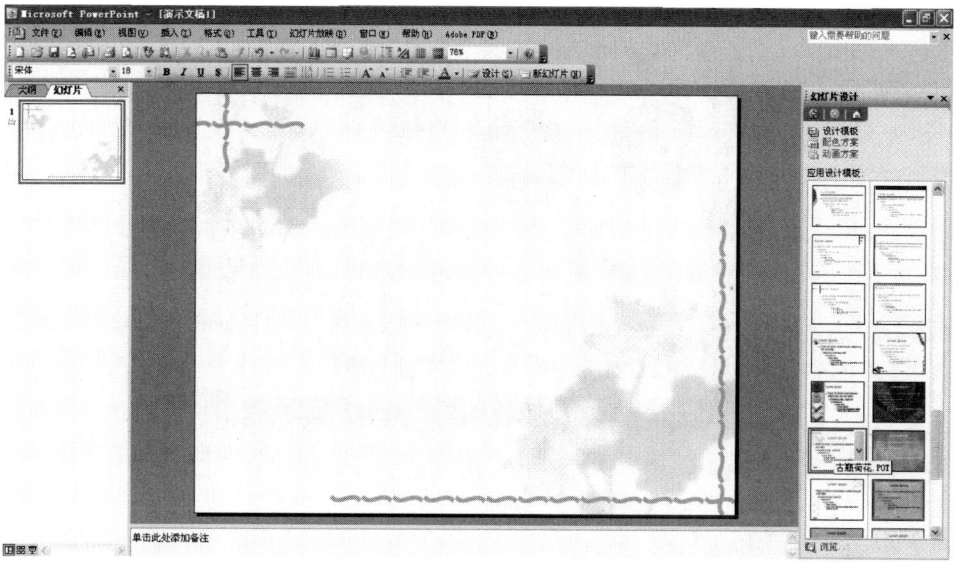

图 4-4 用幻灯片模板设置背景

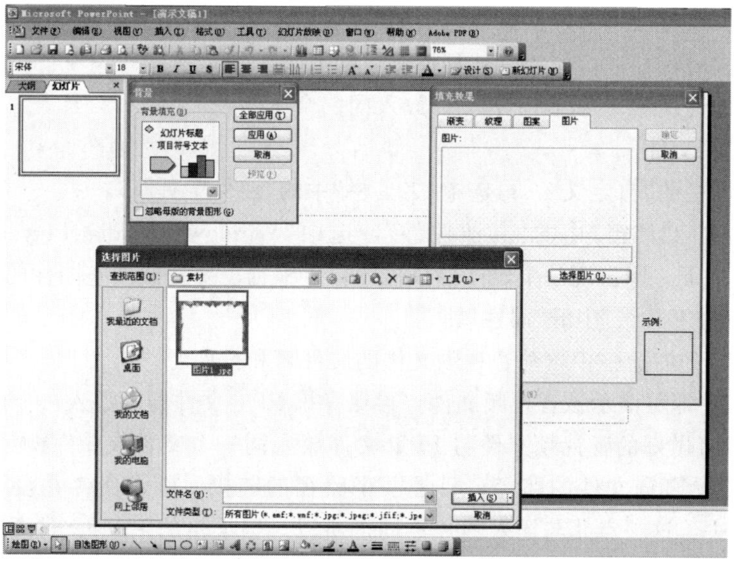

图 4-5 利用外部图片设置背景

以上所设置的背景，表示设置课件中所有幻灯片的背景都一致。如果希望每张幻灯片的背景不一样，那么就不要点击“全部应用”，而点击“应用”即可。背景的选取应以简单、素雅为原则，太过鲜艳、凌乱的图片不宜用作背景。

第二步，插入标题文字及图片。

标题文字可利用文本框输入，也可通过选择菜单栏中的“插入/图片/艺术字”方式插入。

图片的插入方法：选择菜单栏中的“插入/图片/来自文件”，在弹出的窗口中，根据图片所存的地址位置找到所需的图片并点击“插入”，调整其位置及大小，如图 4-6 所示。

图 4-6　幻灯片封面

第三步，声音运用。

在课件中运用声音有很多方式，可以用插入方式，也可在幻灯片切换中添加背景声音，但这两种方式对声音的控制效果的不好，为了便于对声音进行控制，可采用“控件”的方式插入声音。通过插入的媒体播放器中的“播放”“停止”“暂停”和“调节音量”等按钮对声音(对视频也是一样的)进行控制。其具体步骤如下。

①将做好的音视频文件与 PPT 文件放入同一个文件夹中。

②打开 PPT 文件。

③选“工具”栏的“自定义”，再选中“工具栏”中的“控件工具箱”。

④点击“控件工具箱”中的“其他控件”，选中“Windows Media Player”，用鼠标在 PPT 页面上点一下，则出现一个媒体播放器图标，根据需要任意调整图标的大小。

⑤点击“控件工具箱”中的“属性”钮。

⑥在“URL”的右边栏中填写音视频文件的文件名和拓展名。

⑦播放 PPT 即可演示该音视频文件，再保存该 PPT 文件即已添入。

为什么要“将做好的音视频文件与 PPT 文件放入同一个文件夹中”呢？这是因为，属性栏 URL 中设置声音文件的路径，只是一个路径的链接，声音文件并没有真正加载到 PPT 的文件中去，这一点儿与插入图片不同。所以，当编辑的 PPT 文件要在另一台计算机上播放时，由于音视频源文件没有同步移动和设置，所以 URL 所指的播放链接的目标源根本不存在，也就没有音视频的播放了。因此，在编辑的时候就应把声音文件和 PPT 文件演示文稿存放在同一个文件夹里。

用同样的方式可以在 PPT 中嵌入动画，只是控件要选择“Shockwave Flash Object”，控件属性则是“movie”。

如果插入的声音全是 WAV 格式的，可以先查看最大的文件的占用空间，如 1200 K，那么可以先选择“工具/选项/常规”，在“链接声音文件不小于”一栏中，将里面的数值改为比 1200 K 稍大一些的(图 4-7)，点击“确定”。然后再插入 WAV 格式的声音，那这些声音就全都嵌入幻灯片，不需要外部链接了。

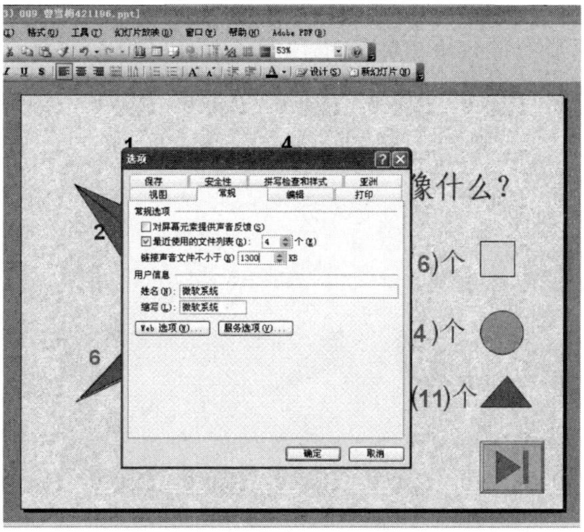

图 4-7　嵌入 WAV 声音文件大小的设置

(2)课件的其他界面及导航的制作。

插入课件内容、图片和按钮(方法同上)。

(3)对象超链接的设置(以认识正方形超链接为例)。

认识正方形的超链接：幻灯片间的超链接可以在文字上做超链接，也以在图片上做超链接，这里选在文字上做超链接。鼠标选中“正方形”，再单击鼠标右键，在弹出的菜单中选择“超链接”，然后选择“本文档中的位置”，再选中“幻灯片 5”，点击“确定”即可，如图 4-8 所示。

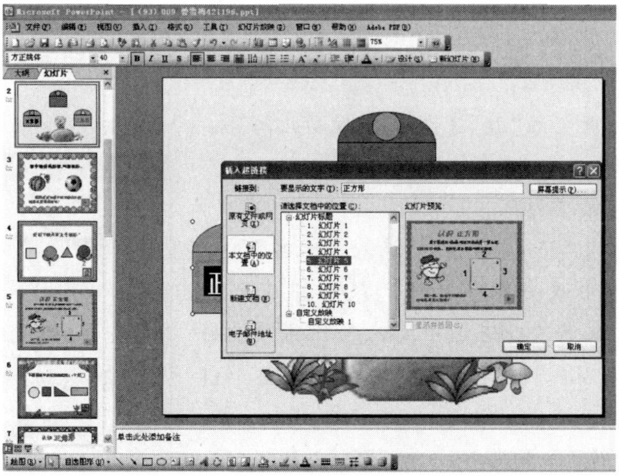

图 4-8　幻灯片超链接设置

(4)页面的切换设置。

幻灯片切换：选择菜单栏中的“幻灯片放映/幻灯片切换”，在弹出的幻灯片切换窗口中选择切换的方式，如“盒状展开”，还可以选择速度，如需要也可加入声音和设置换片方式。“换片方式”中的“单击鼠标时”选项为空时，选择“应用于所有幻灯片”，此时鼠标被屏蔽。这样的好处是在课堂教学时不会因为鼠标的误动作造成幻灯片切换，如图 4-9 所示。

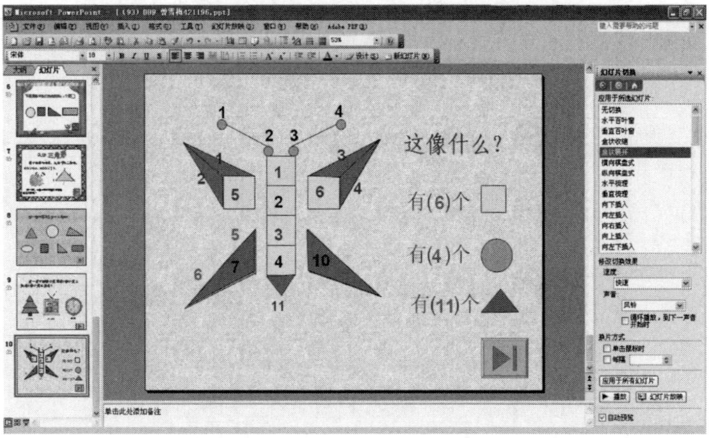

图 4-9　幻灯片切换设置

5. 课件的保存和演示

课件制作完毕，需要进行保存。其具体执行过程如下：执行“文件/保存”或者“另存为……”。第一次执行“保存”时，系统会提示用户选择一个保存的地址和文件名称，以后再执行此命令时就不需要了，系统会自动覆盖原文件。选择“另存为……”则需要选择保存地址和保存的文件名。在制作过程中应注意及时保存文件，以免出现由于一些意外情况导致 PowerPoint 2003 的不正常关闭，造成不必要的损失。

应用案例

PowerPoint 2003 高级应用技巧——幼儿写字教学动画的制作

课件目标：以写开会的“开”字为例，教幼儿写字。

操作步骤：

第一步，准备笔画素材。

①编辑艺术字。用 Word 2003 中“插入艺术字”，在“艺术字”字库对话框中双击第一款样式，如图 4-10 所示，然后在“编辑‘艺术字’”对话框中输入制作的字，如“开”字，注意选择“楷体”，设置合适的字体，如图 4-11 所示。

图 4-10　插入艺术字

②添加“分解图片”命令按钮。单击“工具”菜单—执行“自定义”命令—选择“命令”标签—单击“类别”框中的“绘图”选项，然后在“命令”框中找到“分解图片”命令，用鼠标左键将此命令拖至常用工具栏的适当位置，如图 4-12 所示。

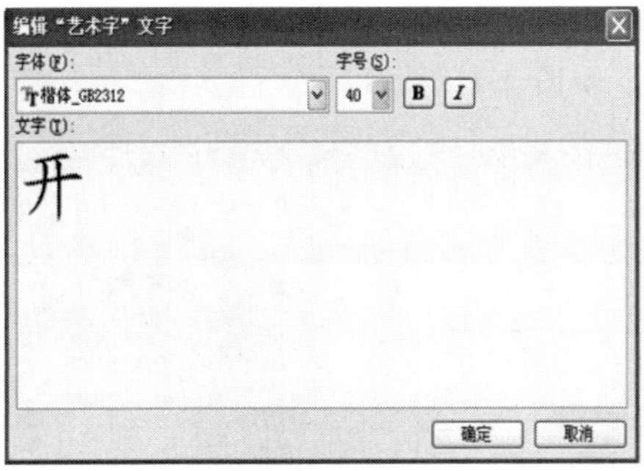

图 4-11　编辑艺术家

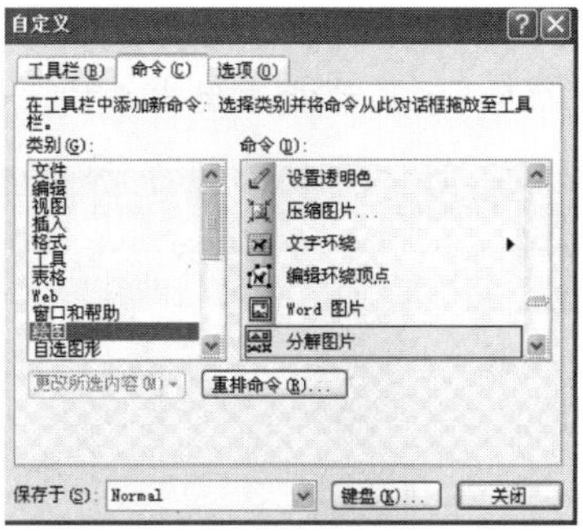

图 4-12　分解图片

③制作笔画。右击刚才插入的"开"字—执行"剪切"命令，然后单击"编辑"菜单—执行"选择性粘贴"命令—选中"图片"形式—单击"确定"按钮。

单击选中已经转化为图片格式的"开"字，随后单击刚添加的"分解图片"按钮。这时该字的笔画已经被分解成了各自独立的部分，拖动这些笔画将它们备用，如图 4-13 所示。

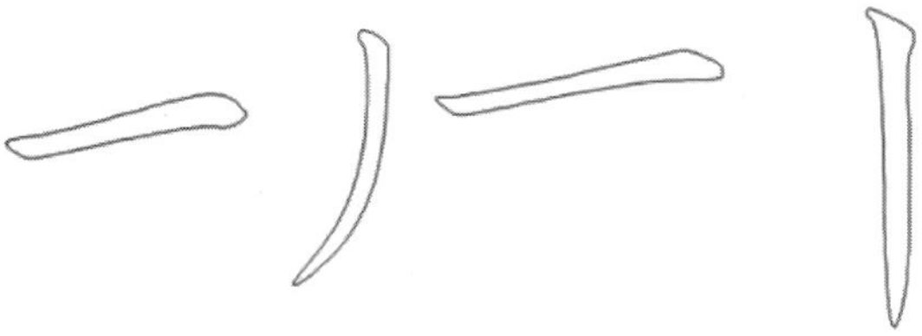

图 4-13　分解笔画

第二步，制作演示文稿。

①导入笔画素材。选择一张空白版式的幻灯片，并根据需要设置背景图案，然后利用"表格"制作一个大大的"田字格"。将 Word 窗口中的全部笔画圈选，并将这些笔画复制到幻灯片中。

最后把它们拖动到田字格中，组成一个正规的楷体字。为便于孩子们观看，可以把这些笔画的填充色设置得鲜艳一些。注意：右击某一笔画，执行"设置自选图形格式"命令可为笔画填充颜色，如图 4-14 所示。

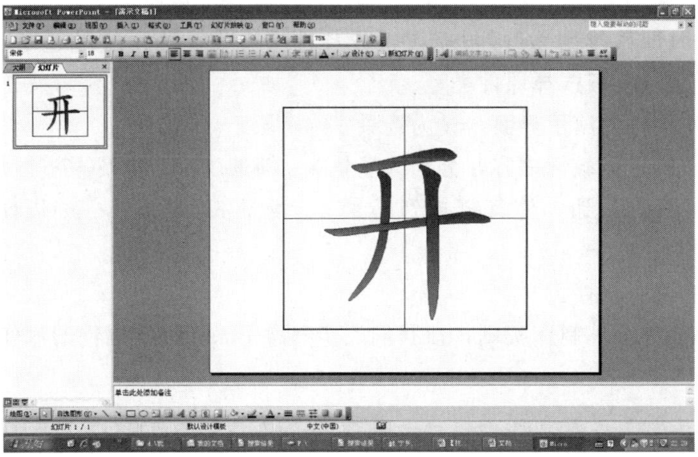

图 4-14　导入笔画素材

②设置动画演示效果。分别单击选中每一笔画，为其添加动画效果。经过试验，我们发现利用“擦除”效果最能体现出书写的韵味，如图 4-15 所示。

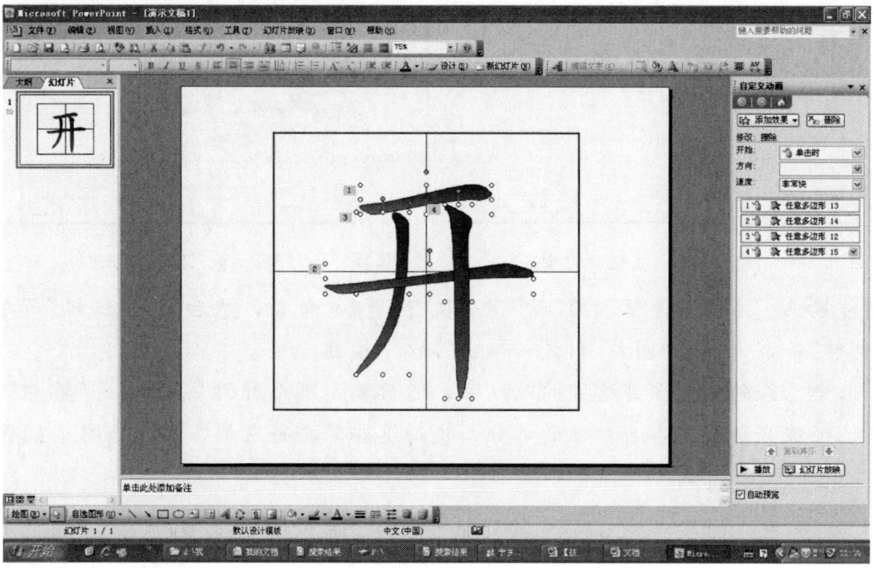

图 4-15　设置动画演示效果

二、 Flash 课件制作

（一）Flash 课件制作的一般步骤

Flash 功能强大，用 Flash 制作出来的教学课件内容丰富多彩、表现形式多样。Flash 课件制作无固定模式或步骤，根据教学内容做出的课件表现形式设计，不同的课件形式决定了不同的 Flash 课件制作步骤。不过，用目前的 Flash CS3 版本制作 Flash 课件，大致步骤如下。

(1)首先进行课件设计，收集、整理、制作好所有课件素材。

(2)新建文档(课件类型)，即根据课件设计选择文档、演示文稿还是 ActionScript 脚本文件等，或者是从模板选择课件类型。

(3)确定制作课件的演示界面，设为场景 1。

(4)制作课件的具体教学内容，分别为场景 2、场景 3、场景 4……

(5)设置课件控制按钮，使其链接到场景 2、场景 3、场景 4……以便科学展示教学内容。

(6)预览、修改、保存。

下面通过具体的课件制作实例，让我们逐步熟悉 Flash 教学课件的制作技术。

（二）Flash课件制作实例——某课件“导航界面”的制作

1. 课件界面绘制

先展示课件设计——界面绘制好后的效果如图 4-16 所示。

图 4-16 课件导航界面

界面的右上角的圆角矩形是用来放置时钟的，界面的右下角是关闭按钮，右侧栏是导航按钮区，左边为课件内容区。

首先，运行 Flash CS3，点击菜单栏的“文件”—“新建”命令，新建一个 Flash 文档。

(1) 修改场景到需要的大小，在舞台上随意点击，然后打开“属性”面板，如图 4-17 所示。

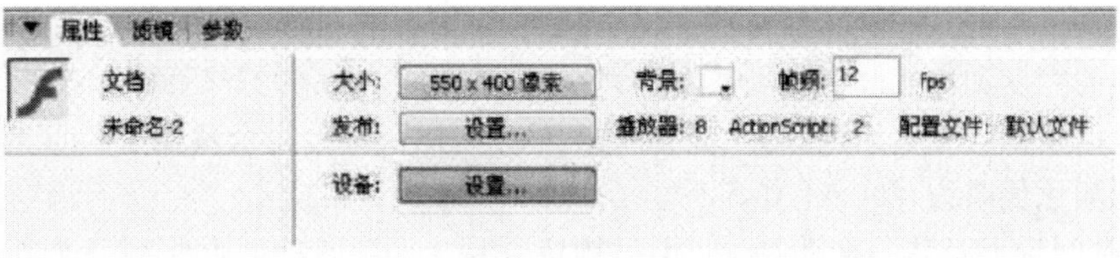

图 4-17 设置场景大小

在场景的属性栏中，默认的场景大小是 550×400 像素，课件一般是 800×600 像素，这个参数在做课件之前最好修改好，否则课件做好了再修改会非常麻烦。帧频默认值为 12，修改成 24。

(2)双击时间轴上的“图层 1”，改名为“界面”，这一层放置所绘制出来的界面。点击工具栏里的“矩形工具”，取消线条，如图 4-18 所示。

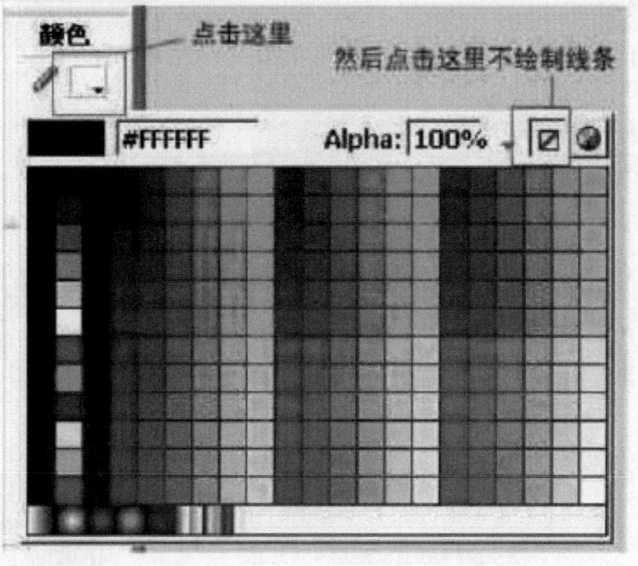

图 4-18　取消线条

也可以等图形绘制出来后，双击线条把它删除，效果相同。在场景上随意画出一个矩形，单击矩形选中，然后打开“属性”面板，如图 4-19 所示。

图 4-19　设置矩形大小

将矩形的宽度和高度改为和场景一样大小，分别是 800×600，后面的 X、Y 指的是矩形在场景里的坐标，把它们都改为 0，这样矩形就把整个舞台完全覆盖了。点击右边的黑色方框，把颜色值改为＃9CA1A5。

(3)在时间轴上新建一个图层 2，同时锁定图层 1。在图层 2 再绘制一个长方形，长度 656 像素，高度 32 像素，然后打开混色器面板，调整渐变色。混色器的颜色设置如图 4-20 所示。

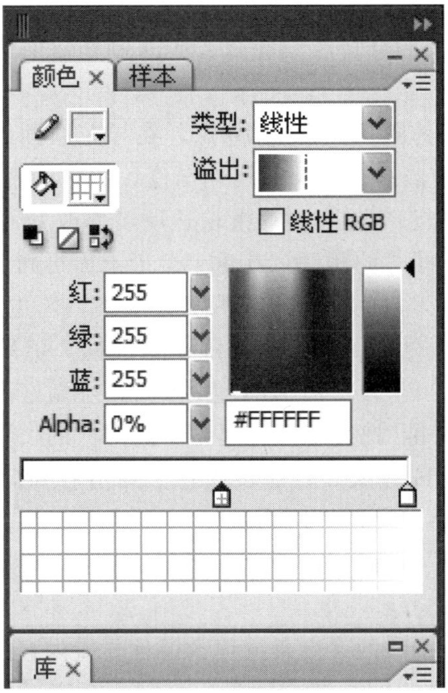

图 4-20　设置颜色

类型选择“线性”，下面会多出一个渐变条，带左右两个滑块，我们要的效果是一个白色长方形，上下为透明，中间为白色，把两个滑块的颜色都修改成白色(双击滑块修改)，之后在渐变条的中间点击一下，增加一个滑块，然后把左右两个滑块的透明度(Alpha)改为 0，效果如图 4-21 所示。

图 4-21　设置透明度

现在要把它放在相应的位置，选中它，打开“对齐”面板，点击右侧的“相对于舞台”下面的小图像，把所选的元件和场景对齐。然后分别点击左对齐、上对齐，然后按方向键把它下移四个像素。方向键每按一下就移动一个像素。

(4)以下是课件内容显示部分，把上面的两个图层锁定，再新建一个图层，画出一个矩形，宽度 507，高度 407，颜色值＃5F708A，画好后按 Ctrl＋G 键形成组合，这样是为了在它上面再画矩形的时候不至于把它们重叠的部分删除。

继续画矩形，或是直接按住 Alt 键，鼠标点击刚才画的那个矩形不放，当鼠标旁边出现一个“＋”的图标，拖动鼠标复制一份，把这个矩形长、宽分别改成 507 和 407，颜色值改为＃1A50B8，最后组合。

(5)这一步将把界面剩余的部分绘制完成，先来制作导航区的背景，最终效果可以参看上面的界面效果图。

选择矩形工具，把矩形的圆角设置成10点，在导航区画出一个矩形，参考大小：宽136，高434，然后打开混色器面板，选择线性渐变，右边的滑块颜色值为＃5E5E5E，左边的滑块颜色值为＃C1C1C1，并将右边的滑块透明度修改为0%，点击“填充变形工具”，把渐变修改成垂直的组合。同样的做法，在这个矩形上面再画出一个稍微小一点的圆角矩形，线性渐变，滑块颜色均为白色，右边透明度为48%，左边透明度为0%，组合，再覆盖到之前的矩形上面。最后绘制一个灰色的圆角矩形框，仍然是线性渐变，滑块颜色一致，同样，左边透明度为100%，右边透明度为0%。绘制好后，选中，按Ctrl＋C键复制，然后按Ctrl＋Shift＋V“键”把复制的边框粘贴到同样的位置，选中它，把线条的渐变修改成从白色到透明，然后按键盘方向键，让它分别向右和向下移动一个像素，呈现整个矩形框刻到背景上的效果，现在把两个矩形框选中，组合一下，然后再把之前的两个矩形和这个组合后的矩形框选中，打开对齐面板，选择“水平居中对齐”，调整上下的位置。

导航部分中间的雕刻分割线的多少根据你的课件导航内容的多少来定。

(6)接下来做课件最下方的那个渐变效果。绘制一个矩形，把同角取消掉，矩形的宽度和舞台的宽度一样，高度从内容显示区的最下面开始，到场景的最下方结束，打开属性面板，把矩形的X坐标改为0，Y坐标改为439。打开混色器，线性渐变，两个滑块的颜色均为白色，左边的透明度为0%，效果如图4-22所示。

图4-22 设置渐变效果

(7)绘制课件的关闭按钮。

首先，把之前的图层全部锁定，然后新建一个图层，在这一层里，我们点击“圆形工具”，然后按住Shift键不放，画出一个正圆形，再打开混色器面板，选择“放射状”渐变，详细设置如图4-23所示。

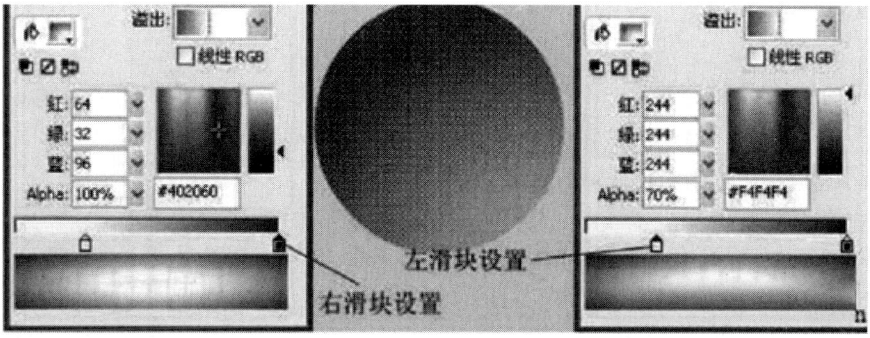

图 4-23 制作关闭按钮

调整它的渐变位置，最终效果如图 4-24 所示。

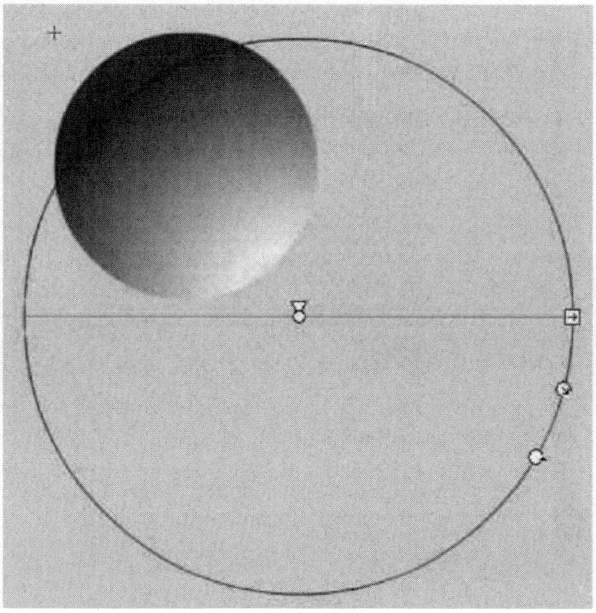

图 4-24 关闭按钮的渐变效果

把这个圆形组合，接着绘制高光，先绘制一个椭圆，形状大小随意，打开混色器面板，选择“放射状渐变”，方法同上，颜色为白色，修改渐变位置直到满意，组合后，缩放、旋转这个椭圆，将它放在紫色圆球的左上方，然后选择“文本工具”，在按钮上添加“关闭”两个文字，最后全选，F8 转换成按钮元件。

绘制这个界面，在时间轴上新建了好几个图层。在实际的课件制作中，界面背景只需要占一个图层就好了，要尽量减少时间轴上的图层数，方便以后的修改，这时就需要把所有的图形都转移到一个图层上去。

现在把所有图层解锁，从倒数第二层开始，点击图层上的关键帧，这样这个图层上的所有元件都会被选中，然后按 Ctrl＋X 键把这一帧的内容剪切掉，然后选中最后一层的关键帧，按 Ctrl＋Shift＋V 键粘贴到当前位置，反复操作，直到时间轴上除了最后一个图层上的帧是关键帧，其余图层全部是空白关键帧，用垃圾桶把上面无用的图层全部删除。

2. 课件导航按钮的制作

在这一节里，我们将学习按钮的详细制作过程、补间动画的制作过程以及通过按钮控制影片剪辑的AS代码。

(1)打开以前制作的界面文件，把界面图层锁定，新建一个图层，我们先用文本工具在界面的左上角输入课件的名称，这里用“Flash课件：制作全过程实例”。把这个文本也转移到界面层的第一帧，下面开始制作导航按钮。

(2)先输入导航文字内容，并放在合适的位置，用“对齐”面板的功能将它们对齐，然后为它们添加一个发光滤镜，如图4-25所示。

(3)选择“第一章”文字，按下键盘上的F8键，将它转换成按钮元件，然后双击这个按钮元件，将进入元件的编辑界面。在Flash里面，任何元件和组合，都可以通过双击进入修改，如图4-26所示。

图4-25 导航按钮文字

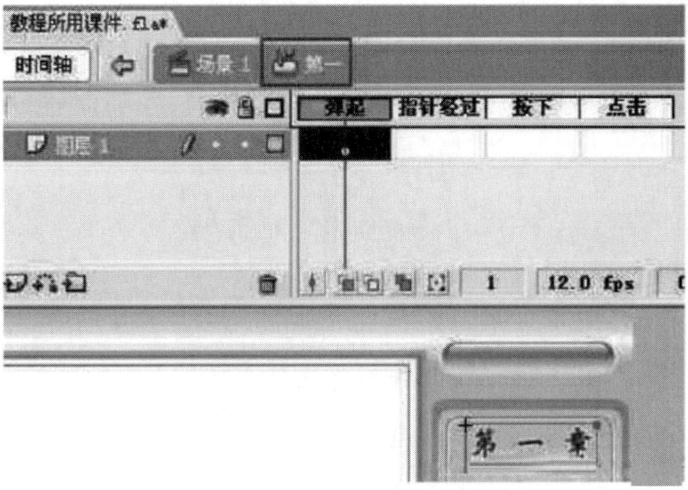

图4-26 设置按钮

图4-26在场景1后面框选的“第一章”就是给按钮起的名称，显示这个，就说明现在是在按钮的编辑区域。下面是按钮的时间线，它只有四帧，分别是：弹起、指针经过、按下和点击，按钮制作方法可参考第三章的相关内容。

到此，课件的界面基本制作完毕，可运用第三章所学技巧制作后续课件内容，并设置好链接即可。

应用案例

Flash 课件高级制作技巧——幼儿教学动画“看图识数”的制作

制作一个幼儿 Flash 动画，实现不同动物图片的幻灯片自动切换效果，名为“看图识数”(图 4-27)。该动画涉及 Flash 基础知识和相关技术，包括了以下重要的知识点：导入素材、场景、按钮元件、遮罩动画、形状动画、动作脚本、导出影片等。

图 4-27　课件的场景

1. 主要场景与动画制作

①建立新文件。点击菜单“文件→新建”，选择“Flash 文档”(图 4-28)。

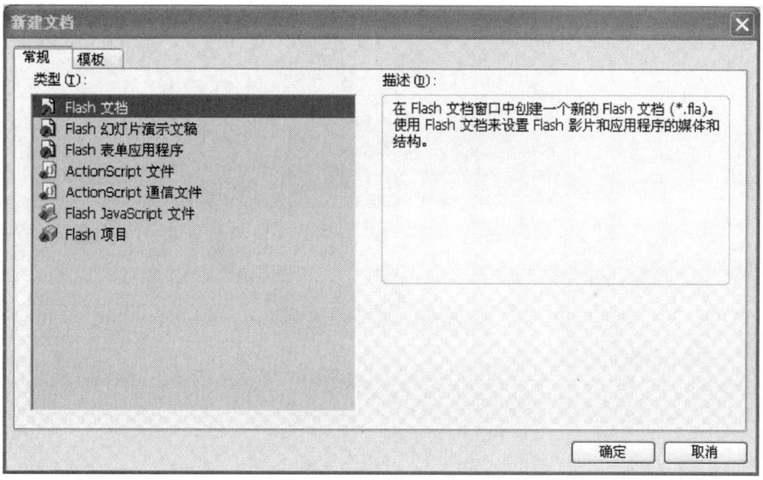

图 4-28　新建文件

②点击菜单“文件→导入→导入到库”，选中 photos 文件夹下的所有图片文件导入(图 4-29)。

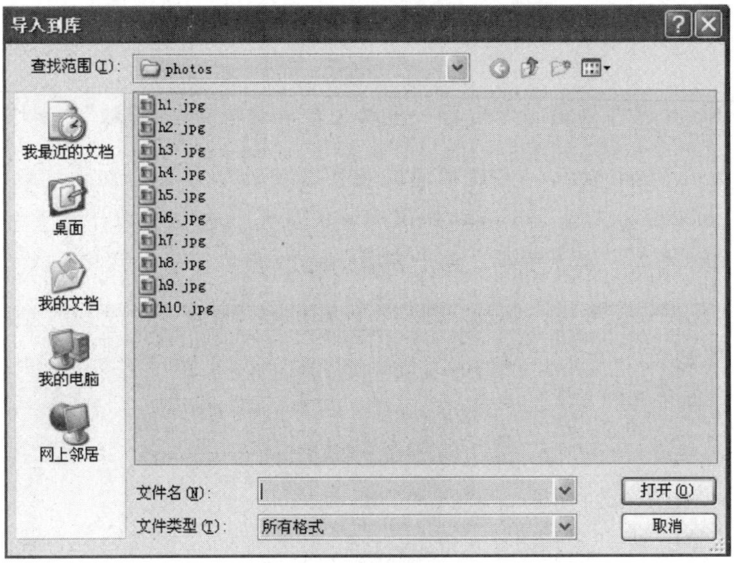

图 4-29　导入到库

③将图层 1 改名为“1 匹马”，在第 1 帧处将库中的 h1.jpg 拖入场景中，将下方的属性面板打开，将宽设为 550，高设为 400，X 设为 0，Y 设为 0。在第 30 帧处单击右键，选择插入帧(图 4-30)。

图 4-30　制作图层 1

④在“1 匹马”图层上方插入一个新图层，并命名为“2 只老虎”，在第 1 帧处将库中的 h2.jpg 拖入场景中，将下方的属性面板打开，将宽设为 550，高设为 400，X 设为 0，Y 设为 0。在第 30 帧处单击右键，选择“插入帧”(图 4-31)。

图 4-31 制作图层 2

⑤在“2 只老虎”图层上方插入一个新图层，并命名为“老虎遮罩”，第 1 帧处场景中用矩形工具绘制一个矩形，打开属性面板，设定宽为 30，高为 400，X 为 0，Y 为 0（图 4-32）。

图 4-32 插入“老虎遮罩”层

⑥在第 30 帧处插入关键帧，打开属性面板，设定宽为 550，高为 400，X 为 0，Y 为 0（图 4-33）。

图 4-33　插入关键帧

⑦选择“老虎遮罩”图层所在时间轴1～30帧的任意1帧，打开属性面板，将补间动画设为“形状”(图4-34)。

图 4-34　设置补间动画

⑧在“老虎遮罩”图层单击右键，选择“遮罩层”，第一个遮罩动画就设置好了(图 4-35)。

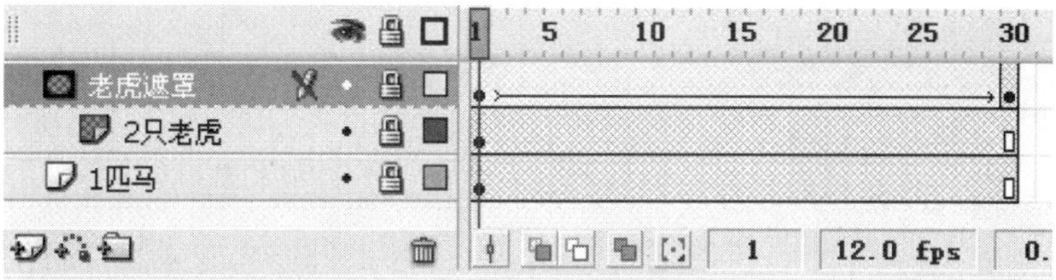

图 4-35 设置遮罩动画

⑨在“老虎遮罩”图层上方插入一个新图层，并命名为“3 只企鹅”，在第 30 帧处将库中的 h3.jpg 拖入场景中，将下方的属性面板打开，将宽设为 550，高设为 400，X 设为 0，Y 设为 0。在第 60 帧处单击右键，选择“插入帧”(图 4-36)。

图 4-36 插入企鹅图层

⑩在“3 只企鹅”图层上方插入一个新图层，并命名为“企鹅遮罩”，第 30 帧处场景中用矩形工具绘制一个矩形，打开属性面板，设定宽为 30，高为 400，X 为 520，Y 为 0(图 4-37)。

⑪在第 60 帧处插入关键帧，打开属性面板，设定宽为 550，高为 400，X 为 0，Y 为 0(图 4-38)。

⑫选择“企鹅遮罩”图层所在时间轴 30～60 帧的任意 1 帧，打开属性面板，将补间动画设为“形状”(图 4-39)。

⑬在“企鹅遮罩”图层单击右键，选择“遮罩层”，第二个遮罩动画就设置好了(图 4-40)。

⑭在“企鹅遮罩”图层上方插入一个新图层，并命名为“4 只麻雀”，在第 60 帧处将库中的 h4.jpg 拖入到场景中，将下方的属性面板打开，将宽设为 550，高设为 400，X 设为 0，Y 设为 0。在第 90 帧处单击右键，选择“插入帧”(图 4-41)。

图 4-37　插入“企鹅遮罩”层

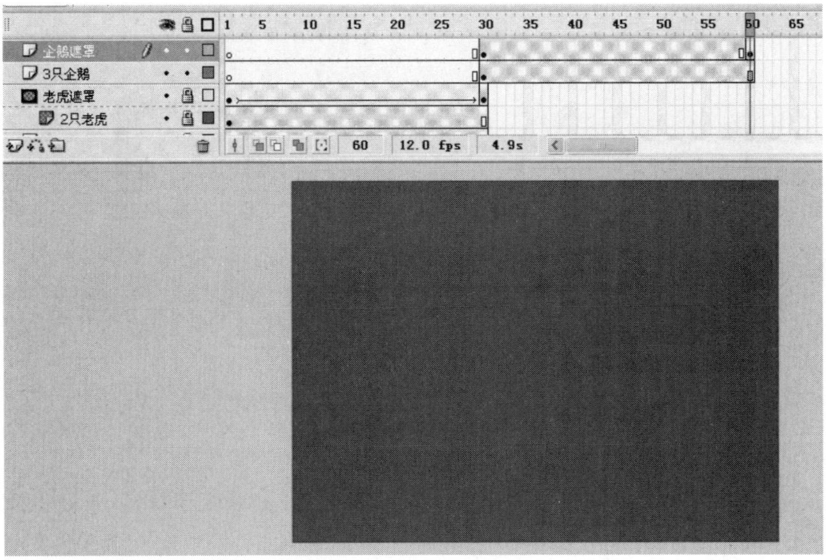

图 4-38　插入关键帧

⑮在“4 只麻雀”图层上方插入一个新图层，并命名为“麻雀遮罩”，在第 60 帧处场景中用矩形工具绘制一个矩形，打开属性面板，设定宽为 550，高为 20，X 为 0，Y 为 0(图 4-42)。

⑯在第 90 帧处插入关键帧，打开属性面板，设定宽为 550，高为 400，X 为 0，Y 为 0(图 4-43)。

⑰选择“麻雀遮罩”图层所在时间轴 60～90 帧的任意 1 帧，打开属性面板，将补间动画设为“形状”(图 4-44)。

图 4-39　设置补间动画

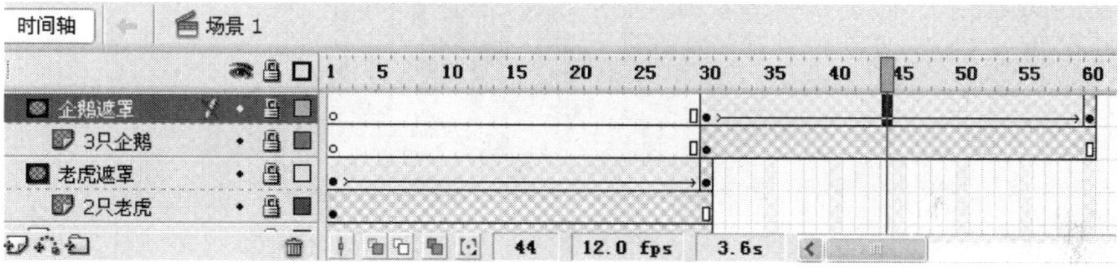

图 4-40　设置“企鹅遮罩”

图 4-41　插入麻雀层

图 4-42　插入“麻雀遮罩”层

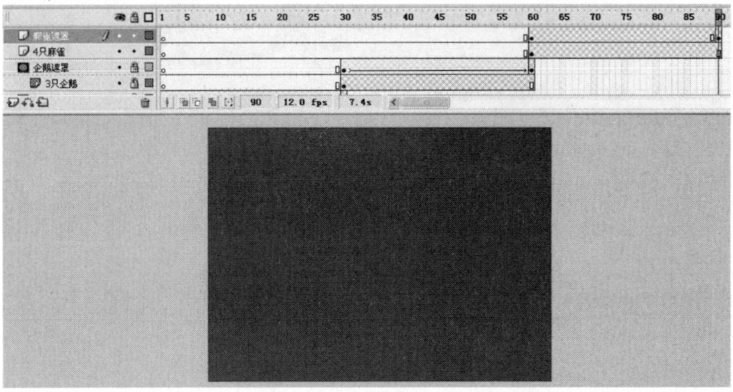

图 4-43　插入关键帧

图 4-44　设置补间动画

⑱在“麻雀遮罩”图层单击右键，选择“遮罩层”，第三个遮罩动画就设置好了(图 4-45)。

⑲在“麻雀遮罩”图层上方插入一个新图层，并命名为“5 只斑马”，在第 90 帧处将库中的 h5.jpg 拖入场景中，将下方的属性面板打开，将宽设为 550，高设为 400，X 设为 0，Y 设为 0。在第 120 帧处单击右键，选择“插入帧”(图 4-46)。

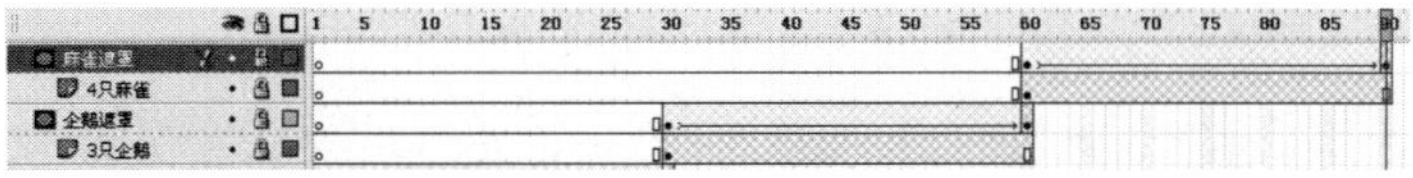

图 4-45　设置“麻雀遮罩”

图 4-46　插入斑马图层

⑳在“5 只斑马”图层上方插入一个新图层，并命名为“斑马遮罩”，在第 90 帧处场景中用矩形工具绘制一个矩形，打开属性面板，设定宽为 550，高为 20，X 为 0，Y 为 380(图 4-47)。

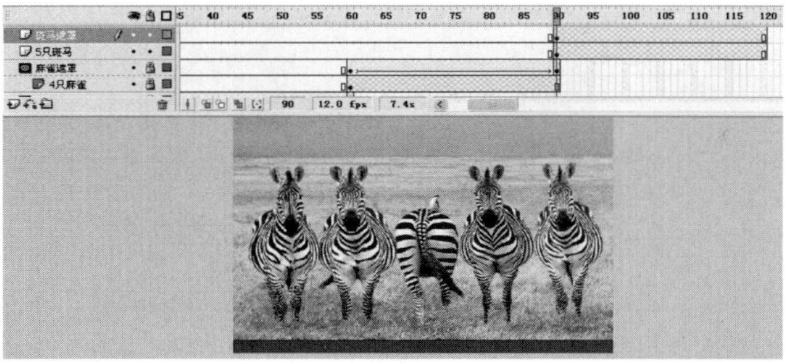

图 4-47　插入“斑马遮罩”层

㉑在第 120 帧处插入关键帧，打开属性面板，将矩形设定宽为 550，高为 400，X 为 0，Y 为 0(图 4-48)。

㉒选择“斑马遮罩”图层所在时间轴 90～120 帧的任意 1 帧，打开属性面板，将补间动画设为“形状”(图 4-49)。

㉓在“斑马遮罩”图层单击右键，选择“遮罩层”，第四个遮罩动画就设置好了(图 4-50)。

至此我们已经制作了一个由五张动物图片形成各种不同自动切换效果的 Flash 动画，在第 2 步导入的库中还有 h6～h10 图片，同学们可以参照老虎、企鹅、麻雀和斑马的遮罩动画制作步骤，添加更多的动物图片与其他不同的自动切换效果，具体的制作方法不再赘述。

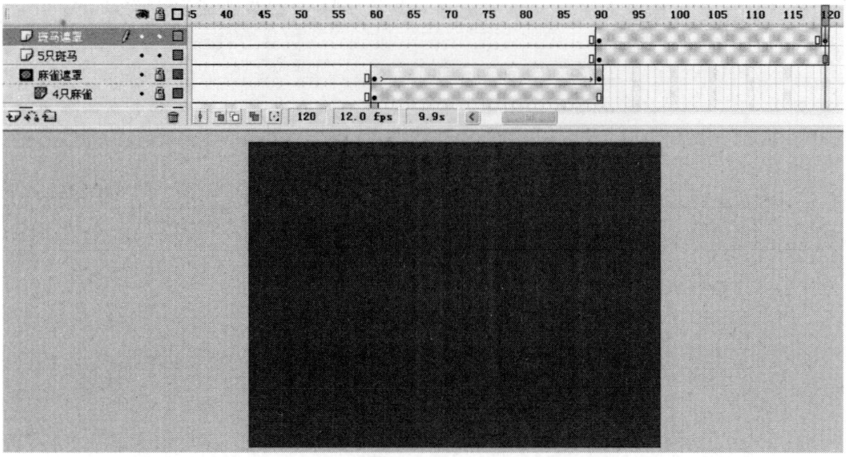

图 4-48　插入关键帧

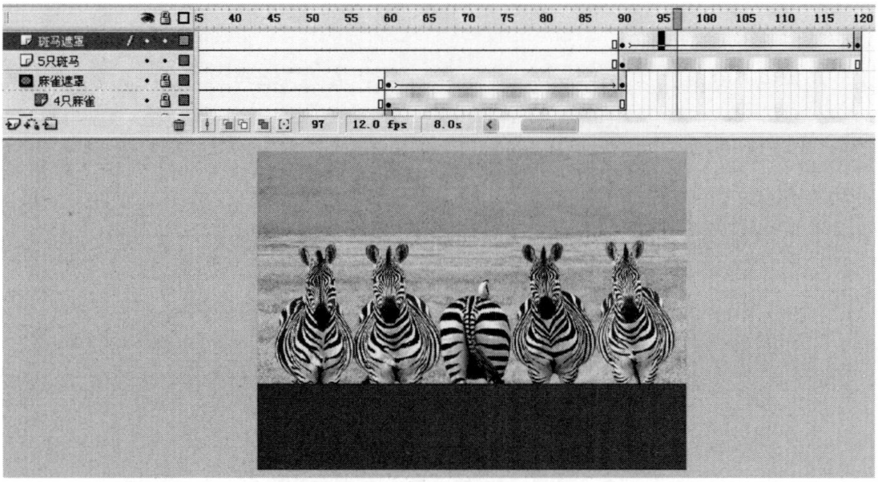

图 4-49　设置补间动画

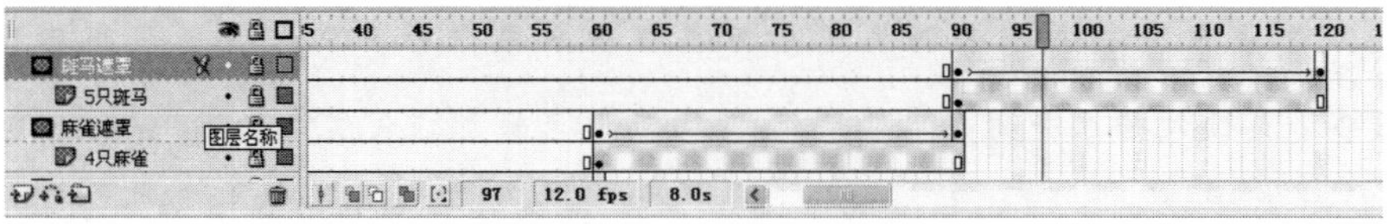

图 4-50　设置“斑马遮罩”

2. 制作交互按钮

通过以上的步骤，我们已经基本完成“看图识数”动画的场景与主要动画。但是，如果我们想在动画播放过程中控制动画播放与暂停，就需要通过制作交互式按钮来实现。

具有交互的动画可以使用户通过鼠标或键盘操作，参与控制动画，使动画画面产生跳跃变化或执行其他一些动作(程序，也叫脚本)。Flash 的交互是通过动作脚本来实现的。Flash ActionScript 是 Flash 内置的编程语言，可以实现各种复杂的功能和效果。

Flash 可以为三种对象分配动作脚本，分别是下面三种对象：关键帧(Key Frame)、按钮(Button)实例、电影剪辑(Movie Clip)实例。

下面，我们将以以上场景为例，讲述如何运用动作脚本实现影片播放的控制。

(1)修改文档属性。

单击菜单“修改”“文档”，将标题设为“看图识数”，尺寸的高设为 450 px，帧频为 10 fps(图 4-51)。

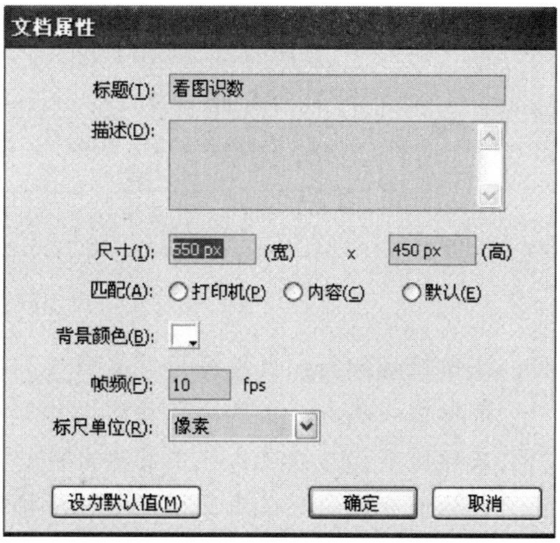

图 4-51　修改文档属性

(2)制作按钮元件。

①在“1 匹马”图层下方插入一个新图层，并命名为“按钮图层”，在第 1 帧处使用文本工具在 1 匹马图片下方的空白场景处添加文字：“播放”，字体为华文行楷，字号为 38(图 4-52)。

图 4-52　插入按钮图层

②右键单击文本框“播放”，在弹出的菜单中选择“转换为元件”，在“转换为元件”对话框中名称设为“播放”，类型设为“按钮”(图 4-53)。

③右键单击已经转换为“按钮”的播放按钮，在弹出的菜单中选择“编辑”，进入按钮元件编辑状态(图 4-54)，我们发现按钮元件的时间轴包含向上(Up)、经过(Over)、向下(Down)和点击(Hit)四个帧，每个帧分别对应了按钮的以下四个状态。

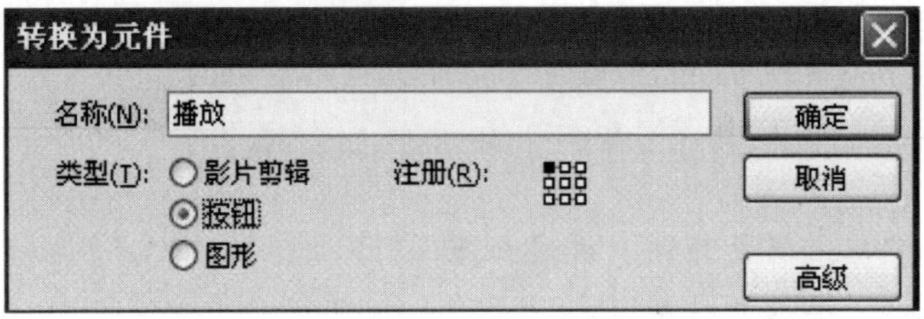

图 4-53　制作播放按钮

按钮弹起状态：当鼠标指针没有接触按钮，按钮默认呈现的状态。

鼠标指向状态：当鼠标移动到按钮上方，但是没有按下鼠标键时的状态。

鼠标按下状态：当鼠标左键单击按钮，并且按住左键不放时的状态。

鼠标响应区域：设置鼠标可以激活按钮的区域。

图 4-54　编辑播放按钮

当按钮处于哪个状态，按钮在屏幕上就呈现对应那个帧的内容。按钮元件内部的帧编辑方法与普通帧是完全一样的，可以在这些帧中放置位图、声音、电影剪辑等任何元素，可以添加图层，由此可以创作出各种具有特殊效果的动态按钮。

本实例中我们简单设置一下四个帧的状态：右键单击“指针经过”“按下”“点击”帧，在弹出菜单中选择“插入关键帧”命令，将各帧按钮形状设为一样(图 4-55)。

④参照以上步骤，在场景空白处“播放”按钮的旁边再添加一个“暂停”按钮(图 4-56)。

(3)添加动作脚本。

①设置播放动作。在舞台上右键单击“播放”按钮，在弹出菜单中选择“动作”，在右侧的代码窗口中输入如下代码。

```
on(press)
{
Play()；
}
```

提示：on(press)是鼠标的事件，表示当单击鼠标时执行大括号中的语句。Play 表示

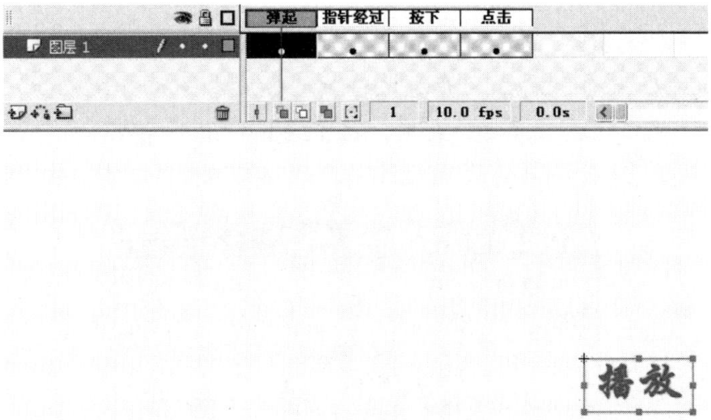

图 4-55 重复编辑播放按钮

图 4-56 制作暂停按钮

开始播放。

②设置停止动作。右键单击“暂停”按钮，在弹出菜单中选择“动作”，在右侧的代码窗口中输入如下代码。

```
on(press)
{
stop();
}
```

Stop 表示停止播放。

(4)测试与输出影片。

①点击“控制—测试影片”菜单，观看动画效果。点击按钮，检查按钮是否正常。如果出现问题，请重复刚添加动作脚本的步骤，仔细检查脚本是否有误。

②点击“文件—导出—导出影片”菜单，将 Flash 导出为 SWF 文件。此外，也可以先利用“文件—发布设置”进行导出的设置(图 4-57)，然后点击“文件—发布”菜单输出影片。

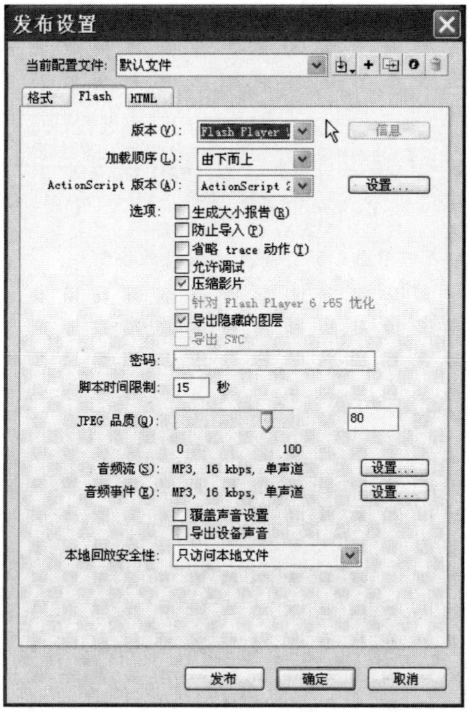

图 4-57 发布设置

本章小结

本章以幼儿园活动课为研究对象，体现了幼儿园活动的特点。幼儿教学多媒体课件的设计与制作，需要符合幼儿认知的特点，且应在学前教育理论的指导下进行。由于教学活动始终围绕以幼儿的“学”为中心来开展，所以幼儿学习理论已成为指导课件开发的重要理论。幼儿园多媒体课件的分类、特点及教学功能、设计原则也应体现不同于其他层次课件的特点。

根据操作学习、接受学习、发现学习的学习分类，将课件分成互动型课件、演示型课件、探索型课件三种类型，这与其他层次的教学课件是一致的。

幼儿园多媒体课件的主要教学功能有：调动幼儿积极参与，优化学习环境，扩大幼儿的知识面，促进师幼互动。

在设计和制作多媒体课件的过程中应该遵循教育性、科学性、控制性、艺术性、经济性原则。幼儿园课件要在幼儿园教学活动中起到相应的作用，还必须遵循必要性、趣味性、形象性、交互性和真实性原则。

多媒体课件的设计与开发是按照一定的步骤逐步实现的过程。一般来说，课件的开发可分为以下几个阶段：课题选择、课件的教学设计、软件的系统设计、稿本的编写、素材的准备、课件的编辑、课件的试用与评价、课件产品的成型。在这几个阶段中，脚本编写在课件开发中具有十分重要的地位，是需求分析的具体体现，是软件结构设计和素材准备的前提，更是合作开发的基础。

本章中，我们还通过实例较详细介绍了 PPT 和 Flash 课件制作软件的使用方法。

当然，由于篇幅所限，PPT 和 Flash 课件制作方法和技术的介绍还远远不够，有兴趣的同学可以参考其他教材进一步学习。

思考与练习

1. 简述多媒体课件在幼儿园教学活动中的应用。

2. 请结合幼儿园教育教学活动的内容，写一份幼儿园教学课件的文字脚本和卡片脚本。

3. 自选题材，制作一个幼儿园教学 PPT 课件。

4. 自选题材，用 Flash 软件制作一个幼儿园教学课件。

第五章　现代教育技术在幼儿教育中的应用

本章学习提示

随着教育信息化的深入发展，大量现代信息技术被大量应用于幼儿园教学、科研和管理工作中，改变了传统幼儿园教育教学及管理的观念、模式、内容和方法，促进了幼儿教育的改革与发展，同时也改变了师生传统的教学与学习方式。了解与掌握幼儿教育信息化的相关知识及技术，对于提高幼儿园教育教学质量、管理水平，探索智慧幼儿园的建设，促进幼儿教师终身发展均有着十分重要的意义。

本章学习目标

1. 了解智慧幼儿园的概念及其基本组成。
2. 了解幼儿教育中信息化应用系统的使用。
3. 掌握幼儿教育教学资源开发方法。
4. 了解幼儿电脑游戏的特点，能指导幼儿正确操作电脑，玩电脑游戏。
5. 学会运用信息化工具进行教学、学习、管理与科研。

第一节　智慧幼儿园的概念及基本组成

一、 智慧幼儿园的概念

在5G、物联网、人工智能等新技术飞速发展的今天，智慧地球、智慧城市、智慧教育等概念相继被提出，智慧幼儿园的概念也应运而生。

智慧幼儿园是依托移动互联网、物联网、人工智能等新兴技术，构建并利用现代化的幼儿园信息管理系统，对幼儿园进行现代化管理与运营的幼儿园教学与管理模型。

智慧幼儿园的构建必须符合国家《幼儿园教育指导纲要(试行)》，以孩子的成长为核心，用专业的课程和信息化工具，通过智慧管理、智慧教学、智慧环创三个方面进行打造，给孩子从小播下爱国爱家、友爱他人、聪明自信的种子，养成良好的生活和学习习惯，最终目的是促进孩子健康快乐地成长。

二、 智慧幼儿园的基本组成与功能

（一）智慧幼儿园的基本功能

建设智慧幼儿园，首先必须弄清楚智慧幼儿园的基本功能。一般来说，智慧幼儿园需要具有如下基本功能。

1. 智慧管理功能

幼儿园智慧管理就是要充分利用现代信息技术对幼儿园的运行进行现代化的管理，具体包括：智慧办公、智慧招生、智慧保教、智慧安防、智慧成长等管理系统，对园所办公、对外招生、幼儿保教、校园安全、幼儿健康成长等进行现代化的、高效的、科学的管理。

(1)智慧办公。智慧办公就是通过网络管理平台，在实现网上办公的同时，实现幼儿园运营管理过程中的核心办学指标数字化、考核状态指标化、管理方法智能化与自动化，实现园务管理、审核管理、用户管理、运营分析等方面的现代化管理。

(2)智慧招生。智慧招生就是利用现代网络技术，通过网站、APP 等信息发布平台，完成自主传播渠道建设，实现招生信息有效传播，最终实现招录全信息化管理。

(3)智慧保教。智慧保教首先是实现幼儿园教学管理的现代化，实现教学安排、保育安排、课程管理、教学资源调配、分班教学等的网络化管理。再就是通过创设符合幼儿成长的环境，利用信息化的管理手段，创设更加科学合理的保教方法、措施、制度，最大限度地促进幼儿健康成长，如更科学的膳食结构、幼儿卫生习惯、幼儿身体健康监测、幼儿愉悦心情创设等。

(4)智慧安防。智慧安防就是通过构建视频监控系统、门禁道闸系统、防盗报警系统构建立体化的安全防线，确保幼儿园安全无虞。

(5)智慧成长。智慧成长就是通过各种现代化的监测手段(如智能手环)和幼儿成长分析系统，记录幼儿成长的各种数据，并对幼儿的身体成长、生活行为、学习优长等方面进行分析，对出现的问题及时干预和纠正，促进幼儿全方位健康成长。另外，还可通过电子化的记录手段，使家园两端能够及时记录孩子成长的精彩瞬间，形成即时的成长记录模式，为今后的童年乐趣回忆增添生动的素材。

2. 智慧教学功能

随着信息技术深入应用到教育领域，智慧教学在大中小学乃至幼儿园开始兴起。所谓智慧教学就是充分利用信息化教学手段，利用智能型教学设备、海量的网络资源，打造形象生动、内容丰富、对幼儿产生极强吸引力的课堂教学模式，使幼儿在教学活动中得到多种能力的锻炼。

3. 智慧服务功能

幼儿园智慧服务系统包括安全接送系统、食物消费安全监管系统、信息发布系统、家园共育系统等。特别是家园共育系统，能通过网络、移动互联、短信推送等多种形式，联通教室教学与家庭教育，实现教师、教室、家长多方互联。家长能及时了解幼儿在学校的生活学习状况，干预教导幼儿的学习成长。教师也能及时与家长沟通，使教师、家长对幼儿围绕同一教育目标展开，在行动、认知方面达成共识。同时家长还能得到幼儿园构建的家长教育指导，获取相关的教育信息和资源，对幼儿开展个性化教育。

（二）智慧幼儿园的基本组成与建设

一般来说，智慧幼儿园是由硬件支持平台和软件应用平台两大部分构成的。

1. 硬件支持平台

幼儿园最基本的硬件是物理生态环境，就是校园、教学楼、教室等学习生活环境。由于幼儿园的特殊性，其校园环境、教室、家具等基础设施的设计都必须符合幼儿的特性，所以出现了智慧环境创设的概念。幼儿园智慧环境创设就是要根据不同年龄段的幼儿发育、成长特征，结合智慧教学与管理功能，创设出适合孩子成长的氛围，发挥环境的教育价值与作用。

不过，在幼儿园教育技术中要探讨的硬件平台建设不是指幼儿园智慧环境创设，而是指用于幼儿园教学与管理的各种信息化平台。它通常包括幼儿园校园网基础平台、校园广播系统、视频监控系统、门禁考勤系统、多媒体教学系统、一卡通系统等，是支持幼儿园信息化管理的基础。

2. 软件应用平台

幼儿园软件应用平台就是指应用于幼儿园教学与管理的各种应用软件。现在一般是构建一个综合的智慧幼儿园管理系统(平台)，将上述智慧幼儿园的功能集合到平台上，实现对幼儿园的全方位综合管理。系统以 B/S 构架，嵌入幼儿园网站中，另外还开有手机应用程序，方便即时查看和移动办公。平台将与幼儿园设施设备实现互联。通过平台，幼儿园管理者可以在电脑和手机上随时随地地了解园内各方面的工作进展状态，查看详细的幼儿与教职工数据、考勤、财务、卫生保健等实时信息，并对园所内门禁监控、水电、设施设备、音乐广播等进行远程控制。通过家校互动应用程序，实现幼儿园、教师、家长三方互动。

通过智慧幼儿园管理系统让幼儿园最终实现管理低成本、高效率，使管理者、保教人员将更多精力从日常烦琐的辅助工作中转移到教育教学上，增强家园共育的交互方式，最大限度地促进幼儿成长，提升幼儿园核心竞争力，打造一流的幼儿园所，这是现代幼儿园信息化的一致目标。

三、 多媒体教学系统

（一）多媒体硬件系统

多媒体硬件系统主要包括多媒体计算机、多媒体输入输出系统、多媒体教室、网络教室等硬件设备，如图 5-1 所示。

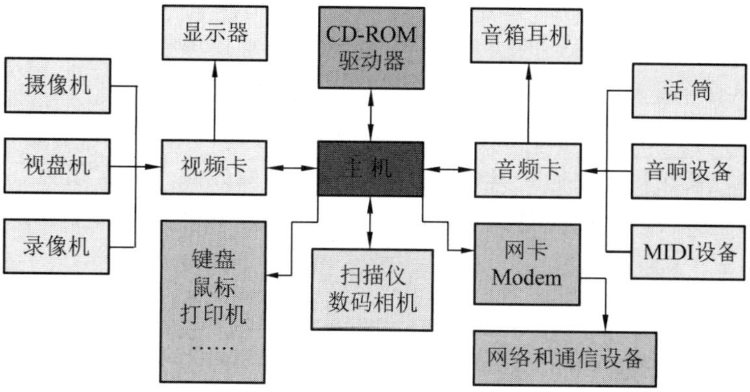

图 5-1 多媒体硬件系统结构图

1. 多媒体计算机

多媒体计算机可以是 MPC(Multimedia Personal Computer)，也可以是工作站或其他大、中型机。

MPC 意指多媒体个人计算机，是目前应用最为广泛的多媒体计算机系统，通常可以通过两种途径获取：一是直接购买厂家生产的 MPC；二是在原有的 PC 机基础上增加多媒体套件升级为 MPC。套件主要有声卡、CD-ROM 驱动器、多媒体视频采集卡、音箱等，再安装其驱动程序和软件支撑环境即可使用。由于多媒体计算机要求有较高的处理速度和较大的存储空间，因此使用 MPC 既要有功能强、运算速度快的 CPU，又要有较大的内存空间。另外，高分辨率的显示接口也是必不可少的，目前比较流行的已经是 HDMI 接口。

多媒体工作站采用已形成的工业标准 P05IX 和 XPG3，其特点是：整体运算速度高、存储容量大、具有较强的图形处理能力、支持 TCP/IP 网络传输协议以及拥有大量科学计算或工程设计软件包等。例如，戴尔公司的 Precision T5500 多媒体工作站，能够同步进行多种信息处理及计算应用。它与 MPC 的区别在于不是采用在主机上增加多媒体板卡的办法来获得视频和音频功能，而是从总体设计上采用先进的均衡体系结构，使系统的硬件和软件相互协调工作，发挥更大的作用。

2. 多媒体输入输出设备

常用的多媒体设备有显示器、光盘存储器、音箱、扫描仪、数码相机、数字摄像机、触摸屏、投影机、刻录机和视频展示台等。下面对第二章中没有述及的设施设备简要进行介绍。

(1)显示器。显示器是一种计算机输出显示设备，它由显示器件(如 CRT、LCD)、扫描电路、视放电路和接口转换电路组成，为了能清晰地显示出字符、汉字、图形，其分辨率和视放带宽比电视机要高出许多。

(2)扫描仪。扫描仪是一种静态图像采集设备。它内部有一套光电转换系统，可以把各种以纸张为载体的图文信息扫描、传输到计算机中，再由计算机进行图文信息的编辑、存储、打印输出等处理。例如，利用扫描仪获取照片、课文的插图、杂志图片、手绘图画等。

(3)触摸屏。触摸屏是一种定位设备。当用户用手指或者其他设备触摸安装在计算机显示器前面的触摸屏时，所摸到的位置(以坐标形式)被触摸屏控制器检测到，并通过接口发送到 CPU，从而确定用户所输入的信息。

(4)刻录机。由于多媒体课件中使用了大量的音频、图像、视频和动画等多媒体素材，使课件容积很大，使用传统存储工具(如磁盘等)备份多媒体课件难度很大。光盘存储空间大，价格低，携带方便。利用光盘刻录机能方便地将课件刻录到光盘上，便于教学、交流和保存等。

3. 多媒体教室

多媒体教室由多媒体计算机、投影仪、数字视频展示台、中央控制系统、投影屏幕、音响设备等多种现代教学设备组成。通常以中央控制设备为中心，由计算机把视觉、听觉内容通过中央控制设备输入给投影仪、音响设备，完成视听信号的放大、再现。

（二）多媒体软件系统

1. 多媒体软件系统的概念及其特点

多媒体软件系统是指能使多媒体硬件设备有机协调运行的各类程序及电子文档的总和。它综合运用了计算机处理各种媒体的最新技术，如数据压缩、数据采样、二维及三维动画制作等，能灵活地调度，使用多媒体数据，使各种媒体硬件和谐地工作，使 MPC 形象逼真地传播和处理信息，所以说多媒体软件是多媒体技术的灵魂。

多媒体软件的基本特点有：①运行于一种多媒体操作系统中；②具有高度集成性，即能高度地综合集成多种媒体信息；③具有良好的交互性，即使用户能随意控制软件及媒体。

2. 多媒体软件系统的构成

从功能上可以把多媒体软件系统分为多媒体驱动程序、多媒体操作系统、多媒体数据准备软件、多媒体编辑和创作软件及多媒体应用软件五类。从结构上可将多媒体软件划分为三层，如图 5-2 所示。

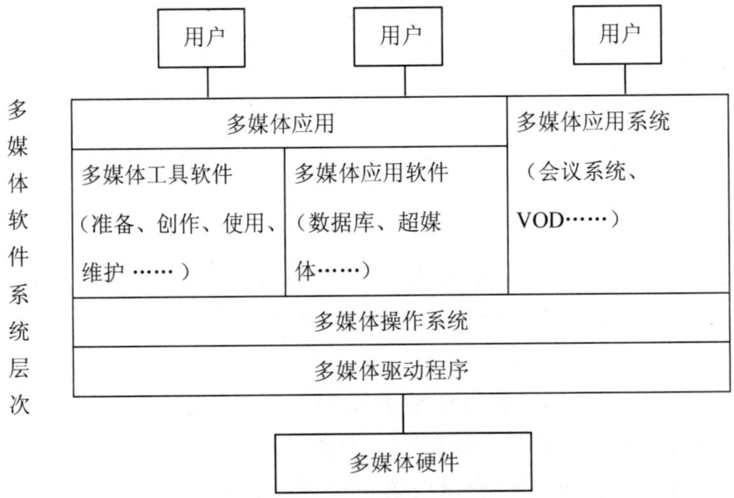

图 5-2　多媒体软件系统层次

(1)多媒体驱动程序。多媒体软件中直接和硬件打交道的软件称为驱动程序。它完成硬件设备的初始化、设备的各种控制与操作等基本硬件功能的调用。这种软件一般随硬件提供，也可以在标准操作系统中预置。

(2)多媒体操作系统。多媒体操作系统是多媒体计算机系统的核心。它处于驱动程序之上、应用软件之下，负责多媒体环境下的多任务调度、媒体间的同步、多媒体外设的管理等。

(3)多媒体数据准备软件(前已述及的多媒体素材制作软件)。它是用于采集、加工多媒体数据的软件，如视频采集、声音录制、图像扫描、动画制作等软件及对声、文、图、像进行加工处理的软件。

(4)多媒体编辑和创作软件。一是多媒体创作工具软件，其功能是把各种多媒体数据按照应用的要求集成编辑为一个节目，如教学 Title、网页制作工具 FrontPage 等。二是支持多媒体开发的程序设计语言。例如，基于脚本语言的写作工具，如 Tool Book；基于流程图的写作工具，如 Authorware；基于时序的写作工具，如 Action。多媒体课件制作软件一般属于此类。

(5)多媒体应用软件。在多媒体操作系统之上开发的、面向应用的软件系统，与具体应用不可分割。它是根据多媒体系统终端用户要求定制的，如用创作工具制作的特定教学节目；或者是面向某一领域的用户开发的应用软件系统，它是面向大规模用户的系统产品，具有特殊的用户群。

（三）教学一体机

教学一体机就是指多媒体教学一体机，它综合了红外触控技术、多媒体网络通信技术、高清平板显示技术等多项技术，并集成了智能教学与管理软件，整合了投影仪、电子白板、电脑、电视、触摸功能等多种设备的多功能互动教学设备，将传统的显示终端升级为功能全面的人机交互设备。通过此设备，教师可以实现一体化教学，在同一屏上实现 PPT 展示、资源打开、书写、绘图、媒体播放、上网以及其他电脑操作，可轻松演绎精彩的互动课堂，给现代教学带来深刻的变化。

教学一体机集合了电子白板、电脑、投影仪、电视机、音响、广告机等的功能，就是一套集成的多媒体系统，只要接入网络、插上电源就可使用，如图 5-3 所示。

多媒体教学一体机的使用非常简单，一般步骤如下。

第一步，接通总电源开关，按下教学一体机的电源键(通常在右下方面板上)，一般设计是电脑、一体机面板同步开机。

第二步，在面板上操作各项功能，开展正常的教学工作。这里面内容丰富，需要经常操作才能熟练。

第三步，下课关机。首先关闭所有程序窗口，然后通过计算机系统的关机程序，关闭计算机。关闭计算机后，再按电源键断电。无法正常关机的情况下，按电脑电源键 3～5 秒后关闭电脑。有的机器设计了一体关机，即按下教学一体机的电源键，电脑、面板就可同步关机。

图 5-3　多媒体教学一体机

知识拓展

应用软件的 C/S 和 B/S 架构

C/S(Client/Server，客户机/服务器)模式又称 C/S 结构，是软件系统体系结构的一种。C/S 模式简单地讲就是基于企业内部网络的应用系统。C/S 模式的应用系统最大的好处是不依赖企业外网环境，即无论企业是否能够上网，都不影响其应用。

其服务器通常采用高性能的 PC、工作站或小型机，并采用大型数据库系统，如 ORACLE、SQL Server 等。其客户端一般就是 PC。

其最大的特点就是客户端需要安装专用的客户端软件，只适用于局域网运行。其优点是能充分发挥客户端 PC 的处理能力，客户端响应速度快。

B/S(Browser/Server，浏览器/服务器)模式又称 B/S 结构。它是随着 Internet 技术的兴起，对 C/S 模式应用的扩展。在这种结构下，用户工作界面是通过 IE 浏览器来实现的，所以用户不用安装专用的客户端。B/S 模式最大的优点是运行维护比较简便，能实现不同的人员，从不同的地点，以不同的接入方式(如 LAN，WAN，Internet/Intranet 等)访问和操作共同的数据；最大的缺点是对企业外网环境依赖性太强，由于各种原因引起企业外网中断都会造成系统瘫痪。

由于移动办公的需要，现在大多数应用软件都在用 B/S 架构开发。

实践活动

1. 参观一所幼儿园，了解智慧校园系统和多媒体教学系统的组成。
2. 学习使用多媒体教学一体机。

第二节　幼儿教育资源开发

教学资源库是指按照统一的符合国际标准的技术规范和课程内在的逻辑关系构建的，由优秀的数字化媒体素材、知识点素材及示范性教学案例等教学基本素材构成，可不断扩充的开放式教学支持系统。教学资源库的功能包括资源的采集、资源的验证、资源的检索、资源的浏览和下载等。建设教学资源库是为了整合优秀的教学资源，从而实现资源的共享，以达到提高教学质量的根本目的。教学资源库的建设也是为了促进教育技术与课程的整合，为创新教学模式提供有力的支持。

一、教学资源库概述

（一）教学资源库的构成

教学资源库的建设以校园网为基础，教学资源库建设包括媒体素材库、试题库、试卷库、案例库、课件库、文献资料库、常见问题解答库、资源目录索引库的建设和网络课程建设以及网络教学资源管理系统的研制开发。媒体素材库是整个资源库的基础部分，课件库中的课件、案例库中的案例、常见问题解答、网络课程，甚至试题库都可能使用媒体素材库中的媒体数据。基于网络教学资源库的教学工具、学习系统、授课系统、教学资源编辑和制作系统都可能要与媒体素材库、试题库、课件库、案例库、常见问题解库、资源目录索引库和网络课程发生关联，考试系统要与试题体系发生关联，评价系统则涉及教学资源的各个部分。因此，教育资源管理系统应具备要完成所有类型的资源管理功能和系统管理功能。

（二）教学资源库的功能模块

教学资源管理功能主要是完成对所有类型资源的管理功能，包括资源的索引编制、发布、修改、删除、传输、审核和检索等。其具体功能包括以下几种。

1. 资源的检索

为用户快速地找到所需要的资源提供各种检索途径，支持单键查询、复合查询、模糊查询，并支持通配符、关联查询的段落定位查询、精确查询等多种方式。

2. 资源的上载和批量录入

资源上载系统允许教育工作者通过互联网将优秀的教育教学资源，如教案、课件、论文等上载到临时资源库的具体目录中，并且系统能够对上载的临时资源进行自动分类，然后又通过资源的审查人员进行修订和审核后再增加到资源库中，以供其他用户共享。同时，教师和学生也可以将自己在实际教学和学习中碰到的问题上载到问题库中以寻求有权威的教师和专家的解答。资源的录入主要由具有审核权限的教师将已经审核通过的教育资源直接存入资源库中，而无须通过临时资源库的周转。资源的录入包括单个录入和批量录入两种方式，单个录入以提交表单的形式实现，而批量录入则是通过特定的接口将大量资源一次性存入数据库。

3. 资源的审核与发布

任何新上载的资源都需要经过严格的审批，合格后才能进入正式资源库，系统支持资源审核人员通过互联网进行远程评审，完成对资源的审核与发布工作。审核员定期检查临时资源库中存储的新资源，根据教育资源评价标准对教育工作者所上载的资源进行审核。资源管理系统提供资源评分机制，将各项指标的得分和权重进行统计分析，最终给出资源的审核结果。对于不合格的资源，可将其立即删除。如通过审核，可将该资源转移到正式资源库中，即完成发布工作。为保证资源属性值的准确性，系统应具备属性校正接口，资源审核员在发布之前要对资源的属性进行精确校正。

4. 资源的浏览

资源管理系统应提供明确的导航系统，以方便用户对资源进行自然浏览。用户可以根据导航栏的层层提示定位到某一个资源文件上。对于每一个资源文件，都具备相关属性的显示功能，如提供该资源的内容简介、关键字、作者信息等。同时具备相关资源显示功能，可按学科类型、作者或关键词的相关度实现。

5. 资源的下载

用户可将自己需要的资源从资源库下载到本地计算机的硬盘上，对于需要付费的资源，需要先付费确认后才能正确下载；支持多文件压缩下载功能，当用户选择多个资源文件下载时，系统能自动将文件压缩成一个自解压的可执行文件供用户下载；支持断点续传，当出现网络故障时，用户可从上一次成功连接时资源下载的位置继续完成下载；在用户下载资源的过程中，系统提供下载的动态信息。

二、 幼儿教育资源开发方法

（一）教育资源的一般表现形式

教育资源一般由学习资源、备课资源、科研资源和管理资源组成。其表现形式一般为：从技术上看，是以文本、图形图像、音频、视频、动画和应用软件类等形式展现；从教育内容上看，是以教科书、电子教案、教学课件、教育模板、学生作品、演示文稿、参考文献、评价量规、教学课例、资源索引等形式展现；从教育过程来看，是以备课、讲授、实验、练习、测试、作业、讨论、答疑、游戏、情感交流、教学管理等形式展现。

现在，教育资源一般在网站、微信、微博等平台上展现，尤其是数字教育资源，这样才能实现最大程度的共享。

对于幼儿教育资源来说，表现形式更多的是声音、图形图像、影像(包括动画视频)和文字，因为幼儿读物大多是以这些形式表现的。

（二）教育资源开发的一般工具

1. 素材处理工具

从技术上看，教学素材的最基本形式无非就是文本、图形图像、音频、视频、动画等。开发教育资源首先必须制作、处理基本素材，用到的工具有字处理、图形图像处理、音频处理、视频处理、动画制作等，如 Office 办公软件、WPS、Photoshop、AU、EDIUS、PowerPoint、Flash 等工具软件。这些工具的应用我们已在前面的章节中进行了学习。

2. 专业开发工具

整体的教育资源需要用到专业的软件才能实现。例如，制作网络课件除了用到 PowerPoint、Flash 外，还有 Authorware、Director 等；开发网络课程、专题学习网站必须先掌握网页的开发，要用到 FrontPage、Dreamweaver 等工具；微信学习平台需要掌握微信公众号、微信 APP、微信小程序、JAVA 开发工具等。

幼儿教育资源由于其特殊性，更多集中在画册、有声读物、影像视频、小游戏上，所以我们更应掌握的是文字、图形图像、音视频、流媒体等的处理技术。

（三）教育资源开发流程

教育资源的开发过程一般可分以下四个阶段。

第一阶段，制订开发计划。主要是通过教育教学需求分析，确定所要建设资源的种类、教育资源的学科范围、资源建设的具体内容、每一类资源的数量以及需要提供哪些特色资源等，然后进行系统设计，确立系统结构，编写脚本。最后要形成一个资源建设的需求分析报告和一个完整的开发计划。

第二阶段，制作多媒体素材。通过收集整理各种资源信息，根据开发计划要求，进行文本、图形图像、动画、音视频等多媒体素材的制作和加工处理。

第三阶段，系统平台开发与素材集成。主要进行资源库平台(一般以网站的形式展现)的界面设计、栏目设计、脚本编写、程序编写，完成平台原型开发，然后将多媒体素材分类上传到平台上，这样就基本上完成了资源库平台的建设。

第四阶段，测试、应用和完善。资源库做好以后，进行必要的测试，没有什么问题后投入应用，然后边应用、边完善。

总的来说，基本流程是：教学资源库需求分析—确定开发计划—制作多媒体教学素材—资源库平台设计—资源库原型设计—脚本(程序)编写—素材上传集成—平台测试试用—试用评价与完善。

问题探讨

如何建设独具特色的幼儿教育资源?

如果要开发大型的幼儿教育资源库，需要预先做出科学的建设规划，尤其是建设内容的规划。例如，长沙师范学院学前教育资源库的建设，就规划了幼教法规政策与管理、幼教事业发展、幼师培养与培训、幼儿园教育教学、幼师专业成长、幼儿发展与评价、幼教科研、幼儿家庭与社区教育、婴幼儿用品与社会服务等方面的资源作为学前教育资源库的内容；在资源库网站栏目的设计上，是按照学前师范院校教师、学前师范专业学生、幼儿园教师、幼教管理及研究工作者、幼儿家长、0～7 岁幼儿、幼教服务及用品商七大类用户进行设计的；在资源的表现形式上，设计了文本、图片、音频、视频、动画、课件、网络课程、教学软件、游戏软件、儿童动画库、儿童玩具库等。

一般学校(幼儿园)的教育教学资源都是比较小型化的，都是紧紧围绕课程教学进行设计建设的，在课程建设、教学研究、特色活动、教学空间、家园共育、幼儿成长等栏目中分散展现教学资源，有电子教案、教学课件、活动视频、学习资源、游戏活动设计、自制学具等。幼儿园老师还应结合本地本园特色，设计独特的教育资源，如对农村幼儿园，可以设计农作物视图、种植养殖、乡土民俗、民间剪纸等相关知识资源，寓教于本土本园。

同学们，你们从现在开始就可以利用在本课程中所学习的知识和技能自制作品，收藏、收集、整理并汇成自己的幼儿教育资源集。

三、 幼儿园网站的设计

（一）幼儿园网站的功能

如今，互联网已成为人们日常生活中不可或缺的重要组成部分，而基于互联网的网站作为对外展示的窗口和信息交流平台，已成为企事业单位、政府部门以及个人对外形象的重要标志，各部门、单位都纷纷建立自己的网站来发布和收集信息。不仅如此，越来越多的企事业单位还将自己的商务活动放到网站上，甚至政府也将政务活动放到网站上，网站已成为信息处理的新平台。教育行业也不例外，不仅是大、中、小学，就是幼儿园，也把其网站看作是自己的“商标”，宣传自己的特色，彰显自己的个性。因此，网站作为一个直观、高效、便捷的宣传和管理平台，已成为园方宣传自身、沟通社会、联系家长最有效的平台。

一般来说，幼儿园网站具有如下重要功能。

(1)幼儿园网站为幼儿园提供了一种成本最低但最有效的宣传平台。在这个平台上，幼儿园可以将自己的一切信息推介给观众，让社会了解你，让世界了解你。通过展示自己独特的风采，树立自己的品牌形象。

(2)幼儿园网站为幼儿园和家长的沟通建立了一座桥梁。网络是一种全天开放的平台，通过它，家长可以随时了解幼儿园以及自己孩子的最新信息，甚至可以通过网络视频现场看到自己孩子的生活和学习，家长可以及时反馈自己的意见和建议，和园方进行交流沟通。

(3)幼儿园网站是幼儿园实现信息化管理的平台，是信息管理应用系统的载体。幼儿园信息管理应用一般包括园务管理系统、幼儿(学生)成长管理系统、门禁系统、视频监控系统、家校通、教学资源管理系统等，它们一般都是寄住在网站上的，以网站为入口，在外网或内网上运行。

(4)幼儿园网站是全体幼教工作者教学交流、师生互动、资源共享的教育教学平台。幼儿园网站上一般都会建有教学资源库系统，甚至有专门的教学管理系统等，为全体师生提供教学服务和互动交流的平台。

（二）幼儿园网站的内容设计

幼儿园网站的内容虽然不一，但板块大致是相同的，一般会有园所简介、教师风采、教育教学、幼儿成长、家园互动、家长教育等板块，至于哪些作为一级栏目，哪些作为二级栏目，则按包含、原则、设计，即从大到小。图 5-4 就是某幼儿园网站首页显示的一级栏目。

图 5-4　某幼儿园栏目设计规划图

（三）幼儿园网站的个性设计

最能体现幼儿园网站特色的还是网站的个性化界面和个性化内容。

1. 个性化界面设计

网站首页是幼儿园网站的一张“脸”，必然是“千园千面”，设计得好才能吸引特定的读者对象。一般说来，幼儿园网站首页设计应主题鲜明、导航清晰、色彩亮丽，辅以卡通化、拟物化的 LOGO 造型。不同的主题、色彩搭配和风格各异的造型就能展现幼儿园自身的个性，如图 5-5 所示。

图 5-5　某幼儿园首页

图 5-6 是九叶网为入盟幼儿园设计的首页样式。

图 5-6　九叶网为入盟幼儿园设计的首页样式

2. 个性化内容设计

只有网站中个性化的内容才能真正体现幼儿园的内涵，因此幼儿园网站中必须要有丰富的园务信息、幼儿成长信息、教学资源以及应用系统，才能真正发挥网站的作用，提升网站的知名度。但是，很多幼儿园网站现在还只停留在信息发布这一功能上，园务管理、资源学习、交互信息等方面还远未建设、运用起来。

如果一个幼儿园网站能做到：在内容的构成上，你有的，我也有，但我的更全面、更具特色，甚至我有的，你却没有；在网站的功能上，我有更多的应用系统在发挥作用；在资源共享上，我有更大的用户群。那么，它必将是一个优秀的幼儿园网站。

四、 教师教学空间的构建与应用

（一）教师教学空间简介

教师教学空间是指教师在特定的网络平台上构建的个人网络教学空间，是基于现代网络信息化教学系统而研发的教师个人学习和工作环境，集教育教学、教学科研、教学管理、学习与培训等功能于一体的教学应用服务形式。它将教学资源和应用集中在一个一站式页面构建的虚拟空间内，极大地方便了师生的教与学。教师通过这种信息化教学平台创新教学观念、教学模式和方法，变传统的课堂教学为网络空间互动教学，这给教育教学的发展带来了巨大的变革。

教师个人教学空间的内容呈现形式多样，栏目设置可多可少，充分展现了个性化特征。通常情况下，教师会在如下一些栏目中选择构建：我的课程、教学计划、我的备课、学习资源(教学课件、微课、教学实录等)、在线学习、视频点播、作业练习、学习辅导、在线答疑、学习工具、在线测试、小组讨论、在线评课、研究讨论、主题论坛、我的文库、在线研修、电子杂志、教学统计、教学反思等。

（二）教师个人教学空间建设

那么，怎样才能建设并利用好自己的教学空间呢？

(1)选择平台。根据需要或要求，选择教学空间平台。例如，湖南省中小学和幼儿园教师要求在“湖南省中小学教师发展网”上构建“教师个人空间”，并且对空间建设和教学应用要组织专家进行测评。有的教师则是在超星平台、雨课堂、微信公众号等平台上构建个人教学空间，呈现出百花齐放的现象。

(2)设置栏目。根据个人教学需要和要求构建栏目。例如，湖南省中小学教师发展网的教师个人空间要求教学资源包、教学文档资源和档案分享为三个必建栏目，并设置了自定义栏目，可以利用相关模板自定义具有个人特色的栏目。栏目设置可以参考上面提到的栏目进行。对幼儿教师来说，还有更具特色的栏目可以建设，如童话故事、儿歌学唱、游戏活动等。

(3)组织素材。根据内容规划和掌握的技术制作教学素材。对于技术难度比较大的作品，可以自己设计好脚本，请相关技术人员协助制作。

(4)上传整理。将所有栏目的内容素材、作品上传平台，并根据平台显示的效果进行优化。

(5)开始试用。在平台上和其他渠道发布信息，开始全面利用平台进行教学活动。

(6)关注应用。要及时关注平台的应用，及时更新发布信息，解答学生、家长的问题，让自己的空间充满活力。

(7)应用反思。要对个人教学空间的应用效果进行必要反思，及时优化空间内容，调整教学策略、教学方法，使教学效果最大化。

(8)充实完善。要对空间内容不断优化，不断更新，使内容越来越丰富，形式越来越多样，应用越来越生动。

实践活动

构建自己的教学(学习)空间

利用自己所在学校的学习资源平台或其他公共教学平台(如微信公众号)，先行注册，然后按平台特点设置教学或学习栏目，将学习素材上传到栏目，构建一个属于自己的特色共享学习空间。

第三节 新兴信息化教学手段及教学方法

信息技术重构了我们的生活，引发并支持了教育教学改革。但是，在信息化社会，教育面临着的最大挑战不是技术，也不是资源，而是教师运用信息技术和方法的能力。教师应该具备什么样的信息素养才能充分完成时代赋予他们的历史使命，成功扮演教育角色？这些都是信息时代给教师提出的崭新命题。

幼儿园教师资格考试《综合素质》考试大纲的基本能力目标中，要求学生具备信息处理能力，即运用信息技术进行网络资源检索、筛选分类存储和运用资源的能力。据此，我们将对新兴的信息化教学手段进行特别介绍，为培养终身学习能力奠定基础。

一、 新兴学习方式

（一）移动学习

1. 移动学习的概念

随着互联网和移动通信等技术的不断更新进步，移动学习越发受到人们的喜欢，移动学习由国外开始流行，之后传入我国。移动学习是指学习者可以在任何时间、任何地点依靠手机等移动设备来获取学习资源，与他人进行交流和协作，实现个人与科学知识建构的过程。全国高等学校教育技术协作委员会给出移动学习的定义是：移动学习是指依托目前比较成熟的无线移动网络、国际互联网，以及多媒体技术，学生和教师通过利用目前较为普遍使用的无线设备来更为方便灵活地实现交互式教学活动，以及教育、科技方面的信息交流。移动学习区别于传统的学校等教室学习，移动学习对学习时间和地点的限制性偏小，其可以让学习者在闲暇的时间、地点进行泛在学习，提高学习者的学习行为次数。

2. 移动学习的优点

(1)学习场景的可变换性。

移动学习有很多优点，其中一个较为突出的优点就是学习场景的可变换性。学习者可以在不同的场景情境中进行学习，不受地理位置的限制，实现了学习地点的自由化，而不是仅仅局限于传统的教室课堂内。例如，在地铁、咖啡厅、商场等地点都可以使用手机等移动设备进行学习，移动学习为学习者提供了更多可选择的环境去学习，增加了学习者学习的机会，降低了学生学习的成本。

(2)学习时间的碎片化。

移动学习的学习时间具有碎片化的特点。区别于传统的课堂统一授课方式，学生必须按照规定的时间制度进行学习，移动学习的时间安排具有较大的灵活性，学生在移动学习时可以不考虑时间的局限性。学习者可以利用空闲时间进行碎片化学习，对学习时间的控制是相对自由的，这些碎片化时间进行的学习行为，更有利于学生们对科学文化知识的记忆与积累，从而提高学习效率与质量。

(3)学习内容的多样化。

目前，网络上学习资源的数量是较多的，这些资源的种类多、呈现的方法形式趋于多样化，学习者可接触到的学习内容呈多样化状态。与可接触到的传统纸质版学习资源相比，网络上的学习资源有较多优点，其获取方式更为便捷、搜索内容的范围更为广阔，使学习者拥有更多的选择性去接触并获取到不同的学习资源。正是由于移动学习具备这些优点，才使得学习者拥有更为便捷的学习方式，接触到更为多样化的学习内容，进而促进其进行高效率、高质量的学习。

知识拓展

泛在学习：广义的泛在学习是一种无所不在、无孔不入的学习，只要学习者愿意就可以通过适当的工具和环境适时地获取信息和资源，是终身学习的具体实施。狭义的泛在学习是指在泛在技术和计算的情境创设与支持下，学习者根据自己的学习内容和认知目标，积极主动地、随时随地利用易获取的资源来进行各种学习活动，是数字化学习和移动学习发展到一定阶段后产生的量变到质变的过程。

（二）一对一数字化学习

一对一数字化学习是继英特尔未来教育项目之后，基于英特尔未来教育一对一项目提出的教育理念，目的是使教育信息化成为教育的助推力。它利用小电脑、电子书包等创造一种新的学习环境，创设了新的学习方式，明显提高了高级思维能力、自主学习能力、协作学习能力、问题解决能力等。

1. 一对一数字化学习的概念

何为“一对一数字化学习”？什么是一对一？对于这个概念，很多初次接触的人都有这样的疑问。简单、通俗地说，一对一就是一个学生对应一个数字化终端设备进行学习。一对一数字化学习的概念有很多种翻译，如 1∶1 mobile learning、1∶1 laptop learning、1∶1 wireless computing、one to one computing 等。一对一数字化学习也称为“电子书包”，是指每人拥有一件数字化学习设备，并能够运用这一设备所提供的平台与资源，进行有效学习的理念、技术与方法。这一概念是由美国北午克萨斯大学的研究者凯斯·诺里斯与密歇根大学的艾略特·梭罗维在 2002 年第一次提出的。

一对一数字化学习是数字化学习中的一种。数字化学习是指学习者在数字化的学习环境中，以数字化方式利用数字化学习资源进行学习的过程。它包含三个基本要素：数字化学习环境、数字化学习资源和数字化学习方式。

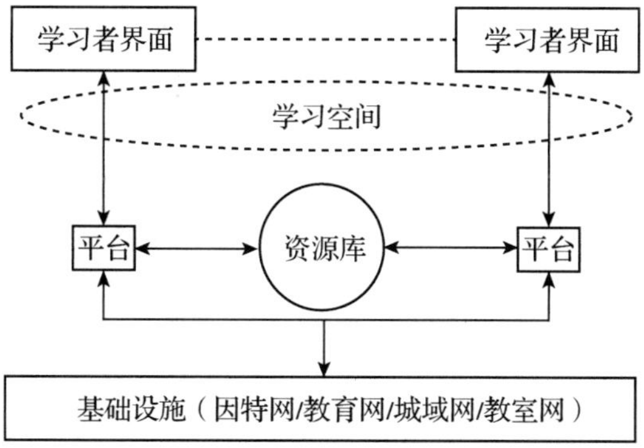

图 5-7　数字化学习环境

一对一数字化学习环境是运用无线网络技术将许多数字化移动终端设备相互连接而形成的一个网络环境。对于一对一数字化学习和一对一数字化学习环境的内涵，我们应该从以下三方面来理解：第一，一对一数字化学习区别于传统的信息技术教育，从生机比来说，大多数情况下是每个学生拥有一部数字化终端设备；第二，一对一数字化学习环境必须配有无线网络支持，或者能够通过其他方式进行信息传送、交流和沟通；第三，在一对一数字化学习环境下，每个学生所配备的数字终端设备不是摆放在机房或者固定在教室里，而是由学生随身携带，可以自由支配，随时随地获取所需的信息。

在这样一个新型学习环境中，学习从以教师为中心转变为以学生为中心，教师、家长可以关注每个学生，记录他们的学习过程、成长历程，帮助学生发展探索性学习、合作学习、创造性学习的能力，提高课堂互动的有效性，让学生进行体验式学习和个性化学习，同时发展学生的 21 世纪技能和素养。一对一数字化学习是对传统教育的一种变革，不管是学习方式、学习环境还是教学策略，教学资源都发生了很大的变化。

2. 一对一数字化学习的特点

一对一数字化学习具有个性化、移动性、交互性和情境性等特征。其中最基本、最核心的特征是个性化与移动性，其他特征都由此衍生。可以说，一对一数字化学习使人的感觉频谱拓展了，借助技术工具将人的内脑与外脑合二为一。

(1)个性化。针对学生的自身特点、学习能力、情感态度等独特性，开展适合学生发展及体现学生差异性、主体性的自主学习活动和学习指导，开展有利于学生创新能力、协作能力、个体能力提高的研究和学习模式。

(2)移动性。一对一数字化学习是移动学习，它所配备的终端设备是可以自由移动的，任何人可以在任何时间、任何地点通过任何可移动设备进行学习和获取所需的信息资源。

（三）翻转课堂

1. 翻转课堂教学模式的概念

“翻转课堂”，即“Flipped Classroom”或“Inverted Classroom”词组的翻译，它可以理解成动态化的词组，即把课堂进行翻转；也可以理解成名词化词组，即翻转模式的课堂。无论如何理解，它均是相对于传统课堂而言的。翻转课堂是在信息技术的支持下，教师提供教学微视频、课件、课前练习作业等教学资源，学生在课前利用这些教学资源进行自主学习，课上教师针对学生自主学习过程中存在的问题进行答疑解惑，并组织协作探究、互动交流等学习活动，以完成知识的内化，达成教学目标的一种新型的教学模式。这种新型的教学模式改变了传统课堂中学生课上被动接受知识、课下完成作业的教学情形，提倡教师将教学内容以视频的形式提供给学生，学生在课前完成学习与思考，在课上通过与教师、与同学之间的交互与分享深入理解知识，完成知识的内化，在整个过程中教师针对学生的不同掌握情况及时提供反馈，从而使不同学习层面的学生都能有所收获(图 5-8)。

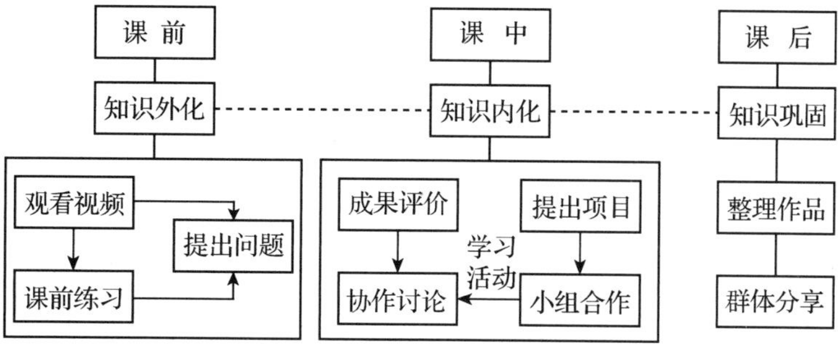

图 5-8 翻转课堂教学过程

2. 翻转课堂的特征

自实行班级授课制度以来，虽然可以让更多的学生接受教育，但是也存在着不少弊端，如教师在讲授时，只能照顾处于“中间”水平的大多数学生，从而忽视了其他学生；一节课，无论时间长短，始终是教师在讲授，而学生处在被动的“听讲”状态，满堂灌现象比较多等。翻转课堂的出现有力地克服了这些弊端，“翻转”具有以下特点及优势。

(1)学习活动“顺序”翻转。

传统课堂中，课上教师讲授知识，学生在课堂上完成对知识的内化，课下完成作业。而翻转后，学生需要将“做作业”的过程前置，在课前完成知识的内化，而课上主要是对课前学习效果进行检测与反馈交流。翻转课堂由“先教而后学”转向“先学而后教”，由“以教导学”转变为“以学定教”。翻转课堂的核心理念就是翻转课前与课上进程，课前阶段学生通过自主学习完成知识的初步构建，留出课上时间进行合作学习、解决问题。课上教师处于引导地位，极大地增加了学生与教师之间进行面对面交流的时间和机会，方便教师进行个性化的指导和实行因材施教。

(2)教师与学生“角色地位”翻转。

传统教学模式以教师为中心，忽视学生的个性需求。教师一直处于主导地位，根据事先规划好的教学目标进行知识的传授，而学生始终处于被动听的状态，学习效果的检测只能根据作业或者考试的情况反映出来。翻转后，教师地位由“主导”变为“引导”，学生根据前置学习的效果，或者与同学交流讨论，或者向教师请教，地位由“被动”变为“主动”。翻转课堂这种教学模式被称为对传统教学模式的“破坏式创新”。

(3)评价“方式和目的”翻转。

传统课堂中，学生作业的完成情况或者测验的得分情况一直作为评价学生学习效果的主要方法。翻转后，对学生学习效果的评价可来源于更多其他方面，如教师借助学习平台的反馈数据，根据分析统计结果，可以更明确地了解学生对于知识的掌握情况，有利于在课上交流讨论时做到有的放矢。这种反馈结果再也不是评价学生学习好坏的指标，而转变为教师了解学生的一种有利的资源，在课前为教师提供学生的信息，帮助教师探寻个性化的教学指导方法。

3. 幼儿园翻转课堂的实施

幼儿园教学活动也可以实施翻转课堂，但与教学对象是青少年的翻转课堂是不同的。为了增强幼儿对自然和社会的认知，在相关幼儿知识活动课堂之前，我们可以组织幼儿园外活动，如户外认识自然、亲子社会等实践活动，这样可以大大增强幼儿园课堂教学的效果。这就是翻转课堂的创新。

二、新兴学习平台

（一）微课

1. 微课的概念

微课是指按照新课程标准及教学实践要求，以教学视频为主要载体，反映教师在课堂教学过程中针对某个知识点或教学环节而开展教与学活动的各种教学资源的有机组合。

微课的核心内容是课堂教学视频(课例片段)，同时还包含与该教学主题相关的教学设计、素材课件、教学反思、练习测试及学生反馈、教师点评等教学支持资源，它们以一定的结构关系和呈现方式共同营造了一个半结构化、主题突出的资源单元应用“生态环境”。因此，微课既有别于传统单一的教学课例、教学课件、教学设计、教学反思等资源类型，又是在其基础上继承和发展起来的一种新型教学资源(表 5-1)。

表 5-1　国内部分学者对微课定义的比较

<table>
<tr><th>研究者</th><th>定义</th><th>分类</th><th>共同点</th></tr>
<tr><td>张一春</td><td>微课是指为使学习者自主学习获得最佳效果，经过精心的信息化教学设计，以流媒体形式展示的围绕某个知识点或教学环节开展的简短、完整的教学活动</td><td rowspan="2">课</td><td rowspan="5">目标单一、内容短小、时间很短、结构良好的视频格式</td></tr>
<tr><td>黎加厚</td><td>微课程是指时间在 10 分钟以内，有明确的教学目标，内容短小，集中说明一个问题的小课程</td></tr>
<tr><td>胡铁生</td><td>微课又名微型课程，是基于学科知识点而构建、生成的新型网络课程资源。微课以微视频为核心，包含与教学相配套的微教案、微练习、微课件、微反思及微点评等支持性和扩展性资源，从而形成一个半结构化、网页化、开放性、情境化的资源动态生成与交互教学应用环境</td><td rowspan="2">课程</td></tr>
<tr><td>焦建利</td><td>微课是以阐释某一知识点为目标，以短小精悍的在线视频为表现形式，以学习或教学应用为目的的在线教学视频</td></tr>
<tr><td>郑小军</td><td>微课是为支持翻转学习、混合学习、移动学习、碎片化学习等多种学习方式，以短小精悍的微型教学视频为主要载体，针对某个学科知识点或教学环节而精心设计开发的一种情境化、趣味性、可视化的数字化学习资源包</td><td>教学资源</td></tr>
</table>

2. 微课的特点

(1)“微”是微课的首要特征。

所谓“微”，指的是视频的时长较短，一般在 5 分钟左右，最好不超过 10 分钟。因为在互联网上，人们观看视频的忍耐度通常不会超过 10 分钟。形式上的变化，有时也会反过来引发事物其他属性的变化。由于微课在这种形式上的变化(“微”或者说“短”)，使得微课有一系列其他方面的属性变化，也就因此有了微课的其他几个特点。

“小”也是微课的一个主要特征。“小”有两方面含义：一是指微课文件所占的容量小，因为时间短，所以微课文件的所占容量可以大幅减少，一般只有几十兆甚至十几兆，这完全符合当下互联网播放视频的带宽和速度，也就使得微课视频的传播和分发有了较好的物理基础；二是指微课的选题小，因为时间短，所以微课不可能像以往的课堂视频一样讲授一个完整的单元，只能针对某个知识点、某道习题或某个学习环节进行讲解。

“精”是由“短”所带来的微课的另一个特点。所谓“精”，指的是微课的设计必须精致、紧凑，不能拖泥带水。因为时间短，所以微课中的每一分甚至每一秒都应该经过精心设计，否则无法在较短时间内完成教学任务。传统的课堂视频中，教师有较多的时间来导入学习内容，也有相对充裕的时间来组织学习活动。微课则不然，每一段教学活动都需要进行更精致的设计，因此设计微课就像拍一部短片一样，除了惯常的教学设计，还要有详细的脚本规划以及镜头的组织安排，否则很可能就超时了。

上述分析的是微课因其外在形式的变化而产生的新属性，这些固然是微课的重要特征，但作为一种新的资源，仅有形式上的变化恐怕还不够，还必须在根本上区别于以往的资源，这样才有持久的生命力。

(2)“面向学习者”是微课的核心特征。

“面向学习者”才是微课区别于其他以往资源的核心特征。以往建设的资源，无论是课件、教案、习题，还是教学视频，从根本上说，面向的是教师而不是学生。课件、教案、习题等资源，显而易见是给教师参考或上课时使用的，并不是直接给学生用的。课堂教学视频，尽管人们宣称它可以给学生观看，但实际上无论是从制作成本还是从建设机制方面来分析，都并没有把学生作为主要或首要观众。

3. 微课的类型

目前的微课以微视频为核心，因而，微课视频的制作尤为重要，可以说微课视频的制作质量反映了微课的制作水平。有关微课视频的制作方法主要有以下五类。

(1)教学录像型。

它将教师的讲课、演示、示范等教学活动利用摄像机或录播系统拍摄下来，制成教学微视频。教师的教学活动可以在教室、实验室、演播室、微格教室、实习场地、室外操场等进行。可以有学生听课或观摩，也可以无学生。可以使用黑板、白板、投影、触摸屏、演示设备、器械、道具、模型等。出现在视频镜头里的教师要求形象好、口齿伶俐或身体健康，最好是教学名师或权威专家等，否则教学效果会受到一定的影响。这种微课视频制作简单，但要求主讲教师备课充分，教学环境安排恰当，学生配合自然，工作量较大。例如，视频公开课、百家讲坛等教学视频均由国内著名专家、学者讲授，制作精良。

(2)屏幕录制型。

它利用PPT、多媒体课件、计算机软件或工具等教学或辅助教学材料在计算机屏幕上展示，教师对着计算机显示的教学材料讲解教学内容，或者教师直接利用鼠标、手绘板或触摸屏等在计算机显示器中书写教学内容，利用计算机录屏软件将屏幕显示的教学内容、教师的书写和点评、教师讲解的声音录制下来，实现微课教学过程的视频录制。

屏幕录制型微视频的制作方法简单、方便，几乎没有技术门槛，很容易在普通教师中推广，但微课质量参差不齐，难以保证。为了提高这类微课视频的制作质量，视频录制最好在学校的录音室、电教室或家中比较安静的房间内进行，选择合适的时间，避免环境嘈杂。教师的讲解要流畅、亲切、自然，避免出现咳嗽、过多停顿、读错别字、方言或口音过重、翻书等。最好能写出讲解词，自己或请人在安静的环境中播读录音，然后在计算机中播放，配合精制的PPT、多媒体课件或熟练的计算机软件、工具操作等，将计算机屏幕显示的教学内容、教师的书写、点评操作和播放的录音一并录制下来，制成微课视频。

(3)多媒体讲解型。

它利用Flash、foucsky、PPT 2016等多媒体工具将文本、图形、图像、声音、动画、视频等多媒体元素同步讲解、展示教学内容，再直接转换或利用录屏软件录制成多媒体课件自动讲解的微课视频。这类微课视频的质量由多媒体课件的质量决定，通常画面清晰，讲解流畅，声画同步，效果良好。解说词可以事先写好，自己或请人提前录制，再经过编辑去除噪声、错误等，避免实时录像或录音时出现解说紧张、干咳、不连贯、发音错误等现象。这类微课视频画面清晰、美观，制作有一定的难度，可用于制作较高质量的微课。

(4)动画讲解型。

动画是按时间排列的序列图像。教学的讲解声音就是教学过程的时间轴。根据教师讲解的声音在时间轴恰当的位置呈现教学内容的文本、图像、表格、数据或连续变化的序列图像，形成一段教学动画，可以转换为微课视频。制作动画讲解型微课利用二维动画制作软件，就可以制作漂亮的动画型微课视频。事实上，任何有趣、过程性的讲话录音都可以制作成生动有趣的动画片，如Flash动画。同样，将一段有意义的教学讲解录音做成动画型微课教学视频，配以必要的教学文字，更能生动形象地讲解教学内容，教学效果更好。这类微课视频画面清晰、生动、漂亮，但制作难度较大，需要的绘画素材较多。

(5)视频剪辑型。

优秀的微课视频应该像电视教学短片那样综合使用各种影视拍摄技巧与后期编辑手段完成制作。视频中一般包括教师或主讲人的讲解、示范或演示活动，也常常包括师生互动、实验操作、实训实践等教学活动，更多的是显示教学内容的PPT、多媒体课件、演示动画、计算机操作截屏等，通常添加字幕、特技效果等，综合利用远近景别、多机位拍摄等手段。这类微课视频的效果好，但制作难度大，制作成本高，通常需要专业的策划、拍摄、动画制作、后期编辑，甚至配音、配乐等。如果从制作精品微课的角度考虑，不仅需要一流的教学设计，还应有一流的微课视频制作水平。

练一练

步骤1：打开浏览器，请在地址栏中输入网址https：//www.khanacade-my.org/，打开“可汗学院”官方网站，如图5-9所示。

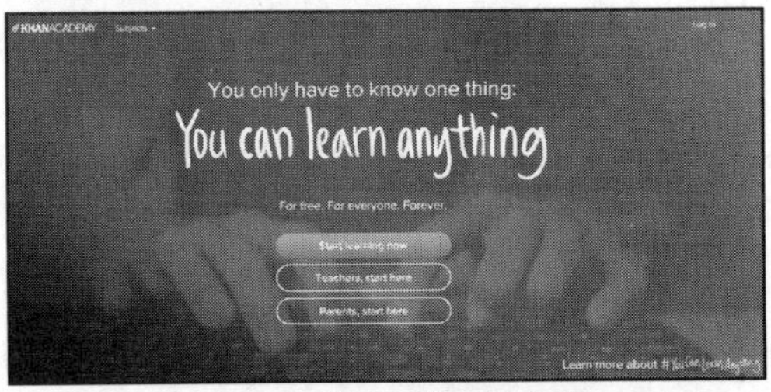

图5-9 “可汗学院”首页

步骤 2：单击网页右上角的“Log in”按钮，进行网站注册，如图 5-10 所示。

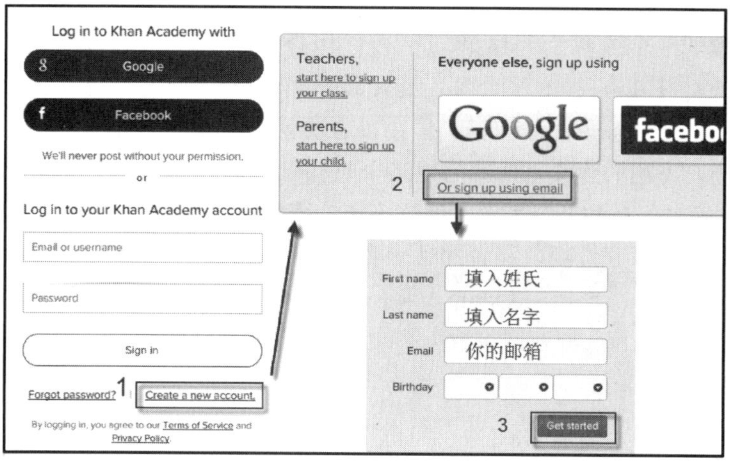

图 5-10　注册“可汗学院”账号

步骤 3：进入自己邮箱打开“可汗学院”网站发来的验证邮件，然后点击邮件中的“完成注册”按钮，进入设置界面，设置自己的用户名和密码之后，点击登录网站。

步骤 4：选择“Computing”栏目，点击进入“Computer science”学习，如图 5-11 所示。

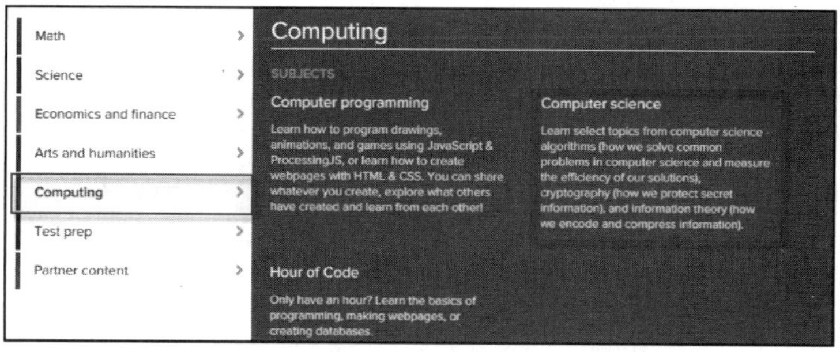

图 5-11　进入“Computer science”课程

步骤 5：点击“开始按钮”开始微课程的学习，用户即可按照设定好的教学流程进行知识的学习以及参与教学活动，如图 5-12 所示。

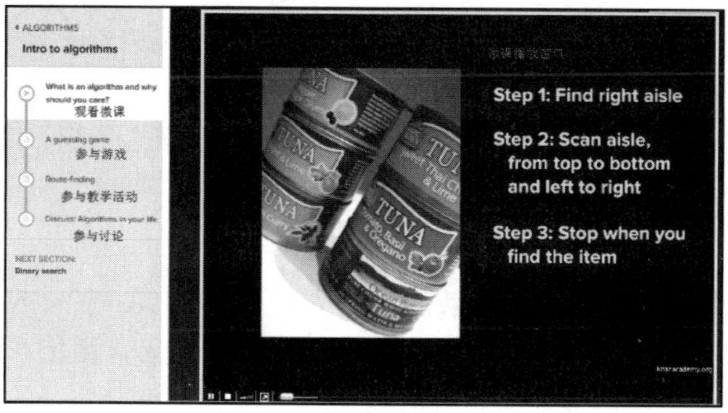

图 5-12　微课学习

（二）网络在线教学平台

网络在线教学平台或称为网络学习平台，国外多称为学习管理系统(Learning Management System)、E-Learning 平台等，是在线学习和教学全过程的支持环境，能够承载在线课程，支持网络环境下的教与学。国内外各类网络教学平台不下百种，分为通用平台和专用平台两类，专用的含义包括专门为某个机构开发的和专门为某类学科、课程开发的，通用平台又分为商业平台和开源平台。经过多年的市场竞争和淘汰，少数典型通用网络教学平台占据着市场的大部分份额，前者的代表如 Blackboard(国外)和清华教育在线(THEOL)(国内)，后者如 Moodle、Sakai 和 Drupal 等。自在线教育教学出现以来，网络教学平台有四大类：开源网络教学平台、商业网络教学平台、MOOCs 平台和 SPOC 平台。

1. 开源网络教学平台

开源网络教学平台主要有 Moodle、Sakai、Dmpal。其中，Moodle 是由澳大利亚马丁·多基马开发的。Moodle(Modular Object-Oriented Dynamic Learning Environment)，即模块化面向对象的动态学习环境。Sakai 是 2004 年由美国密歇根大学、斯坦福大学、印第安纳大学和麻省理工学院共同发起开发的协同学习开源网络平台，主要致力于技术促进教学和学习科学研究。Drupal 是 1999 年由比利时安特卫普大学德瑞斯·布塔特开发的一套开源管理系统，其特点是平台架构灵活、容易管理、方便扩展，并且具有丰富的网站定制服务，迅速发展成为社会交互功能突出的个性化平台。

2. 商业网络教学平台

商业网络教学平台主要有 Blackboard、清华教育在线(THEOL)、超星网络教学平台。清华教育在线是集教学、管理、展示与评价于一体的网络教学综合平台。该平台由清华大学教育技术研究所从 1999 年开始研发，目前已经在全国近 400 所院校应用，平均每天有 100 余万师生登录使用，核心模块包括通用网络教学平台、研究型教学平台、精品课程建设与评审平台、资源中心管理系统、课程资源共享联盟支持平台、教学管理系统、教学评价系统等。Blackboard，最早由美国康奈尔大学计算机系的教师研发，1998 年通过公司并购成为教学平台，它集合了学习者学习过程中产生的数据，利用不同的分析方法和数据模型来解释数据，分析、揭示学生学习过程中产生的数据所包含的信息。根据数据，一方面对学习者的学习状态进行评估，另一方面可以根据分析的结果探究学习者的学习过程与学习情境，发现学习规律。学习者、研究机构和教育工作者根据得到的反馈对学习者进行干预，优化课程和教学情境，实现更高效的学习。学习分析技术还包含一些技术，如预测建模、建立学习者档案、个性化和自适应学习、早期干预、社会网络分析、概念分析、情绪分析等技术。

3. MOOCs 平台

(1)MOOCs 平台概述。

Coursera 是由斯坦福大学计算机系的教授安德鲁·吴(Andrew Ng)和达芙妮·科勒(Daphne Koller)在 2011 年年底建立的一个 MOOC 营利性运营机构，与斯坦福大学、宾夕法尼亚大学等 100 多所高等院校和科研机构合作，提供免费公开的在线课程。目前其平台上有超过 543 万的学习者，建设了包括计算机、数学、商务、人文、社会科学、医学、工程和教育等学科的540门课程，成为提供开放课程数量最多、规模最大、覆盖面最广的在线课程机构。Udacity也是由斯坦福大学的教授塞巴斯蒂安·特龙、大卫·史蒂文斯和迈克·索科尔斯基创建的MOOC营利性组织，是本文比较的三个MOOC平台机构中创办最早的。它将自己的发展方向限定在特定领域内，提供基于科学、技术、工程和数学领域(STEM)的问题解决型课程，上课方式灵活，学习时间不受限制。目前平台已经建设了计算机、数学、商务和物理等方面的几十门课程。edX是由麻省理工学院和哈佛大学在2012年1月共同创办的MOOC非营利性组织，其目标是与世界一流的顶尖名校合作，建设全球范围的含金量最高、最为知名的在线课程。目前平台主要采用开源软件的开发模式，提供计算机、电子学、化学、公共健康和文化等方面的课程。

(2)MOOCs与传统教学模式的不同。

MOOCs，即慕课。MOOCs是近年来教育领域出现的不同于传统课程教学的新型学习模式。与传统的班级授课制不同，慕课的学生人数可以成千上万，以学习者的学习兴趣为导向，只要想学，不分地域与国籍，只需注册即可加入学习活动中来。它是为了增强知识的传播，由具有分享和协作精神的组织或个人发布散布于网络上的大规模在线课程。它的主要特点是：①规模大，听课的学生人数由注册数量决定；②开放性强，所有的慕课课程均遵守共享协议，主要目的是让更多的人能够免费学习；③具有网络属性，这些课程资源散布于互联网络上，使学习者能够突破时间和空间的限制，满足自主性学习需求。

新兴的MOOCs与传统教育模式相比，主要依托网络和课程资源，它在线提供课程的教学全过程。MOOCs无门槛要求，是开放的，它不仅提供免费资源，而且实现了教学过程的全程参与。学习者在MOOCs学习平台上不仅可以学习，还可以分享观点、完成作业、评估学习进度、参加考试、得到分数，它是一个学习的全过程。MOOCs是互联网与教育的融合，是多年摸索出来的一个模式。

MOOCs之所以不同于传统课堂教学，是因为它有两个显著的不同于传统课堂教学的个性特征：一是学生规模的"巨型化"及学生身份的"多元化"；二是它的结构与内容设计的"多样化"与"精品化"。它还不同于传统的通过电视广播、互联网、函授等形式的远程教育课程，也不完全等同于教学视频网络共享的公开课，更不同于基于网络的学习软件或在线应用。

在MOOCs模式下，传统教室将成为学习的"社区"，学习者可以集体做作业、教师可以在线答疑等。教室在"云端"，学校也在"云端"，教师是这个"社区"的辅导员，教师与学生直接交流的时间增加。学习内容以学生自选为主，考试可针对学生自主选择，课程分知识点学习，学习者可反复学，大班授课转变为小组讨论。学习地区广泛，学习过程不必固化，可在任何地方进行，学习方式灵活，学习资源数字化。可以在线做作业、在线考试等。MOOCs充分体现了大规模、开放和在线的特点，为学习者提供了方便灵活的学习机会和广阔的空间。在MOOCs模式下，优秀教师的能量成倍扩散。"MOOCs"课程不是"建"成的，而是在学习交互的过程中"汇"成的。教师在开设该课程的初期，不一定要提供大量的、完整的课程资源体系，只要课程的活动能引起学习者的兴趣和积极参与，课程资源就会不断丰富起来。

4. SPOC 课程

(1)SPOC 的内涵。

SPOC(Small Private Online Course)由美国加州大学伯克利分校的阿曼多·福克斯教授在2013年提出，华东师范大学祝智庭教授将其译为“私播课”。Small：小规模的、小众的，指的是 SPOC 课程学习者的规模，SPOC 课程的学习者人数一般限制在数十人到数百人之间。Private：私有的，指的是 SPOC 课程的开放性，SPOC 课程设置准入条件，学习者达到相应的条件才可以参加该课程的学习，具有一定的限制性。Online：在线的，指的是 SPOC 课程为在线课程，与传统课程相比，学习者要通过网络学习课程。SPOC 的小规模和限制性准入这两个特点有利于提高学习者的课程参与度与互动性，能够提升课程的通过率，有利于学习者的个性化学习，保证课程的教学质量。SPOC 是由 MOOCs 衍生出的一种开放式课程形式，Small 是指学员规模一般在几十人到几百人，Private 是指修课者为开课学校的校内学生或对学生设定限制性修课条件，只有达到条件者才可修 SPOC 课程，亦即课程非大规模地开放给所有人。SPOC 实质上是“MOOC 高质量的教学影片＋实体课堂活动”，形式类似“翻转课程”，可以增加授课者的影响力、学生思考力、学生精熟程度、学习投入。

SPOC 课程的优点在于，经过修课限制的规范，容易聚焦在特定学习的学员；教师在授课时较容易调整课程难度，且所有学员有一致的学习进度，在课程上融入翻转教学，对于学生的学习有相当的帮助。就学校层面而言，与 MOOC 相比，SPOC 成本较低，聚焦本土高教与在职进修市场。就师生层面而言，学习成效导向、教学资源集中，借助翻转课堂模式可提升教师教学设计与学生学习成效。就运营方面而言，SPOC 平台与机制运营维护相对单纯。SPOC 的缺点在于：①因为有修课限制，学员们会丧失某些课程的选择权；②由于课程中融入翻转教学，授课教师需要投入更多的时间与精力；③国际曝光度相对 MOOCs 较低。

在具体应用方面，我国清华大学采用 SPOC 混合教学模式开设第一门课程，主要对象为30位实验班学生。上课之前，学生必须先观看课程影片，之后再以课堂讨论形式来进行，经过一学期的试验后，发现实验班学生的平均成绩基本与加州柏克莱大学接近，且约70%的学生对于 SPOC 教学模式表示满意。此外，印度博拉理工学院(Birla Institute of Technology and Science，BITS)有超过3万名学生使用 Coursera 和美国伊利诺理工大学(IIT Bombay University)在线开课，并以 SPOC 形式在校内进行。在印度经常出现一门课有5000名学生要上课的情况，这等同于需要50位教师同时讲相同的内容，为满足印度班级修课人数庞大的需求，及考虑未来教师数量不足的情形，MOOCs 和 SPOC 被认为可以解决印度的难题。SPOC 在企业界已经有许多成功的案例，如德勤会计师事务所鼓励内部顾问们到 Coursera 选修财务、市场经济与能源产业相关的课程。Yahoo 公司全额补助软件工程师去选修 Coursera 认证课程。

5. MOOCs 与 SPOC 的比较

MOOCs 与 SPOC 都是新一代数字学习的机制。前者强调大规模(大量学生)的线上课程，能提供更多的在线师生互动以及互动学习机制，同时将学习自主权以及学习的节奏交还给学生。后者指有实体教室的校内课程，服务对象只有校内注册学生，主要是实现翻转教室的理念与教学方式。MOOCs 与 SPOC 两者的区别如表 5-2 所示。在开放度方面，SPOC 并非大规模地开放给所有人，而是多采取课堂面对面与线上自学的方式进行，其基调就是“MOOCs+Classroom”，也就是一种运用 MOOCs 资源融入翻转教学的混成课程。与 MOOCs 的无限制开放不同的是，SPOC 更适合专业且具针对性的课程。在机构营利方面，开设 SPOC 课程的机构都属于营利性质，但是开设 MOOCs 课程的机构中，有些为营利性质，也有些为非营利性质，如 Coursera 及 Udacity 属营利性质，edX 和 Khan Academy 属非营利性质。在上课形式方面，SPOC 大多采取课堂面对面与在线自学的混成方式进行。就未来发展趋势而言，它们很可能演变为更接近于正规的在线课程、更具弹性的学习途径。这些将提供一系列的付费服务，包括学习支持需求；一定质量的作业回馈，以及认证和学分。SPOC 课程非大规模地开放给所有人，希望具体提升学习参与度及课程完课。

总体而言，无论是 MOOCs 还是 SPOC 都有其优缺点，在选择上应该考虑单位属性、课程需求及学员性质，才能选择出一个适合的模式。

表 5-2 MOOCs 与 SPOC 的比较

	MOOCs	SPOC
课程规模	大规模	小规模
课程开放	全部开放	私人，不开放
课程配套	线上课程，不一定有配套	线上课程及相关配套措施（如教师线上指导、额外教材支援、学习评估等）
课程收费	多数不收费	收费
机构盈利	营利与非营利并存	营利
学习成本	低（除了认证费外，几乎免费）	相对较高（学费、学杂费等）
商业模式	学生方面，证书、考试等方面收费；企业方面，广告、赞助及培训等方面收费	按学分收费
学员人数	无限制，可大量	限制性申请，最多百分为限
学习形式	线上学习	混合式学习与翻转课堂
课程限制	短（平均 4～8 周）	长（多依学期制 18 周）
教材内容	自制	自制或选用他人教材
完课率	低（约 5%）	高（100%）
考核方式	线上考试	实体教室考试
选课竞争性	低（无选课人数与资格限制）	相对较高（有选课人数与资格限制）

三、 信息化条件下的家园共育手段

随着现代信息技术在家庭教育、幼儿园和学校教育等教育各环节的不断渗透，儿童使用信息技术已日趋普遍。无论是美国、英国、澳大利亚，还是印度、新加坡、中国香港等国家和地区，信息技术都在如火如荼地浸入儿童的教育环境。在高度发达的信息化社会中，培养儿童对媒介信息的批判意识，发展儿童辨别媒介真实与社会真实的能力，引导儿童理性地应用媒介技术就显得尤为重要。当信息化研究从城市走向农村、从高校覆盖到中小学，几乎遍及教育实践中的各个领域时，学前教育的信息化建设问题却较少引起人们的关注。学前教育信息化已成为当前世界各国(地区)在教育领域的重要举措。家园共育是学前教育阶段幼儿园与家长等多方共同协作的教育实践活动，活动形式丰富多样，且随时代的发展而不断更新。在新媒体盛行的时代，线上的即时性沟通极大地发挥其优势，尤其手机等移动终端等最为便捷、高效。下面向读者介绍几种信息化条件下的家园共育手段。

(一)基于手机应用程序应用的家园共育

手机应用程序作为一种移动的交流互动平台，除了具有网络交互工具中共有的特点，在促进家园互动中还存在诸多优势，具体可以表现为以下几点。

1. 打破时间和空间限制

在日常生活中有很多客观原因，导致不能随时随地使用电脑上网，而以手机为依托的应用程序交互平台却解决了这一问题。由于手机可以随身携带，方便家长和教师随时接收信息，只要在一个有 WiFi 或流量的环境下，轻轻一点，就可以发送信息，许多消息的传递比以往更及时，即使家长身在外地或不在电脑旁也可以掌握幼儿信息，相比较传统的网络家园互动，避免了因为时间和空间的限制不能上网的情况。

2. 使用更趋简单化

基于手机应用程序应用的家园互动的便利性体现在以下两点：第一，应用程序产品的安装与应用十分方便。家长只需扫描幼儿园提供的二维码进行下载，用手机号码进行绑定，完成注册即可登录使用，且许多家园互动 APP 产品的基本功能都是免费的，口碑也普遍较好。第二，应用程序产品使用更加便利。首先，图片和视频用手机拍照记录，就可以随时上传，不需要进行修剪、编辑，大大节省了教师和家长的时间。其次，具有大数据资源的 APP 软件，教学资源、育儿知识等资讯做到每日后台自动更新，无须管理者费心寻找材料编辑上传，也省去了不少时间和精力，这样就做到了零编辑。最后，应用程序的语音即时通信功能，可以让家长与教师不用打字，直接利用语音传递信息，更加方便快捷。

3. 互动更加丰富化

互联网提供的大量信息，使得家园互动呈现多元化，而基于手机应用程序的家园互动较以往更为丰富。从内容上来说，不仅可以进行文字的交流，还可以上传各种图片、视频、语音，记录幼儿成长的点点滴滴；从形式上来说，不仅有教师与家长之间的交流，还可以有教师与教师、家长与家长之间的交流；从功能上来说，一些家园互动应用程序不仅关注幼儿的成长，连幼儿园招生到教师专业化的促进都有涉及(图 5-13、图 5-14)。

图 5-13 微家园应用程序班级成员界面

图 5-14 微家园应用程序活动功能界面

4. 互动主体扩大化

就以往的交往主体而言，通常是家长或一位监护人与教师之间以面谈形式为主进行互动，且教师占据主导地位，家长积极性不高。利用手机 APP 进行互动，有助于参与主体的扩大化，具有广泛性。例如，登录微家园应用程序主页面，找到右下角的“我”，再点击“邀请家人”，输入想要邀请的家长的手机号，该家长的手机号就会收到系统发出的验证码，通过主账号输入收到的验证码后，为之设置一个密码，被邀请的家人就可以用手机号及设置的密码登录了(绑定的第一手机号为主账号)。在日常的互动中，我们可以看见同一位幼儿的爸爸、妈妈或者爷爷奶奶账号的参与。

5. 功能设计专业化

相比较于传统的网络互动以及现在的及时通信工具 QQ、微信，基于手机 APP 的家园互动更具专业化。无论是从页面设计、模块功能，还是从资源提供方面来说都是为幼儿园及家庭服务的，也是为家园互动量身定制的。例如，“微家园”中的考勤、食谱、微课堂、亲子圈等，包含了家园互动所交流的方方面面。

6. 服务终端全面化

从支持终端来说，应用程序软件服务终端较为全面，不仅支持 PC 端，还支持 iPad、iPhone、Android 等移动客户端，这样使得幼儿园和家庭的选择性就更大一些，无论是用电脑还是手机，都可以下载应用程序软件，了解幼儿在园动态。从互动终端来说，家园互动 APP 产品一般分为园长端、家长端与教师端，比较全面且服务具有指向性。

根据上述总结，手机 APP 的应用优势是促使家园互动应用程序化的重要原因。目前市场上流行着许多家园互动应用程序软件，纵观这些家园互动应用程序产品，其主要功能为以下几点。

(1)沟通：幼儿园、教师、家长发布信息的功能，可以及时进行家园通信和保教管理、育儿知识的交流。

(2)展示：图片、文字、视频等的展示功能，可以让家长全面地了解幼儿一日生活动态。

(3)管理：考勤制度、监控系统、园长信箱，方便园务管理和班级管理。通过这些功能，幼儿成长的点点滴滴都会被记录下来，幼儿园和家庭更加紧密地联系在一起。

实践活动

请用自己的手机下载并安装任意家园联系 APP 并注册账号进行体验。

(二)微信公众平台在家园共育中的应用

微信公众平台即为一款依托于手机微信的一对多的即时交流平台。微信公众平台在家园共育中的应用形式表现为幼儿园开通官方微信公众号并搭建微信公众平台，通过官方微信公众平台向关注者推送消息，并且后台管理者可接收来自关注者的消息反馈。同时，现阶段的微信公众平台已经可以实现许多相对复杂的功能，被形容为“微网站”。基于微信公众平台的家园共育方式与传统的家园共育方式、QQ 群、微信群、校讯通等方式相比，有着独特的优势。

1. 微信公众平台的优势

(1)与传统的家园共育方式相比。

传统的家园共育方式包括学校家长开放日活动、家长联合会、家教讲座、家访等形式，这些形式的共同特点是促使家长和幼儿园处于同一空间中，通过面对面的方式实现家长与幼儿园之间的沟通与交流。但随着家长们的工作日渐繁忙，能抽出时间参加幼儿园举行的这些活动的可能性越来越小，所以此时就凸显出线上沟通的便捷性。相比于其他平台，基于微信客户端的微信公众平台在用户数量、用户点击量、用户黏性等方面具有得天独厚的优势，大大提高了家长与幼儿园之间信息的传递速度与精准性。

(2)与 QQ 群、微信群相比。

QQ 群和微信群是当前幼儿园家园共育中最常见的新媒体方式。而且不可否认的是，QQ 群和微信群已经成为家园双方实时交流的重要工具，“群共享”等功能也实现了资源的上传与下载。但与此同时，这种人数众多的群聊方式也存在一些弊端：一是缺乏交流的针对性。群聊中大家你一言我一语，大多内容为平日的各种琐事，很难集中精力就某一特定问题进行深入交流。二是冗余信息过多。QQ 群、微信群的主要功能是聊天，多对多的闲聊形式容易产生冗余信息。对管理者而言不便于信息的发布与管理，对群内成员而言不便于信息的获取与整理。三是信息储存实效有限。QQ 群空间容量有限，当聊天记录超过容量上限时会自动清理，因此信息难以长久保存，不利于持续性沟通。而不同家长所持的移动设备内存不同，有些家长有定期清理聊天记录的习惯，这样一来很多重要的历史信息就难以保存。而微信公众平台有效地避免了上述弊端：一是微信公众平台可以实现以一对多或一对一的沟通方式，提高了交流的针对性；二是微信公众平台每天可推送一条或多条信息，信息是通过平台管理者精心筛选和编辑的，相对成熟的微信公众平台还有严格的审核制度，基本不存在冗余信息的情况；三是微信公众平台发布的所有历史信息都是可以查询的，每条信息中家长的阅读量、点赞量、转发量、留言量都是有记录的，以此为基础还可以做相关的数据分析。

(3)与校讯通相比。

校讯通是一款利用现在信息技术实现家庭与学校快捷、实时沟通的教育网络平台。教师通过平台用手机短信，将孩子在幼儿园一天的情况、幼儿园的活动、通知等直接发送到家长的手机上，方便家长及时全面地了解孩子的动态。家长只能通过上行短信或者登陆校讯通网站才能与幼儿园互动或查询孩子的情况。首先，有研究调查显示，校讯通基本上只是幼儿园向家长发送信息的单向信息传播方式，很少有家长通过校讯通与幼儿园进行沟通。其次，在新媒体盛行的时代，短信收费且只能接收文字的单一功能已经逐渐被弱化，取而代之的是可以免费接收包括文字、图片、语音、视频等多种形式信息的微信，因此根据时代的变迁，家园共育的方式也需要时刻更新，紧跟家长的使用习惯。

2. 幼儿园微信公众平台的运维

一直以来，大部分组织在搭建自身的信息化平台时，都选择外包给专业的信息技术团队及公司制作，因为开发和完善这样的平台对信息化技术的水平要求很高，一般组织是无法达到这种要求的，幼儿园亦是如此。微信公众平台的搭建和后期的更新维护都全权交给了专门的制作公司，因此网页开发和设计的公司有相当大的自主权和责任，他们对幼儿园和家长使用微信公众平台的效果及满意度感受有直接的影响。尤其是幼儿园方面经常会遇到技术方面的问题，而家长也对平台本身的使用性能方面有一些绕不过去的痛点。正是以下问题的存在，导致幼儿园的使用效果及家长对平台的满意度降低。

(1)清晰微信公众平台栏目分类。

由于微信公众平台本身的规定，平台页面下方的栏目分类只能有三个，所以三个栏目的名称及每个栏目内的子菜单是每个幼儿园和开发方需要重点关注和思考的。同样的内容在不同的幼儿园微信公众平台会被划分到不同的栏目下方，这对家长及其他用户的使用便捷度会造成不同程度的影响，从而影响家长及其他用户对该平台的依赖度和信息在家园之间传递的有效性。因此幼儿园需要将放在平台上的业务及信息做好清晰的分类，以最简洁明了的划分方式呈现在平台上。整个区域统一划分，不但方便家长查询阅览信息，更方便家长在选择园所的时候做比较分析。

(2)丰富微信公众平台后台功能。

平台在功能上目前存在两方面问题：一是现有的功能仍然存在局限；二是有很多想拓展的东西但限制于平台功能跟不上。例如，有些幼儿园开创了家长课堂，希望家长和孩子一起学习成长，想把家长课堂的学习内容通过微信公众平台传递给家长，形成网络教学，方便家长学习和反复观看。但由于微信公众平台后台的内容容量无法支撑大量的视频文件，这一想法只能搁浅。因此，微信平台亟须跟得上幼儿园发展的脚步，为幼儿园家园共育提供更丰富的功能支持。

问题探讨

信息化时代的家园共育，我们该怎么做？

由于幼儿生活成长和幼儿教育的特殊性，家长需要及时了解孩子在幼儿园的生活学习状况，家长也需要得到幼儿园对幼儿教育方式方法的指导，所以幼儿园和家长的有效沟通就显得非常重要。过去，一般教师和家长的沟通主要是利用接送孩子、校园活动、家长会等机会进行。这些传统形式一是即时性差，二是幼儿园对家长的指导不足。

在信息技术广泛应用的今天，尤其是移动互联技术，使各种信息的即时传播成为现实，给我们的及时沟通带来了很大的方便。当下，信息技术手段在家园共育中得到了广泛应用，使家园共育方式发生了变革。

现在，广泛用于家园共育的有家校 APP、微信公众号、QQ 群、微信群等。尤其是家校 APP，一般设有智能考勤、校园动态、校园通知、每日食谱、健康体检、班级作业、幼儿成长档案、智能相册、育儿指南、学习指导、儿歌小故事、益智小游戏、应用小程序等，为幼儿园、家长、教师之间架起了相互沟通的桥梁，有着强大的互动功能。比较好的产品有掌心宝贝 APP、智慧树、孩教圈、贝聊、微家园、幼儿云等。

作为一名幼儿教师，我们应该怎样有效利用现代技术手段做好家园共育工作？首先，必须熟练掌握现代信息技术的应用，掌握如何在应用程序、微信公众号、QQ 群、微信群等平台中发布信息、发送资料、互动解答，甚至能搭建教师个人的公众号、教学空间；其次，要具有指导家长利用上述平台的能力，由于家长个人水平、专业领域各不相同，有的家长可能对信息技术手段不熟悉，那么作为幼儿教师理应担负起指导他们的责任；最后，在家园共育工作中要积极主动，掌握主导权，要及时更新发布信息，要多和家长进行个别化交流，多对家长进行育儿业务指导和学习指导。如果你做到了上述要求，相信你一定能在家园共育工作中做出更好的成绩！

四、 幼儿五大领域课程与信息技术的整合

学前教育信息化具有独特性：一方面是因为学前教育的特殊性，学前教育的教育方式与其他教育方式不同；另一方面则是因为 3～6 岁学前儿童特有的身心发展特征，幼儿好奇心强，对世界充满好奇。因为幼儿是在游戏及日常生活中通过直接经验进行学习的，所以需要重视幼儿游戏及相关活动，尊重并保护好幼儿的学习兴趣和好奇心，通过适宜教学环境的创设，来满足幼儿通过直接感知、动手操作和切身感受获得经验的需要。因此，通过优质电子教案的设计，将信息化资源与学前教育活动进行全面深度整合，为学前教育信息化的发展做出努力。

将信息技术与学前教育紧密融合，形成学前教育特色课程体系。着重强调教育内容、教学手段和教学方法的现代化，充分依托教育学、心理学等学科资源与信息技术的优势，结合幼儿的年龄特点、认知基础，利用信息技术，构建教学环境，编排设计教案，认真做好课程的研究与实践工作，突出课堂教学设计和组织的作用，体现并适应教学个性化需求，激发学生学习的兴趣和主动性，提高教学效果，促进教育教学的变革与创新，提高学前儿童的综合能力。

本部分将向读者具体阐述幼儿课程教学与信息技术整合教学设计的具体过程，通过前期要素关于教学课程目标、教学课程内容、教学设计的课程形式的分析，进行教学过程的设计，向读者呈现幼儿信息技术课程教学设计的框架。

（一）前期要素分析

1. 教学课程的目标

教育部于2001年制定的《幼儿园教育指导纲要（试行）》从健康、语言、社会、科学、艺术五大领域提出了目标指导意见，在此基础上2012年实施的《3—6岁儿童学习与发展指南》则针对3～6岁各个年龄段儿童提出了更加细化的学习与发展目标，对3～4岁、4～5岁以及5～6岁三个年龄段幼儿的发展水平提出了合理的期望，倡导游戏化的教学活动，注重各领域之间的相互渗透，促进幼儿身心全面发展。

下面是《幼儿园教育指导纲要（试行）》中对五大领域的教学目标框架，具体内容如表5-3所示。

表5-3 《幼儿园教育指导纲要（试行）》各领域教育目标

领域	目标
健康	1. 身体健康，在集体生活中情绪安定、愉快； 2. 生活、卫生习惯良好，有基本的生活自理能力； 3. 知道必要的安全保健常识，学习保护自己； 4. 喜欢参加体育活动，动作协调、灵活。
语言	1. 乐意与人交谈，讲话礼貌； 2. 注意倾听对方讲话，能理解日常用语； 3. 能清楚地说出自己想说的事； 4. 喜欢听故事、看图书； 5. 能听懂和会说普通话。
社会	1. 能主动地参与各项活动，有自信心； 2. 乐意与人交往，学习互助、合作和分享，有同情心； 3. 理解并遵守日常生活中基本的社会行为规则； 4. 能努力做好力所能及的事，不怕困难，有初步的责任感； 5. 爱父母长辈、老师和同伴，爱集体、爱家乡、爱祖国。
科学	1. 对周围的事物、现象感兴趣，有好奇心和求知欲； 2. 能运用各种感官，动手动脑，探究问题； 3. 能用适当的方式表达、交流探索的过程和结果； 4. 能从生活和游戏中感受事物的数量关系并体验到数学的重要和有趣； 5. 爱护动植物，关心周围环境，亲近大自然，珍惜自然资源，有初步的环保意识。
艺术	1. 能初步感受并喜爱环境、生活和艺术中的美； 2. 喜欢参加艺术活动，并能大胆地表现自己的情感和体验； 3. 能用自己喜欢的方式进行艺术表现活动。

教学活动设计的依据就是课程目标，而现今幼儿园课程的目标都是以上述教育目标框架为依托，再通过对学习活动的分析，结合幼儿的发展特点、认知基础制定规划出来的。

而相应的信息技术与幼儿园教学活动整合的目标则是面向学前教育，形成学前儿童综合能力培养课程体系。依据课程的目标，采用适宜的教学手段和灵活的教学方法，充分依托教育学、心理学等学科资源与信息化的技术优势，利用信息技术构建数字化学习环境，设计出以学生为主体，以儿童的发展为核心，并适应教学个性化需求的教学活动，以此激发幼儿的学习兴趣及学习的主动性，提高学习效果。

2. 教学课程的内容

以 2012 年实施的《3—6 岁儿童学习与发展指南》为依据，对 3～6 岁儿童学习课程进行归纳汇总。

在健康领域方面，培养儿童具有强健的体质和愉快的情绪，并具有一定的协调性，动作灵活，培养儿童养成良好的生活习惯，具备自我保护能力。

在语言领域方面，教导儿童懂得倾听与表达，听懂日常语言并将自己的需求清楚地表达出来，并在一定程度上提高语言的运用能力，可以看简单的图书，具有初步的阅读能力以及表达的愿望。

在社会领域方面，通过周围人群的交往，培养儿童能与同伴友好相处的能力，并能识别人物的特征，对一系列表情也能做出相应的判断，在群体生活中，遵守规则，找到归属感。

在科学领域方面，培养儿童的科学探究能力，在亲近探究自然的过程中认识周围的事物，并通过游戏培养儿童在数学上的兴趣，理解数和量的概念，认识不同的形状，感知空间关系。

在艺术领域方面，培养儿童对美的感受能力，在生活中欣赏各式的艺术形式和相关的作品，并且在活动中进行展示，表达自己的情感体验，创造自己的艺术作品。

3. 教学设计的课程形式

(1)主题式教学。

主题式教学是在幼儿教学改革中新兴的一种教学活动，指围绕某个话题开展活动，并通过系列活动的展开，激发幼儿的学习兴趣，开发幼儿的潜能，在不断探索中得到能力的提升。同时主题式教学也是各领域课程的整合，涉及多学科知识，体现了学科之间的相互关系，可以让幼儿全面看待问题。

因此基于上述的原因，依据教育部颁发的《3—6 岁儿童学习与发展指南》，结合认知学和儿童发展理论，根据幼儿需求，以主题构建作为教学内容的组织形式，设计课程和教案。通过一个个主题课程教案，让课程大纲中一个个孤立的知识点相互交织形成了有机的整体。每一个课程教案都是对幼儿多项能力的综合培养。例如，有关颜色认知的教案，首先对抽象颜色概念进行讲解，接着通过太阳光折射出七彩光、雨后彩虹等自然现象以及照片艺术欣赏，对不同颜色的动植物、生活物品的认知，让幼儿对颜色有了一定的理解，涉及了科学、艺术、社会等多个领域，实现了多领域知识的融合。

(2)课程教学方法及过程。

教师在上课时，可以运用教学白板工具，调用设计好的教案课件，进行教学内容的展示与讲解。与传统的多媒体教学方法不同的是，教学白板工具在 PPT 展示的功能基础上，还有机结合了多种类型的学习模块。例如，在讲解红、黄、绿等颜色时，加入颜色混合小工具，实际操作演示不同颜色相互叠加时的混色效果，使得教学过程更加生动、形象，加入认红绿灯过马路的游戏，让学生动手，进行学习训练，将学到的颜色认知信息运用到社会场景中去，形成教师与学生良性互动，达到良好的学习效果。教学白板工具还提供多种颜色的板书工具、图片和绘画素材以及学科工具，让教师不再局限于展示固定不变的教案，而是能够在教学过程的任意阶段，在屏幕上直接进行教学板书、资源素材的添加、位置摆放和相关操作，以及与学生的互动式学习训练等，同时还提供相应的教学游戏，供学生进行知识点巩固学习和拓展练习。

通过上述的举例描述，课程教学的具体过程也清晰地展现了出来，具体如图 5-15 所示。

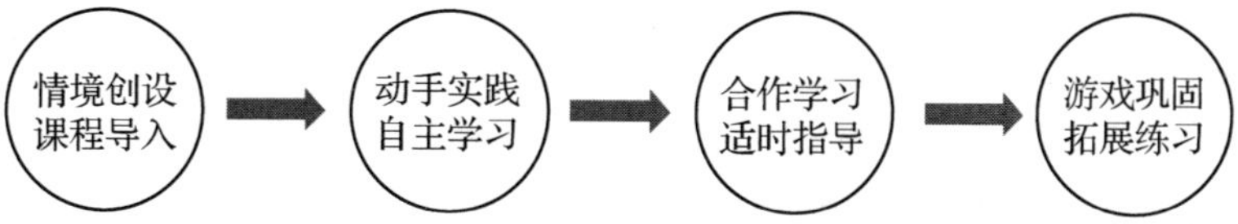

图 5-15　课程教学过程

教师在教学时，先创设相应情境，进行课程的导入工作，教学过程中让幼儿自己动手操作，自主进行学习，并进行分组讨论，合作交流，在适时的时候，教师再给予帮助，最后通过游戏进行拓展练习。

4. 教学设计原则

(1)以幼儿为主体。

重视以学习者为中心，以幼儿为主体，设计适宜的教学活动。加涅也曾提出“为学习而设计”，应从幼儿的实际发展状况出发，制定符合幼儿整体发展需求的教学课程。教师的发展也遵从注重于教到注重于学的过程，而幼儿从依靠教师到进行独立学习，一般需要经历以下阶段，如图 5-16 所示。

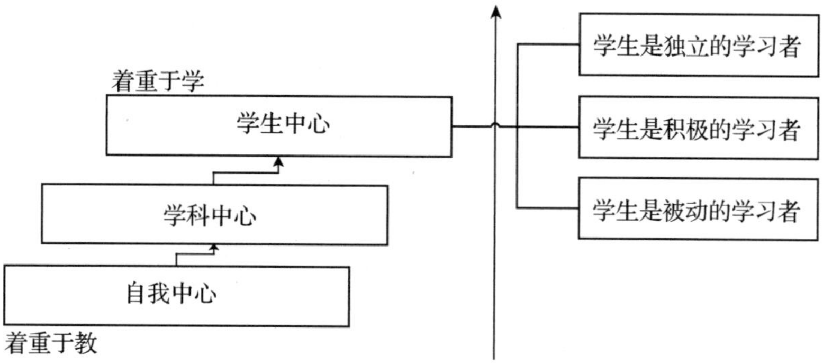

图 5-16　教师教学发展阶段

因此，教师只有以学生为中心，着重于学的过程，才能促进学生的发展，使学生从被动地进行学习，到积极地参与学习，最后实现独立学习。该过程是渐进的。教师与学生共同发展，只有恰当处理好教师和学生的关系，才能确保教学过程的和谐发展。

(2)兴趣为先。

兴趣是幼儿学习探索的源泉，也可以说是幼儿决定学习的主导力量。只有让课程变得有趣，才能吸引幼儿。幼儿园课程与信息技术整合课程设计的关键是把要学的东西变成好玩的，让幼儿在玩中探索学习。以幼儿喜爱的动画、游戏以及相应的卡通图片素材为表现形式，把教学活动的内容结合相关信息资源进行故事化和游戏化，通过有趣的故事或与幼儿参与的教学相关游戏完成教学，使教学活动的内容渗透于信息化的教学之中，让幼儿在教学过程中进行交互学习，成为信息技术实施中的角色，成为活动的主体。这样的信息化课程设计符合幼儿好奇心强的学习特点，能最大限度地调动幼儿的思维和学习的积极性，让教师把抽象并且枯燥的知识通过多样化的信息素材表现在教案中，在教学活动中可以轻松对幼儿进行引导，让幼儿在活动中愉快地学习。

(3)多感官交互。

在教学过程中，应通过多项交互提高幼儿的参与度，让幼儿沉浸于课堂中，因此需融入信息技术，因为信息技术支持的教学提供的外部刺激不是简单的单一刺激，而是集图形、文字、图像、声音、动画等于一体的综合刺激。幼儿调动多种感官参与其中，接收多样性外部刺激，获取知识信息。信息技术提供外部刺激的多样性优于其他教学手段，且有利于知识的获取与保持。另外，从记忆的角度看，同时通过多感官刺激会明显提高记忆效果，让学习者可以自行调控信息呈现速度，以增强对知识的保持。

课程的学习环境模拟真实世界，根据学习活动内容，产生幼儿与虚拟人物之间的基于游戏的互动，让幼儿能通过看、听来获得感官刺激，用手指触摸来表达其兴趣，与学习环境进行互动交流。

(4)整合一体。

横向融合。在信息技术与幼儿课程整合课程形式中提到了主题教学，在进行主题教学时，课程内容应是融合多领域的，互相整合的，应避免把单一的领域内容独立地进行教学。在教学时，并不需要思考哪一部分是健康领域，哪一部分是艺术领域，哪一部分是科学领域，而是整体思考，融合各个领域的知识，解决相应的问题。

纵向连续。这里的纵向连续代表着两个意义上的连续：一是内部连续性。即依据不同年龄段的幼儿发展水平进行设计，需要使幼儿持续数周对某个主题保持兴趣，并对该主题进行相应扩展，引导幼儿向前发展。二是外部连接性。例如，关于幼小衔接课程，早在1988年英国的《教育改革法案》中就规定5岁幼儿在接受相应课程时，应在十个领域与小学课程进行对接，首次提出了幼儿教育与小学教育的外部连续。

5. 幼儿发展的特点

在进行信息技术与幼儿教学整合设计之前，首先需要考虑的就是所教学的年龄段幼儿发展和学习的特点，并且了解该阶段幼儿的需求，这便是课程教案设计的起点。

对于3～6岁的幼儿，在这个阶段，他们独立性强，对世界充满好奇，并且想要对其进行探索。幼儿知识的获得以直接经验为主，而游戏则作为他们的基本活动，促进幼儿的发展，因此应在课程教案的设计中通过情境的导入、游戏的设置，辅以相应的师生及教学资源的交互，开展课程。

6. 课程教学设计框架

综上所述，生成信息技术与幼儿园教学活动整合教学活动设计框架图，如图 5-17 所示。信息技术与幼儿园教学活动整合的教案设计以幼儿发展的特点为起点，再配以建构主义学习理论、皮亚杰认知发展理论以及沉浸理论为理论支持，以教案课程设计的目标、内容和形式为前期要素，以幼儿为主体、兴趣为先、多感官交互、整合一体为设计原则，整合这三方面内容，再结合一线教师的教学经验，借助信息技术设计教学活动。

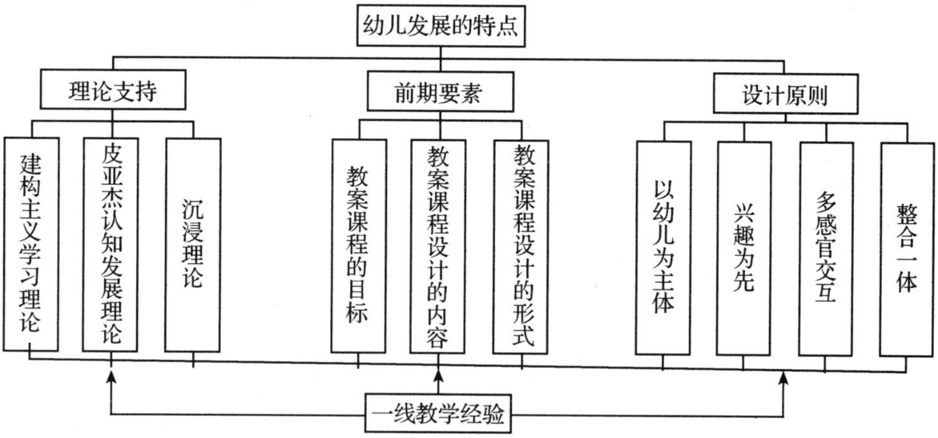

图 5-17　课程教学设计框架

五、 幼儿园 STEAM 教育和创客教育

（一）STEAM 教育

1. STEAM 教育的含义

STEAM 是科学（Science），技术（Technology），工程（Engineering），艺术（Art），数学（Mathematics）的首字母组合。STEAM 教育是集科学、技术、工程、艺术、数学于一体的综合教育。

2. STEAM 教育的理念

STEAM 教育不是科学、技术、工程、艺术和数学知识的单一教育或简单叠加，而是将这五个学科整合到一种教学范式中，把不同课程、不同活动中展现的零碎知识变成相互联系的统一整体，从而形成系统性知识的一种跨学科综合教育，它旨在培养学生的科学素养、技术素养、工程素养、艺术素养和数学素养。STEAM 教育倡导学生以学科整合的方式认识世界，以综合创新的形式改造世界，培养他们解决问题的创新能力。它具有综合性（跨学科）、体验性、情境性、协作性、设计性、艺术性等基本特征。

3. 幼儿园 STEAM 教育活动的开展

幼儿园开展的实际上是一种综合教育，幼儿园教育强调认知能力、动手能力和创造能力，正是 STEAM 教育的体现。所以，在幼儿园开展 STEAM 教育是非常正常的教育活动，目前在幼儿园开展 STEAM 教育的研究和实践已经在幼教机构和优质幼儿园得到了普遍实施。那么，在幼儿园如何开展 STEAM 教育活动呢?

(1)幼儿园 STEAM 教育活动设计。幼儿园开展 STEAM 教育，绝不是实施 S、T、E、A、M 单一学科教学，而是重在鼓励幼儿的好奇心(求知欲)，重在如何让孩子通过认知世界提高到科学探究实现自己的想法，充分体现幼儿对问题解决的思考。所以幼儿 STEAM 教育要突出教“思考方法”而不是教“知识点”，“注重整体”而不是“单科教学”。教师在设计幼儿 STEAM 教育活动时应思考以下对应关系。

①STEAM 教育与科学、数学活动的关系；

②STEAM 活动与综合(主题)活动的关系；

③STEAM 教育与一日生活活动的关系；

④STEAM 活动中的动手操作与设计目标的关系；

⑤STEAM 活动中幼儿自主和教师指导的关系。

幼儿园 STEAM 教育活动一般是两种：基于问题的探究学习活动和基于项目的问题解决活动。可以参考图 5-18 进行教学设计。

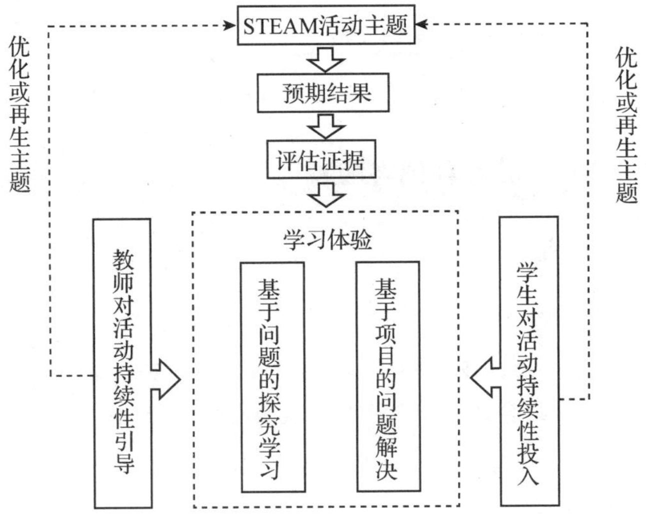

图 5-18　幼儿园 STEAM 教育活动设计参考框架

(2)幼儿园 STEAM 教育活动的实施。幼儿园 STEAM 教育活动的实施过程与传统的传授式或手把手式教学是不同的，STEAM 教育过程则多用设问、反向演示(非示范)等方式引导幼儿思考并得出正确实践过程或结论，然后引导幼儿亲手实践，培养幼儿的多种能力。

（二）创客教育

1. 创客教育的含义

创客教育(Maker Education)是一种融合科学、技术、工程、艺术、数学等知识与技能，遵循自由开放、创新创意、探究体验的教育理念，以实践创造学习为主，培养创新型人才的新型教育模式。

2. 创客教育的理念

创客教育的核心理念是：通过动手实践，培养学生的创新能力、探究力和创造力。从概念上看，STEAM 教育和创客教育高度相关，都是一种融合教育，但 STEAM 教育更讲究跨学科“知识融合”，创客教育强调的不是教与学，而是探索、体验、创新，创客教育的重点在于创新想法并将想法进行“实践创造”。

3. 幼儿园创客教育活动的开展

幼儿园创客教育活动形式多样，可以是游戏创意、积木创意搭建、户外实践、创意表演、玩具玩法创新、创意小制作等等活动，能很好地实施幼儿创客教育。特别是积木类创意搭建(图 5-19、图 5-20)，在充分发挥幼儿想象的同时能提高幼儿多种能力，如空间认知能力、自然物和人造物的认知能力、创造能力、动手实践能力等。

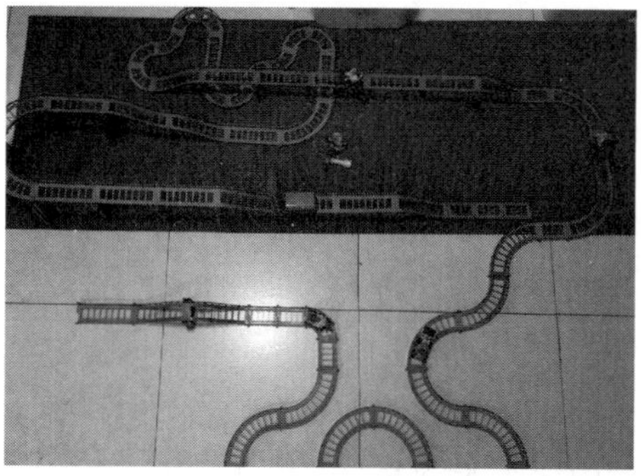

图 5-19 搭建城市道路

图 5-20 搭建儿童乐园

应用案例

幼儿手工制作小沙包

传统教学方式：第一步，教怎么裁剪布料；第二步，教用针线来缝合；第三步，缝的时候收针怎么做。最后，填充沙子，把沙包封上口。学生只要按老师教的方法一步一步做，就可以做出一个统一的小沙包来。

STEAM教学方式：第一步，老师问学生，沙包是干什么用的。首先要回答这个问题，那就得思考它的功能和作用，就得和现实联系起来，沙包是玩的时候互相丢的，打到人的时候不能很疼，就不能用坚硬的材质来做，但又要保证丢得远，还得有一定的重量。这样思考后，学生自然会去想要实现这些现实功能，需要用什么材料。第二步，老师会让学生自己选择用什么材料做沙包比较合适。第三步，怎么做。第四步，一定要丢一丢检测一下，用现实来反馈。在引导和演示过程中，还可以引导幼儿如何使做出的沙包更漂亮？怎样确保沙包中的沙子不会漏出来？从而在更高层次上培养幼儿的能力。

第四节　幼儿教师继续教育与科研

教师继续教育是指职前培训之后的各种教育形式，其中既有职业教育，也有非职业教育。在现代社会中，教育由于其终身性，贯穿于整个生活领域，成为整个生活过程中必不可少的组成部分，因此，继续教育是现代化社会的重要特征。我国教师的继续教育主要是指对已取得教师资格的在职教师进行提高政治思想、职业道德、业务素质、教育教学与科研能力的培训。在教师学历普遍达标的情况下，提高他们的教学能力和研究能力是继续教育的重要内容。

一、幼儿教师信息化学习支持手段

熟练掌握信息技术，恰当地利用信息技术手段为教学科研服务，正成为信息社会衡量一名幼儿教师的重要标准。幼儿教师必须加强学习，培养终身的信息化学习能力，不断更新观念、知识和能力，以适应不断变化的时代对幼儿教育提出的新要求。网络学习工具与资源为幼儿教师的知识更新提供了更为广阔的平台，如何尽快、有效地帮助幼儿教师掌握网络技术的操作，网络技术应用于幼儿教师继续教育与科研的方法与途径是我们关注的焦点。因此，我们将从信息检索技术和信息共享手段两个方面来阐述。

（一）信息检索技术

1. 信息检索的含义

信息检索，从广义上说是将信息按一定的方式组织和存储起来，并根据信息用户的需求找出所需信息的过程，即包括“信息存储”和“信息检索”。而狭义的理解，就是信息的查找与索取。

信息检索过程主要是利用检索语言对检索提问进行标引，形成检索提问标识，再按照存储所提供的检索途径，将检索提问标识与文献特征标识进行匹配，两种标识相符或基本相符的则为命中的检索结果。

2. 信息检索的类型

全文检索。指检索系统中存储的是整篇文章乃至整本书。用户根据个人的需求从中获取有关的章、段、节、句等信息，并且还可以做各种统计和分析。

超文本检索。超文本结构类似于人类的联想记忆结构，它采用了一种非线性的网状结构组织块状信息，没有固定的顺序，也不要求读者必须按照某个顺序来阅读。采用这种网状结构，各信息块很容易按照信息的原始结构或人们的“联想”关系加以组织。

超媒体检索。由于把多媒体信息引入超文本，产生了多媒体超文本，也即超媒体。它是对超文本检索的补充，其存储对象超出了文本范畴，融入了静、动态图像及声音等多种媒体信息。信息存储结构从单维发展到多维，存储空间范围不断扩大。

3. 信息检索的工具

我们可以根据教学科研的需要，选择相关的检索工具，如果是利用联机、光盘检索系统或数据库检索系统，则可按提示进行操作，其检索途径和功能远比手工检索工具多得多，文献线索的输出形式也可根据需要灵活选择。一般来说，可以先利用本单位已有的信息检索工具，再选择单位以外的信息检索工具，在与信息检索主题内容对口的信息检索工具中选择高质量的信息检索工具。例如，研究课题所需要的文献是期刊论文，可通过中文科技期刊数据库、中国期刊全文数据库等进行检索；检索学位论文，可查询中国优秀博硕士学位论文全文数据库、中国学位论文全文数据库、PQDD学位论文库等；其他专利文献可通过中国知识产权网等进行检索。

4. 信息检索的途径

每一种检索工具所提供的检索途径不是完全相同的，可根据检索工具提供的检索途径，结合课题的要求选择检索入口。归结起来有两类检索途径：一是反映信息内容特征(主题、分类)的途径；二是反映信息外部特征(著者、题名、代码等)的途径。现分别介绍如下。

题名途径。利用图书、期刊资料等的题目名称对文献进行检索的途径。

著者途径。用文献的著作者、编者、译者的姓名或机构团体名称编制检索特定的个人或团体所产生的文献。

分类途径。以文献的内容在分类体系中的位置作为文献的检索途径，它的检索标志就是所给定的分类号码。

主题途径。通过文献的内容实质，经过规范化的名词或词组来检索文献，检索时直接按主题词的字顺，即可查到某个特定主题的文献。

序号途径。通过已知号码(包括序号、报告号、合同号)查找文献的一种检索方法。

其他途径。分子式索引、地名索引、生物属性索引等。

5. 信息检索的方法

选择检索方法是指选择实现检索计划的具体方法和手段。我们常利用文摘、题录或索引等检索工具来查找文献，而按所查文献的顺序，可分为顺查法、倒查法和抽查法三种。

顺查法。由远而近，从问题发生的年代开始逐年往近查，适用于无综述性文献可参考时使用。查的文献较完整，查全率较高，但工作量大，效率不高。

倒查法。由近到远，重点放在近期的文献，多用于新课题，或者技术的新发展，从新情况开始查到一定的基本资料时为止。

抽查法。根据课题的特点和需要，选查发展旺盛时期的文献，可节约时间，但可能会漏检。

（二）信息共享手段

网络技术的发展为信息的共享提供了基础环境，以网络技术为基础的社会性软件的广泛应用为信息交流提供了平台，为实现信息交流先后出现了许多社会性软件，如 BBS、论坛、博客、微博、网络云盘以及云笔记等。这些工具作为信息交流方式，具有方便、快捷、经济的特点，当然也在幼儿教师的继续教育与科研中拥有广阔的应用领域，利用它们可以收集教学科研资源、讨论教学问题等。

1. BBS 和论坛

BBS 和论坛是互联网提供的一种服务，伴随着信息技术的发展和网络的广泛应用，BBS 和论坛的功能越来越多，给人们的工作和学习提供了极大的便利，已成为人们交流、沟通和学习十分重要的平台。BBS 和论坛的主要特点是打破时空、年龄、学历、社会地位等的差异，让大家在一个平等的位置上对多种问题进行大胆的探讨。同时，板块的划分也为人们快速找到合适的话题提供了极大的便利。

目前，国内较为流行的论坛有知乎社区、豆瓣、小木虫等。例如，知乎是网络问答社区，连接各行各业的用户。用户分享着彼此的知识、经验和见解，为中文互联网源源不断地提供多种多样的信息。用户围绕着某一感兴趣的话题进行相关的讨论，同时可以关注兴趣一致的人。对于概念性的解释，网络百科几乎涵盖了所有的疑问，但是对于发散思维的整合，却是知乎的一大特色。

2. 博客

博客是以网络为载体，简易、迅速、便捷地发布自己的心得，及时、轻松地与他人交流，是集丰富多彩和个性化展示于一体的综合性平台。博客的灵魂是知识共享，博客是信息时代知识的管理者。博客将工作、生活和学习融为一体，将日常的思想精华及时记录并发布，链接自己认为最有价值、最感兴趣的信息和资源，使更多的学习者能够零距离、零壁垒地汲取这些知识和思想。博客使人们的网络生存方式开始向个人化的精确记录方式过渡。

目前，在幼教领域已经有许多教师，特别是青年教师掌握了博客技术，开始在互联网上遨游。他们纷纷将自己的教学经验、教学反思、课件等上传发表，与各地的幼儿教师共享。教师博客的出现对幼教事业的发展是极有好处的，主要体现在以下几个方面。

第一，推进课程改革。新课程改革要求广大教师更新观念，改变教学方法。博客为教师开创了一个前所未有的“广开言路”的网络平台。教师们可以在博客上就课改中碰到的各种问题各抒己见，也可以通过博客借鉴教学经验或针对教学方法进行切磋，无形中博客已成为教育工作者课改的思维互动舞台。

第二，方便优秀教学资源的共享。博客可突破地域的限制，共享优秀教师的教学案例、教学心得等资源，可加快缩小教育发展的地域差距，推动教育资源的均衡发展。

博客作为一种新兴的网络工具，它在促进教师专业发展中具有很大的潜力。随着信息技术应用水平的提升和教师对博客优势的认识加深，博客在教育中的应用必将得到长足的发展。

3. 微博

微博，即微博客(MicroBlog)的简称，是一个基于用户关系的信息分享、传播以及获取平台。用户既可以作为观众，在微博上浏览感兴趣的信息；也可以作为发布者，在微博上发布内容供别人浏览。发布的内容一般较短，有 140 字的限制，微博由此得名。微博也可以发布图片、分享视频等。微博最大的特点就是：信息发布快速，信息传播的速度快。最早也是最著名的微博是美国的 Twitter。中国最有影响的微博是新浪微博。微博是一种非常快速地共享信息发布的自媒体平台。

（三）网络通信及下载工具

网络教学及人的终身学习离不开网络通信交流工具。幼儿教师要通过网络接受继续教育或网上自学，当然需要这些工具的支持。随着网络技术的飞速发展，各种各样的网络通信工具也应运而生，为人们超时空的信息交流提供了极大的方便。

1. 电子邮件

电子邮件(electronic mail，简称 E-mail，标志为@，也被大家昵称为“伊妹儿”)，又称电子信箱、电子邮政，它是一种用电子手段提供信息交换的通信方式。E-mail 是互联网应用最广的服务之一。通过 E-mail，用户可非常快速地与世界上任何一个角落的网络用户联系，这些电子邮件可以是文字、图像、声音等形式。同时，用户可以得到大量免费的新闻、专题邮件，并实现轻松的信息搜索。

电子邮件地址的格式由三部分组成。第一部分，“USER”代表用户信箱的账号；第二部分，“@”是分隔符；第三部分，用户信箱的邮件接收服务器域名，用以标志其所在的位置。

电子邮件是整个网络以至所有其他网络系统中直接面向人与人之间信息交流的系统，它的数据发送方和接收方都是人，所以极大地满足了人们的通信需求。

2. 腾讯 QQ

QQ 是腾讯公司开发的一款基于互联网的即时通信软件。腾讯 QQ 支持在线聊天、视频电话、点对点断点续传文件、共享文件、网络硬盘、自定义面板、QQ 邮箱等多种功能，并可与移动通信终端等多种通信方式相连。QQ 现在的注册用户数已超过 8 亿了，在线人数超过 1 亿。腾讯是目前中国最大的互联网综合服务提供商之一，也是中国服务用户最多的互联网企业之一。腾讯拥有全网最强的社交产品矩阵。

3. 微信

微信是腾讯公司于 2011 年 1 月 21 日推出的一个为智能终端提供即时通讯服务的免费应用程序。微信支持跨通信运营商、跨操作系统平台通过网络快速发送免费的(需消耗少量网络流量)语音短信、视频、图片和文字，同时，也可以使用通过共享流媒体内容的资料和基于位置的社交插件“摇一摇”“漂流瓶”“朋友圈”“公众平台”“语音记事本”等服务插件。微信提供公众平台、朋友圈、消息推送等功能，用户可以通过“摇一摇”“搜索号码”“附近的人”、扫二维码方式添加好友和关注公众平台，同时将内容分享给好友以及将用户看到的精彩内容分享到微信朋友圈。

4. 网络资源搜索引擎

网络资源浩如烟海，要在这无影无形的知识海洋中找到为我所用的信息，必须借助专用的、强大的信息搜索工具对所寻信息进行筛选、罗列。目前，用得较广泛的网络搜索工具是百度、Google、Yahoo、Sogou 等搜索引擎。下面以百度为例进行介绍。

百度是全球最大的中文搜索引擎，2000 年 1 月由李彦宏、徐勇两人创立于北京中关村。百度一直致力于让网民更便捷地获取信息，找到所求。用户通过百度主页，可以瞬间找到相关的搜索结果，这些结果来自百度超过数百亿的中文网页数据库。

除网页搜索外，百度还提供 MP3、图片、视频、地图等多样化的搜索服务，给用户提供更加完善的搜索体验，满足多样化的搜索需求。

5. 网络资源下载工具

要将网络资源下载到本地电脑上，除用浏览器自带的下载功能外，就必须使用专用的下载软件。下载软件很多，如迅雷、电驴、脱兔、超级旋风、快车等，它们大多支持断点续传功能。下面简单介绍迅雷。

迅雷是下载软件，本身不支持上传资源，它只是一个提供下载和自主上传的工具软件。迅雷的资源取决于拥有资源网站的多少，同时需要有任何一个迅雷用户使用迅雷下载过相关资源，迅雷就会有记录。

迅雷使用的多资源超线程技术基于网格原理，能够将网络上存在的服务器和计算机资源进行有效的整合，构成独特的迅雷网络，通过迅雷网络各种数据文件能够以最快的速度进行传递。

迅雷是目前网民用得最多的下载工具软件之一。很多下载页面都设有专用的迅雷下载通道。

（四）网络云盘与云笔记

1. 网络云盘

网络云盘又称网络 U 盘、网络硬盘，是由互联网公司推出的在线存储服务，服务器机房为用户划分一定的磁盘空间，为用户免费或收费提供文件的存储、访问、备份、共享等功能，并且拥有高级的世界各地的容灾备份。用户可以把网盘看成一个放在网络上的硬盘或 U 盘，不管你是在家中、单位或其他任何地方，只要你连接到互特网，就可以管理、编辑网盘里的文件。不需要随身携带，更不怕丢失。现在比较流行的是百度网盘。百度网盘是百度于 2012 年正式推出的一项免费云存储服务。目前有 Web 版、Windows 客户端、Android 手机客户端、Mac 客户端、IOS 客户端和 WP 客户端。用户可以轻松将自己的文件上传到网盘上，普通用户上传单个文件最大可达 4 G，并可以跨终端随时随地查看和分享。百度网盘提供离线下载、文件智能分类浏览、视频在线播放、文件在线解压缩、免费扩容等功能。

2. 云笔记

云笔记是一个跨平台的简单快速的个人记事备忘工具。会议记录、日程安排、生活备忘，奇思妙想、快乐趣事以及任何突发灵感都可快速记录到云笔记，还可以拍照和添加图片作为笔记附件。云笔记解决了个人资料和信息跨平台、跨地点的管理问题，目前各类云笔记软件均提供桌面版、网页版以及部分手机型号的版本。借助于“云”的传输，每位用户写好笔记之后，将笔记存储在云端服务器，在使用的时候，可以用各种平台、各种终端同步编辑这篇笔记，不再需要 U 盘复制。

二、幼儿教师继续教育

（一）幼儿教师接受继续教育的必要性

“教育的质量取决于教师的质量。所有试图改进教育质量或使学校工作更具活力的努力，都必须完全立足于教师能力的提高。”幼儿教师的能力主要体现在个人的专业发展上，即幼儿教师从非专业人员成为专业人员且不断提升自己的专业品质的过程。幼儿教师从学前教育师范专业毕业后，一般经过 1～2 年的教学实践，就会成为名副其实的专业人员。但是，再假以年岁，幼儿教师的专业能力会逐步减退。这主要是由幼师的工作性质决定的，大多数幼儿教师工作任务繁重，加之受幼儿园学习条件的限制，很多教师难以获得知识更新的条件和机会。所以，为幼儿教师提供接收继续教育的机会至关重要。

进行中小学教师和幼儿教师职后培训，是我国教育部门长期坚持的基本政策。例如，2011 年教育部、财政部颁发的“关于实施幼儿教师国家级培训计划的通知”中，就明确提出了要对各层级的幼教工作者(幼教管理及研究人员，幼儿园园长、骨干教师、普通教师等)进行继续教育培训。

（二）幼儿教师继续教育的内容及其组织形式

幼儿教师继续教育培训的内容一般包括教育理论、科学文化方面的知识更新，幼师专业技能(主要是艺术方面的)和现代教育信息技术应用能力。

幼儿教师继续教育培训的组织单位一般是幼儿园和上级教育行政部门。幼儿园主要进行的是园本培训。上级教育行政部门一般会委托大学等教育机构组织，有短期集中培训、学历函授教育和远程培训教育三种形式。

（三）幼儿教师现代教育信息技术应用能力的培训内容

在科学技术飞速发展的今天，教育信息技术必然随之不断更新，所以幼儿教师信息技术应用能力也必须不断提高。一般来说，幼儿教师现代教育信息技术应用的培训内容如下。

1. 培训目标

幼儿教师通过培训，学习和体验教育信息化的基本理念，了解信息化教学的理论和方法，能利用计算机和网络技术获取幼儿教育教学相关信息，能创造性地开发、丰富幼儿园教育资源，具有合理、灵活运用多种信息资源解决实际问题的能力。

2. 内容组织与策略

在培训内容的安排上，根据信息化素养的三个方面：信息化意识、信息化知识与技能、运用信息技术教学能力，分别设计相应的学习模块。在培训策略的设计上，根据每个学习模块的内容，再结合幼儿园的教学实际分别采取不同的培训形式与策略，如基于任务的培训策略、基于问题的培训模式等。

(1)学习模块一：信息化意识的培养。

培训内容：教育信息化重要性的认识；学习信息技术的态度；应用信息技术的热情；信息道德与安全意识。

培训策略：专题讲座；任务驱动；自修反思；小组研讨。

(2)学习模块二：信息化知识与技能的培养。

培训内容：计算机与网络基本原理；系统及常用办公软件操作；网络获取与信息交流；现代教学媒体使用；多媒体素材获取与处理。

培训策略：理论讲授；案例教学；现场指导；自主合作探究；实践操练。

(3)学习模块三：运用信息技术教学能力的培养。

培训内容：多媒体课件设计与开发；现代课件制作技术；幼儿教育课件设计实例；多媒体辅助幼儿教育活动研究。

培训策略：专题讲座；问题探究；现场指导；实践操练；研训一体。

通过以上对教育信息技术应用能力培训内容的了解，有助于我们在没有条件参加培训时，可以通过一定的自学手段获得相关教育信息技术的应用能力。

（四）幼儿教师自学及终身学习手段

幼儿教师参加继续教育培训，不仅是为了获取知识，更重要的是提高终身学习的能力。随着网络技术和通信技术的发展，学习手段和学习工具不断推陈出新，使得人们获取知识的途径越来越多，也越来越快捷。就目前来说，除了利用网络这一现代远程教育工具外，还可利用 QQ、微信、手机、平板电脑等各种移动学习工具，相互学习，相互交流。

三、 幼儿教师科研资源的收集与整理

随着社会、经济的发展，幼儿教育的质量备受人们的重视，诸如幼儿智力的发展、潜能的开发、非智力因素的培养，不仅关注幼儿身体的健康，更加关注幼儿的心理发展，使幼儿作为独立的个体生命能够优化地成长，即人们开始以人生发展的前瞻性高度重新审视幼儿教育。在这一视野下，幼儿教师不仅要具备相关的专业理论与技能、丰富的实践经验，还要拥有相应的科研意识与能力。通过不断地探索、研究幼儿的身心发展规律，为不同的幼儿提供最适宜的个性化教育。因此，科研能力是幼儿教师必备的一种能力，是促使幼儿教师具备无可限量后发优势的保障。

科研能力的培养是幼儿教师专业化发展的需求，是提高幼儿教师自身素质的需求。教师个体不断发展的历程，是教师不断接受新知识、增长专业能力的历程。教师要成为一个成熟的专业人员，需要通过不断的学习与探究历程来拓展其专业内涵、提高专业水平，从而达到专业成熟的境界。

从我国幼儿园教育的科研情况看，目前在幼儿教育一线的教师的科研能力明显不足。根据对教育科研必要性的调查显示，在湖南省 10 个地(市)30 所幼儿园的 270 位幼儿教师

中，有25.7%的幼儿教师认为根本没有必要；有31.9%的人觉得比较必要，在对科研的主要目的这个问题中，有48.2%的人选择了考核、评职或完成工作。[①] 至于教育科研知识和科研能力则更缺乏。另外，从不同区域间教育发展的不平衡来看，相关科研课题的研究也仅仅局限于基础条件好的发达城市的幼儿园，大多资金、设备不足的幼儿园甚至认为搞科研是一种奢求。

收集资料是幼教科研的基础环节。在实际工作中，我们常常可以看到，有些教师虽然有了好的选题、周密的科研计划、高昂的科研热情，但是科研工作仍难以进行下去。其原因之一就是研究者没有收集相关的科研资料。要想科研工作顺利展开，研究者就应掌握收集幼教科研资料的基本方法。简单地说，收集资料就是借助于一定的研究手段或方法获取所需要的信息的过程。“授人以鱼，不如授之以渔。”获得资料的关键在于善于运用各种收集资料的方法。资料通常可分为事实资料和文献资料。事实资料对幼教科研来说十分重要，文献资料更是必不可少。下面主要谈谈收集文献资料的方法。

在教学科研过程中，文献资料更是必不可少。因为要想知道别人做了些什么(或者正在做什么)研究以及他们是怎样研究的，要想自己的研究建立在已有的研究基础之上，要想自己的选题具有前瞻性并避免重复，都必须查找文献。作为记载、传承人类文化知识的载体的文献，是一切科学研究的基础。文献法作为一种方法，它贯穿于幼教科研的全过程。从选题、课题设计，到课题实施、撰写论文或报告，都离不开文献的支撑和利用。然而，我们不少教师缺乏查阅文献的意识，也不知道如何查找。接下来我们介绍一下文献数据库和数字阅读工具。

（一）中国知网（CNKI）介绍

1. CNKI简介

CNKI(China National Knowledge Infrastructure)，中国知识基础设施，简称CNKI工程。CNKI是“中国知识基础设施”工程的产物。CNKI工程是以实现全社会知识资源传播共享与增值利用为目标的信息化建设项目，由清华大学、清华同方发起，始建于1999年6月。在党和国家领导以及教育部、中宣部、科技部、新闻出版总署(现为国家新闻出版广播电影电视总局)、国家版权局、国家计委(现为国家发展和改革委员会)的大力支持下，在全国学术界、教育界、出版界、图书情报界等社会各界的密切配合和清华大学的直接领导下，CNKI工程经过多年努力，采用自主开发并具有国际领先水平的数字图书馆技术，建成了世界上全文信息量规模最大的“CNKI数字图书馆”，并启动建设《中国知识资源总库》及CNKI网络资源共享平台，通过产业化运作，为全社会知识资源高效共享提供最丰富的知识信息资源和最有效的知识传播与数字化学习平台。

2. CNKI中国期刊全文数据库简介

①概况。《中国期刊全文数据库》(China Journal Full-text Database)，曾用名《中国学术期刊全文数据库》，简称CJFD，是目前世界上最大的连续动态更新的中国期刊全文数据库，目前收录8200多种重要期刊，内容覆盖自然科学、工程技术、农业、哲学、医学、

---

① 张晓辉、张传燧：《幼儿教师教育科研素养调查与思考》，载《学前教育研究》，2007(5)。

人文社会科学等各个领域，其中核心期刊 1735 种。至 2018 年 8 月 3 日，累积期刊全文文献 5190 余万篇。

②收录文献的时间范围。数据库以 1994 年及以后发表的文献为主，对其中 4000 多种期刊回溯至创刊，最早的回溯到 1915 年，如 1915 年创刊的《清华大学学报(自然科学版)》《中华医学杂志》。

③收录文献的学科范围和学科组织方式。数据库所收录的文献覆盖了现有的所有学科，包括自然科学、工程技术、信息科学、农业、医学、社会科学等。以学科分类为基础，兼顾用户对文献的使用习惯，将数据库中的文献分为九个专辑，每个专辑下分为若干个专题，共计 126 个专题。该系统作为一个大型的全文检索系统，读者既可以直接上机检索、阅览、选摘，也可以通过设立的各个中国学术期刊文献检索镜像站的图书情报单位获取产品化的专项文献咨询服务。

(二)中国知网 CNKI 检索方法

系统采用网络浏览器文件格式的全文检索系统，从 CNKI 首页(图 5-21)登录或从有授权使用中国学术期刊网的单位的镜像分站点登录，进入中国期刊全文数据库检索界面(图 5-22)，但因版本的变化或镜像的不同，实际打开的界面会与以下图形有所不同。

图 5-21 CNKI 首页

图 5-22 中国期刊全文数据库检索界面

中国期刊全文数据库提供的检索方法有：分类导航、初级检索、高级检索、专业检索、期刊导航。各种检索方法的检索功能有所差异，但基本上遵循由高向低兼容的原则，即高级检索中包含初级检索的全部功能，专业检索中包括高级检索的全部功能。各种检索方法所支持的检索均需要通过几部分实现：检索项、检索词、检索范围限定。检索系统提供的检索项、检索范围限定均可任选(图 5-23)。

1. 操作指南

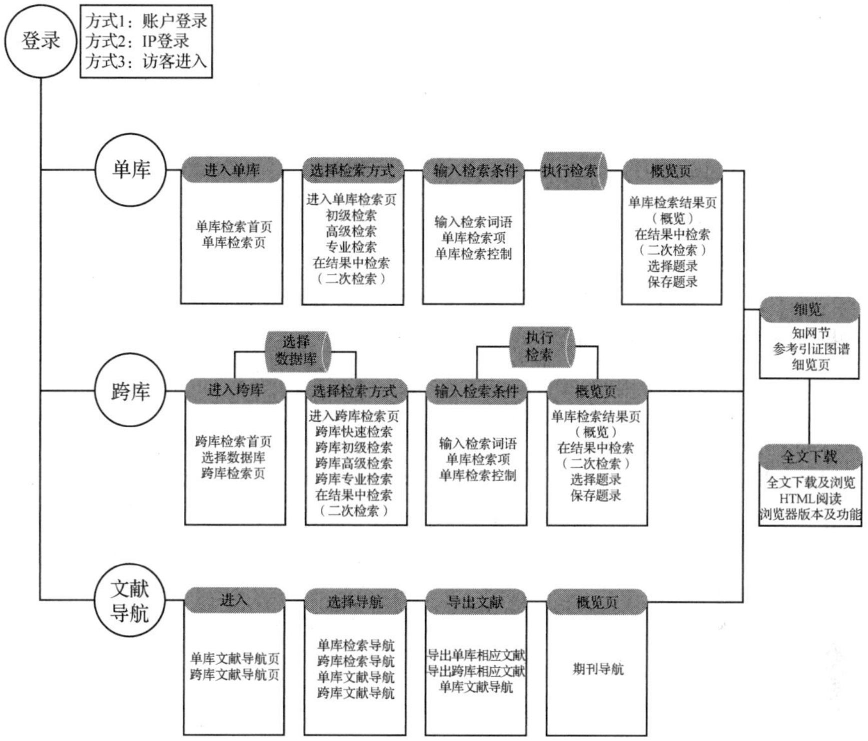

图 5-23　中国期刊全文数据库导航图

2. 一框式检索

本系统提供的基本检索方式有：输入检索词直接检索、数据库切换直接检索、文献分类检索、智能提示检索、相关词检索和历史记录检索。它分别体现在单库检索和跨库检索两种模式中。其中初级检索又包括了跨库快速检索。

各种检索方式的检索功能有所差异，基本上遵循由高向低兼容的原则，即高级检索中包含初级检索的全部功能，专业检索中包括高级检索的全部功能。各种检索方式所支持的检索均需通过几部分实现：检索项、检索词、检索控制。系统所提供的检索项、检索控制均可任选。在同一种检索方式下，不同的数据库设置的检索项及检索控制可能会有差异。完整的操作步骤：选择检索项—输入检索词—词频扩展—起止年—更新—范围—匹配—排序—每页。

(1)输入检索词直接检索。

选择数据库(默认为文献，文献为跨库包括期刊、博硕士、国内重要会议、国际会议、报纸和年鉴)以及检索字段，在检索框中直接输入检索词，点击检索按钮进行检索(图 5-24)。

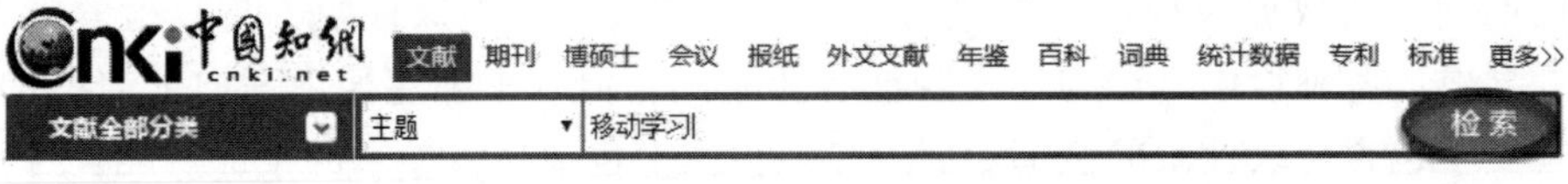

图 5-24　直接检索

(2)数据库切换直接检索。

选择字段以及输入检索词，切换数据库则直接检索，如果检索框为空，则不检索(图 5-25)。

图 5-25　切换数据库检索

(3)文献分类检索。

文献文类检索，提供以鼠标滑动显示的方式进行展开，包括基础科学、工程科技、农业科技等领域，每个领域又进行了细分，根据需要点击某一个分类，即进行检索(图 5-26)。

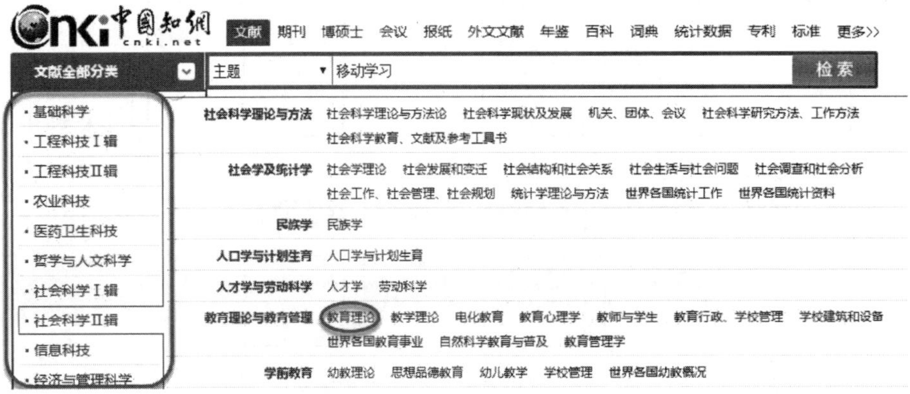

图 5-26　文献分类检索

(4)智能提示检索。

当输入检索词数据库时，系统会根据输入的词，自动提示相关的词，通过鼠标(键盘)选中提示词，鼠标点击检索按钮(或者点击提示词，或者直接按回车键)，即可实现相关检索(图 5-27)。

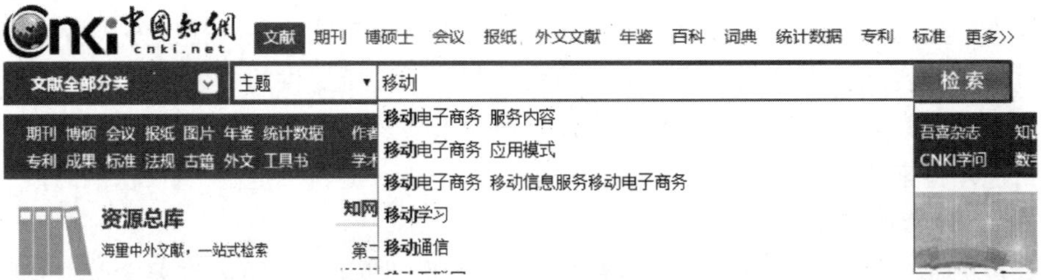

图 5-27　智能提示检索

(5)相关词检索。

在检索结果页面的下方，提供了输入检索词的相关词，点击相关词即可进行检索(图 5-28)。

图 5-28　相关词检索

(6)历史记录检索。

在检索结果的页面右下方，有检索历史记录。点击历史检索词，同样可以检索出数据(检索项为页面默认的检索项)(图 5-29)。

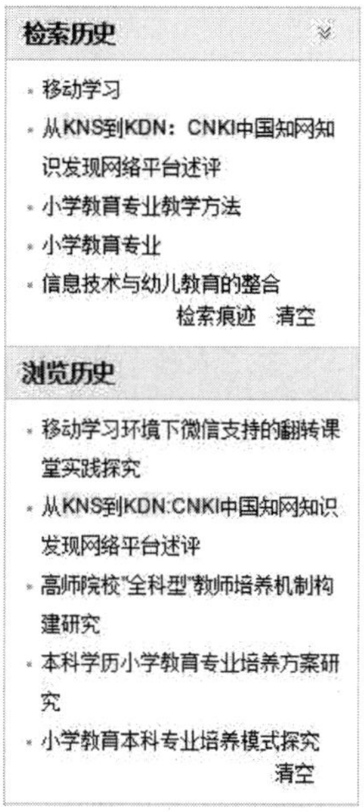

图 5-29　历史记录检索

(7)选取数据库。

KDN 提供了统一检索界面，首页上只列出常用的几个数据库，可随意切换。如果想切换其他数据库，如“引文数据库”，点击“更多>>”，然后选择“引文”即可，如图 5-30 所示。

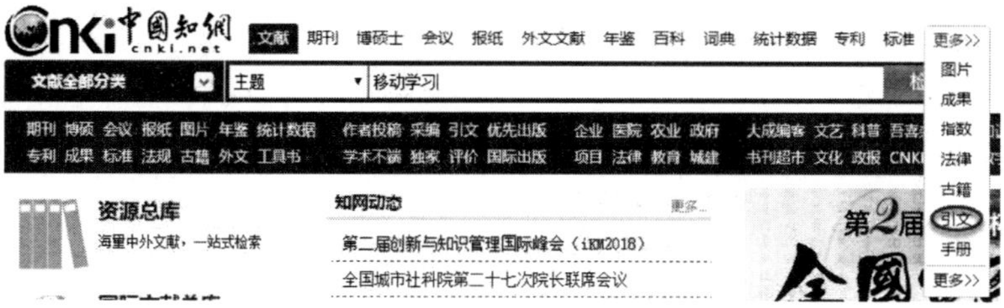

图 5-30　点击更多选库

选中引文之后，引文数据库就替换了标准数据库，如图 5-31 所示。

图 5-31　选中引文数据库

点击下面的更多，则进入产品列表页，点击每一个产品则进入检索页面(图 5-32)。

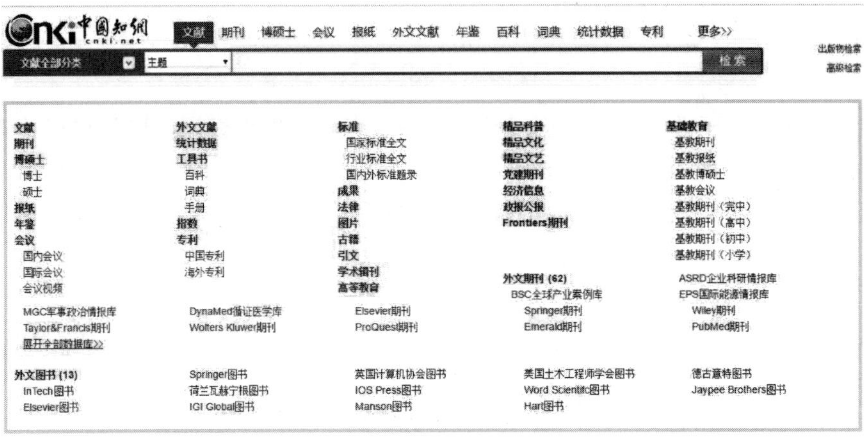

图 5-32　数据库列表页

(8)跨库选择。

在“文献”检索中，提供了跨库选择功能，点击，弹出的界面，如图 5-33 所示。

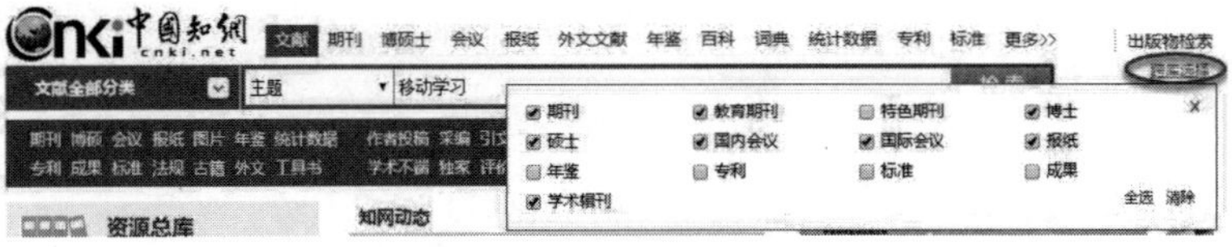

图 5-33　跨库选择

可以选择想要的数据进行组合检索。选择完成之后，显示如图 5-34 所示。

图 5-34　跨库已选择

(9)检索。

下面以“深度学习”为检索词，以数据库“文献”(跨库)为例，进行检索。检索的结果如图 5-35 所示。

图 5-35 检索界面

(10)选取字段。

根据检索需要，可选取不同检索项来提高检索的查准率。点击图 5-36 的下拉框切换检索项，数据库不同，检索项不同。

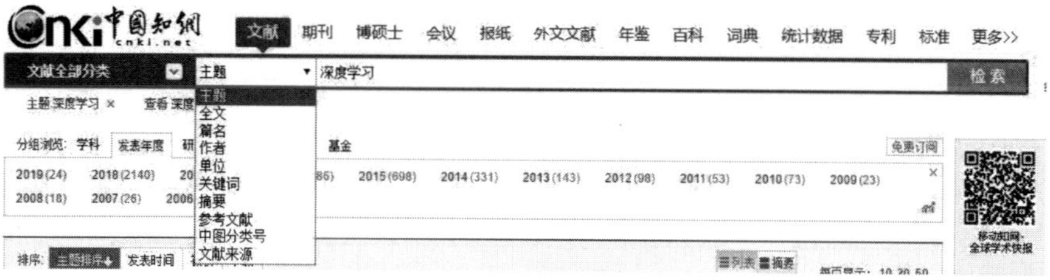

图 5-36 选取检索字段

(11)检索建议。

“检索建议”即系统智能地识别用户所输入的检索词是否与检索项对应。例如，在“文献”中，检索项为“全文”，检索词用“北京师范大学”，点击“检索”按钮(或者直接按回车键)，则系统给出智能提示“建议在‘单位’中检索‘北京师范大学’”，如图 5-37 所示。

图 5-37 检索建议

(12)分组。

以上述检索结果为例(下同)，如果某个库有分组，则在检索结果中显示相关分组的详细情况，且分组中若包含年份，则默认展开，并且每一个分组后面都显示了该组的数量。点击某个分组之后，背景色为红色(表示选中)，下方结果则发生相应的变化(图 5-38)。

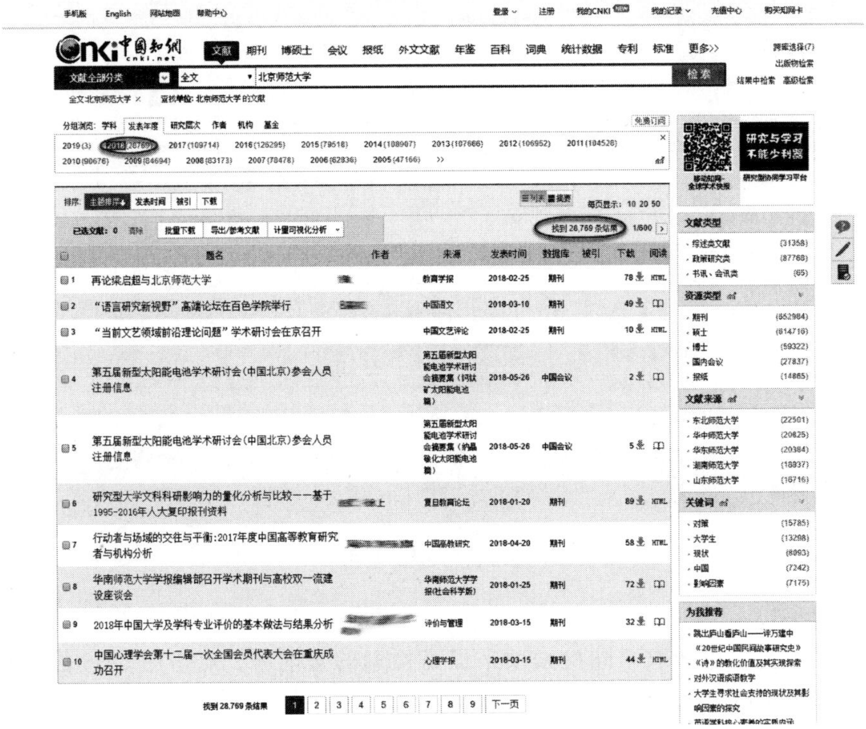

图 5-38 分组

(13)排序。

在检索结果的下方，可以选择按照某个字段进行排序，默认为“主题排序”降序，再次点击之后则按照升序排列。每个数据库对应的分组形式和排序形式都不一样，如图 5-39 所示。

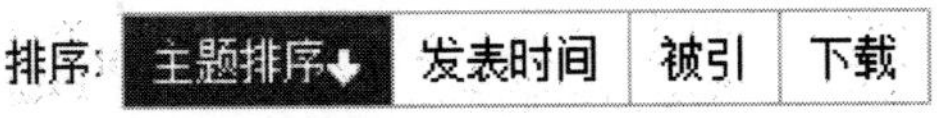

图 5-39 排序

(14)设置显示记录数。

在检索结果中，每页默认检索的记录数是 20 页，共有显示 10、20、50 三种。设置之后，每次检索则按照之前设置的记录数进行显示，如上述检索，设置每页显示 10 条记录，之后检索结果都显示 10 条，如图 5-40 所示。

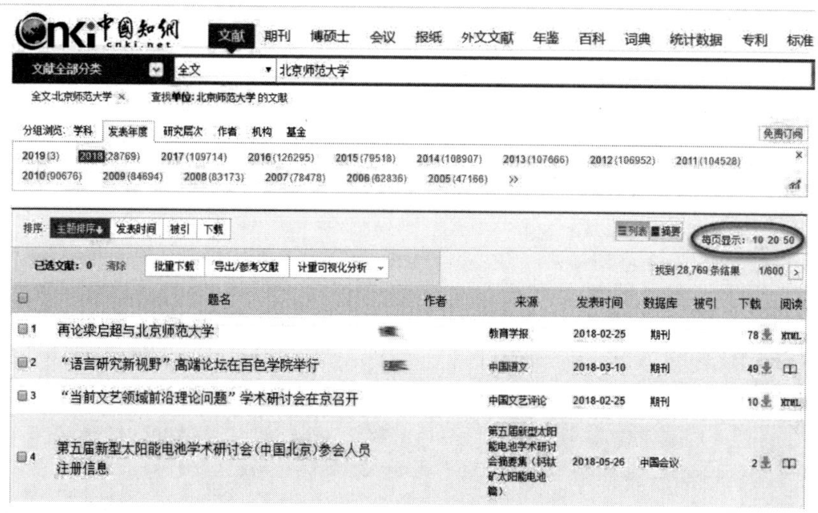

图 5-40　设置记录数

(15)切换显示模式。

点击 ≡列表 ■摘要 ，则可以将检索结果在列表模式和摘要模式之间进行切换。如图 5-41 所示，选择摘要模式之后，之后检索都是以这种模式进行显示。

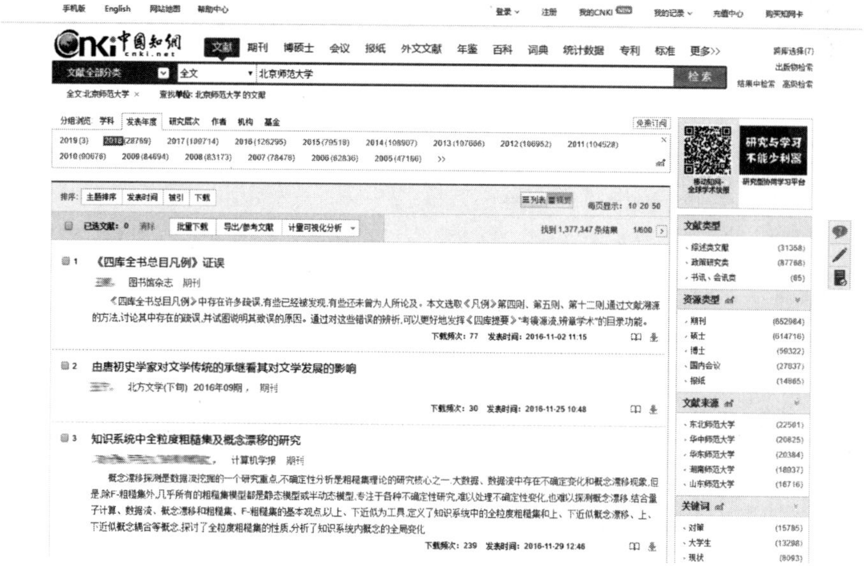

图 5-41　切换显示模式

(16)导出—分析—报告。

在 KNS5.5 以前的版本中，系统只能提供单库的导出存盘功能。在 KDN 中，提供了多个库检索结果进行组合，以满足多结果进行存盘等功能，同时还提供了检索结果组合分析、组合预览功能，为此提供了统一的接口。以上述检索结果为例，选择前两条记录，继续在“期刊”中检索，并且选中前两条记录，则页面显示如图 5-42、图 5-43 所示，记录总数变为 4。

图 5-42　在文献中检索“移动学习”

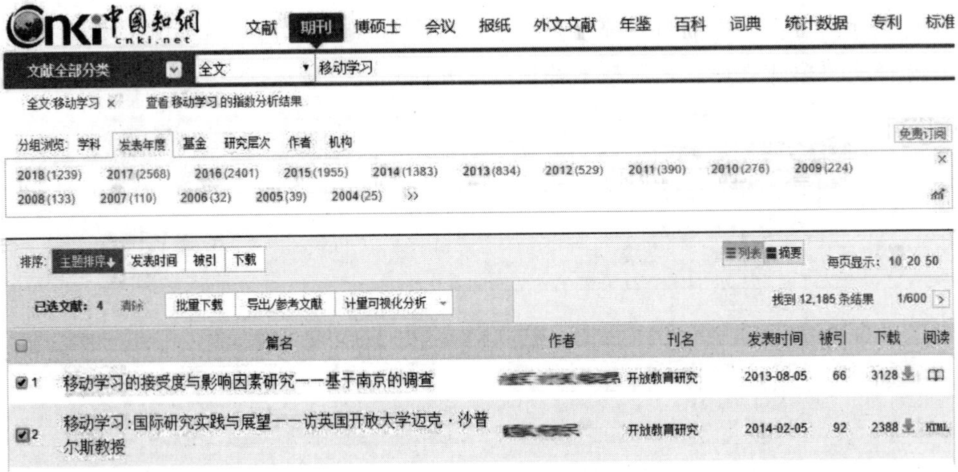

图 5-43　在期刊中检索“移动学习”

点击 

，则进入检索结果组合页面，如图 5-44 所示。

选择要导出的文献，点击 

，则进入存盘页面，如图 5-45 所示。

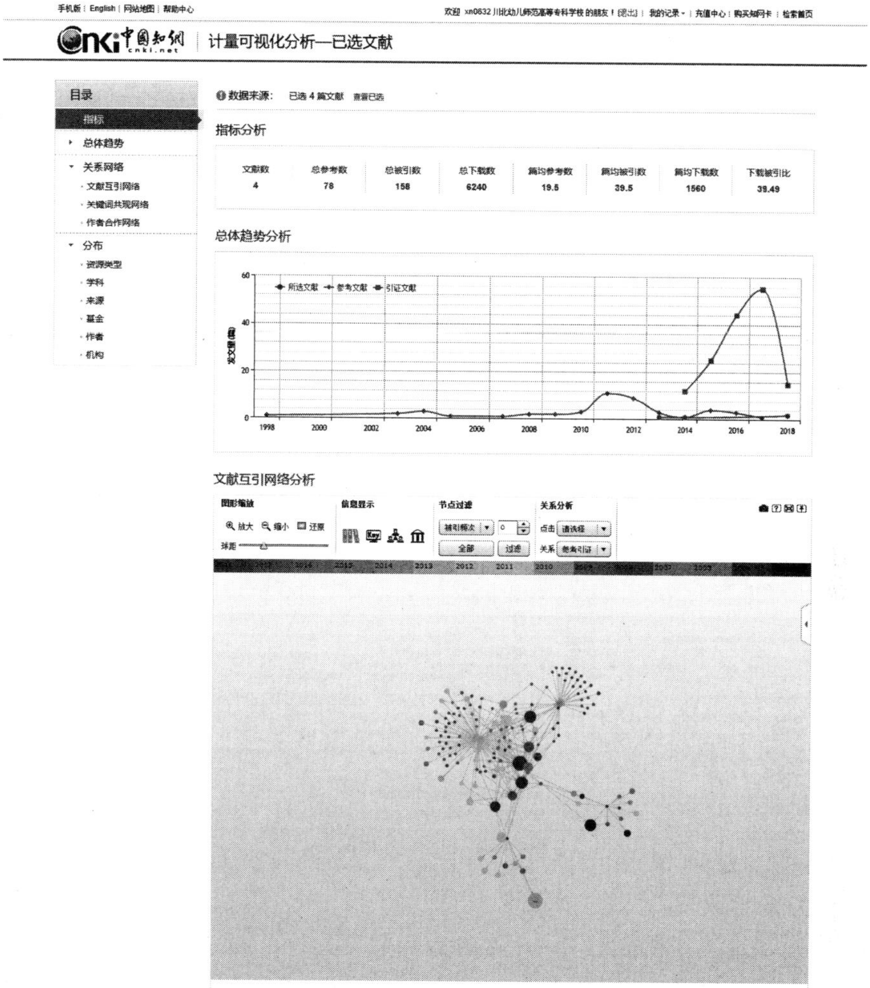

图 5-44　文献的计量可视化分析

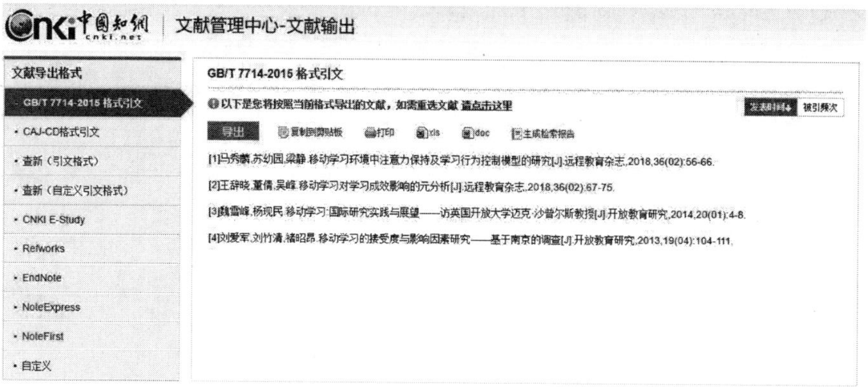

图 5-45　文献输出

在 KDN 新平台中，添加了新功能——文献分析功能，分析了选择的文献的互引关系(页面中以球状表示被引关系)、参考文献、引证文献、文献共被引分析、关键词文献分析、读者推荐分析、H 指数分析(本组文献中至少有 H 篇文献被引频次不少于 H 次)、文献分布分析(来源分析、机构分布)。

在检索结果组合页面中，同时提供了定制和输出检索报告功能。点击 生成检索报告 ，进入输出检索报告的页面，如图 5-46 所示。

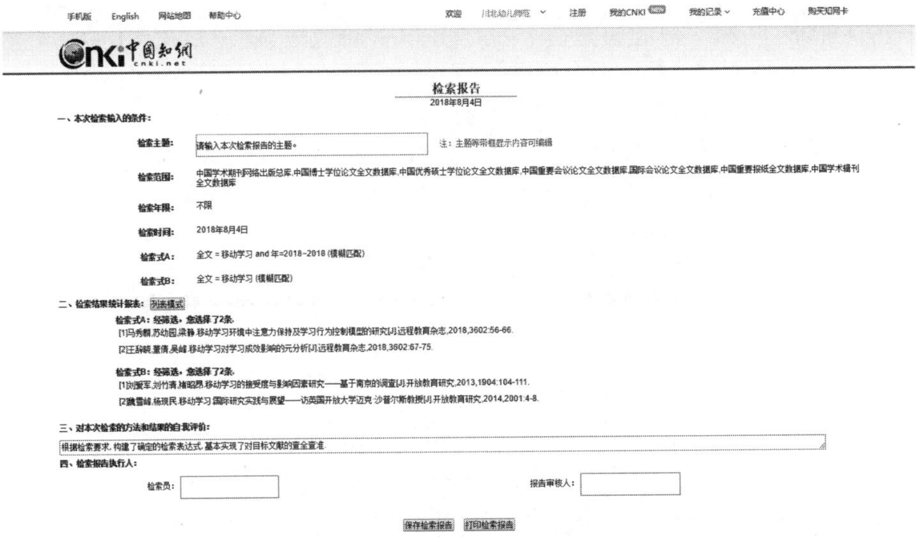

图 5-46　生成检索报告

(17)全文下载及浏览。

只有正常登录的正式用户才可以下载保存和浏览文献全文。系统提供两种途径下载浏览全文：一是从检索结果页面(概览页)，点击下载浏览 CAJ 格式全文；二是从知网节(细览页)，点击 CAJ下载 或 PDF下载 ，可分别下载浏览 CAJ 格式、PDF 格式全文。新版本还提供了直接在网页中阅读的功能，点击 </> HTML阅读 即可。

①从检索结果页面下载，如图 5-47 所示。

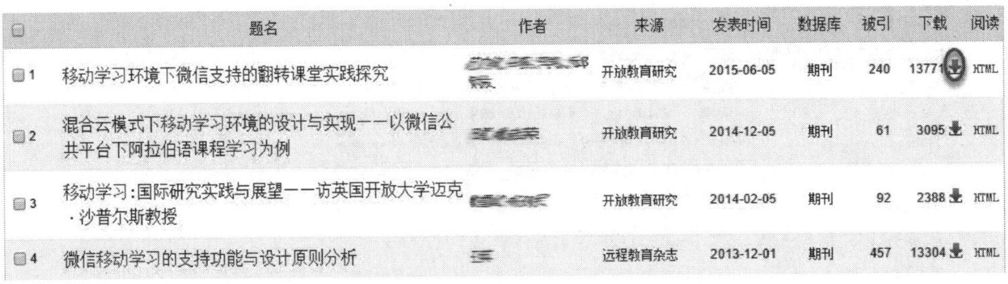

图 5-47　从检索结果页面下载

②从知网节(细览页)下载，如图 5-48 所示。

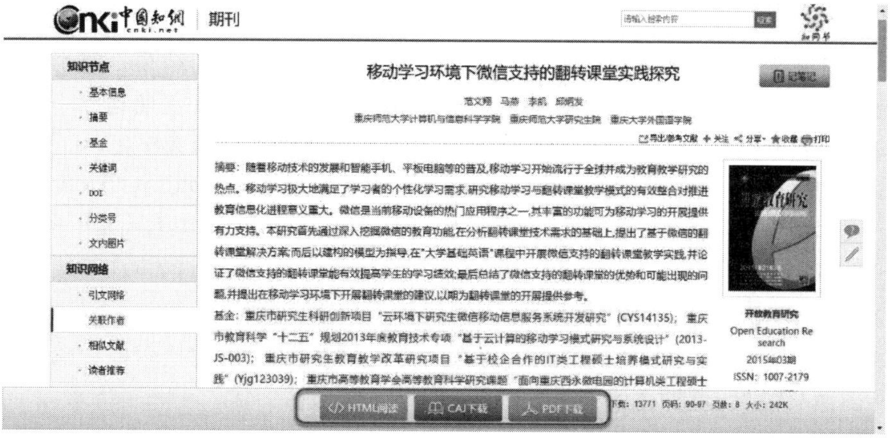

图 5-48　从知网节下载

3. 高级检索

前面介绍的属于一框式检索，对于需要专业检索和组合检索的用户可以进入高级检索模式进行检索。在检索的首页中，选择要检索的库，再点击“高级检索”，直接进入高级检索页面，这里以“期刊”高级检索为例，如图 5-49 所示。

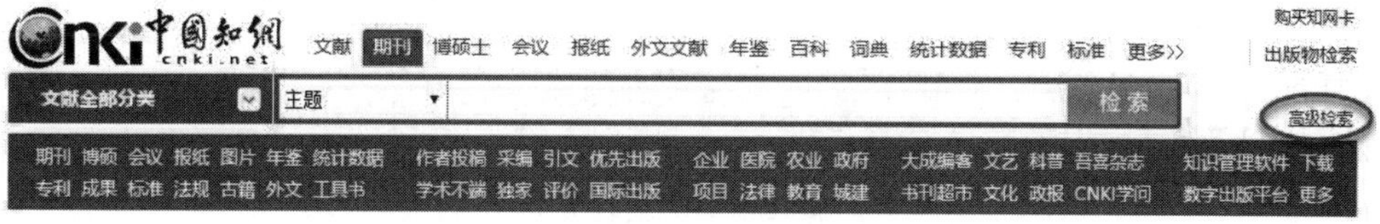

图 5-49　由一框式检索进入高级检索

点击“高级检索”，进入高级检索(分为多个检索，不同的数据库则检索种类不同)页面，如图 5-50 所示。

高级检索如图 5-50 所示，其中⊞和⊟按钮分别用来增加和减少检索条件，“词频”表示该检索词在文中出现的频次。在高级检索中，还提供了更多的组合条件，如来源、基金、作者以及作者单位等。

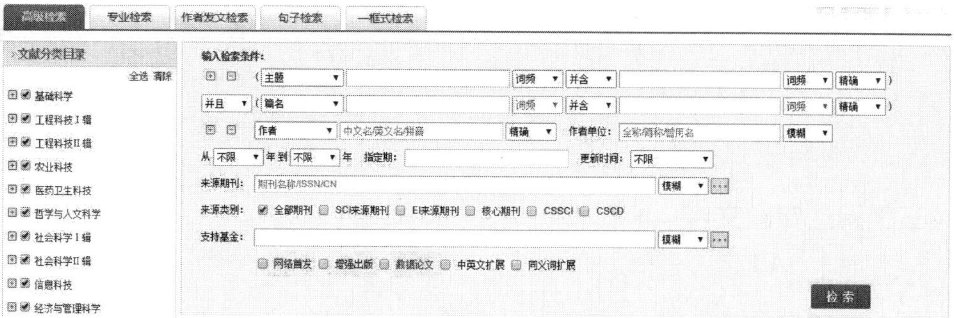

图 5-50　期刊高级检索

4. 专业检索

专业检索是所有检索方式里面比较复杂的一种检索方法。需要用户自己输入检索式来检索，并且确保所输入的检索式语法正确，这样才能检索到想要的结果。每个库的专业检索都有说明，详细语法可以点击右侧参看详细的语法说明。例如，在期刊库中，用户首先要明确期刊库的可检索字段有哪些，分别用什么字母来表示。可检索字段：

SU＝主题，TI＝题名，KY＝关键词，AB＝摘要，FT＝全文，AU＝作者，FI＝第一作者，AF＝作者单位，JN＝期刊名称，RF＝参考文献，RT＝更新时间，PT＝发表时间，YE＝期刊年，FU＝基金，CLC＝中图分类号，SN＝ISSN，CN＝CN 号，CF＝被引频次，SI＝SCI 收录刊，EI＝EI 收录刊，HX＝核心期刊。这样，如果需要检索主题是“图像处理”且含有“图像分割”的期刊文献，那么用户需要在图 5-51 的检索框中输入“SU＝′图像处理′＊′图像分割′”即可查询相关文献。

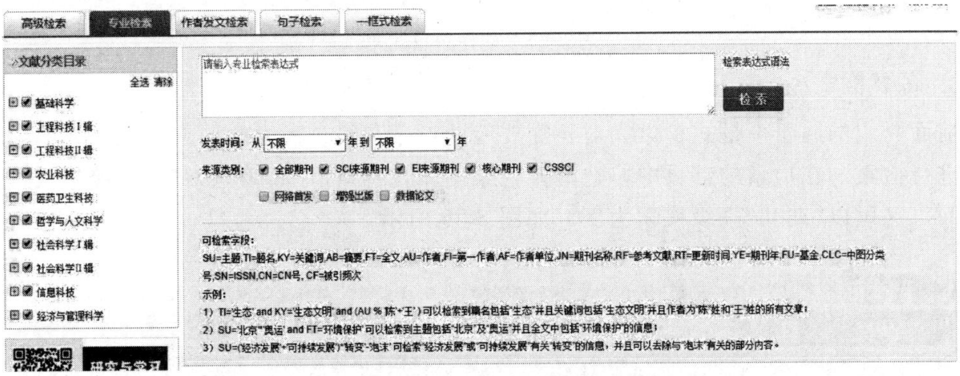

图 5-51 专业检索

5. 作者检索

作者发文检索用于检索某作者的发表文献，检索非常简单，只要用户输入相应作者的姓名、单位即可。可以分别点击＋和－按钮增加和删除检索条件，如图 5-52 所示。

图 5-52 作者发文检索

（三）网上专题文库

1. 百度文库

百度文库是百度公司提供给网友的在线分享文档的开放平台。在这里，用户可以在线阅读和下载各类课件、习题、考试题库、论文报告、专业资料、公文模板、法律文件、文学小说等多个领域的资料，不过要下载需要扣除相应的百度积分，平台所累积的文档，均来自热心用户上传。百度自身不编辑或修改用户上传的文档内容。用户通过上传文档，可以获得平台虚拟的积分奖励，用于下载自己需要的文档。下载文档需要登录，免费文档可以登录后下载，对于上传用户已标价了的文档，下载时则需要付出虚拟积分。

2. 百度百科

百度百科是百度公司推出的一部内容开放、自由的网络百科全书。百度百科旨在创造一个涵盖各领域知识的中文信息收集平台。百度百科强调用户的参与和奉献精神，充分调动用户的力量，汇聚上亿用户的头脑智慧，积极进行交流和分享。同时，百度百科实现了与百度搜索、百度知道的结合，从不同的层次上满足了用户对信息的需求。

3. 豆丁文档

豆丁网是一个专业的社会化阅读分享平台及文档内容营销平台。目前，豆丁网拥有世界最大的中文文档库，现有文档超过1亿份，覆盖商业、办公、教育、财经、实用信息等各领域。在豆丁文档库中可以发现和自由分享教育资料、论文课件、学术报告、财经分析、原创文学等各种行业及类型的文档。用户可通过豆丁播放器浏览文档，或者通过下载直接取得文档。

现在，已经有成千上万的用户在豆丁上传 Word、PDF、PPT 等各种格式的文档，实现了资源共享。每天都有超过数百万的用户，到豆丁文库中查找、浏览、下载文档。

4. 道客巴巴

道客巴巴是一个专注于文档在线交易的电子商务网站，用户只需上传文档，标明价格，就可以在线销售。销售的模式包括租阅和下载两种：租阅模式只允许买家在线浏览、观看，不允许复制和传播；下载模式允许买家将原文档下载到本地观看、使用。卖家不但可以自行设定销售模式，还可以针对不同的销售模式制定相应的销售价格，这样不仅可以满足买家用户对文档不同层次的需求，还可以增加卖家产品的预期购买收益。

道客巴巴拥有丰富的文档内容，包括电子图书、学术论文、培训资料、课件、讲义、市场调查报告、市场分析数据、各类书稿、文稿、各类翻译作品、文献、个人创意、策划等，是一个很好的学习资源库。

实践活动

网络教学资源的检索与收集

请在网上搜索并下载10篇以上的相关文章，课后整理出一篇关于“如何帮助幼儿建立数字概念”的论文(字数不少于3000字，其引用或参考文不得少于10篇)。

问题探讨

随着教育教学改革的深入，教学模式、教学手段的变革越来越需要以信息技术和网络技术为核心的现代教育技术的支持。如何提升教师现代教育技术应用能力水平以促进幼儿教师课堂教育教学效果的提升是目前幼儿教改领域探讨的重点话题。请你结合本节知识谈一谈，在日常的学习或者教学活动过程当中，你使用过哪些新兴的信息技术工具？不同的信息技术工具在教学中的应用手段是否一样？它们分别有什么优缺点？通过本节内容的学习，你对在实际教学中应用这些信息技术工具是否有了新的认识？

应用案例

现代教育技术在幼儿教育中的应用案例分析
3～4岁小班幼儿早期阅读能力培养的典型案例分析

一、案例选择依据

为了验证培养策略的有效性，根据幼儿园小班幼儿早期阅读能力的培养目标选择了相应的绘本《圆》。作为小班，绘本课有其独特的优势，将圆这种抽象的图像，通过生活中的实例，变为符合幼儿身心发展和学习特点的儿童化的画面，图像简单，色彩鲜明，符合小班幼儿直观形象性思维，重复押韵的语句，朗朗上口。随着现代信息技术的发展，将幼儿难以理解的抽象的图形，利用图片、动画、音乐、游戏、绘画等形式与幼儿的生活联系在了一起，让幼儿在接近真实的环境中理解抽象的知识，有利于打开幼儿思维的空间。

二、活动目标

1. 通过绘本阅读，产生阅读的兴趣，培养良好的阅读习惯。

2. 初步阅读绘本，了解不同数量的圆可以变成馅饼、雪娃娃、猫头鹰、火车、糖葫芦等物品。

3. 通过教师提问和观察，找出生活中的圆形实物，尝试将环境中圆形的物品用读本的句式进行仿编。

4. 通过游戏、自主阅读体验“圆形物体变变变”带来的快乐。

三、活动准备

绘本、多媒体课件；画笔、画本。

四、活动过程

1. 歌曲导入：《拉个圆圈走走》。

2. 通过提问导入阅读活动。教师：小朋友们看看书的封面上的圆形宝宝也在做“拉个圆圈走走”的游戏呢，是不是？圆形宝宝可聪明了，它们还会变魔术呢，想知道它们能变成什么么吗？

3. 视听欣赏，师生共同欣赏多媒体课件。教师随课件的播放过程，一页一页呈现，并在画面上指出重要的信息，随时利用多媒体的暂停功能，问每页上有几个圆形宝宝，分别变成了什么？幼儿根据课件中呈现的内容，争取都能够充分联系现实生活，做出简单的回答，如两个圆、三个圆、猫头鹰和火车等。引导幼儿进一步思考，如“一个圆，孤零零”除了像个大馅饼还像什么呢？“两个圆，来做伴”像什么呢？“三个圆，正正好”像什么呢？让幼儿根据书上的答案进行仿编，然后再重复唱自己编的故事，这样在重复中，培养幼儿的问题意识。

4. 引导幼儿仔细看书。看完课件，在课件中设问，激发幼儿阅读图书的欲望。阅读图书的过程中，让幼儿知道书的构成，一页一页地，从左到右翻看，刚开始阅读可以采用拟声词，如“沙沙”“叮咚”等词提示幼儿翻页。

5. 巩固练习。引导幼儿玩接龙游戏，音乐响起，伴随着动画和音乐播放前半句，让幼儿接后半句，增加书面语言的敏感性。

6. 扩展活动。伴随优美的音乐，重新玩“拉个圆圈走走”的游戏，并围坐在书桌旁讨论阅读，感受图画和文字的作用。

五、教学评价

采用过程和结果评价方式，教师和幼儿评价相结合的方式。依据加德纳的多元智能理论，对幼儿的表现做出及时的评价。

【案例分析】

1. 此阅读活动比较适合小班幼儿，在信息技术环境下，教师主导，充分利用绘本的教育价值、多媒体的辅助作用，调动了幼儿的积极性，对早期阅读产生了兴趣。

2. 阅读过程中，幼儿能够简单回答教师提出的问题，而且教师的设问贴近生活，易于理解。

3. 在音乐欣赏中，对阅读内容进行了语言对接游戏，让幼儿对所学内容进行仿编，重复练习，增强了幼儿对语音语法的敏感性。

4. 创设丰富的阅读环境，充分结合现实生活中有关于圆的联想，开阔了幼儿的视野，让幼儿体验到了阅读的快乐。总之，选择了适合小班幼儿的阅读材料，利用信息技术的优势，创设丰富的阅读环境，在完成本次教学目标的同时，激发了幼儿早期阅读的兴趣，养成了良好的阅读习惯。

4～5 岁中班幼儿早期阅读能力培养的典型案例分析

一、案例选择依据

《拼拼凑凑变色龙》是一本简单又有趣的故事书，色彩鲜艳明丽，画面内容简单又很有趣，而且还有各种各样的小动物，非常符合幼儿的兴趣，符合幼儿身心发展的特点。与其对应的动画片更是生动有趣，令幼儿百看不厌，让幼儿了解各种动物自身特点的同时，明白了如何做最好的自己。

二、活动目标

1. 教师引导幼儿先看相应的动画，体会变色龙羡慕别人的心情。

2. 师生一起仔细观察课件，由问题引导幼儿翻阅图书的兴趣。

3. 仔细阅读图书，敏锐感知故事中出现的动物及先后顺序，能复述故事。

4. 通过提问，培养幼儿对问题提出质疑的习惯。

三、活动准备

绘本、多媒体课件、动画片。

四、活动过程

1. 借助动画片，引入话题，放映变色龙自然变色的过程。让幼儿对变色龙在不同的环境下的颜色变化有一个动态的了解，更容易发现变色龙的颜色随着周围环境的变化而变化的特点，并且是与周围环境的颜色相一致。让幼儿对变色龙有大概的了解。

2. 设置悬念，引发幼儿思考，变色龙变色是不是会对自己有好处呢？它为什么想要变成别人呢？

3. 师幼共同观看课件，了解变色龙的心理，思考变色龙为什么想要变成别人，让幼儿根据课件中清晰的图画描述每一种动物的特点。引发幼儿思考，动物各自的特点对它们自己的生活会有什么帮助。

4. 引导幼儿思考故事中出现了哪些动物，激发起幼儿阅读的欲望，让幼儿自主阅读图书，共同讨论故事中出现了哪些动物？出现的顺序是什么？

5. 利用图片语义，播放变色龙变成别人以后的图片，暂停、放大、点读变色龙的表情细节，引导幼儿观察变色龙的心情变化。

6. 细节推理，在阅读过程中，结合变色龙每次变化后的细节，引导幼儿思考变色龙变成了别人，可它并不开心，这是为什么呢？

五、扩展练习

讨论：如果你是变色龙，你想变成什么样子？变化之后，还能看书、写字、玩游戏吗？是不是做自己才是最好的？

【案例分析】

1.《拼拼凑凑变色龙》故事内容生动形象，色彩鲜艳，富于想象，深受中班幼儿的喜欢。在信息技术环境下，教师主导，充分利用绘本和动画的教育价值和多媒体的辅助作用，调动了幼儿的积极性，让幼儿对早期阅读产生了兴趣。

2. 在动画播放的过程中，让幼儿了解变色龙自身的特点，体会到了大自然的丰富多彩，也让幼儿更加热爱小动物。

3. 创设丰富的阅读环境，充分结合幼儿的现实生活和多媒体课件，仔细阅读绘本，不仅了解各种动物的特点，而且能够说出变色龙变化的顺序。

4. 通过问题的引导，让幼儿养成反思的习惯，通过自主阅读，让幼儿能够提出问题并完整地回答教师提出的问题。更重要的是明白变色龙最后变回自己的原因，只有做自己才会很快乐！总之，在完成本次教学目标的同时，培养了中班幼儿的早期阅读能力。

5～6岁大班幼儿早期阅读能力培养的典型案例分析

一、案例选择依据

为了验证培养策略的有效性，根据幼儿园大班幼儿早期阅读能力的培养目标选择了相应的绘本《我的妈妈在哪里》，讲述小鳄鱼找妈妈的过程中，遇到了很多可爱的动物，经过一系列的模仿失败和特点的对比，最终找到了自己的妈妈。在信息技术环境下，案例充分呈现了有关于动物特点的知识，而且鲜艳的色彩被展现得淋漓尽致，同时也配上了生动逼真的动物的叫声。针对大班幼儿的特点，又增加了对相应动物名字的认读环节(仅强调对字形的敏感性)。鲜艳的色彩、丰富的动物知识、逼真的动物叫声，让幼儿在生动形象的环境中、轻松快乐的氛围中，掌握了有关动物的知识，并能认读某些动物的名字。

二、活动目标

1. 通过课件的欣赏，产生阅读的兴趣。

2. 通过观察图片，能够区分不同动物的名字(字形)。

3. 通过故事的复述、模仿能够发现问题，能够用接近书面语言的形式完整回答问题。

三、活动准备

绘本、多媒体课件；字卡。

四、活动过程

1. 利用多媒体，放映一些与动物有关的图片，引起幼儿阅读的兴趣。

2. 通过提问进入阅读课程，教师：这些动物可爱吗？你们能叫出它们的名字吗？愿意与它们交个朋友吗？有一只小鳄鱼找不到自己的妈妈了，我们一起来帮助它吧。

3. 视听欣赏，师生共同欣赏多媒体课件，教师随课件的播放过程，一页一页呈现，利用“感应—模仿”策略，随着画面中小动物的呈现，播放有关小动物的叫声的音频，和幼儿一起模仿，让幼儿在欢快的氛围中，认识小动物，同时利用“对比—关联”策略，教师在画面上指出重要的信息，指引幼儿对细节的观察，随时利用多媒体的暂停功能，仔细观察小动物的动作和体型特征，提示幼儿注意每种小动物的特征和相对应的名字的字形。教师对故事内容进行解读的同时，利用悬念设置、细节推理和语义创意策略，让幼儿能够用完整的语言表述为什么小猴子、大象、老虎、斑马不是小鳄鱼的妈妈。扩展提问：小马、长颈鹿、牛等动物是小鳄鱼的妈妈吗？同时培养他们反思问题的习惯，培养问题意识。

4. 巩固练习。伴随着色彩鲜艳、栩栩如生的图片，结合对故事内容的理解，让幼儿认识这些小动物所对应的字宝宝，分辨对应的动物名称，在快乐的氛围中模仿动物的叫声，并用书面语言表达动物的特征，增加书面语言的敏感性。

5. 扩展活动。利用网络资源的丰富性，收集类似的阅读材料，如《小蝌蚪找妈妈》，进行扩展阅读，培养幼儿自己发现问题、解决问题、预期结果的能力。

五、教学考核方法

采用过程和结果评价方式。针对幼儿对语音、字形的掌握情况，对动物特点和叫声的复述和模仿情况进行评价。

本章小结

现代教育离不开信息技术，以信息技术为核心的现代教育技术作为深化教育改革的突破口和制高点已逐渐成为人们的共识。了解信息技术在幼儿园的应用，掌握多媒体辅助教学手段，是教育教学改革对幼儿教师的必然要求。所以，在本章，我们首先介绍了智慧幼儿园的概念，并对智慧幼儿园的构成要素进行了描述。然后介绍了多媒体教学系统的组成及应用，目的就是要促进教师多媒体应用能力的提高。现今，幼儿电脑游戏是一个不可回避的幼儿现实生活活动，如何指导幼儿健康进行电脑游戏活动，还没有一本教科书对此进行探讨。我们综合各种研究，并经过自我探索，期望能对教师指导幼儿学习电脑、操作电脑游戏起到积极作用。另外，学习教育技术的重要目的之一是要掌握教育教学资源的开发和应用，尤其是幼儿教育资源的开发和应用，为此，在本章我们专门进行了探讨。本章还根据信息技术在教育中应用的发展，适时介绍了当前一些新兴的信息化教学手段及教学方法，通过详细介绍移动学习、一对一数字化学习以及翻转课堂等教学模式，让读者对信息技术支持下的课堂教学变革有了深入的了解。同时，对 MOOCs 和 SPOC 两类网络教学平台模式，还有常用的教学资源——微课进行了介绍。然后进一步向读者介绍了如何借助信息化条件开展家园共育活动，探讨了手机 APP 和微信公众平台在家园共育中的应用。

总之，幼儿教师教育技术素养的培养是一项系统工程，需要各方面的相互配合、协同工作。除了学习、培训，更重要的是需要教师主动实践，不断积累经验，这样才能有效提高教育技术的应用能力。教师要结合幼儿教育的多学科性及幼儿的思维特点，让多媒体教学成为“健康、语言、科学、社会、艺术”五个领域活动的常用手段，使健康教育更加生动形象，使语言教育更加富有魅力，使科学教育更加新颖奇特，使社会教育更加贴近生活，使艺术教育更加张扬个性，使幼儿成长取向教育更加落在实处，更好地达成幼儿教育的总体目标。

思考与练习

1. 简述智慧幼儿园的概念及基本组成。
2. 简述多媒体教学系统的构成。
3. 谈谈怎样开发幼儿教育资源。
4. 简述幼儿电脑游戏的种类。
5. 幼儿教师信息化学习支持手段有哪些?
6. 简述幼儿教师科研资源的收集方法。
7. 综合实践活动，请在教师指导下完成如下综合实践活动。

(1)认识和使用幼儿园多媒体教学系统。
(2)教育技术与语言领域活动的整合设计实践。
(3)教育技术与社会领域活动的整合设计实践。
(4)教育技术与健康领域活动的整合设计实践。
(5)教育技术与艺术领域活动的整合设计实践。
(6)教育技术与科学领域活动的整合设计实践。

参考文献

1. 黄荣怀，陈莉，李松．多媒体技术基础[M]. 北京：高等教育出版社，2008.

2. 张智华．计算机公共基础[M]. 北京：高等教育出版社，2008.

3. 陈琳．现代教育技术[M]. 北京：高等教育出版社，2009.

4. 美国普林斯计算机教育研究中心/北京金企鹅文化发展中心．Photoshop CS2 精品教程[M]. 北京：北京艺术与科学电子出版社，2009.

5. 赵磊．Photoshop CS4 图像处理[M]. 呼和浩特：远方出版社，2010.

6. 国家新课程教学策略研究组．多媒体世界[M]. 乌鲁木齐：新疆青少年出版社/喀什：喀什维吾尔文出版社，2007.

7. 郑明达．对信息技术与课程整合课堂教学设计的反思[J]. 中小学电教，2005(8).

8. 郑金燕，徐大诗．运用多媒体辅助教学时应遵循的几个原则[J]. 中小学教育，2011(7).

9. 高昕．数字化幼儿园的规划及建设研究[EB/OL]. [2020-06-15]. http：//www. zgbbvol. com/chinese/Newsznfo. as0p? Action=Ye&id=80.

10. 师书恩．计算机辅助教学[M]. 北京：高等教育出版社，2001.

11. 钟大鹏，蒋红星．现代教育技术实用教程[M]. 北京：中国铁道出版社，2010.

12. 解月光．现代教育技术理论与实践[M]. 长春：东北师范大学出版社，2002.

后　记

为适应学前教师教育发展的需要，我们从2011年开始研究和编写这套学前教师教育系列教材。2012年陆续完成第一轮编写和出版，2016年基本出齐。随后，我们根据教育部印发的《教师教育课程标准（试行）》和《中小学和幼儿园教师资格考试标准及大纲（试行）》，分析了教材使用情况、调研了毕业生参加幼儿园教师资格证考试和就业之后的情况，从2018年开始对本套教材进行修订，到2021年基本完成。本套教材包括本科、三年制和五年制高专3个系列。每个系列又包括综合素质类课程（不含思政课）、教育类课程、艺术类课程。作者来自40余所开设有学前教师教育类专业的高中专骨干院校，共计473人；主审专家来自26所本科院校和科研院所，共计42人。全套教材设立了编委会，总编为彭世华，副总编为皮军功、郭亦勤，成员为开设有学前教师教育专业的高中专骨干院校领导和专业负责人。特别感谢庞丽娟教授对本套教材编写和审定工作的精心指导与专业引领。

本套教材修订过程是与对学前教师教育的系统研究结合进行的。全体编写人员认真学习了教育部颁布的《3－6岁儿童学习与发展指南》《教师教育课程标准（试行）》《幼儿园教师专业标准（试行）》《中小学和幼儿园教师资格考试标准（试行）》《普通高等学校师范类专业认证实施办法（暂行）》等文件精神，充分吸纳学前教师教育学科的新成果，改革课程设置、调整教学内容，进一步提高教材的科学性、时代性和丰富性，以适应学前教师教育发展的迫切需要。

为确保教材的编写（修订）质量，全体编写人员严格按照“研制人才培养方案→确定册本→研制大纲→讨论修订内容→确定体例和样章→撰写初稿→主编审核反馈→修改二稿、三稿→主编统稿→主审审稿”的程序进行，完善了综合素养类课程、教育类课程以及艺术类课程的课程设置，梳理确定了各课程知识点，对课程学时进行了科学安排。

北京师范大学出版社出版教育类教材。包括本、专科共用的《学前儿童发展心理学》《学前教育概论》《学前儿童卫生保健》《幼儿游戏与玩具》《幼儿园课程》《幼儿健康教育与活动指导》《幼儿语言教育与活动指导》《幼儿社会教育与活动指导》《幼儿科学教育与活动指导》《幼儿数学教育与活动指导》《幼儿音乐教育与活动指导》《幼儿美术教育与活动指导》《幼儿园班级管理》《学前教育研究基础》《幼儿园教师道德修养与专业发展》《幼儿园教育技术》。

高等教育出版社出版综合素养类教材，包括三年制、五年制专科共用《信息技术》《幼儿教师口语》《幼儿美术赏析与创作》；三年制高专《大学体育》《美术基础》；五年制高专《美术》《历史》《地理》《数学》《物理》《化学》《生物》《体育》；五年制高专《英语（一、二、三、四）》；三年制、五年制高专共用《英语（五、六）》。

语文出版社出版综合素质类语文课教材，包括三年制、五年制高专共用《大学语文（上、下）》《幼儿文学（上、下）》；五年制高专《语文（一、二、三、四）》。

上海音乐学院出版社出版艺术类教材，包括三年制、五年制高专共用《基本乐理》《视唱练耳(上、下)》《音乐赏析》《儿童歌曲钢琴即兴伴奏》《幼儿歌曲弹唱》《幼儿歌曲赏析与创编》《幼儿舞蹈创编与赏析》；三年制高专《钢琴基础(上、下)》《声乐基础》《舞蹈基础》；五年制高专《钢琴(一、二、三)》《声乐(上、下》《舞蹈》。

为支持教师使用本套教材，各出版社还建设了相应的教学资源。编委会认真开展教学研究，并不断征求教材使用意见，定期开展教材修订。为服务教师教学与学生学习，编委会组织研发了学前教师教育课程试题库、《幼儿园教师资格证》考试复习试题库和在线课程，详见“幼学汇”网站(www.06yxh.com)。

《幼儿园教育技术》分册由长沙师范学院马振中担任主编。具体编写分工如下：本书初稿第一章由湖南幼儿师范高等专科学校欧阳芳编写，第二章由青岛幼儿师范学校李宁和山西运城幼儿师范高等专科学校潘红宇编写，第三章由潘红宇和广东省外语艺术职业学院周思思编写，第四章由宁夏幼儿师范高等专科学校马晓霞和广西幼儿师范高等专科学校覃朝晖编写，第五章由马振中和四川省川北幼儿师范高等专科学校李小龙编写。贵阳幼儿师范高等专科学校张毅刚参与了第二章编写，天津师范大学李倩参与了实践教学内容的编写。最后全书由马振中修改、统稿、定稿。彭世华、李家黎、喻韬文参与了前期总体规划和编写组织工作。

本套教材编写和修订过程中得到了许多专家的帮助和指导。编者参阅了有关幼儿教师培养方面的资料，因各种原因无法联系到原文作者，未能一一注明。在此，谨向原著作者表示诚挚的谢意。

由于时间紧张，加上编者能力水平有限，书中难免存在不足之处，恳请各位读者批评指正。

学前教师教育系列教材编写委员会